ITALIA
(Carta Politica)

SVIZZERA
AUSTRIA
UNGHERIA
Nord

TRENTINO-ALTO ADIGE
FRIULI-VENEZIA GIULIA
SLOVENIA

VALLE D'AOSTA
Como
Trento
Udine

LOMBARDIA
VENETO
Trieste

Milano
Brescia
Verona
Venezia

Torino
Mantova
Padova
CROAZIA

Asti
Parma
SERBIA

PIEMONTE
EMILIA-ROMAGNA
Ferrara
BOSNIA-ERZEGOVINA

FRANCIA
Bologna
Ravenna

Genova
SAN MARINO

LIGURIA
La Spezia
Pisa
Firenze
Urbino
MONTENEGRO

San Remo
Arezzo
MARCHE
Ancona

MARE LIGURE
Siena
Perugia
MARE ADRIATICO

Elba
TOSCANA
Assisi

Corsica (FRANCIA)
Orvieto
UMBRIA

O'vest
L'Aquila

Roma
ABRUZZI

LAZIO
MOLISE

Campobasso

CAMPANIA
PUGLIA

Sassari
Napoli
Bari

Pompei
Amalfi
Potenza
Taranto

SARDEGNA
BASILICATA

Cagliari
MARE TIRRENO

CALABRIA

Cosenza

SCALA DI CHILOMETRI
0   40   80   120   160

SCALA DI MIGLIA
0   20   40   60   80   100

Isole Lipari

Reggio
Messina
Palermo
Taormina
MARE IONIO

Marsala
Catania

SICILIA
Agrigento

MARE MEDITERRANEO
Siracusa

Tunisi

ALGERIA
TUNISIA
Sud

A F R I C A

Salve!

Carla Larese Riga

Santa Clara University

HEINLE
CENGAGE Learning

Australia • Brazil • Japan • Korea • Mexico • Singapore • Spain • United Kingdom • United States

HEINLE
CENGAGE Learning

Salve!
Carla L. Riga

Executive Editor: Lara Semones

Senior Content Project Manager: Esther Marshall

Assistant Editor: Catharine Thomson

Associate Technology Project Manager: Morgen Murphy

Senior Marketing Manager: Lindsey Richardson

Marketing Assistant: Denise Bousquet

Senior Marketing Communications Manager: Stacey Purviance

Creative Director: Rob Hugel

Senior Art Director: Cate Rickard Barr

Senior Print Buyer: Elizabeth Donaghey

Text Designer: Glenna Collett

Senior Image Manager: Sheri Blaney

Cover Designer: Susan Shapiro

Compositor: PrePressPMG

Cover image: Artist: David Papazian, Rome, Italy © Masterfile Corp.

For product information and technology assistance, contact us at
Cengage Learning Academic Resource Center, 1–800–423–0563

For permission to use material from this text or product,
submit all requests online at **cengage.com/permissions**
Further permissions questions can be e-mailed to
permissionrequest@cengage.com.

Library of Congress Control Number: 2007939920

Student Edition
ISBN-13: 978–1–4130–1516–4
ISBN-10:   1–4130–1516–6

Heinle Cengage Learning
25 Thomson Place
Boston, MA 02210
USA

Cengage Learning products are represented in Canada by Nelson Education, Ltd.

For your course and learning solutions, visit **acacademic.cengage.com.**

Purchase any of our products at your local college store or at our preferred online store **www.ichapters.com.**

Printed in Canada
1 2 3 4 5 6 7 12 11 10 09 08

To the Student

Salve! introduces you to Italian life and culture as you gain the skills to understand and express yourself in Italian. Through this many-faceted program, you will encounter both the vibrant life of modern Italy and Italy's rich cultural heritage. As you are learning to express yourself in Italian, you will have opportunities to talk about your college experiences, family, friends, tastes, leisure activities, and the past as well as your plans for the future. And you will be encouraged to compare your life and experience with those of your Italian counterparts. The material in *Salve!* is organized and presented in ways that make it easy and fun to learn Italian: it uses a "building block method," approaching the structures of the language inductively through easy to understand dialogue and narrative, by recycling essential vocabulary throughout each chapter, and by creating activities that invite you to express yourselves freely in interesting real-life contexts. This approach allows you to assimilate the vocabulary and grammatical structures gradually, starting with practical and controlled situations and moving to more open ones that encourage you to express yourself and your ideas. You will therefore be able to express yourself in Italian with confidence from the very start, yet feel comfortable as you master new concepts.

Chapter Organization

The core of *Salve!* consists of 14 chapters. They are preceded by a preliminary chapter, **Capitolo preliminare,** which deals with Italian pronunciation and cognates, and by a short introductory chapter, **Primo incontro,** which focuses on common everyday expressions and useful classroom vocabulary.

To work effectively with *Salve!* take a few minutes to learn about the easy-to-follow chapter structure.

Parole da ricordare

The *Parole da ricordare* section contains all the new words and expressions that will appear in the grammar and reading sections of the chapter, and it introduces them in a thematically-coherent manner.

La grammatica

Grammar concepts are presented in *La Grammatica*. Each point is visually captured with a cartoon, photo, or piece of realia related to the new linguistic concept, and the explanations are clear and concise. There are many examples to show you how the language works. The exercises and activities follow in the *Pratica* section. They offer different types of skills-building exercises and a wide variety of opportunities for you to practice your Italian while focusing on the new grammar and vocabulary.

Per finire

Each chapter's major themes and content are recombined in the *Per finire* reading, a more advanced narrative or dialogue that is recorded on the Text Audio CDs. This section is accompanied by comprehension and personal questions that ask you to use your imagination and to talk about your own opinions, experiences, and feelings.

Ascoltiamo!

This section, the second recording on the Text Audio CDs, provides an opportunity for you to develop your listening abilities without relying on a text.

Adesso scriviamo!

This section allows you to draw together and interactively use what you have learned throughout the chapter. *Adesso scriviamo!* specifically develops writing skills within a realistic context. A process approach guides you through the completion of an authentic writing task that is personally meaningful.

Parliamo insieme!

This activity provides open-ended and interactive opportunity—role-plays, interviews, discussion topics—that are often based on real documents such as advertisements, brochures, maps, or photos.

Attualità

This reading section, based on authentic texts, provides you with the opportunity to explore aspects of the chapter's thematic and cultural content in greater depth. These include a pre-reading section that teaches a relevant reading strategy, cultural notes, and extensive follow-up opportunities for discussion with a cross-cultural emphasis. The pedagogical aim is to assist you in grasping the general idea without relying excessively on dictionaries or word-for-word translations.

Video segments

Beginning with Chapter 2, and in every even numbered chapter thereafter, a segment or segments of the video *Sulla strada*, which follows Marco's driving adventure through Italy, is incorporated in the form of comprehension questions, expansion questions, and interactive activity.

Vocabolario

The vocabulary lists at the end of the chapter contain all the new words and expressions not already presented in *Parole da ricordare* that appear elsewhere in the chapter grammar sections or readings.

Acknowledgments

I would like to thank Lara Semones, Executive Editor, for the opportunity to work with Heinle and for her dedication to the success of this project. *Salve!* could not have been possible without the contribution of many people. First, I owe a great debt of gratitude to Esther Marshall for skillfully and generously guiding this project from start to finish. I am also greatly indebted to Liliana Riga for her invaluable assistance in assembling *Salve!*. Their efforts are reflected in every chapter of the book. I would also like to thank the many people at Heinle who have contributed to this project, and in particular Cat Thomson. Many thanks to the marketing effort of Lindsey Richardson and Stacey Purviance, and the technology input of Morgen Murphy. My special thanks to the freelancers who have contributed their skills and expertise, and in particular Antonella Giglio, the native reader, Christine Cervoni, the copyeditor, and to Melissa Mattson, the project manager on behalf of Pre-PressPMG. Much appreciation is also owed to James Kennedy for research assistance, and to Roberta Riga and Scott Rezendes for support and encouragement throughout. I also wish to thank Professor Victor Vari for his professional guidance.

Finally, Heinle and I extend our thanks to the following reviewers whose constructive comments have helped to shape this edition of *Salve!*

John Ahern, *Vassar College*

Peter Arnds, *Kansas State University*

James Cascaito, *Fashion Institute of Technology / State University of New York*

Mariastella Cocchiara, *Melrose High School*

Gail Cooper, *Francis T. Maloney High School*

Caterina Mongiat Farina, *Harvard University*

Stephanie Fiore, Temple University

Santina Ventimiglia Fortunato, *Providence College*

Chiara Frenquellucci, *Harvard University*

Fred Iucci, *Monroe-Woodbury High School*

Stephanie Laggini Fiore, *Temple University*

Susanna Lavorgna-Lye, *Trumbull High School*

Maria Mann, *Nassau Community College*

Rosella Marino, *Boston University*

Denise Martha, *Lyman Hall High School*

Nicoletta Tinozzi Mehrmand, *University of California, Riverside*

Francesca Mignosa, *Ohio University*

Frida Morelli, *George Mason University*

Teresa Murano, *Monroe Community College*

Alexander Murzaku, *College of Saint Elizabeth*

Nuria Novella, *Middle Tennessee State University*

Augustus G. Pallotta, *Syracuse University*

Samuel Pessah, *Riverside Community College*

Lucille Pollatta, *Onondaga Community College*

Maria Procopio-Demas, *Newton North High School*

Dorothy Raviele, *Bristol Central High School*

Federica Santini, *Kennesaw State University*

Paola Servino, *Brandeis University*

Joseph Tarzia, *Westhill High School*

K. E. Bättig von Wittelsbach, *Cornell University*

Ancillary Contributors

Francesca Mignosa, Italian Conversation Cards

Peter Arnds, University of Kansas, Salve Companion Website Cultural Activities

Augustus Pallotta, Syracuse University, Salve Companion Website Tutorial Quizzes

Julia Cozzarelli, Ithaca College, Sample Syllabi

Contents

Capitolo preliminare

Roma. Fontane di Tivoli

La pronuncia italiana
Parole affini per origine *(cognates)*

www.academic.cengage.com/italian/salve
Workbook   iRadio   Audio

1

La pronuncia italiana CD1, Track 2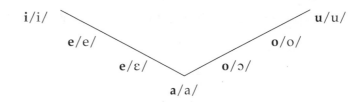

There are 21 letters in the Italian alphabet. The written forms and names are:

a	**a**	g	**gi**	o	**o**	u	**u**
b	**bi**	h	**acca**	p	**pi**	v	**vu** (*or* **vi**)
c	**ci**	i	**i**	q	**qu**	z	**zeta**
d	**di**	l	**elle**	r	**erre**		
e	**e**	m	**emme**	s	**esse**		
f	**effe**	n	**enne**	t	**ti**		

Five additional letters appear in words of foreign origin:

j	**i lunga**	w	**doppia vu**	y	**ipsilon** (*or* **i greca**)
k	**cappa**	x	**ics**		

The following sections deal primarily with spelling-sound correspondences in Italian and their English equivalents. Listen carefully to your instructor, and then repeat the examples. Practice the pronunciation exercises recorded on the CD that correspond to the **Capitolo preliminare**; they have been devised to help you acquire good pronunciation. In describing Italian sounds, we will make use of the international phonetic symbols (shown between slash marks). You will notice that pronunciation in Italian corresponds very closely to spelling. This is particularly true of vowel sounds.

1 Vocali *(Vowels)* CD1, Track 3

The five basic vowel sounds in Italian correspond to the five letters **a, e, i, o, u.** The pronunciation of **e** and **o** may vary slightly (closed or open sound).* Unlike English vowels, each Italian vowel represents only one sound. Vowels are never slurred or glided; when pronouncing them, the lips, jaws, and tongue must be kept in the same tense position to avoid offglide.

The vowels will be presented according to their point of articulation, **i** being the first of the front vowels and **u** the last of the back vowels, as illustrated in the following diagram:

i /i/   **u** /u/

       e /e/   **o** /o/

           e /ɛ/   **o** /ɔ/

                    a /a/

i	/i/	is like *i* in *marine*.	i vini di Rimini
e	/e/	is like *a* (without glide) in *late*.	se Ebe vede te
e	/ɛ/	is like *e* in *let*.	ecco sette fratelli
a	/a/	is like *a* in *father*.	la mia cara mamma
o	/ɔ/	is like *o* in *soft*.	oggi no
o	/o/	is like *o* in *oh*.	nome e cognome
u	/u/	is like *u* in *rule*.	una musica pura

*Closed and open pronunciation of **e** and **o** are illustrated by the following words: **e** *(and)*, **è** *(is)*; **o** *(or)*, **ho** *(I have)*. The pronunciation of these two vowels often varies regionally.

2 Dittonghi *(Diphthongs)* CD1, Track 4

When **i** and **u** are unstressed and precede or follow another vowel, they form with this vowel a diphthong and acquire the semivowel sounds /j/ and /w/.

i	/j/	is like *y* in *yet*.	più piano	lei e lui
u	/w/	is like the *w* in *wet*.	un uomo buono	

When two semivowels combine with a vowel, they form a triphthong (**miei, tuoi, guai**).

The vowels that form a diphthong or a triphthong are pronounced with just one emission of voice and correspond to just one syllable.

3 Consonanti *(Consonants)* CD1, Track 5

Many single consonants are pronounced in Italian as they are in English. The sounds of the consonants **b, f, m, n,** and **v** present no difference in the two languages. Several consonant sounds, however, need special attention because of the manner in which they are pronounced or the way they are spelled. In general, Italian consonants are clear-cut and without aspiration.

h is always silent:

ha	hanno	ahi!	oh!	hotel

d /d/ and **t** /t/ are similar to English but more dentalized:

due	denti	vado	grande	modo
tre	Tivoli	alto	tempo	molto

p /p/ is as in English but less plosive:

papà	Padova	dopo	piano	parola

q /kw/ is always followed by the letter **u** and is pronounced like *qu* in *quest*:

qui	quando	Pasqua	quale	quaderno

l /l/ is produced more forward in the mouth than in English:

la	lira	lei	libro	lingua

r /r/ is trilled. It is pronounced by pointing the tip of the tongue toward the gum of the upper front teeth:

Roma	caro	treno	amore	vero

s /z/ is pronounced as in *rose* when it is between vowels or when it begins a word in combination with the voiced consonants **b, d, g, l, m, n, r,** and **v**:

rosa	paese	esame	snob	sviluppo

s is voiceless /s/ as in *sell* in all other cases:

sto	studio	destino	rosso	sera

z is sometimes voiced /dz/ as in *beds*, sometimes voiceless /ts/ as in *bets*:

/dz/		/ts/	
zero	romanzo	marzo	Venęzia
zeta	mezzo	pizza	gręzie

c and **g** before **i** or **e** are soft /č/, /ğ/ as in *chill* and *gentle*:

cento	baci	ciao	Cęsare	cịnema
gesto	gentile	giorno	viąggio	pągina

c and **g** in all other cases are hard /k/, /g/ as in *call* and *go*:

poco	caffè	caro	amico	cura	classe	scrịvere
pago	guida	lungo	guerra	gusto	grosso	dogma

ch and **gh** (found only before **e** or **i**) are also hard /k/, /g/:

che	chi	pochi	perché	cuochi
aghi	righe	laghi	ghetto	paghiamo

gli /λ/ sounds approximately like *lli* in *million*:

gli	fǫglio	fịglio	famịglia	vǫglio

gn /ɲ/ sounds approximately like *ni* in *onion*:

ogni	signora	lavagna	cognome	insegnare

sc before **i** or **e** has a soft sound /š/ as in *shell*:

sciare	pesce	scienza	scena	scemo

sch before **i** or **e** sounds hard /sk/ as in *skill*:

schiavo	schema	dischi	mosche	mąschio

4 Consonanti doppie *(Double Consonants)*

Double consonants are a characteristic of Italian. The sound of a double consonant is longer than the sound of a single consonant. To pronounce it correctly, it is necessary to shorten the sound of the preceding vowel and hold the sound of the double consonant twice as long. (A similar phenomenon may also be observed in English when pronouncing pairs of words such as *miss school; met Tim*.) The reverse happens when pronouncing a single consonant. In this case, one should keep the sound of the preceding vowel longer, especially if the vowel is stressed. Compare:

sono / sonno	sera / serra
casa / cassa	sano / sanno
rosa / rossa	camino / cammino
speso / spesso	lego / leggo

5 Sillabazione *(Syllabication)* CD1, Track 6 🎧

Phonetically, the tendency in Italian is, whenever possible, to begin the syllable with a consonant sound and to end it with a vowel sound. Grammatically, the separation of a word into syllables follows these rules:

a. A single consonant between two vowels belongs with the following vowel or diphthong:

    a-ma-re   no-me   i-ta-lia-no   be-ne   le-zio-ne

b. Double consonants are always divided:

    bel-lo   mez-zo   sil-la-ba   mam-ma   ra-gaz-za

c. A combination of two different consonants belongs with the following vowel, unless the first consonant is **l, m, n,** or **r.** In this case, the two consonants are divided:

    pre-sto   so-pra   si-gno-ra   ba-sta   li-bro
    but: pron-to   gior-no   El-vi-ra   par-to   dor-mi   lam-po

d. In a combination of three consonants, the first belongs with the preceding syllable, but **s** always belongs with the following syllable:

    al-tro   sem-pre   en-tra-re   im-pres-sio-ne   in-gle-se
    but: fi-ne-stra   gio-stra   e-sper-to

e. Unstressed **i** and **u** are not divided from the vowel they combine with:

    uo-mo   **pia**-no   **pie**-de   **Gio**-van-ni   **Eu**-ro-pa
    but: **mi**-o   **zi**-i   po-e-**si**-a   pa-**u**-ra   far-ma-**ci**-a

6 Accento tonico *(Stress)* CD1, Track 7 🎧

The great majority of Italian words are stressed on the next-to-the-last syllable:

sign**o**ra   bamb**i**no   rag**a**zzo   cant**a**re   ven**i**re

Several words are stressed on the last syllable; these words have a written accent on the last vowel. The accent mark can be grave (`) or acute (´). Most words have the grave accent. A few words take the acute accent; the list that follows includes the most common:

perché	*why; because*
affinché	*so that*
né...né	*neither . . . nor*
macché	*no way*
benché	*although*
purché	*provided that*

A few monosyllabic words carry an accent mark to distinguish two words that are spelled the same but have different meanings:

e *(and)* vs. **è** (is)   **da** *(from)* vs. **dà** *(gives)*   **te** *(you)* vs. **tè** *(tea)*
si *(oneself)* vs. **sì** *(yes)*   **se** *(if)* vs. **sé** *(self)*   **la** *(the)* vs. **là** *(there)*

Some words have the stress on the third-from-the-last syllable, and a few verb forms on the fourth-from-the-last syllable:

sabato   compito   tavola   difficile   dimenticano

NOTE: When the stress does not fall on the next-to-the-last syllable, or when the word ends in a diphthong, the stress is indicated with a dot under the stressed syllable in **Capitoli 1–6:**

facile   spiaggia   praticano

7 Intonazione *(Intonation)* CD1, Track 8

In general, the Italian sentence follows a homogeneous rhythm. Each syllable is important in determining its tempo. Pronounce the following sentence maintaining smooth, even timing:

Sono Marcello Scotti.   So - no - Mar - cel - lo - Scot - ti.
                                1   2   3   4   5   6   7

The voice normally follows a gently undulating movement, usually dropping toward the end when the meaning is completed. In a question, however, the voice rises on the last syllable:

Declarative sentence: I signori Bettini sono di Milano.

Interrogative sentence: Sono di Milano i signori Bettini?

Parole affini per origine (cognates)

While studying Italian, you will encounter many cognates. A cognate is an Italian word that looks like an English word and has a similar meaning because the words have a common origin. The following are a few tips that should help you recognize and use cognates.

1 Nouns Ending in:

-ia in Italian and *-y* in English.

biologia	*biology*	**filosofia**	*philosophy*
sociologia	*sociology*	**anatomia**	*anatomy*

-ica in Italian and *-ic(s)* in English.

musica	*music*	**politica**	*politics*
repubblica	*republic*	**matematica**	*mathematics*

-tà in Italian and *-ty* in English.

città	*city*	**identità**	*identity*
società	*society*	**università**	*university*

-za in Italian and *-ce* in English.

importanza	*importance*	**eleganza**	*elegance*
violenza	*violence*	**pazienza**	*patience*

-zione in Italian and *-tion* in English.

nazione	*nation*	**attenzione**	*attention*
educazione	*education*	**situazione**	*situation*

-ore in Italian and *-or* in English.

attore	*actor*	**dottore**	*doctor*
professore	*professor*	**motore**	*motor*

-ạrio in Italian and *-ary* in English.

segretạrio	*secretary*	**vocabolạrio**	*vocabulary*
salạrio	*salary*	**funzionạrio**	*functionary*

-ista in Italian and *-ist* in English.

artista	*artist*	**violinista**	*violinist*
pianista	*pianist*	**ottimista**	*optimist*

2 Adjectives Ending in:

-ale in Italian and *-al* in English.

speciale	*special*	**personale**	*personal*
originale	*original*	**sentimentale**	*sentimental*

-etto in Italian and *-ect* in English.

perfetto	*perfect*	**corretto**	*correct*
eretto	*erect*	**diretto**	*direct*

-ico in Italian and *-ical* in English.

tịpico	*typical*	**clạssico**	*classical*
polịtico	*political*	**geogrạfico**	*geographical*

-oso in Italian and *-ous* in English.

generoso	*generous*	**curioso**	*curious*
nervoso	*nervous*	**ambizioso**	*ambitious*

3 Verbs Ending in:

-care in Italian and *-cate* in English.

educare	*educate*	**indicare**	*indicate*
complicare	*complicate*	**implicare**	*to imply, implicate*

-izzare in Italian and *-ize* in English.

organizzare	*organize*	**simpatizzare**	*sympathize*
analizzare	*analyze*	**minimizzare**	*minimize*

-ire in Italian and *-ish* in English.

finire	*to finish*	**abolire**	*to abolish*
punire	*to punish*	**stabilire**	*to establish*

Primo incontro

Due studenti s'incontrano dopo le lezioni davanti alla fontana del Castello Sforzesco, a Milano.

Parole da ricordare
- Saluti e espressioni di cortesia
- In classe
- I numeri da 0 a 49
- I giorni della settimana

Per finire: Il primo giorno di scuola
Attualità: The Italian Language and Its Dialects

www.academic.cengage.com/italian/salve

Workbook iRadio Audio

Parole da ricordare
Saluti e espressioni di cortesia

Ciao!   Hello! Good-bye!

Salve!   Hello! (more formal than Ciao!)

Buon giorno, signore.   Good morning (Good day), Sir.

Buona sera, signora. Good evening, Madam.

Buona notte, signorina.   Good night, Miss.

Arrivederci.
ArrivederLa. *(formal sing.)* } Good-bye.

A domani.   I'll see you tomorrow.

A presto.   I'll see you soon.

Come si chiama?   What is your name? *(formal sing.)*

Come ti chiami?   What is your name? *(familiar sing.)*

Mi chiamo Marcello Scotti.   My name is Marcello Scotti.

(Molto) piacere.   (Very) Nice to meet you.

Ti presento...   Let me introduce . . . to you. *(familiar sing.; lit.,/I introduce to you . . .)*

Vi presento... Let me introduce . . . to you. *(familiar pl.)*

Di dove sei tu? *(familiar sing.)*
Di dov'è Lei? *(formal sing.)* } Where are you from?

Sono di... *(name of the city)*   I am from . . .

Piacere mio.   My pleasure.

Per favore./Per piacere.   Please.

Grazie.   Thank you.

Grazie mille.   Thanks a million.

Prego.   You're welcome./That's quite all right.

Scusi. *(formal sing.)*/**Scusa.** *(familiar sing.)*   Excuse me.

Come sta? *(formal sing.)*/**Come stai?** *(familiar sing.)*   How are you?

Come va?   How's it going? (familiar sing.)

Bene, grazie, e Lei? (formal sing.)/**Bene, grazie, e tu?** *(familiar sing.)*   Fine, thank you, and you?

Molto bene.   Very well.

Non c'è male.   Not bad.

Così così.   So-so.

NOTE: Tu *(you, sing.)* is the familiar form used by young people, close friends, family members, and with children. **Lei** *(you, sing.)*, the formal form, is used in all other cases.

Informazioni

Saluti

*I*talians tend to be more formal than Americans when greeting and addressing each other.

Among adults, acquaintances are addressed as **Signore, Signora,** or **Signorina** or by their titles: **Professore(-ssa), Dottore, Ingegnere,** etc. The greeting **Ciao!,** which has become so popular abroad, is reserved in Italy only for very close friends, members of the family, relatives, and young people. **Salve!** is also a common greeting. It is slightly more formal than **Ciao!,** but, like **Ciao!,** it is used for both "Hello!" and "Good-bye!". When meeting either friends or acquaintances, as well as in introductions, Italians customarily shake hands, without distinction between sexes.

In classe

In un'aula ci sono *(In a classroom there are):*

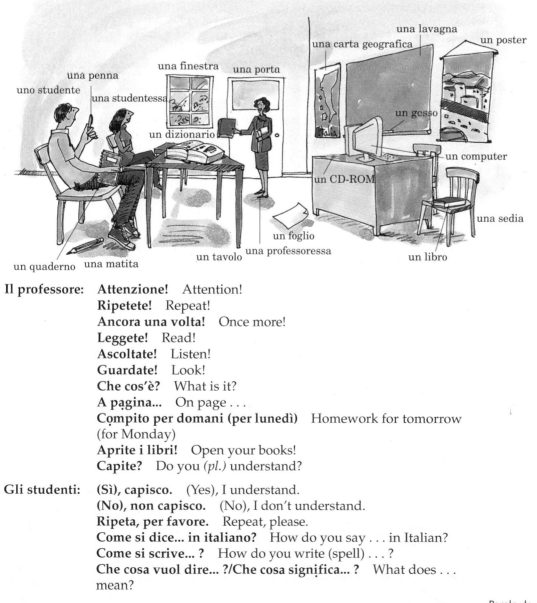

Il professore:	**Attenzione!**	Attention!
	Ripetete!	Repeat!
	Ancora una volta!	Once more!
	Leggete!	Read!
	Ascoltate!	Listen!
	Guardate!	Look!
	Che cos'è?	What is it?
	A pagina...	On page . . .
	Compito per domani (per lunedì)	Homework for tomorrow (for Monday)
	Aprite i libri!	Open your books!
	Capite?	Do you *(pl.)* understand?
Gli studenti:	**(Sì), capisco.**	(Yes), I understand.
	(No), non capisco.	(No), I don't understand.
	Ripeta, per favore.	Repeat, please.
	Come si dice... in italiano?	How do you say . . . in Italian?
	Come si scrive... ?	How do you write (spell) . . . ?
	Che cosa vuol dire... ?/Che cosa significa... ?	What does . . . mean?

I numeri da 0 a 49

I numeri da 0 a 49				
0 zero	10 dieci	20 venti	30 trenta	40 quaranta
1 uno	11 undici	21 ventuno	31 trentuno	41 quarantuno
2 due	12 dodici	22 ventidue	32 trentadue	42 quarantadue
3 tre	13 tredici	23 ventitrè	33 trentatrè	43 quarantatrè
4 quattro	14 quattordici	24 ventiquattro	34 trentaquattro	44 quarantaquattro
5 cinque	15 quindici	25 venticinque	35 trentacinque	45 quarantacinque
6 sei	16 sedici	26 ventisei	36 trentasei	46 quarantasei
7 sette	17 diciassette	27 ventisette	37 trentasette	47 quarantasette
8 otto	18 diciotto	28 ventotto	38 trentotto	48 quarantotto
9 nove	19 diciannove	29 ventinove	39 trentanove	49 quarantanove

1. Note that the numbers **venti, trenta,** and **quaranta** drop the final vowel before adding **uno** and **otto.**
2. **Tre** takes an accent when it is added to **venti, trenta,** and **quaranta.**

I giorni della settimana *(The days of the week)*

lunedì	martedì	mercoledì	giovedì	venerdì	sabato	domenica

Che giorno è oggi?	*What day is today?*
Oggi è martedì.	*Today is Tuesday.*
Che giorno è domani?	*What day is tomorrow?*
Domani è mercoledì.	*Tomorrow is Wednesday.*

Pratica

 A. Saluti. Complete each dialogue with a classmate, and then act it out.

1. — Buon _____, signore (signora, signorina). Come _____?
   — Bene, _____, e Lei?
   — _____, grazie.

2. — _____, Luisa, come va?
   — Bene, grazie, e _____?
   — Non c'è _____, grazie.

3. — Mi chiamo _____, e tu?
   — _____.
   — Di dove sei?
   — _____, e tu?
   — _____.
   — Io sono studente.
   — Anch'io _____.
   — A domani!
   — _____!

B. Incontri. How would you:

1. greet and introduce yourself to your professor?
2. ask your professor how he/she is?
3. ask another student how he/she is?
4. ask another student what his/her name is?
5. say good-bye to a classmate, adding that you will see him/her soon?

C. Presentazioni. Greet and introduce yourself to a classmate sitting nearby, indicating where you are from. Ask your classmate about himself/herself, and then introduce him/her to the class.

D. Che cos'è? Point to various objects in the classroom and ask another classmate to identify them, following the example.

Esempio   Che cos'è?
È una sedia.

E. Situazioni. What would you say in the following situations?

1. You want to ask the meaning of the word **benissimo.**
2. You don't understand what your instructor has said.
3. You want to ask how to say, "You're welcome" in Italian.
4. You are not sure how to spell your instructor's name.
5. You would like your instructor to repeat something.

F. Giochiamo con i numeri. With a classmate, take turns reading aloud each series of numbers and adding the missing number.

Esempio   2, 4, 6, ...
— *due, quattro, sei, ...*
— *due, quattro, sei, otto, ...*

1. 3, 6, 9, ...
2. 1, 3, 5, ...
3. 12, 14, 16, ...
4. 5, 10, 15, ...
5. 10, 8, 6, ...
6. 42, 44, 46, ...
7. 41, 40, 39, ...

G. I prefissi delle città italiane (*Area codes for Italian cities*). Look at the table below and take turns with a classmate asking and giving the area codes of some of the cities shown.

Esempio   — Qual è il prefisso di Milano?
— *Il prefisso di Milano è zero due (02). Qual è il prefisso di Napoli?*
— *Il prefisso di Napoli è zero otto uno (081). Qual è il prefisso di... ?*

Città	Prefisso	Città	Prefisso
Ancona	071	Genova	010
Bari	080	Milano	02
Bergamo	035	Napoli	081
Bologna	051	Padova	049
Brescia	030	Palermo	091

Per finire

Il primo giorno di scuola CD1, Track 9 🎧

Oggi. Lezione di inglese. Ecco una conversazione tra *(between)* uno studente e una studentessa prima *(before)* della lezione.

LAURA Ciao, io mi chiamo Laura, e tu?

FRANCESCO Ciao. Io mi chiamo Francesco.

LAURA Molto piacere.

FRANCESCO Piacere mio.

LAURA Di dove sei?

FRANCESCO Sono di Como, e tu?

LAURA Sono di Pavia.

La professoressa entra in classe.

LA PROFESSORESSA Buon giorno, ragazzi. Come va?

GLI STUDENTI Bene, grazie, e Lei?

LA PROFESSORESSA Non c'è male, grazie. Ragazzi, aprite i libri a pagina 18. Francesco, leggi *(read)*, per favore.

FRANCESCO *(LEGGE IN INGLESE)*… «Good morning Jennifer, How is it going? . . . »

LAURA Scusi, Signora, non capisco. Che cosa vuol dire «How is it going»?

LA PROFESSORESSA Vuol dire «Come va?».

LAURA È un'espressione formale?

LA PROFESSORESSA No, è un'espressione familiare.

FRANCESCO Per favore, Signora, come si dice in inglese «Molto piacere»?

LA PROFESSORESSA Si dice «Nice to meet you».

FRANCESCO Grazie.

Alle undici (At eleven o'clock) *la lezione è finita.*

LAURA Ciao, Francesco, a domani.

FRANCESCO Arrivederci, Laura. Nice to meet you.

For more listening practice, you can listen to CD1, tracks 10 **(Ciao, come stai?)** and 11 **(Buon giorno, come sta?).**

Comprensione

1. Che giorno è oggi?
2. È una lezione di matematica?
3. Di dov'è Laura? E Francesco?
4. «Come va?» è un'espressione formale?
5. Come si dice in italiano «Nice to meet you»?

Attualità
The Italian Language and Its Dialects

The Italian language stems directly from Latin. As the authority of ancient Rome fragmented, its language, Latin, also broke apart and formed several national European idioms. In the same way, numerous linguistic varieties, or dialects, took form within the Italian peninsula. They were the expressions of different centers of civilization within the larger Italian world.

The dialect of Tuscany was assured linguistic supremacy by the political importance and geographic position of its principal city, Florence, and above all by the authority of the thirteenth-century Tuscan writers Dante, Petrarca, and Boccaccio. Each of these men wrote works of major literary significance in their native Tuscan dialect. Eventually, the Tuscan dialect became recognized as the official Italian language.

For many centuries, however, the Italian language remained an exclusively literary mode of expression, used only by learned people. The different dialects continued to be spoken, a situation favored by the historical and political fragmentation of Italy, which remained divided into many separate city-states until the second half of the nineteenth century. The local dialect was often the official language of the court of that particular city-state. This was the case in Venice, a republic renowned for the skill of its diplomats. The eighteenth-century playwright Carlo Goldoni, who has been called by critics the Italian Molière, wrote many of his plays in Venetian. For example, in his dialect we find the word **schiao**, meaning "your servant," which is derived from the Latin word for "slave," esclavum. This is the origin of the international greeting **ciao**.

Today Italy has achieved political as well as linguistic unity, and with few exceptions everyone speaks Italian. The dialects, however, remain very much alive. Indeed, most Italians may be considered bilingual because, in addition to speaking Italian, they also speak or at least understand the dialect of their own region or city.

The Italian language has a much more limited vocabulary than the English language. For example, the word **signore** is translated as *sir, mister, gentleman,* and *lord.* Similarly, the word **signora** corresponds to *lady, madam,* and *Mrs.* The word **bello** means *beautiful* and *handsome;* casa is both *house* and *home.*

The Italian language itself continues to evolve, reflecting Italians' interchange with the world on a global basis and in particular with North America. Many words from English or derived from English have found their way into the everyday language. For example, the following words are common: **shopping, fast food, quiz,** and **hamburger.** And you will immediately recognize such new computer-related terms as the following: **mouse, cliccare,** and **formattare.**

Dante is considered the father of the Italian language and one of the greatest poets in the Western world. His major work is *La divina commedia.*

Vocabolario

Nomi

la classe	class
il giorno	day
l'inglese *(m.)*	English (language)
l'italiano	Italian (language)
la lezione	lesson
il professore, la professoressa	professor
il ragazzo, la ragazza	boy, girl
la scuola	school
la settimana	week
lo studente, la studentessa	student

Aggettivi

primo	first

Altre espressioni

benissimo	very well
che	what
con	with
di, d'	of, from
domani	tomorrow
oggi	today
perché	why, because

La città

1

Traffico lungo una strada di Milano

Parole da ricordare
La città

La grammatica
1 **Essere; C'è, Ci sono e Ecco!**
2 Il nome
3 Gli articoli
4 Espressioni interrogative

Per finire: Cosa c'è in una città?
Ascoltiamo! Adesso scriviamo!
Parliamo insieme!

Attualità: Milano

www.academic.cengage.com/italian/salve

📖 Workbook 🎧 iRadio 🎧 Audio

17

Parole da ricordare
La città

Roma. La basilica di San Pietro, con la cupola *(dome)* di Michelangelo e il colonnato di Gian Lorenzo Bernini.

una strada* street, road	**una banca** (*pl.* **-che**) bank
una via* street, way	**una farmacia** pharmacy
una piazza square	**un ospedale** hospital
una fontana fountain	**un cinema(tografo)** movie theater
un monumento monument	**un teatro** theater
una chiesa church	**uno stadio** stadium
un museo museum	**un parco** (*pl.* **-chi**) park
una scuola school	**una stazione** station
un'università university	**un treno** train
un edificio building	**un autobus** bus
un albergo hotel	**un tram** streetcar
un bar coffee shop	**un'auto(mobile)** (*f.*), **una macchina** car
un ristorante restaurant	
un negozio store, shop	**una moto(cicletta)** motorcycle
un supermercato supermarket	**una bici(cletta)** bicycle
un ufficio postale post office	**un motorino, uno scooter** moped, motorscooter
un ufficio turistico tourist office	

* * *

Altre espressioni

lontano far	**a destra** to the right
vicino, qui vicino near, nearby	**a sinistra** to the left
Dov'è... ? Where is . . . ?	**avanti diritto** straight ahead
Che cos'è... ? What is . . . ?	**Scusi, dov'è un ufficio postale?** Pardon, where is a post office?
C'è un tour, per favore? Is there a tour, please?	**A destra, signora.** To the right, madam.
Sì, c'è. Ecco le informazioni. Yes, there is. Here is the information.	**in centro** downtown

*Strada is a more general term; via is used before the name of a street: **via Mazzini, via Torino.**

Applicazione

A. Dov'è... ? Take turns with a partner asking and answering questions about where the things and people listed in column A are found. Select your response from column B, and follow the example.

Esempio un treno
— *Dov'è un treno?*
— *Un treno è in una stazione.*

A	**B**
1. una tigre	un ospedale
2. un motorino	una strada
3. un caffè	un'università
4. un turista	una piazza
5. un dottore	uno zoo
6. un film	un bar
7. una fontana	un ufficio informazioni
8. uno studente	un cinema

B. Che cos'è... ? Luigino does not know much about the world outside his hometown. With a classmate, recreate his questions and the responses of his friend Pierino, following the example.

Esempio l'Empire State Building/a New York
— *Che cos'è l'Empire State Building?*
— *È un edificio, a New York.*

1. San Pietro/a Roma 2. il Louvre/a Parigi 3. Trafalgar Square/a Londra
4. il Golden Gate Park/a San Francisco 5. Napoli/in Italia 6. la Fifth Avenue/in America

C. Cosa c'è in una città? With a partner, take turns asking each other questions about the cities you are from or the city in which your university is located. Use vocabulary you have learned, and follow the example.

Esempio — *Di dove sei?*
— *Sono di San Diego. E tu?*
— *Sono di Denver. C'è un'università a San Diego?*
— *Sì, c'è un'università a San Diego.*

Informazioni

In città

*M*ost cities and towns have a tourist office called the **A.P.T. (Azienda di Promozione Turistica),** which provides information about hotels, **pensioni***, transportation, tours, and reservations. Cities' main train stations have an **Ufficio Informazioni,** which provides tourists with lists of available accommodations (hotels, **pensioni**) and assists in making reservations.

Tickets for city buses, streetcars, and the **metropolitana** (the subway in Rome, Milan, and Naples) must be purchased at a **Tabacchi** store or a newsstand before boarding. The tickets can be used interchangeably on all three means of transportation.

---

*pensione (*sing.*) = boarding house

La grammatica

1 *Essere (To be); C'è, ci sono e Ecco!*

A. **Essere** *(To be)* is an irregular verb **(verbo).** It is conjugated in the present tense **(presente)** as follows:

Marcello è in classe con Gabriella.

Person	Singular	Plural
1st	io **sono** *(I am)*	noi **siamo** *(we are)*
2nd	tu **sei** *(you are, familiar)*	voi **siete** *(you are, familiar)*
3rd	lui **è** *(he is)*	
	lei **è** *(she is)*	loro **sono** *(they are)*
	Lei **è** *(you are, formal)*	Loro **sono** *(you are, formal)*

Luigi **è** italiano.	*Luigi is Italian.*
Marco e io **siamo** studenti.	*Marco and I are students.*
Lisa e Gino **sono** di Roma.	*Lisa and Gino are from Rome.*
Tu e Piero **siete** buoni amici.	*You and Piero are good friends.*

1. There are many rules regarding verbs and their usage:

   a. Unlike English verbs, Italian verbs have a different ending for each person.

   b. The negative of a verb is formed by placing **non** before the verb.

Non siamo a teatro.	*We are not at the theater.*
Filippo **non è** in classe.	*Filippo is not in class.*

   c. The interrogative of a verb is formed either by placing the subject at the end of the sentence or by leaving it at the beginning of the sentence. In both cases, there is a change in intonation, and the pitch rises at the last word:

   È studentessa Gabriella?

   Gabriella è studentessa?

   Is Gabriella a student?

2. The subject pronouns **(pronomi soggetto)** in Italian are:

io	*I*	**noi**	*we*
tu	*you (familiar sing.)*	**voi**	*you (familiar pl.)*
lui, lei	*he, she*	**loro**	*they*
Lei	*you (formal sing.)*	**Loro**	*you (formal pl.)*

   a. The subject pronoun *you* is expressed in Italian in several ways: **tu** (singular) and **voi** (plural) are the familiar forms. They are used to address relatives, close friends, and children; young people also use them to address each other.

Io sono di Pisa, e **tu?**	*I am from Pisa, and you?*
Siete a scuola **voi** oggi?	*Are you in school today?*

   Lei (singular) and **Loro** (plural) are formal forms and are used among persons who are not well acquainted. **Lei** and **Loro** are used for both men and women. They take, respectively, the third-person singular and the third-person plural of the verb and are often capitalized to distinguish them from **lei** *(she)* and **loro** *(they).*

Buona sera, signore. Come sta **Lei** oggi?	*Good evening, sir. How are you today?*
Maria è a casa; **lei** non sta bene.	*Maria is at home; she does not feel well.*
Sono a casa **Loro** stasera?	*Are you at home tonight?*

NOTE: In contemporary Italian, the familiar plural form **voi** is used more frequently than **Loro,** particularly when addressing young people.

Ecco la chiesa di Santa Maria delle Grazie a Milano, in corso Magenta, dove c'è l'affresco di Leonardo da Vinci: *L'Ultima Cena*.

Ecco l'affresco *L'Ultima Cena*, dipinto da Leonardo da Vinci nel refettorio del monastero della Chiesa di Santa Maria delle Grazie (1497).

b. In Italian, the subject pronouns are often omitted since the subject of the sentence is indicated by the verb ending. However, the subject pronouns are used for emphasis and to avoid ambiguities. Note that the subject pronouns *it* and *they,* when referring to animals and things, are usually not expressed in Italian.

Sono Marcello.	*I am Marcello.*
Io sono Marcello.	*I am Marcello.* (emphatic)
Pio e Lina non sono a casa.	*Pio and Lina are not at home.*
Lui è a Napoli, **lei** è a Pisa.	*He is in Naples, **she** is in Pisa.* (for clarification)

B. C'è *(there is)* and **ci sono** *(there are)* are used to indicate the existence of someone or something (in sight or not). Their negative forms are **non c'è** and **non ci sono,** respectively.

C'è la metropolitana a Roma?	*Is there the subway in Rome?*
Oggi ci **sono** diciotto studenti.	*Today there are eighteen students.*
Non ci sono fiori in giardino.	*There are no flowers in the garden.*

Ecco is invariable and is used to point out someone or something in *sight*. It has several meanings: *Look!, Here is . . . !, Here are . . . !, There is . . . !, There are . . . !*

Ecco l'autobus!	*Here (There) is the bus!*
Ecco i signori Parini!	*There are Mr. and Mrs. Parini!*

Pratica

A. Essere o non essere? Complete each sentence with the correct present tense form of essere.

Esempio   Los Angeles _____ in America.
            Los Angeles è in America.

1. Gabriella e io non _____ a Firenze.   **2.** Tu e lei _____ in California.   **3.** San Francisco e Chicago _____ in America.   **4.** Piazza San Marco _____ a Venezia.   **5.** Tu _____ a scuola.

B. Dove siamo? With a classmate, take turns asking and answering these questions. Choose the answer you prefer.

Esempio   — Dove sei tu oggi? a casa/a scuola
            — *Oggi io sono a casa.* o *Oggi io sono a scuola.*

1. Quando sei a casa tu? oggi/domani/stasera

2. Dove siete tu e gli amici *(your friends)* domenica? a un museo/al *(at the)* parco/a un concerto/al cinema/a un bar

3. Dove siamo tu e io adesso? in classe/alla *(at the)* lezione d'italiano/ all'università

C. Siamo curiosi. In groups of two, one student will transform the statement into a question. The other will answer in the negative, completing the sentence using his/her imagination.

Esempio   Lucia è professoressa.
            — *È professoressa Lucia?*
            — *No, Lucia non è professoressa, è studentessa.*

1. Tu sei di New York.

2. Il professore è in classe domani.

3. *L'Ultima Cena* di Leonardo da Vinci è a Roma.

4. Tu e la professoressa siete in biblioteca oggi.

5. Il professore e gli studenti sono a Firenze.

D. C'è… ? Ci sono… ? With a classmate, take turns asking each other about your hometowns, following the example.

Esempio   parchi
            — *Ci sono parchi a…* (your city)?
            — *Sì, ci sono.* o *No, non ci sono.*

1. un'università

2. autobus *(pl.)*

3. musei

4. una piazza

5. treni

6. ristoranti italiani

7. un monumento a Cristoforo Colombo

2 Il nome

 To download a podcast on Accented vowels and the letter **h,** go to academic.cengage.com/italian.

Bergamo. La parte alta della città. Ecco una piazza con un palazzo. A destra e a sinistra ci sono edifici.

A. Gender of nouns. A noun **(nome)** is either masculine or feminine. Usually, nouns ending in **-o** are masculine and nouns ending in **-a** are feminine. There is also a class of nouns that end in **-e.** These nouns can be *either* masculine *or* feminine.

treno *(m.)* **casa** *(f.)*
ristorante *(m.)* **stazione** *(f.)*

NOTE:

a. Nouns ending in **-ore** or in a *consonant* are masculine.

   fi**ore**   dott**ore**   scult**ore**   ạutobus   spo**r**t   ba**r**

b. Nouns ending in **-ione** are generally feminine.

   lez**ione**   presentaz**ione**   conversaz**ione**

B. Plural of nouns. In Italian, the plural is usually formed by changing the final vowel of the noun. The following chart shows the most common changes.

Nouns ending in	**-o**	**-i**	un lib**ro**	due lib**ri**
	-a	**-e**	una cas**a**	due cas**e**
	-e	**-i**	un dottor**e** *(m.)*	due dottor**i**
			una stazion**e** *(f.)*	due stazion**i**

NOTE:

a. Some nouns are invariable and thus do not change in the plural.
   - nouns ending in accented vowels
     una cit**tà**   due cit**tà**   un caf**fè**   due caf**fè**
   - nouns ending in a consonant
     un ba**r**   due ba**r**   un fil**m**   due fil**m**
   - nouns that are abbreviated
     un cinem**a**(tọgrafo)   due cịnema
     una fot**o**(grafịa)   due foto

b. Nouns that end in **-ca** and **-ga** change to **-che** and **-ghe.**

   un'ami**ca**   due ami**che**
   una ri**ga** *(line)*   due ri**ghe**

c. Most nouns ending in **-io** change to **-i.**

   un negọz**io**   due negoz**i**
   un uffịc**io**   due uffic**i**

Pratica

A. Singolare e plurale. Give the plural of each of the following nouns, following the example.

Esempio   stazione
            stazioni

1. bambino
2. studente
3. casa
4. amico
5. bar
6. ospedale
7. conversazione
8. piazza
9. professoressa
10. classe
11. amica
12. cinema
13. città
14. banca
15. studio
16. edificio
17. ristorante
18. autobus
19. negozio
20. sport
21. università

B. Plurali. Complete the following statements with the plural of the nouns in parentheses.

1. Oggi ci sono ventidue (studente) _____ in classe.
2. Io e... *(name a student)* siamo (amico) _____.
3. Venezia e Vicenza sono due belle (città) _____.
4. Lungo *(Along)* la strada ci sono (autobus) _____, (automobile) _____ e (bicicletta) _____.
5. In Piazza del Duomo ci sono (edificio) _____, (negozio) _____, (bar) _____, (caffè) _____, (banca) _____ e (ristorante) _____. Non ci sono (supermercato) _____.

 C. Plurali con i numeri. You need a few items for school. Take turns with a classmate saying what you are buying.

Esempio      *Io compro cinque giornali.*

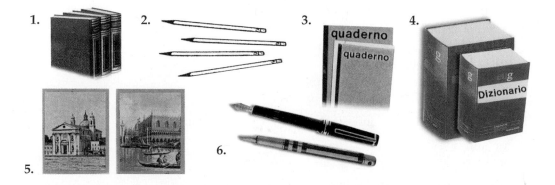

3 Gli articoli

To download a podcast on Special uses of the definite article—Part 1; Special uses of the definite article—Part 2, go to academic.cengage.com/italian.

A. Articolo indeterminativo. The *indefinite article (a, an)* has the masculine forms **un, uno** and the feminine forms **una, un'**, depending on the first letter of the noun that the article precedes.

		Masculine	Feminine
before	*consonant*	**un** libro	**una** casa
	vowel	**un** amico	**un'**amica
	z	**uno** zoo	**una** zebra
	s + *consonant*	**uno** studente	**una** studentessa

La Sicilia è **un'**isola.	*Sicily is an island.*
Dov'è **una** banca, per favore?	*Where is a bank, please?*
Ecco **un** ristorante!	*Here is a restaurant!*
C'è **uno** zoo in questa città?	*Is there a zoo in this city?*

B. Articolo determinativo. The *definite article (the)* agrees with the noun it precedes in gender (masculine or feminine) and in number (singular or plural). The masculine forms are **il, l', lo, i, gli,** and the feminine forms are **la, l', le,** according to the initial letter and the number of the word the definite article precedes.

			Singular	Plural
Masculine	*before*	*consonant*	**il** libro	**i** libri
		vowel	**l'**ospedale	**gli** ospedali
		z	**lo** zero	**gli** zeri
		s + *consonant*	**lo** stadio	**gli** stadi
Feminine	*before*	*consonant*	**la** casa	**le** case
		vowel	**l'**autostrada *(freeway)*	**le** autostrade

Ecco **l'**autobus!	*Here is the bus!*
Dove sono **gli** studenti?	*Where are the students?*
Gina è **l'**amica di Maria.	*Gina is Maria's friend.*
Ecco **le** informazioni, signora.	*Here is the information, Madam.*

If a noun ending in **-e** is masculine, it will have the appropriate masculine article **(il, l', lo, i, gli),** depending on its initial letter. If a noun ending in **-e** is feminine, it will have the appropriate feminine article **(la, l', le),** depending on its initial letter.

il fiore *(m.) (flower)* **i** fiori
l'automobile *(f.)* **le** automobili

NOTE:

a. When using a title to address someone, omit the article. When you are speaking *about* someone, use the appropriate definite article *before* the title.

Buon giorno, signor Neri.	*Good morning, Mr. Neri.*
Il professor Rossi non è in casa.	*Professor Rossi is not home.*
I signori Bianchi sono a teatro.	*Mr. and Mrs. Bianchi are at the theater.*

b. Titles such as **signore, professore,** and **dottore** drop the final **-e** in front of a proper name.

— Buon giorno, dottor Lisi.
— Buon giorno, professore.

Pratica

A. In una piccola (small) città. Provide the indefinite articles in the following list of buildings or locations found in a small town.

1. _____ scuola
2. _____ farmacia
3. _____ ufficio postale
4. _____ ristorante
5. _____ cinema
6. _____ bar

7. _____ chiesa
8. _____ stazione
9. _____ supermercato
10. _____ piazza
11. _____ stadio

B. Chi sono? Cosa sono? With a partner, take turns asking each other to identify the following people and things. Use the definite article in your responses.

Esempio   —Cosa sono?
          — *Sono i dischetti.*

C. È...? Imagine you and a classmate are looking at pictures in an Italian magazine. Take turns asking and answering questions, following the example.

Esempio   monumento/a Garibaldi
          — *È un monumento?*
          — *Sì, è il monumento a Garibaldi.*

1. chiesa/di San Pietro   **2.** ufficio/di Francesca Rovati   **3.** stazione/di Firenze   **4.** università/di Milano   **5.** affresco/di Leonardo da Vinci **6.** parco/di Genova   **7.** caffè/«Sport»   **8.** zoo/di San Diego   **9.** automobile/di un amico   **10.** studio/di un pittore   **11.** treno/Milano–Roma **12.** banca/d'Italia   **13.** negozio/«Lui e Lei»

D. In un caffè. Here are fragments of conversations overheard in an Italian cafe. Supply the definite article where necessary. Then practice reading these sentences and responding to them with a classmate.

1. Buon giorno, _____ dottor Bianchi! Come sta?
2. Oh! Ecco _____ signor Rossi.
3. Scusi, dov'è _____ professor Marini oggi?
4. Quando è in ufficio _____ professoressa Rovati?
5. _____ signori Verdi sono a Parigi.
6. ArrivederLa, _____ dottore!

4 Espressioni interrogative

To download a podcast on Question words, go to academic.cengage.com/italian.

Some interrogative words and expressions are:

Chi?	*Who? Whom?*	**Chi** è Marcello?	*Who is Marcello?*
Che cosa?			
Cosa?	*What?*	**Cos'è** un pronome?	*What is a pronoun?*
Che?			
Come?	*How? Like what?*	**Com'è** Firenze?	*What is Florence like?*
Dove?	*Where?*	**Dov'è** Palermo?	*Where is Palermo?*
Quando?	*When?*	**Quando** sei a casa?	*When are you at home?*

Cosa, come, and **dove** are elided before **è.**

Cos'è?	*What is it?* or *What is he/she?*
Dov'è?	*Where is it?* or *Where is he/she?*

— Che cos'è?
— È un castello.
— Com'è?
— È grande e bello.
— Dov'è?
— È a Milano.

Pratica

A. Quiz. With a classmate, take turns asking and answering questions, following the examples.

Esempi   Filippo/studente
— *Chi è Filippo?*
— *È uno studente.*

Venezia/città
— *Che cos'è Venezia?*
— *È una città.*

1. *Il Davide*/scultura (*sculpture*) di Michelangelo
2. *Giulietta e Romeo*/tragedia di Shakespeare
3. Harvard/università
4. Leonardo da Vinci/pittore
5. Il Duomo di Milano/chiesa
6. La Scala/teatro
7. Marcello/ragazzo italiano
8. Andrea Bocelli/cantante

B. Qual è la domanda? Working with a partner, ask questions that would elicit the following answers, using **chi, che (che cosa, cosa), come, dove,** or **quando.**

Esempio   — Io sono a casa stasera.
— *Dove sei stasera?*

1. Io sono un amico di Francesca.
2. Tokio è in Giappone.
3. Genova è un porto in Italia.
4. Piazza San Marco è a Venezia.
5. Bene, grazie.
6. Oggi Francesca Rovati è all'università.
7. Capri è un'isola (*island*).
8. Dante Alighieri è un poeta.
9. Siamo a casa domani.
10. Sono Loredana.

Per finire

Traffico lungo una strada di Milano.

Cosa c'è in una città? CD1, Track 12 🎧

Ecco una conversazione **fra** due **ragazzi.**   *between / boys*

ALBERTO   Dove **a**biti?   *do you live*

PAOLO   **A**bito a Milano, e tu?

ALBERTO   Io **a**bito a Rapallo. **Com'è** Milano?   *What is . . . like?*

PAOLO   Milano è una grande città, con **molti** edifici: i   *many*
negozi, le banche, i ristoranti, i caffè, i cinemat**o**grafi,
i monumenti, le chiese, i musei, le scuole e un teatro
famoso, La Scala.

ALBERTO   C'è uno zoo?

PAOLO   Sì, c'è. Con gli animali feroci. C'è **anche** un **castello,**   *also / castle*
in un grande parco, con gli **a**lberi, i fiori e le fontane.

ALBERTO   Ci sono molte autom**o**bili? Ci sono le Ferrari?

PAOLO   Sì, ci sono molte autom**o**bili e anche le Ferrari. Ci
sono gli **a**utobus, i tram e le stazioni **dei** treni. Com'è   *of the*
Rapallo?

ALBERTO   Rapallo è una p**i**ccola città, **però** è una città **molto**   *small / but /*
bella.   *very beautiful*

Comprensione

1. Dove **a**bita Paolo?
2. Milano è una città p**i**ccola o grande?
3. Cosa c'è a Milano?
4. Come si chiama il famoso teatro di Milano?
5. C'è o non c'è uno zoo?
6. Cosa c'è in un parco?
7. A Milano ci sono molte autom**o**bili?
8. Com'è Rapallo, secondo (*according to*) Alberto?

Ascoltiamo!

In un ufficio turistico
CD1, Track 13

Anna Verri, a visitor to Milan, has stopped by the tourist office to make an inquiry. Listen to her conversation with the clerk, and then answer the following questions.

Comprensione

1. Dov'è la turista Anna Verri?
2. La turista desidera *(wishes)* visitare la città di Roma o la città di Milano?
3. Che cosa *(What)* include il tour?
4. L'impiegato *(The clerk)* ha le informazioni?
5. Che cosa dice la turista per ringraziare *(to say thanks)*?

Dialogo

With another student, play the roles of a tourist and an employee in the tourist office. After greeting each other, the tourist asks if there is a tour of Rome. The employee answers affirmatively and provides information. The tourist thanks him/her and both say good-bye.

In centro   CD 1, Track 14

Liliana and Lucia meet downtown in a coffee shop. They talk about their school and their friends. Listen to their conversation, and then answer the following questions.

Comprensione

1. Dove sono Liliana e Lucia?
2. Domani Liliana ha *(has)* un esame di matematica o un esame d'inglese?
3. Il professore di matematica è severo?
4. Con chi *(whom)* è Marcello oggi?
5. Di dov'è l'amica di Marcello?
6. Perché la chiesa di Santa Maria delle Grazie è famosa?
7. Chi *(Who)* è la signorina Clark?

Adesso scriviamo!

Io abito a...

Describe the city, town, or place where you live.

- What is its name?
- Is it big or small?
- In which state is it?
- What is there in your city? (a train station, an airport, parks, hospitals, post offices, universities, banks, theaters, museums, supermarkets, restaurants, stores)
- What else is in your city? Is it a beautiful city?

Parliamo insieme!

A. Descrizione. Using the vocabulary from the chapter, practice describing the photo of the city on page 28.

B. Conversazione. Take turns asking about and describing the cities which you come from. You can ask each other questions such as: **Dove abiti? Com'è la città? Com'è il traffico? C'è uno zoo?,** etc.

Attualità
Milano

 A. Look at the brochure below and, with a classmate, take turns to provide the information requested.

1. Qual è il nome del teatro più famoso in Italia?
2. Qual è lo sport più popolare in Italia?

B. Complete the following sentences.

1. Milano offre giorni ricchi di _____.
2. Milano è anche famosa per l'antiquariato, _____, _____, _____.

Milano e i Giovani

Un incontro di sicuro successo

Teatro alla Scala: una serata molto esclusiva...

Lo spettacolo domenicale...

Ricchi itineari d'arte e di storia...

La Galleria Vittorio Emanuele

Spettacoli alla Scala, al Piccolo Teatro, al Teatro Lirico, al Teatro Studio, Musei incomparabili, Mostre d'arte, Vita notturna, Musica sui Navigli, Cabaret, Teatro d'avanguardia, Calcio internazionale, Le vie dello shopping, Antiquariato, Design, Sfilate di moda, Fiere mondiali.

giorni ricchi di opportunità e divertimenti

C. Look at the brochure and read the list of words that describe the city of Milan. Choose the appropriate word(s) to fill in the lines below, following the example.

Esempio   Il Museo Nazionale della Scienza e della Tecnica Leonardo
da Vinci: *Tecnologia, Novità,…*

1. Il Teatro alla Scala:

_____

2. Il Castello Sforzesco:

_____

3. I negozi di moda:

_____

4. Il museo Nazionale della Scienza e della Tecnica Leonardo da Vinci:

_____

5. Il Duomo:

_____

6. *L'Ultima cena* di Leonardo da Vinci:

_____

Milano è

Dinamismo

Vitalità

Arte

Architettura

Musica

Spettacolo

Storia

Scienza

Tecnologia

Progresso

Novità

Eleganza

Moda

Una città giovane che
piace ai giovani

Vocabolario

Nomi

l'affresco	fresco
l'albero	tree
l'amico (l'amica)	friend
l'animale (*m.*)	animal
la casa	house, home
il castello	castle
la città	city, town
la conversazione	conversation
il dottore (la dottoressa)	doctor; university graduate
l'esame (*m.*)	examination
il fiore	flower
la fontana	fountain
il giardino	garden
l'informazione (*f.*)	information
l'Italia	Italy
lo studio	study
il traffico	traffic
il (la) turista	tourist

Aggettivi

bello(a)	beautiful, handsome
famoso(a)	famous
grande	big, large, wide; great
italiano(a)	Italian
molti, molte	many
piccolo(a)	small, little

Verbi

essere	to be

Altre espressioni

a	in, at, to
anche	also, too, as well
c'è, ci sono	there is, there are
che?, che cosa?, cosa?	what?
chi?	who, whom?
come? com'è?	how? What is . . . like?
dove? dov'è?	where?
e, ed	and (*often before a vowel*)
ecco!	here (there) is (are)!
in	in
molto (*inv.*)	very
no	no
per	for
quando?	when?
stasera	tonight
sì	yes

La personalità

È la terza telefonata... e la terza ragazza!

Parole da ricordare
La descrizione

La grammatica
1 L'aggettivo; **Buono** e **bello**
2 **Avere;** Frasi idiomatiche con **avere**
3 **Quanto?;** I numeri cardinali
4 **Quale?** e **Che?**

Per finire: Due compagni di stanza
Ascoltiamo! Adesso scriviamo! Parliamo insieme!

Attualità: Il turismo nelle regioni d'Italia

academic.cengage.com/italian/salve

📖 Workbook 🎧 iRadio 🎧 Audio

33

Parole da ricordare
La descrizione

bello   forte   magro   grasso   vecchio

Come sei tu?

biondo(a) blond		**intelligente** intelligent	
bruno(a) dark-haired		**stupido(a)** stupid	
alto(a) tall		**studioso(a)** studious	
basso(a) short		**pigro(a)** lazy	
giovane young		**simpatico(a)** nice, charming	
brutto(a) ugly		**antipatico(a)** unpleasant	
ricco(a) (*pl.* **ricchi**) rich		**generoso(a)** generous	
povero(a) poor		**avaro(a)** stingy	
fortunato(a) lucky		**interessante** interesting	
sfortunato(a) unlucky		**divertente** amusing	
buono(a) good		**noioso(a)** boring	
cattivo(a) bad		**contento(a)** content, pleased	
bravo(a) good, talented		**triste** sad	

* * *

Hai i capelli... ?

neri black	**rossi** red
biondi blond	**corti** short
bianchi white	**lunghi** long
castani brown	

* * *

Hai gli occhi... ?

castani brown	**verdi** green
azzurri blue	**grigi** gray

NOTE:

1. Although the adjectives **bravo** and **buono** are both translated in English as *good*, **bravo** should be used when *good* means "talented."

2. **Basso** and **corto** are both translated as *short*. However, **basso** refers to someone's or something's height, while **corto** refers to the length of objects: **capelli corti.**

3. **Castano** refers only to the color of eyes and hair: **capelli castani**; for everything else *brown* is translated **marrone.**

Complimenti e abitudini

*I*talians tend to minimize a compliment instead of thanking the person who says it. For instance, when a visitor says, "What a beautiful house you have!" the response of the owner is likely to be, "It is not too bad, but . . .," followed by an account of the house's shortcomings.

Italians like to be properly dressed for all occasions. Even when they visit a friend, for example, they feel they should dress up as a sign of respect.

Women of all ages are, for the most part, nicely dressed when they go to work, to shop, and even to buy groceries at the supermarket. The same goes for men; it is fairly common to see a man dressed in an Armani suit taking the bus to work (it is nearly impossible to find a parking space downtown). Italians tend to buy fewer clothes than Americans do, but what they buy each season, is of very good quality and extremely fashionable.

Applicazione

A. Domande. Answer the following questions using an appropriate adjective.

1. Come sono i capelli di Babbo Natale *(Santa Claus)*?
2. È generoso Scrooge?
3. Com'è Miss America?
4. Ha gli occhi castani Leonardo DiCaprio?
5. Com'è un topo di biblioteca *(bookworm)*?
6. È noioso in generale un film di Jim Carrey?
7. È brutto Brad Pitt?
8. Com'è Popeye?

B. Conversazione. With a classmate, take turns asking each other about a roommate or good friend **(amico/amica).**

1. Hai un compagno/una compagna di stanza o un amico (un'amica)?
2. Come si chiama? *(What is her/his name?)*
3. Di dov'è?
4. È bruno(a) o biondo(a)? alto(a) o basso(a)? Ha gli occhi castani o azzurri?
5. È simpatico(a)?
6. È intelligente? È studioso(a) o pigro(a)?
7. È avaro(a) o generoso(a)?
8. Quante lingue parla? una? due? tre?

C. Personalità. With a classmate, discuss the qualities of an ideal friend and the personality flaws that you cannot stand. Share your thoughts with the class as a whole.

Esempio — *L'amico/L'amica ideale è...*
— *L'amico/L'amica ideale non è...*

D. Descrizione. Introduce yourself to the class. Start with **Mi chiamo...,** and then describe your personality briefly using appropriate adjectives.

La grammatica

1 L'aggettivo; *Buono* e *bello*

To download a podcast on The adjective **bello**, go to academic.cengage.com/italian.

A. L'aggettivo. An adjective (**aggettivo**) must agree in gender and number with the noun it modifies. When an adjective ends in **-o**, it has four endings: **-o** *(m. sing.)*, **-i** *(m. pl.)*, **-a** *(f. sing.)*, and **-e** *(f. pl.)*.

	Singular	Plural
Masculine	il bambino biond**o**	i bambini biond**i**
Feminine	la bambina biond**a**	le bambine biond**e**

È brutta o carina Roberta? Ha i capelli lunghi o corti? Ha gli occhi verdi o castani?

Luigi è alto e biondo.   *Luigi is tall and blond.*
Maria è bassa e bruna.   *Maria is short and brunette.*
Maria e Luigi sono generosi.   *Maria and Luigi are generous.*

When an adjective ends in **-e,** it has two endings: **-e** *(m. & f. sing.)* and **-i** *(m. & f. pl.)*.

	Singular	Plural
Masculine	il ragazzo intelligent**e**	i ragazzi intelligent**i**
Feminine	la ragazza intelligent**e**	le ragazze intelligent**i**

Luigi è felice.   *Luigi is happy.*
Maria è felice.   *Maria is happy.*
Maria e Luigi sono felici.   *Maria and Luigi are happy.*

If an adjective modifies two nouns of different gender, the masculine plural ending is used. An adjective usually follows the noun it modifies. However, the following common adjectives usually precede the noun:

bello *beautiful, handsome, fine*	**piccolo** *small, short*
brutto *ugly, plain*	**stesso** *same*
buono *good*	**nuovo** *new*
bravo *good, talented*	**altro** *other*
cattivo *bad, mean, naughty*	**caro*** *dear*
giovane *young*	**vero** *true*
vecchio *old*	**primo** *first*
grande *big, large; great*	**ultimo** *last*

l'**altro** giorno	*the other day*
un **caro** amico	*a dear friend*
una **grande** casa	*a big house*

When an adjective precedes the noun, the form of the article depends on the first letter of the adjective.

gli studenti   BUT **i** bravi studenti

NOTE: All adjectives follow the noun when they are modified by the adverb **molto** *(very)*, **poco** *(little, not very)*, **abbastanza** *(enough, rather)*, or **un po'** *(a little)*.

un amico **molto caro**	*a very dear friend*
una casa **abbastanza** grande	*a rather big house*

***Caro,** after the noun, means *expensive:* **un'automobile cara** *(an expensive car).*

Adjectives denoting *nationality* or *color* always follow the noun.

italiano *Italian*   **tedesco** (*pl.* **tedeschi**) *German*
spagnolo *Spanish*   **africano** *African*
francese *French*   **greco** *Greek*
irlandese *Irish*   **russo** *Russian*
inglese *English*   **cinese** *Chinese*
canadese *Canadian*   **giapponese** *Japanese*
messicano *Mexican*   **americano** *American*

una signora **inglese**   *an English lady*
la lingua **cinese**   *the Chinese language*
una macchina **tedesca**   *a German car*
due belle donne **americane**   *two beautiful American women*

I colori

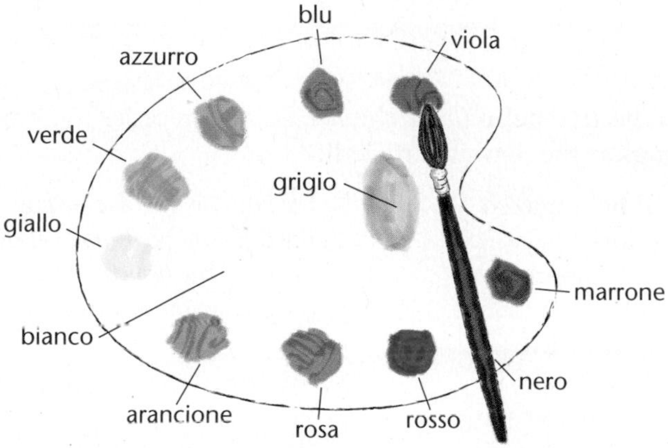

chiaro, scuro *light, dark*
verde chiaro *light green*
grigio scuro *dark grey*

un fiore **giallo**   *a yellow flower*
due case **rosse**   *two red houses*

The adjectives **rosa, blu, viola,** and **marrone** are invariable.

due biciclette **blu**   *two blue bicycles*

NOTE: Like nouns ending in **-ca** and **-ga,** adjectives ending in **-ca** and **-ga** change in the plural to **-che** and **-ghe.**

due case **bianche**   *two white houses*
due strade **lunghe**   *two long streets*

B. *Buono e bello*

1. When the adjective **buono** (*good*) precedes a singular noun, it has the same endings as the indefinite article **un.**

    un libro, un **buon** libro   *a book, a good book*
    un'amica, una **buon**'amica   *a friend, a good friend*

NOTE: **Buono** in its plural forms has regular endings:

due **buoni** amici   *two good friends*
due **buone** ragazze   *two good girls*

Buona Pasqua *(Happy Easter)*. A Pasqua gli Italiani augurano "Buona Pasqua" a parenti e amici, e comprano per i bambini un grosso uovo di cioccolato. Dentro l'uovo c'è una sopresa: una piccola automobile o un giocattolo *(toy)* per i bambini e una piccola bambola *(doll)* o un giocattolo per le bambine.

2. When the adjective **bello** *(beautiful, handsome)* precedes a noun, it has the same endings as the definite article **il**.

il ragazzo, il **bel** ragazzo	*the boy, the handsome boy*
i fiori, i **bei** fiori	*the flowers, the beautiful flowers*
l'albero, il **bell'**albero	*the tree, the beautiful tree*
la casa, la **bella** casa	*the house, the beautiful house*
l'amica, la **bell'**amica	*the friend, the beautiful friend*
gli occhi, i **begli** occhi	*the eyes, the beautiful eyes*
le parole, le **belle** parole	*the words, the beautiful words*
lo Stato, il **bello** Stato	*the state, the beautiful state*

NOTE: When the adjective **bello** follows the noun, it has regular forms: **bello, bella, belli, belle.**

Maria ha due bambini belli e buoni. BUT Maria ha due bei bambini.

Pratica

 A. **Com'è? Come sono?** In pairs, ask each other about the following people and things, as in the examples.

Esempi   piazza/grande   ragazzi/sportivo
              — Com'è la piazza?   *— Come sono i ragazzi?*
              — È grande.   *— Sono sportivi.*

1. città di Firenze/bello **2.** ragazze italiane/bruno **3.** compagne di classe/simpatico **4.** gelati italiani/buono **5.** lezioni d'italiano/interessante **6.** professore(ssa) d'italiano/buono, bello, bravo **7.** Bill Gates/ricco **8.** macchine tedesche/caro **9.** studenti d'italiano/intelligente

B. **Mettiamo al plurale.** Change the following phrases from the singular to the plural.

Esempio   Una bella macchina rossa.
              Due belle macchine rosse.

1. Una bella signorina canadese. **2.** Una piccola casa verde. **3.** Un ragazzo simpatico e generoso. **4.** Una ragazza intelligente e studiosa. **5.** Un vecchio cane nero.   **6.** Una storia interessante e divertente.   **7.** Una bella signora francese.   **8.** Una vecchia bicicletta verde.   **9.** Un ragazzo intelligente e sportivo *(athletic)*.

C. Contraddizione. In pairs, take turns asking and answering questions, as in the example.

Esempio   gli edifici in centro (basso)
— *Gli edifici in centro sono bassi?*
— *No, sono alti.*

1. la Fifth Avenue (corto)   **2.** i negozi in centro (brutto)   **3.** il Central Park di New York (piccolo)   **4.** le automobili Fiat (spagnolo)   **5.** la BMW (americano)
6. le lezioni d'italiano (noioso)

D. Affermazione. In pairs, take turns asking and answering the following questions, as in the example.

Esempio   — *È una buona ragazza Lisa?*
— *Sì, è una ragazza molto buona.*

1. È una lingua difficile il cinese?   **2.** È una bella città Perugia?   **3.** Sono due bravi tenori Carreras e Domingo?   **4.** È una vecchia città Siena?   **5.** È una persona ricca il signor Bill Gates?

E. Che fortuna! Explain why Donata Belli, an Italian businesswoman, is a lucky person. Complete each sentence with the suggested adjective(s).

Esempio   (tedesco) Donata Belli lavora per una compagnia.
— *Donata Belli lavora per una compagnia tedesca.*

1. (intelligente) Donata Belli è una persona.   **2.** (grande) Lavora in un ufficio.
3. (bravo) Ha una segretaria.   **4.** (simpatico) Lavora con colleghi *(colleagues)*.
5. (giovane, dinamico) Ha impiegati.   **6.** (interessante) Ha un lavoro.
7. (nuovo, rosso) Ha anche una Ferrari.   **8.** (fortunato) È davvero *(really)* una persona.

F. Di che colore è (sono)... ? *(What color is, are . . . ?)* In pairs, ask each other questions, following the example.

Esempio   gli alberi *(trees)*
— *Di che colore sono gli alberi?*
— *Sono verdi.*

1. i tassi *(taxis)* di New York   **2.** la bandiera *(flag)* americana   **3.** la bandiera italiana   **4.** la neve *(snow)*   **5.** gli occhi della compagna di classe vicino a te *(near you)*   **6.** i capelli del compagno di classe vicino a te   **7.** il cielo *(sky)* quando piove *(it rains)*   **8.** il cielo quando è sereno *(it is clear)*

G. Buono. In pairs, ask each other questions, following the examples.

Esempi   caffè   compagni
— *Com'è il caffè?*   — *Come sono i compagni?*
— *È un buon caffè.*   — *Sono buoni compagni.*

1. ristorante   **2.** lezione   **3.** automobile   **4.** libro   **5.** idea   **6.** amici
7. cane   **8.** consigli *(advice)*

H. Bello. You are showing a friend some photos. Your friend comments on each one, using **bello**.

Esempio   casa di Anna
    — *Ecco la casa di Anna.*
    — *Che bella casa!*

1. fontana di Trevi   **2.** negozio Gucci   **3.** ufficio di mio padre   **4.** automobile di Marcello   **5.** ragazzo di Gabriella   **6.** zoo di San Diego

 To download a podcast on The verb **avere** + noun, go to academic.cengage.com/italian.

2 *Avere* (To have) e frasi idiomạtiche con *avere*

A. *Avere*
The present tense **(presente)** of **avere** is conjugated as follows:

Person	Singular	Plural
1st	io **ho** *(I have)*	noi **abbiamo** *(we have)*
2nd	tu **hai** *(you have, familiar)*	voi **avete** *(you have, familiar)*
3rd	lui **ha** *(he has)*	loro **hanno** *(they have)*
	lei **ha** *(she has)*	Loro **hanno** *(you have, formal)*
	Lei **ha** *(you have, formal)*	

— Che naso ha Pinocchio?
— Ha un naso lungo.

To use the verb **avere** in the negative or interrogative form, follow the general rules presented for the verb *essere* in **Capitolo 1.**

Io **ho** un cane. E tu?	*I have a dog. And you?*
Gianni non **ha** i capelli neri.	*Gianni does not have black hair.*
Voi non **avete** il libro.	*You don't have the book.*
Ha una mạcchina americana Lei?	*Do you have an American car?*
I signori Scotti **hanno** una bella casa?	*Do Mr. and Mrs. Scotti have a nice house?*

Another way to ask a question of fact or to request confirmation is to add **(non è) vero?** at the end of a statement.

Hai una bicicletta, (non è) vero?	*You have a bicycle, don't you?*
Marcello **ha** gli occhi verdi, (non è) vero?	*Marcello has green eyes, doesn't he?*

B. Espressioni idiomạtiche con *avere*

In Italian, the following idiomatic expressions **(espressioni idiomatiche)** are formed using **avere** + *noun*. In English, by contrast, they are formed in most cases using *to be* + *adjective*.

avere fame *to be hungry*	**avere caldo** *to be hot*
avere sete *to be thirsty*	**avere freddo** *to be cold*
avere sonno *to be sleepy*	**avere ragione** *to be right*
avere paura (di) *to be afraid (of)*	**avere torto** *to be wrong*
avere vọglia (di) *to feel like*	**avere fretta** *to be in a hurry*
avere bisogno (di) *to need*	

— Cara, non hai paura, vero?

Hai paura di un esame difficile?	*Are you afraid of a difficult exam?*
Ha bisogno di un quaderno?	*Do you need a notebook?*
Ho caldo e **ho** anche **sete.**	*I am hot and I am also thirsty.*
Hai vọglia di mangiare un buon gelato?	*Do you feel like eating a good ice cream?*

NOTE: When referring to an object as hot or cold, use **ẹssere: Il caffè è caldo.** (*The coffee is hot*).

Pratica

A. Scambi rapidi. With a classmate, complete the dialogues with the correct forms of **avere.** Then act them out.

1. — Marcello _____ un bel cane nero. E tu?
   — Io _____ un vecchio bassotto *(dachshund)*.

2. — _____ un compagno di stanza tu?
   — No, ma _____ un gatto siamese come *(as)* compagno.

3. — Signora, _____ un computer Lei?
   — Io no, ma i miei figli *(my children)* _____ un personal computer.

B. Contraddizione. In pairs, ask each other questions and respond in a contradictory way, following the example.

Esempio   Fabio/cane stupido
   — *Fabio ha un cane stupido?*
   — *No, non ha un cane stupido. Ha un cane intelligente.*

1. voi/amici avari   **2.** tu/compagni pigri   **3.** i professori/una professione noiosa   **4.** una persona povera/una vita facile   **5.** tu/un grande appartamento

C. Un'intervista. With a classmate, take turns asking each other the following questions. Then, report to the class what you have learned.

Esempio   — Hai un grande appartamento?
   — *No, ho un piccolo appartamento...*
   — *David ha un piccolo appartamento...*

1. Hai una macchina o una bicicletta? Di che colore è? È italiana?   **2.** Hai un cane o un gatto? Ha un nome? Come si chiama?   **3.** Hai un lavoro? È un buon lavoro? Hai un buono stipendio?   **4.** Hai un compagno (una compagna) di stanza? Ha i capelli biondi? Ha gli occhi azzurri? È studioso(a)?

D. Cosa desideri? *(What do you want?)* With a classmate, take turns asking and answering the questions, using the cues provided.

Esempio   — *Cosa desideri quando hai fame?*
   — *Vorrei (I would like) una pizza.*

Cosa desideri quando...

1. hai fame?
2. hai sete?
3. hai sonno?
4. hai caldo?
5. hai freddo?
6. hai paura?
7. non hai voglia di studiare?

Risposte possibili: una Coca-Cola, un piatto di spaghetti, un'acqua minerale fresca, un bel letto *(bed),* un gelato alla panna, andare *(to go)* al cinema, un caffè caldo, essere alle Bahamas, parlare con gli amici, essere in Alaska, avere un po' di coraggio, una torta al cioccolato, un buon cappuccino

E. Perché? With a classmate, take turns asking and answering the following questions. Use idioms with **avere**.

1. I ragazzi mangiano *(eat)* una pizza. Perché?
2. Il professore d'italiano dice che tu studi molto. Ha ragione o ha torto? Perché?
3. Perché stasera tu non guardi *(watch)* la televisione?
4. È agosto, e noi beviamo *(drink)* molta acqua minerale. Perché?
5. Oggi tu non studi; è perché sei stanco(a) *(tired)* o perché non hai voglia di studiare?

To download a podcast on Question words, go to academic.cengage.com/italian.

3 *Quanto?* (How much?) e i numeri cardinali

A. Quanto (Quanta, Quanti, Quante) used as an interrogative adjective agrees in gender and number with the noun it modifies.

Quante lezioni hai oggi?	*How many classes do you have today?*

Quanto is invariable when it precedes a verb and is used as an indefinite interrogative expression.

Quanto costa la torta?	*How much is the cake?*
Quanto fa quaranta meno sette?	*How much is forty minus seven?*

To express age, Italian uses **avere** + *number* + **anni.**

Quanti **anni ha** Pietro?	*How old is Pietro?*
Pietro **ha diciannove anni.**	*Pietro is nineteen (years old).*

B. You have already learned the cardinal numbers from 0 to 49. Here are the numbers from 50 to 100:

50 cinquanta	58 cinquantotto
51 cinquantuno	59 cinquantanove
52 cinquantadue	60 sessanta
53 cinquantatrè	70 settanta
54 cinquantaquattro	80 ottanta
55 cinquantacinque	90 novanta
56 cinquantasei	100 cento
57 cinquantasette	

— O dividiamo i cento milioni o chiamo mio marito!

1. All the numbers are invariable except **zero** and **uno. Uno** has the same forms **(un, uno, una, un')** as the indefinite article **un** when it precedes a noun. (**Un amico** translates as *a friend* or *one friend*.)

C'è **una** fontana in Piazza Navona?	*Is there **one** fountain in Piazza Navona?*

2. The numbers **ventuno, trentuno, quarantuno,** up to **novantuno,** drop the final **-o** before a noun.

Lisa ha **ventun** anni.	*Lisa is twenty-one years old.*

3. The numbers **venti, trenta, quaranta,** up to **cento,** usually drop the final vowel before the word **anni.**

La nonna ha **ottant'anni.**	*Grandma is eighty.*

NOTE: In decimal numbers, Italian uses a comma **(virgola)** where English uses a period **(punto):** $3,35 = **tre dollari e venticinque centesimi**

4. The numbers above 100 are:

101 centouno	2.000 duemila
200 duecento	3.000 tremila
300 trecento	100.000 centomila
1.000 mille	1.000.000 un milione
1.001 milleuno	2.000.000 due milioni
1.100 millecento	1.000.000.000 un miliardo

NOTE: The plural of **mille** is **mila**.

duemila chilometri   *two thousand kilometers*

In Italian, **cento** and **mille** are not preceded by the indefinite article **un.**

cento euro   *a hundred euros*
mille persone   *a thousand people*

When **milione** (*pl.* **milioni**) and **miliardo** (*pl.* **miliardi**) are immediately followed by a noun, they take the preposition **di.**

Ci sono **due milioni di** abitanti   *Are there two million inhabitants*
    a Roma?   *in Rome?*

Pratica

A. Quanto fa... ? With a classmate, take turns dictating and solving these math problems.

1. 11 + **(più)** 30 = **(fa)** _____   3. 10 × **(per)** 7 = _____
2. 80 − **(meno)** 22 = _____   4. 100 ÷ **(diviso)** 4 = _____

B. Quiz. Take turns asking each other the following questions.

1. Quanti minuti ci sono in un'ora *(hour)*?
2. Quante ore ci sono in un giorno?
3. Quanti giorni ci sono nel mese di aprile?
4. Quanti anni ci sono in un secolo *(century)*?
5. Quante stelle ci sono sulla bandiera americana?
6. Quante libbre *(pounds)* ci sono, approssimativamente, in un chilogrammo?
7. Quanti zeri ci sono in 1.000 dollari?
8. Quanti studenti ci sono nella classe d'italiano?
9. Quante sillabe ci sono nella parola più lunga *(longest)* della lingua italiana: «precipitevolissimevolmente» *(very fast)*?

C. Quanto costa? Your family has won the lottery and is making some luxurious purchases. A relative asks how much everything costs. Recreate the questions and answers with a classmate, following the example.

Esempio   bicicletta/450
          — *Quanto costa la bicicletta?*
          — *Costa quattrocentocinquanta dollari.*

1. motocicletta/4.300   **4.** casa/650.000
2. computer/3.700   **5.** Ferrari/100.000
3. frigorifero/1.170   **6.** televisore/990

Qual è il mezzo *(means of transportation)* preferito dagli studenti?

4 *Quale? e che? (Which? and what?)*

Quale and **che** are interrogative adjectives. **Quale,** like *which,* implies a choice among alternatives. It usually drops the **-e** before **è** and, like other adjectives ending in **-e,** has only two forms: **quale** and **quali.**

Ho bisogno di un libro.	*I need a book.*
Quale libro?	*Which book?*
Il libro di biologia.	*The biology book.*

Che indicates *what kind* and is an invariable adjective.

Che macchina hai?	*What (kind of) car do you have?*

NOTE: The expression **che** is also used in exclamations. In this case, it means *What . . . !* or *What a . . . !*

Che bravo studente!	*What a good student!*
Che bei bambini!	*What beautiful children!*

Pratica

 A. **Quale... ?** Ask a friend where some places and things are located. He or she will ask you to specify which place or thing you mean. Follow the example.

Esempio libro/Giancarlo
— *Dov'è il libro?*
— *Quale libro?*
— *Il libro di Giancarlo.*

1. compiti/italiano
2. fotografie/Roma
3. orologio *(watch)*/Maria
4. negozio/frutta
5. aula/chimica
6. indirizzo/Marisa

B. **Che... ?** A friend is thinking of making several purchases today. Request more specifics by asking **Che... ?,** following the example.

Esempio macchina/Fiat
— *Oggi compro una macchina.*
— *Che macchina?*
— *Una (macchina) Fiat.*

1. motocicletta/Honda
2. libro/di storia
3. bicicletta/Bianchi
4. cane/setter
5. orologio/Gucci
6. penna/biro *(ballpoint)* nera
7. computer/Macintosh

 C. **Che ... !** One student will make a statement, the other will react with an exclamation, as in the example.

Esempio — La signora Maria ha due belle bambine.
— *Che belle bambine!*

1. Lucia ha una stanza *disordinata.*
2. Marco non studia perché è un ragazzo *pigro.*
3. Il (La) professore(ssa) è *paziente* quando spiega.
4. Questa *(This)* pizza è molto *buona.*
5. Stefano è un ragazzo molto *generoso* con gli amici.
6. I film di ... non sono interessanti, sono *stupidi.*

Per finire

Due compagni di stanza CD1, Track 15 🎧

Marcello Scotti e Antonio Catalano sono compagni di stanza
e sono buoni amici. Marcello ha diciannove anni. È un bel
ragazzo, alto e **snello.** Ha gli occhi e i capelli castani. Il
padre di Marcello è ricco, e Marcello ha una bella Ferrari
rossa. Marcello è studente **all'**università. **Non studia**
molto, ma è un ragazzo molto generoso.

    Anche Antonio è studente. Ha la stessa **età** di Marcello.
Antonio è basso, ha i capelli biondi e gli occhi azzurri. È un
ragazzo molto simpatico e uno studente molto bravo.
Antonio non è ricco, è povero. Non ha la macchina, ha una
vecchia bicicletta e un vecchio cane che si chiama Fido. Oggi
i due amici hanno bisogno di studiare molto perché domani
hanno un esame.

slender

*at the / he does
   not study*
age

Ecco Fido, il vecchio cane di
Antonio.

MARCELLO   Antonio, io ho fame e sete, e tu?

ANTONIO   Anch'io ho fame.

MARCELLO   **Andiamo** a mangiare in un buon ristorante!

ANTONIO   Perché non andiamo a mangiare un bel gelato?

MARCELLO   **Ma** io ho molta fame! Un gelato non è
abbastanza.

ANTONIO   Ma io, oggi, non ho abbastanza **soldi.**

MARCELLO   **Non importa.** Oggi **offro** io.

Let's go

But

money
*It does not
   matter. /
   I offer, I'll pay*

Comprensione

1. Chi sono Marcello e Antonio?
2. Sono vecchi?
3. È vero che Marcello è un brutto ragazzo?
4. Di che colore sono gli occhi di Marcello?
5. Che macchina ha?
6. È un amico avaro?
7. È un ragazzo simpatico Antonio? È alto?
8. Di che colore sono gli occhi di Antonio?
9. Ha la macchina? Che cos'ha?
10. Com'è Antonio in classe?
11. È un bravo studente Marcello?
12. Perché Marcello paga *(pays for)* la cena *(dinner)*?

Ascoltiamo!

La sera della festa   CD1, Track 16 🎧

It is the evening of Marco's party. Marco is greeting Rita and introducing her to Luca. Listen to the exchange and then answer the following questions.

Comprensione

1. Dove sono Luca e Rita?
2. Di dov'è Luca?
3. Come si chiama l'amica di Luca? È inglese?
4. Di quale *(which)* città è Marilyn?
5. Come sono, in generale, i giovani americani?

🎧 Dialogo

Imagine that you are at a discotheque and are describing to your best friend a person you have just met. Your friend wants to know where your new acquaintance is from, if he/she is a student and where, and what he/she is like. Act out this conversation with a classmate. You can begin by saying: **Ho conosciuto** *(I met)*... Your friend can then ask questions.

Com'è il tuo compagno di stanza?
CD 1, Track 17   🎧

Rita and Luciano meet after their classes. Rita wants to know what Luciano's roommate is like, and she is planning to meet him at a party. Listen to their conversation, and then answer the following questions.

Comprensione

1. Chi è Rita?
2. Quando s'incontrano Rita e Luciano?
3. Quanti compagni di stanza ha Luciano quest'anno?
4. Come si chiama?
5. Di che città è ?
6. È uno studente mediocre?
7. Quante lingue parla?
8. Che cosa c'è domani sera?
9. È invitata Rita?

Adesso scriviamo!

La descrizione di una persona

Write a brief paragraph (6–8 sentences) describing a friend. Use the descriptions of Marcello and Antonio in **Due compagni di stanza,** on page 45, as models.

A. Before you begin to write, organize your information by completing the chart below with appropriate words and phrases that you have learned.

> Nome e cognome *(last name):*
> Descrizione fisica:
> La personalità:
> È studente (studentessa) o lavora?
> Ha la macchina?
> È un buon amico (una buon'amica)?

B. Now write your description based on the information in your chart. Start with: **Si chiama...**

Parliamo insieme!

A. Presentazioni. You are the host/hostess at a reception for new students at the Università per Stranieri (*Foreigners*) di Siena. With a classmate, take turns making introductions by referring to the students' nametags.

Esempio   Philippe Dulac, Parigi
   — *Vi presento Philippe Dulac. È francese. Abita* (He lives) *a Parigi.*

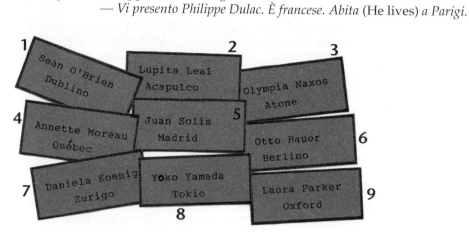

1. Sean O'Brien, Dublino
2. Lupita Leal, Acapulco
3. Olympia Naxos, Atene
4. Annette Moreau, Québec
5. Juan Solis, Madrid
6. Otto Bauer, Berlino
7. Daniela Koenig, Zurigo
8. Yoko Yamada, Tokio
9. Laura Parker, Oxford

B. Dati personali. Antonio needs an I.D. card for the library. An employee asks him for his personal data. With a partner, take turns playing the role of the employee and ask each other the same information. Start with: **Nome**?

For e-mail addresses, Italians call the "at" symbol @ **chiocciola** (which means *snail* because of its shape).

DATI PERSONALI

NOME	Antonio
COGNOME	Catalano
PROFESSIONE	Studente universitario
INDIRIZZO	Via Mazzini 15
CITTÀ	Milano
CODICE POSTALE (ZIP CODE)	20146
NUMERO DI TELEFONO	02-471-278
POSTA ELETTRONICA	Antonioca@libero.it

DATI PERSONALI

NOME	
COGNOME	
PROFESSIONE	
INDIRIZZO	
CITTÀ	
CODICE POSTALE (ZIP CODE)	
NUMERO DI TELEFONO	
POSTA ELETTRONICA	

Attualità
Il turismo nelle regioni d'Italia

A. Prima di leggere. The paragraphs below provide information about tourism in different regions of Italy.

Il turismo nelle regioni d'Italia

Il turismo è molto importante per l'economia italiana. Al primo posto è il Veneto, **seguito dalla** *(followed by)* Toscana, dal Lazio, dalla Lombardia, dall'Emilia Romagna e dal Trentino Alto Adige. **Complessivamente** *(In total)* le regioni del centro-nord **ricevono** *(receive)* il maggior numero di turisti. La prima delle regioni meridionali è la Campania.

Il **capoluogo** *(regional capital)* del Veneto è Venezia, città romantica per eccellenza. È una città sull'acqua: i canali, **i ponti** *(bridges)*, le gondole e Piazza San Marco **conferiscono** *(bestow)* alla città un'atmosfera magica. La Toscana è la regione più amata dagli Americani. A Firenze, capoluogo della Toscana, ci sono numerose università americane dove gli studenti studiano le **opere** *(masterpieces)* di grandi artisti **rinascimentali** *(renaissance)*. La città **più** *(most)* importante d'Italia è Roma, capoluogo del Lazio e capitale d'Italia. La città più moderna ed industrializzata d'Italia è Milano. Milano è il capoluogo della regione Lombardia ed è famosa per **la Borsa** *(stock market)* e per **le sfilate di moda** *(fashion shows)*. Anche Bologna è nel nord d'Italia ed è il capoluogo dell'Emilia Romagna. Questa regione è famosa per il parmigiano, il prosciutto e i tortellini. La pizza **invece** *(instead)* è di Napoli, il capoluogo della Campania ed anche il più importante porto meridionale. Trento, il capoluogo del Trentino-Alto Adige, è una città tra le Alpi, dove gli Italiani amano molto andare a sciare *(to ski)*.

Based on information from: http://www.istat.it/Economia/Turismo

Firenze. Il duomo: la cupola di Brunelleschi

Roma. Piazza Navona e la fontana di Nettuno, una delle tre fontane di questa grande piazza.

B. Alla lettura. Complete the following sentences with appropriate information from the reading.

1. La regione al primo posto per il turismo è

   _____

2. Il capoluogo di questa regione è

   _____

3. L'Italia del sud è chiamata anche

   _____

4. Ci sono molte università americane a

   _____

5. La città famosa per la pizza è

   _____

6. Il capoluogo del Lazio e la capitale d'Italia è

   _____

7. La città famosa per il prosciutto è

   _____

Vocabolario

Nomi

l'anno	year
la bicicletta	bicycle
il cane	dog
il cognome	surname
il colore	color
il compagno (la compagna) di stanza, di scuola	roommate, classmate
l'età	age
l'indirizzo	address
la lingua	language
il minuto	minute
il nome	name, noun
il numero	number
l'occhio (*pl.* gli occhi)	eye(s)
la parola	word
la persona	person
la stanza	room
il tempo	time

Aggettivi

africano	African
altro	other
americano	American
azzurro	light blue
bianco (*pl.* bianchi)	white
blu (*inv.*)	dark blue
canadese	Canadian
carino	pretty, cute
caro	dear; expensive
castano	brown (for eyes and hair)
che... ?	what . . . ?
cinese	Chinese
corto	short (for objects)
difficile	difficult
facile	easy
francese	French
giallo	yellow
giapponese	Japanese
greco	Greek
grigio	gray
inglese	English
irlandese	Irish
lungo	long
marrone (*inv.*)	brown (for objects)
messicano	Mexican
nero	black
nuovo	new
primo	first
quale... ?	which . . . ?
quanti? quante?	how much?
rosa (*inv.*)	pink
rosso	red
russo	Russian
spagnolo	Spanish
sportivo	athletic
stesso	same
tedesco (*pl.* tedeschi)	German
ultimo	last
verde	green
vero	true
viola	purple

Verbi

avere	to have

Altre espressioni

abbastanza	quite, rather
avere... anni	to be . . . years old
avere bisogno (di)	to need
avere caldo	to be hot
avere fame	to be hungry
avere freddo	to be cold
avere fretta	to be in a hurry
avera paura (di)	to be afraid (of)
avere ragione	to be right
avere sete	to be thirsty
avere sonno	to be sleepy
avere torto	to be wrong
avere voglia (di)	to feel like; to want
ma	but
o	or
poco	little
Quanti anni hai?	How old are you?
Quanto fa... ?	How much is . . . ?
chiocciola	@ (at)

Attività video
Sulla strada

Gli Italiani si presentano • *Prendiamoci un caffè*
• *Buongiorno*

A. Comprensione

Vero o falso?

1. La prima persona intervistata è di Modena e studia archeologia.
   (a) Vero   (b) Falso

2. Alessandro, l'intervistato numero 4, ha 25 anni e viene da Rimini.
   (a) Vero   (b) Falso

3. Emanuele, l'intervistato numero 9, è un ragazzo italiano nato a Roma.
   (a)Vero   (b) Falso

4. Paola, l'intervistata numero 18, ha 45 anni ed è nata a Verona.
   (a) Vero   (b) Falso

5. L'ultimo intervistato si chiama Giovanni e non è sposato.
   (a) Vero   (b) Falso

Domande

a. In che città è Marco? _____

b. Dov'è la casa di Marco? _____

c. Con che macchina viaggia Marco? _____

d. Chi gli ha regalato la Mini? _____

e. Dove abita lo zio di Marco? _____

f. Con chi viaggia Marco? _____

B. Attività

a. Alcuni modi di prendere il caffè:
   1. _____
   2. _____
   3. _____

b. A colazione cosa prendono tre persone intervistate?
   Prima persona: _____
   Seconda persona: _____
   Terza persona: _____

c. Cosa dicono due amici italiani quando s'incontrano?
   _____
   _____

d. Quali espressioni formali usano gli Italiani quando si salutano? _____
   _____

e. Si abbracciano *(hug)* gli Americani quando si salutano?
   _____

f. Gli amici italiani si abbracciano o si baciano *(kiss)* quando s'incontrano?
   _____

C. Partecipazione

Completate le frasi.

1. La mattina gli Italiani prendono un cappuccino con _____.

2. Uno dei fondatori (*founder*) di Roma fu (*was*) _____.

3. I piatti tipici di Modena sono _____.

4. A Palermo si mangia _____.

5. Le lasagne si chiamano anche _____.

6. Il tiramisù significa _____.

Domande

7. a. Che espressioni usi in Italia quando saluti gli amici?

   _____

   _____

   b. Come saluti le persone formalmente in Italia?

   _____

   _____

8. a. Come prendi il caffè quando sei in Italia? Lo prendi nero, senza zucchero, macchiato? O prendi un cappuccino?

   _____

   _____

   b. Cosa mangi per colazione? Brioche e cappuccino? Caffè espresso? Oppure fai la colazione all'americana, con latte e cereali o con bacon e uova?

   _____

   _____

D. Domande personali

A. Se vai a Roma in vacanza, cosa vorresti vedere? Il Foro Romano, il Colosseo, il Vaticano, Piazza San Pietro, i Musei Vaticani, le Fontane di Tivoli, o che altro?

_____

B. Preferisci andare a Roma in macchina, come Marco e il suo amico, o preferisci andare con un tour?

_____

E. Scambi culturali

Con un compagno/una compagna di classe, raccontatevi il vostro ultimo viaggio all'estero o in un altro stato.

_____

_____

Venezia, la bellissima città nella laguna del Mar Adriatico.

Giorgio Caniato, sacerdote *(priest)*, è di Milano. È nato nel 1928.

Roma. Marco abita a Trastevere, nel cuore di Roma. Da qui Marco incomincia il viaggio nella sua Mini con il suo amico Giovanni.

L'università

3

Studenti di belle arti alla Pinacoteca *(art gallery)* di Brera (Milano)

Parole da ricordare
Il sistema italiano degli studi

La grammatica
1 Verbi regolari in **-are:** il presente
2 Verbi irregolari in **-are**
3 Le preposizioni: semplici, articolate, avverbiali
4 I giorni della settimana

Per finire: La settimana di Filippo
Ascoltiamo! Adesso scriviamo! Parliamo insieme!

Attualità: La vita degli studenti

---

academic.cengage.com/italian/salve

📖 Workbook 🎧 iRadio 🎧 Audio

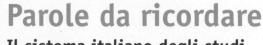

Parole da ricordare
Il sistema italiano degli studi

Il diploma universitario, also called **la minilaurea,** may be compared to an American B.A. or B.S. **La laurea** is equivalent to an American M.A. The last two degrees correspond approximately to a Ph.D.

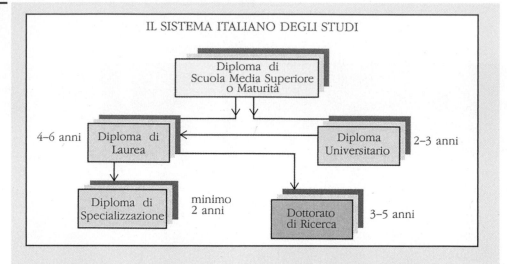

IL SISTEMA ITALIANO DEGLI STUDI

la biologia biology	**il titolo di studio** degree
la psicologia psychology	**la borsa di studio** scholarship
la sociologia sociology	**il corso** course, class
la chimica chemistry	**la materia** subject
la fisica physics	**la conferenza** lecture
l'informatica computer science	**la biblioteca** library
l'economia economics	**gli appunti** notes
la letteratura literature	**la laurea** university degree
la musica music	**l'esame orale, scritto** oral, written exam
la storia history	
la storia dell'arte art history	**il voto** grade
la filosofia philosophy	**il trimestre** quarter
le lingue straniere foreign languages	**il semestre** semester
le relazioni internazionali international relations	**studiare** to study
	frequentare to attend
le scienze naturali natural sciences	**insegnare** to teach
	l'insegnante teacher
le scienze politiche political sciences	**il maestro (la maestra)** elementary school teacher
la facoltà di scienze (legge, medicina, ingegneria, economia e commercio) School of Science (Law, Medicine, Engineering, Economics, and Business)	**presente** present
	assente absent
	il liceo high school

Informazioni

L'università

*E*very year over half a million students in Italy take **l'esame di maturità.** Those who pass receive **il diploma di maturità,** the culmination of their years of schooling. Those who receive the diploma are eligible to enroll in a **facoltà:** currently, about 75 percent do so. Only about 35 percent of Italian university students actually receive a degree, however.

University life can be very stressful. Almost all universities are located in big cities and are very crowded. Contacts between students and professors are minimal. Only a very few newer institutions have campuses similar to those in North America.

The various buildings, instead, are often widely separated from each other. Most do not have dormitories, although some big-city universities have **case dello studente,** which are limited to low-income students who usually are from out of town. Most students live with their families and attend local universities. Those who can afford to study in a different town rent a room or an apartment with other students.

Even students who graduate face challenges finding jobs. Within three years of receiving their degree, 78 percent are employed, but only half have secure positions.

Applicazione

A. Che cosa insegnano? The people listed below teach the courses indicated. What subject does each one teach? Choose your response from among these possibilities: **lingue straniere, musica, biologia, storia, economia, informatica, sociologia, scienze.**

Esempio   Il signor Cavalca: Mozart,
pianoforte
Il signor Cavalca insegna musica.

1. La signora Dovara: programmi di computer
2. Il dottor Mattei: energia, atomo
3. La dottoressa Cattaneo: vita di piante e di animali
4. Il professor Piccoli: produzione, mercato
5. La professoressa Raineri: Impero Romano, rivoluzione francese
6. La signorina Forti: francese, spagnolo

Alberto Bratti, alla difesa della sua tesi di laurea davanti ai professori e al pubblico

B. Conversazione. In pairs, ask each other these questions.

1. Quanti corsi hai questo trimestre / semestre? Quali sono?
2. Quale corso è interessante?
3. Quali compiti sono noiosi?
4. Hai bisogno di un computer per i compiti di italiano?
5. Hai un computer?
6. Che cosa studi oggi?
7. Hai molto tempo libero *(free)*?

La grammatica

1 Verbi regolari in -are: il presente

Mamma e Nino suonano; il papà canta.

I tre ragazzi giocano: a golf, a tennis, a pallone.

cantare (to sing)	
io cant**o**	noi cant**iamo**
tu cant**i**	voi cant**ate**
lui/lei/Lei cant**a**	loro c**a**nt**ano**

Verbs that end in **-are,** known as first-conjugation verbs, are the most frequently used. With few exceptions, they are regular. The infinitive of a regular verb such as **cantare** consists of the stem **cant-** (invariable) and the ending **-are.** To conjugate the present tense **(presente)** of **cantare,** we replace **-are** with a different ending for each person: **-o, -i, -a, -iamo, -ate, -ano.**

The present tense in Italian is rendered in English in different ways:

Io canto.	*I sing.* *I am singing.* *I do sing.*
Canta Maria?	*Does Maria sing?* *Is Maria singing?*
Maria non canta.	*Maria does not sing.* *Maria is not singing.*

Aspetti un amico?	*Are you waiting for a friend?*
Desidero guardare la TV.	*I want to watch TV.*
Quante lingue **parli?**	*How many languages do you speak?*
(Loro) **Abitano** in una piccola città.	*They live in a small city.*

Here is a list of some common **-are** verbs:

abitare *to live*	**(in)cominciare** *to begin*
ascoltare *to listen (to)*	**lavorare** *to work*
aspettare *to wait (for)*	**mangiare** *to eat*
cantare *to sing*	**parlare (a)/(di)** *to speak (to)/(about)*
comprare *to buy*	**pensare (a)/(di)** *to think (of someone,*
desiderare *to wish, to want*	*something)/(of doing something)*
domandare *to ask*	**spiegare** *to explain*
imparare *to learn*	

giocare (a) *to play (a game)*	**suonare** *to play (an instrument)*
guardare *to watch, look at*	**incontrare** *to meet*
Giochiamo a tennis oggi?	*Are we playing tennis today?*
Quando parli a Franco?	*When are you speaking to Franco?*

A. Verbs ending in **-iare** drop the **i** of the infinitive stem before adding the endings **-i** and **-iamo.**

stud**iare:** stud**i,** stud**iamo**   incominc**iare:** incominc**i,** incominc**iamo**

B. Verbs ending in **-care** and **-gare** add an **h** before the endings **-i** and **-iamo** to preserve the hard sounds of /k/ and /g/.

gio**care:** gio**chi,** gio**chi**amo
spie**gare:** spie**ghi,** spie**ghi**amo

C. Unlike their English equivalents, the verbs **ascoltare, aspettare,** and **guardare** take a direct object and therefore are *not* followed by a preposition.

Aspettiamo l'autobus.	*We are waiting for the bus.*
Perché non **ascolti** la radio?	*Why don't you listen to the radio?*
Guardate le foto?	*Are you looking at the photographs?*

Pratica

A. In una cartolibreria *(stationery store)*. **Cosa compriamo?** *(What are we buying?)* Play the role of the students and choose from the items listed below.

una carta geografica	una calcolatrice	una rivista di
due penne	un poster di Como	Internet
le matite	due quaderni	

Esempio   Carlo: Io _____.
             Io compro una carta geografica.

1. Pietro: Io _____, e voi?
2. Luigi: Franco ed io _____, e tu, Gino?
3. Gino: _____, e Marisa?
4. Luigi: Marisa _____.
5. Pietro: Tu e Franco _____ altre cose?
6. Luigi: Sì, _____.

B. Scambi rapidi. Complete and then act out each dialogue with a classmate.

Esempio   — *Dove* (abitare) *abiti tu?*
             — *Io* (abitare) *abito in via Mazzini.*

1. — (giocare) _____ a tennis noi oggi?
   — No, oggi noi (studiare) _____ per l'esame di letteratura inglese.
2. — Tu e Pietro (guardare) _____ la TV stasera?
   — No, stasera noi (incontrare) _____ gli amici allo stadio.
3. — Cosa (desiderare) _____ comprare Lisa?
   — Lisa (pensare) _____ di comprare una calcolatrice.

C. **No!** With a classmate, take turns asking and answering questions using the cues provided and following the example.

Esempio   abitare in Italia/...
— *Abiti in Italia?*
— *No, non abito in Italia, abito in America.*

1. studiare fisica/...   **2.** desiderare un CD degli U2/...   **3.** imparare la lingua giapponese/...   **4.** giocare a golf/...   **5.** ascoltare la musica di.../...   **6.** parlare tre lingue/...   **7.** mangiare all'università/...   **8.** comprare un'Alfa Romeo/...

D. **Attività di un nuovo amico/una nuova amica.** You want to find out more about your new friend's activities. Take turns asking each other questions using the following verbs: **ascoltare, aspettare, incontrare, abitare, guardare, giocare, lavorare, studiare.**

You may start with: **dove, come, quando, cosa, chi,** etc.

Esempio   — *Studi a casa o in biblioteca?*

2 Verbi irregolari in -*are*

A. The following -**are** verbs are irregular in the present tense:

andare* (to go)		fare (to do; to make)		dare (to give)		stare (to stay; to feel)	
vado	andiamo	faccio	facciamo	do	diamo	sto	stiamo
vai	andate	fai	fate	dai	date	stai	state
va	vanno	fa	fanno	dà	danno	sta	stanno

*Andare is followed by the preposition **a** before an infinitive.

Cosa **fai** stasera?	*What are you doing tonight?*
Vado a vedere un film.	*I am going to see a movie.*
Come **sta** Maria?	*How is Maria?*
Maria **sta** a casa perché **sta** male.	*Maria stays (is staying) home because she feels ill.*

B. Fare is used in many idiomatic expressions, some of which are listed below:

fare attenzione	*to pay attention*
fare il bagno, la doccia	*to take a bath, a shower*
fare colazione	*to have breakfast*
fare una domanda	*to ask a question*
fare una foto	*to take a picture*
fare una gita	*to take a short trip*
fare una passeggiata	*to take a walk*
fare una pausa	*to take a break*
fare un regalo	*to give a present*
fare la spesa	*to buy groceries*
fare le spese	*to go shopping*
fare un viaggio	*to take a trip*
fare una telefonata	*to make a phone call*

| **Facciamo un viaggio** in Italia. | *We are taking a trip to Italy.* |
| **Faccio una passeggiata** prima di mangiare. | *I take a walk before eating.* |

C. Stare is used in the following idiomatic expressions:

stare bene (male)   *to feel well (badly, ill)*
stare attento(a)   *to be careful; to pay attention*

Stare per + *infinitive* translates as *to be about to (do something).*

I corsi **stanno per** finire.   *Classes are about to end.*

Pratica

A. Dove andate? You want to know where your friend and his family and friends are going on Saturday night. Work in pairs. For the answers, choose from the activities listed below or come up with your own answers.

Esempio   tu
— *Dove vai tu sabato sera?*
— *Vado alla discoteca.*

1. i tuoi genitori *(your parents)*   **2.** tu e il tuo amico   **3.** il tuo compagno di stanza   **4.** tu   **5.** tu e la tua ragazza (il tuo ragazzo)   **6.** i tuoi amici
7. tuo nonno

a teatro, al cinema, al ristorante, ad ascoltare un concerto jazz,
a dormire, a una festa, a fare i compiti d'italiano, al museo

B. Descrizione. With a classmate, describe what the people shown are doing. Use expressions with **fare** and your imagination to elaborate as much as you can.

1.   **2.**   **3.**   **4.**   **5.**

C. Quale verbo? Take turns asking and answering these questions, using a form of **andare, fare, dare,** and **stare.**

Esempio   Dove _____ voi stasera?
— *Dove andate voi stasera?*
— *Andiamo al cinema.* o...

1. Come _____ tua mamma?

2. Quando _____ una festa, tu?

3. Dove _____ gli studenti quando non stanno bene?

4. Tu _____ i compiti solo(a) o con dei compagni?

5. Desideri _____ una passeggiata o giocare a tennis?

6. Tu _____ a casa oggi o _____ fuori?

7. Dopo le lezioni tu ed io _____ a comprare un gelato?

8. Voi _____ a letto presto o tardi *(early or late)* la sera?

D. Conversazione. Take turns asking each other these questions.

1. Dove vai quando hai bisogno di fare la spesa?
2. La mattina fai il bagno o la doccia?
3. Io vorrei (*I would like*) fare un viaggio in Oriente, e tu?
4. Fai colazione ogni (*every*) mattina?
5. Desideri fare una passeggiata o fare jogging?
6. Che cosa fai il sabato?

3 Le preposizioni: semplici, articolate, avverbiali

A. Le preposizioni semplici

—Oggi siamo all'università. Il professore è alla lavagna.

—Nella biblioteca i libri sono sugli scaffali.

Simple prepositions. The following chart lists all the simple prepositions.

di (d')	*of*	con	*with*
a	*at, to, in*	su	*on, over, above*
da	*from, by*	per	*for, in order to*
in	*in*	tra (fra)	*between, among*

Abitiamo **a** New York.	*We live in New York.*
Il treno arriva **da** Roma.	*The train is arriving from Rome.*
Siamo **in** America.	*We are in America.*
Giochi **con** Gino?	*Are you playing with Gino?*
Il dizionario è **su** uno scaffale.	*The dictionary is on a shelf.*
La bicicletta è **per** Lia.	*The bicycle is for Lia.*
Il quaderno è **tra** due libri.	*The notebook is between two books.*

Note that **di** is used to express:

possession:	**Di chi** è il dizionario?	*Whose dictionary is it?*
	È **di** Antonio.	*It is Antonio's.*
place of origin:	**Di dov'è** il signor Smith?	*Where is Mr. Smith from?*
	È **di** Londra.	*He is from London.*

B. Le preposizioni articolate

When the prepositions **a, da, di, in,** and **su** are used with a definite article, the preposition and the article combine to form one word (**preposizione articolata**) as follows:

	il	lo	l' (m.)	la	l' (f.)	i	gli	le
a	al	allo	all'	alla	all'	ai	agli	alle
da	dal	dallo	dall'	dalla	dall'	dai	dagli	dalle
di	del	dello	dell'	della	dell'	dei	degli	delle
in	nel	nello	nell'	nella	nell'	nei	negli	nelle
su	sul	sullo	sull'	sulla	sull'	sui	sugli	sulle

Studiamo **all'**università.	*We are studying at the university.*
Ecco l'ufficio **del** professore.	*Here is the office of the professor.*
Lavorano **negli** Stati Uniti.	*They work in the United States.*
Lisa aspetta **nello** studio.	*Lisa is waiting in the study.*
La penna è **sul** tavolo.	*The pen is on the table.*

NOTE: Contraction with the definite article occurs when a noun is preceded by the definite article. First names and names of cities do not have an article.

È il libro **di** Luca?	*Is it Luca's book?*
No, è il libro **della** professoressa.	*No, it is the professor's book.*
Loro abitano **a** Verona.	*They live in Verona.*

A Firenze.
— Scusi, *il Davide* davanti al Palazzo Vecchio è l'originale?
— No, è una copia. L'originale è nel museo dell'Accademia delle Belle Arti.
— Dov'è? È lontano da qui?
— No, è vicino al museo di San Marco.

C. Le preposizioni avverbiali

The following adverbs are often used as prepositions:

sopra	*above, on (top of)*	**davanti (a)**	*in front (of), before*
sotto	*under, below*	**dietro**	*behind, after*
dentro	*in, inside*	**vicino (a)**	*near, beside, next to*
fuori	*out, outside*	**lontano (da)**	*far (from)*

Il giardino è **dietro** l'università.	*The garden is behind the university.*
L'edificio d'ingegneria è **vicino alla** biblioteca.	*The engineering building is near the library.*
Abiti **lontano dall'**università?	*Do you live far from the university?*

Pratica

A. Sei distratto quando studi? Complete your thoughts choosing the right *simple* prepositions from among the following: **a, da, in, con, di, su, per, tra.**

1. Oggi studio... biblioteca.
2. La biblioteca è... l'edificio di lingue e l'edificio di chimica.
3. Studio... un compagno di classe.
4. Studiamo... l'esame di chimica.
5. Mentre *(While)* studio, penso... una bella ragazza bionda/un bel ragazzo bruno.
6. Dov'è il mio libro... chimica?
7. È.... una sedia, perché non ho voglia.... studiare.
8. Penso... mandare *(to send)* un SMS *(text message)*... un amico, perché ho fame e ho voglia... andare in pizzeria... il mio *(my)* amico.

B. Contrazioni. Provide the article and combine it with the preposition given, following the example.

Esempio   È il libro (di)/studente
               È il libro (di) lo studente.
               È il libro dello studente.

1. Il professore spiega (a)/studenti
2. Siamo (a)/lezione d'italiano
3. Il dizionario è (su)/tavolo
4. Ho bisogno (di)/appunti di storia
5. Oggi parliamo (a)/impiegato
6. I quaderni sono (su)/scaffale *(shelf, m.)*
7. Ci sono molti fiori (su)/alberi
8. La conferenza è (in)/edificio di lingue straniere
9. Pietro lavora (in)/ristorante vicino (a)/università
10. Ecco la macchina (di)/ragazzo di Gabriella
11. Ci sono due semestri (in)/anno accademico
12. C'è un virus (in)/computer (di)/mio compagno di stanza

C. Sostituzioni. With a classmate, take turns asking and answering the questions. Replace the italicized expressions with the new ones suggested.

Esempio   — Vai *al supermercato* oggi? (no/università, biblioteca, parco)
              — *No, vado all'università, alla biblioteca, al parco.*

1. Vai alla *conferenza* domenica? (no/stadio, discoteca, cinema)
2. Hai bisogno del *dizionario?* (appunti, computer, dischetti)
3. I tuoi *(Your)* libri d'italiano sono sullo *scaffale?* (no/tavolo, scrivania, sedie)
4. Siete nell'*aula* di fisica oggi? (no/edificio d'ingegneria, libreria dell'università, archivi della biblioteca)

D. Read the ad and answer the questions.

1. Quale opportunità hanno gli studenti?

2. Qual è l'età degli studenti?

3. Oltre che *(Besides)* negli Stati Uniti, in quali altri paesi gli studenti possono *(can)* studiare?

4. Per avere informazioni cosa possono fare gli studenti?

Completate le informazioni richieste: nome, cognome, indirizzo, CAP (codice di avviamento postale *zip code*)

scholarships

to spend time abroad

E. Dov'è... ? With a classmate, look at the drawings and then take turns asking each other the related questions. Use **sotto, sopra, dentro, davanti (a), dietro, vicino (a), lontano (da),** or other prepositions in your responses.

1. Dov'è la lampada? E il cane?

2. Dov'è la fotografia? E il gatto?

3. Dov'è la sedia? E la ragazza?

4. Dov'è il tavolo? E la tazza *(cup)*? E il caffè?

F. Un po' di geografia. With a classmate, look at the maps of Italy at the beginning of the book and take turns asking each other the following questions.

1. Bari si trova *(is located)* vicino all'isola di Capri?
2. Torino si trova lontano dal fiume *(river)* Po?
3. Napoli si trova lontano dal vulcano Vesuvio?
4. La Sardegna si trova sotto la Corsica o sopra la Corsica?

4 I giorni della settimana

Sul calendario italiano, quasi ogni giorno è dedicato a un santo. Se una persona si chiama Marcello or Marcella, per esempio, celebra il suo onomastico *(his/her saint's day)* il 17 gennaio, e in quel giorno riceve un biglietto di auguri e dei regali. (Marcella riceve anche un mazzo di fiori).

The days of the week, which you learned in the **Primo incontro,** are masculine except **domenica,** which is feminine. **Sabato** and **domenica** are the only two days whose plural form differ from the singular (**ogni sabato, tutti i sabati; ogni domenica, tutte le domeniche; ogni lunedì, tutti i lunedì**).

A. The preposition *on* is not expressed in Italian when used in expressions such as *on Monday, on Tuesday,* and so on.

Lunedì il Prof. Bini dà una conferenza. *On Monday Prof. Bini is giving a lecture.*

B. The singular definite article is used before the days of the week to express a habitual event.

Il sabato gioco al golf. *On Saturdays (Every Saturday) I play golf.*

BUT

Sabato invito degli amici. *(This) Saturday I am inviting some friends.*

C. The expressions **una volta a, due volte a,** etc., + *definite article* translate into English as *once a, twice a,* etc.

Vado al cinema **una volta alla settimana.** *I go to the movies once a week.*

Pratica

 Conversazione. Take turns asking each other these questions.

1. In quali giorni della settimana hai lezioni?
2. Qual è il tuo giorno della settimana preferito? Perché?
3. Quante volte al mese vai al cinema?
4. Che cosa fai il sabato?
5. In quale giorno vedi gli amici?
6. Cosa fai domenica? Vai fuori a pranzo? Vai in discoteca? Fai un giro in macchina?
7. Scarichi *(Do you download)* la musica sul tuo iPod?

Per finire

La Galleria Vittorio Emanuele II è un passaggio che collega (connects) Piazza del Duomo con il Teatro alla Scala. È coperta con un tetto di vetro (glass ceiling) ed è decorata con mosaici e marmo. I Milanesi la chiamano «il salotto» per i suoi eleganti negozi, caffè e ristoranti.

La settimana di Filippo   CD1, Track 18 🎧

LUNEDÌ   Filippo va all'università. Dopo le lezioni incontra Gabriella e **lìtigano.** Gioca a tennis per un'ora. Va a casa e fa la doccia. **Prima di** cena va al caffè con Marcello e Liliana.
they quarrel
Before

MARTEDÌ   Filippo finisce il lavoro in uffìcio. Nel pomeriggio fa jogging e nuota in **piscina.** La sera vede gli amici al bar «Sport» e parlano di polìtica. Poi fa una telefonata a Gabriella: Gabriella non è a casa. La **cassiera** del bar è molto simpàtica; si chiama Milva. Filippo **le chiede** il nùmero di telèfono.
swimming pool
cashier
asks her

MERCOLEDÌ   Filippo sta tre ore in uffìcio. Poi va in biblioteca. Stùdia molto perché domani ha un esame diffìcile. La sera telèfona a Gabriella. Il telèfono è sempre occupato.

GIOVEDÌ   Filippo fa l'esame. L'esame è **un osso duro.** Da un telèfono pùbblico telèfona a Milva. Vanno insieme al cìnema, ma lui pensa a Gabriella.
tough

VENERDÌ   Filippo ha grandi progetti per il weekend, ma **è al verde. Manda** una e-mail al padre: «Caro papà, sono senza soldi. Ti prego di mandare **sùbito** centocinquanta èuro. **Baci,** Filippo».
he is broke
He sends
immediately
Kisses

SABATO   Filippo riceve una risposta: «Caro Filippo, capisco la situazione e **mi dispiace. Spendi meno** o **lavora di più.** Baci, Papà». Filippo telèfona a Marcello perché ha bisogno di soldi. Marcello non c'è.
I am sorry /
Spend less /
work more

DOMENICA   **Addio** progetti. Filippo è solo. Fa una passeggiata al parco. Pensa a Gabriella.
Good-bye

Comprensione

1. Cosa fanno Filippo e Gabriella dopo le lezioni all'università?
2. Con chi va al caffè Filippo?
3. A chi telefona la sera di martedì e di mercoledì?
4. Perché Filippo va in biblioteca mercoledì?
5. È facile l'esame?
6. Dove va giovedì sera Filippo? Con chi?
7. Perché Filippo manda una e-mail al padre venerdì?
8. Che cosa fa Filippo domenica sera? È con Gabriella?

Conversazione. Take turns asking each other these questions.

1. Vai all'università tutti i giorni della settimana? Quali?
2. Dove vai dopo le lezioni?
3. Che cosa fai dopo cena?
4. Cosa fai il sabato sera?
5. Stai a casa la domenica? Cosa fai?
6. Che cosa desideri fare questo weekend?
7. Quando sei al verde, chiedi soldi ai tuoi genitori?
8. Cosa fai il weekend quando sei al verde?

Ascoltiamo!

In classe   CD 1 track 19

A teacher is greeting his students in a **liceo** in Rome and asking and answering a variety of questions at the beginning of class. Listen to the exchanges, and then answer the following questions.

Comprensione

1. Che (*What*) scuola frequentano gli studenti?
2. Hanno un esame d'informatica oggi?
3. Sono tutti presenti?
4. Quanti minuti hanno gli studenti per l'esame?
5. Gli studenti hanno tre esami orali questo (*this*) trimestre?
6. Secondo (*According to*) il professore, è difficile l'esame?
7. Gli studenti hanno bisogno di concentrazione. Una studentessa ha bisogno di un miracolo. Secondo voi, è preparata per l'esame?

Dialogo

Act out the following exchange with a classmate: You are thinking of signing up for a class but want to know more about it. Ask the professor questions to obtain the following information: Is the class difficult? How many exams are there? Are the exams written or oral? Is there a lot of homework?

Oggi studio per gli esami
CD 1 track 20

After Gina and Pietro talked about their courses and their schoolmates, they decided to have lunch nearby since they do not have much time. Listen to their conversation, and then answer the following questions.

Comprensione

1. Quante lezioni ha Pietro oggi?   2. Che cosa studia Gina oggi? Perché?   3. Chi è Franca?
4. Com'è?   5. Perché Gina e Pietro mangiano vicino alla biblioteca?   6. Dove lavora oggi Pietro?
7. Com'è la vita degli studenti?

Adesso scriviamo!

Una settimana molto occupata

Look at your calendar and write down your activities for the coming week.

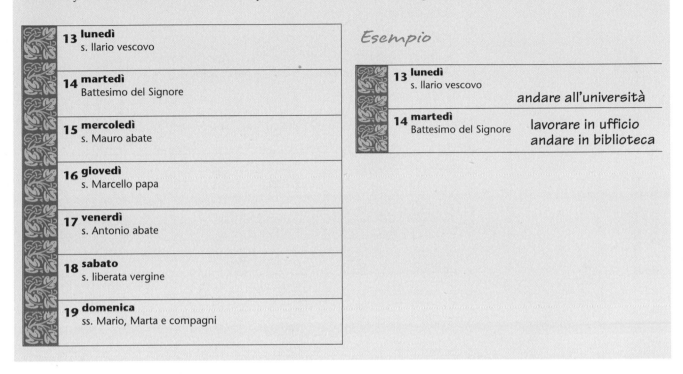

13 lunedì	s. Ilario vescovo	
14 martedì	Battesimo del Signore	
15 mercoledì	s. Mauro abate	
16 giovedì	s. Marcello papa	
17 venerdì	s. Antonio abate	
18 sabato	s. liberata vergine	
19 domenica	ss. Mario, Marta e compagni	

Esempio

13 lunedì s. Ilario vescovo	
14 martedì Battesimo del Signore	*andare all'università*
	lavorare in ufficio andare in biblioteca

Parliamo insieme!

A. Cerco un(a) compagno(a) di stanza. (*I'm looking for a roommate.*) Read the three ads. Working in pairs, interview each other as possible roomates. You may want to ask:

1. Come ti chiami?   **2.** Quanti anni hai?   **3.** Che cosa studi?   **4.** Quando studi (la mattina, la sera)?   **5.** Dove studi (a casa, in biblioteca)?   **6.** Frequenti molti corsi?   **7.** Hai bisogno di concentrazione quando studi?   **8.** Ascolti la musica?   **9.** Hai un computer?   **10.** Hai un lavoro?

Cerco alloggio

Studente universitario cerca una stanza in famiglia, con possibilità di uso cucina. Non fumatore.   Referenze. Scrivete a: Luciano Ghilardi, presso famiglia Filon, via Unione 6, Vicenza.

cerco

studentessa per condividere piccolo appartamento vicinanze università. Metà affitto più metà spese. Contratto scade fine agosto. Requisiti: non fumatrice e non avere animali domestici. Telefonate la sera dopo le 8 allo 02/99351

Offro

Signora sola offre camera ammobiliata a studente o studentessa per il periodo settembre-luglio. 10 minuti dall'università, secondo piano, zona tranquilla. Se siete interessati telefonate la mattina al 47 12 78.

B. Gli appuntamenti di Cristina. Looking at Cristina's planner, ask each other the following questions regarding her weekly appointments.

1. Dove va Cristina martedì mattina?
2. Quando pranza con Lucia?
3. Va in palestra mercoledì mattina?
4. Quando cena con Carlo?
5. Quante volte vede Carlo?
6. Quando va al cinema? Con chi?
7. Quando ha l'appuntamento con la parrucchiera?

La settimana di Cristina

gym

hairdresser

presents

dinner

lunch

19 Lunedì Понедельник الاثنين Lundi Montag Lunes	20 Martedì Вторник الثلاثاء Tuesday Mardi Dienstag Martes	21 Mercoledì Среда الاربعاء Wednesday Mercredi Mittwoch Miércoles
Dicembre December Décembre	Diciembre Декабрь	Dezember
9	9	9
10 Palestra	10 dentista	10 Jogging con Monica
11	11	11 veterinario
12 Pranzo con	12 Pranzo con	12 con gatta Eva
13 Lucia	13 Papà	13
14	14	14 parrucchiera
15 elettricista	15 Shopping	15
16	16 regali Papà	16 prendere torta
17 Cinema	17 e mamma	17
18 con Monica	18 teatro	18 cena da Carlo

22 Giovedì Четверг الخميس Thursday Jeudi Donnerstag Jueves	23 Venerdì Пятница الجمعة Friday Vendredi Freitag Viernes	24 Sabato Суббота السبت Saturday Samedi Somstag Sábado
Dicembre December Décembre	Diciembre Декабрь	Dezember
9	9	
10 fare la	10 ultime spese	cena da
11 spesa	Carlo?	mamma e papà
12	12	25 Domenica Sunday Dimanche Domingo Воскресенье الاحد Sonntag
13	13	
14 shopping	14 Pranzo con	regali!
15 con mamma	15 Carlo	
16	16 babysitting	
17 a casa	17	
18 della nonna	18	Dicembre

Attualità
La vita degli studenti

A. Prima di leggere

You are about to read the text of an interview between a **giornalista** (*reporter*) and three Italian students studying in Milan: Leonardo (from Milan), Daniele (from Rome), and Vincenzo (from Naples). The reporter is interested in talking to them about their studies and leisure-time activities.

GIORNALISTA Buon giorno ragazzi, grazie di essere stati così **disponibili. Potete dirmi i vostri** nomi e di dove siete?	*available / Can you tell me / your*
DANIELE **Certo!** Io mi chiamo Daniele e sono di Roma. Lui è Leonardo ed è di Milano, lui invece è Vincenzo ed è di Napoli.	*Sure!*
GIORNALISTA Benissimo, grazie. Adesso **ditemi** che cosa studiate all'università.	*tell me*
LEONARDO Va bene. Io studio economia e commercio.	
DANIELE Io invece sono qui perché mio padre fa il training per sei mesi in una **ditta** di Milano; così frequento due corsi di lingue straniere per imparare l'inglese e il tedesco.	*firm*
VINCENZO Io studio informatica, così, con **questo** diploma, **posso** trovare **facilmente** un lavoro.	*this* *I can / easily*
GIORNALISTA Allora, ditemi, cosa fate durante il tempo libero?	
DANIELE Andiamo al pub o in discoteca.	
LEONARDO Oppure andiamo al cinema.	
VINCENZO Andiamo anche a fare un giro in centro, guardiamo i negozi e incontriamo altri ragazzi e ragazze.	
GIORNALISTA Bene, grazie ragazzi! Leggete l'articolo sul «Giornalino dei giovani»!	
DANIELE, LEONARDO, VINCENZO Certo! Prego, arrivederci!	

B. Alla lettura

1. Come si chiamano i tre studenti?
2. Di dove sono?
3. Cosa studia Leonardo? E Daniele?
4. Perché Vincenzo studia informatica?
5. Cosa fanno i tre ragazzi quando hanno tempo libero?
6. Dove leggeranno (*will they read*) l'articolo?

Vocabolario

Nomi

la cosa	thing
la festa	party
la mattina	morning
il pomeriggio	afternoon
lo scaffale	shelf
la sera	evening
il tempo	weather

Aggettivi

solo	alone

Verbi

abitare	to live
andare	to go
ascoltare	to listen to
aspettare	to wait for
cantare	to sing
cercare	to look for
comprare	to buy
dare	to give
desiderare	to wish
domandare	to ask
fare	to do, to make
giocare (a)	to play (a game)
guardare	to look at, to watch
imparare	to learn
(in)cominciare	to begin
incontrare	to meet
lavorare	to work
mangiare	to eat
parlare (a)/(di)	to speak (to)/(about)
pensare	to think
spiegare	to explain
stare	to stay, to feel
suonare	to play (an instrument); to ring (a bell, etc.)

Altre espressioni

da	from, by
davanti (a)	in front (of)
dentro	in, inside
dietro	behind
essere al verde	to be broke
fare il bagno, la doccia	to take a bath, a shower
fare colazione	to have breakfast
fare una domanda	to ask a question
fare una foto	to take a picture
fare una gita	to take a short trip
fare una passeggiata	to take a walk
fare un regalo	to give a present
fare la spesa	to go shopping (for groceries)
fare le spese	to go shopping
fare un viaggio	to take a trip
fare una telefonata	to make a phone call
fuori	out, outside
insieme	together
lontano (da)	far (from)
poi	then
sopra	on, on top of
sotto	under
su	on, over, above
tra (or fra)	between, among
una volta a…	once a . . .
vicino (a)	near
una volta (due, tre volte) al giorno (al mese, all'anno)	once (twice, three times), a day (a month, a year)

A tavola

Venezia. Elegante ristorante in centro

Parole da ricordare
Pasti e piatti

La grammatica
1 Verbi regolari in **-ere** e **-ire:** il presente
2 Verbi in **-ire** con il suffisso **-isc-**
3 Il partitivo *(some, any);* **alcuni, qualche, un po' di**
4 **Molto, tanto, troppo, poco, tutto, ogni**

Per finire: Una festa di compleanno
Ascoltiamo! Adesso scriviamo! Parliamo insieme!

Attualità: Dove andiamo a mangiare?

www.academic.cengage.com/italian/salve

📖 Workbook   🎧 iRadio   🎧 Audio

Parole da ricordare
Pasti e piatti

le patate — il pollo

l'insalata mista

l'arrosto di vitello

i funghi

gli spaghetti

il risotto

la bistecca

il salmone   la trota

la minestra

lo spumante   gli gnocchi

il pane i grissini

Al bar un panino al prosciutto *(ham sandwich)* o al formaggio, con salame o mozzarella e pomodoro, una pizzetta, una brioche, un succo di frutta, un caffè, una Coca-Cola, un'aranciata, un aperitivo, un gelato

la **cameriera** *(waitress)*; il **cameriere** *(waiter)*; i **clienti** *(customers)*; il **conto** *(check, bill)*; la **mancia** *(tip)*

* * *

I pasti   *Meals*

la **colazione, il pranzo, la cena** *(breakfast, lunch, dinner)*; **pranzare** *(to eat lunch)*, **cenare** *(to eat dinner)*

A colazione

il **caffè espresso**, il **caffelatte**, il **cappuccino**, il **tè**, il **latte** *(milk)*, il **succo d'arancia** o **di pompelmo** *(orange or grapefruit juice)*; i **cereali**, le **uova strapazzate** *(scrambled eggs)*, il **toast**, il **pane** *(bread)*; il **burro** *(butter)*, la **marmellata** *(jam)*

A pranzo o a cena

l'**antipasto** *(appetizer)*: **prosciutto e melone** *(ham and cantaloupe)*, il **cocktail di gamberetti** *(shrimp)*, **avocado con olio e limone**

Il primo piatto *First course*	Il secondo piatto *Second course*

Il primo piatto *First course*

la zuppa di verdura vegetable
   soup
gli spaghetti al pomodoro
   . . . with tomato sauce
i ravioli alla panna . . . *with*
   cream sauce
le lasagne alla bolognese
   . . . with tomato, meat, and
   white sauce
i cannelloni alla napoletana
   stuffed pasta with tomato
   sauce

Le bevande *Drinks*

la birra beer
il vino wine
l'acqua minerale mineral water
il ghiaccio ice

Il dessert

Il dolce: la torta al cioccolato (*chocolate cake*), **la torta di mele** (*apple pie*),
   le paste (*pastries*), **il gelato (al cioccolato, alla panna** [*whipped cream*],
   al limone [*lemon*])
La frutta: la mela (*apple*), **la pera** (*pear*), **l'arancia, la banana, la fragola**
   (*strawberry*), **la pesca** (*peach*), **l'uva** (*grapes*), **la macedonia di frutta** (*fruit cup*)
Il formaggio (*cheese*)

Il secondo piatto *Second course*

le scaloppine veal cutlets
il pesce fritto fried fish
la sogliola ai ferri grilled sole
la bistecca ai ferri grilled steak

Il contorno *Side dish*

le verdure vegetables
le carote carrots
i piselli peas
gli spinaci spinach
le zucchine/gli zucchini zucchini,
   squash
le patate fritte fried potatoes
le melanzane eggplant
i broccoli broccoli
l'insalata salad
i peperoni bell peppers

Informazioni

Ristoranti e bar

*G*li Italiani possono (*can*), a qualunque (*any*)
ora del giorno, mangiare qualcosa in un bar
o in una tavola calda, dove panini, pizzette e piatti
caldi sono sempre disponibili (*available*). I ristoranti
e le trattorie, in generale, non aprono prima di
mezzogiorno per il pranzo, e non prima delle 7:30
per la cena.

Quando un cliente entra al bar, prima paga
alla cassa (*cashier*) e riceve uno scontrino. Con lo
scontrino, poi, chiede al banco (*counter*) il panino,
la pizzetta o l'insalata e la bibita. I clienti ricevono
lo scontrino o la ricevuta fiscale in tutti i negozi
e ristoranti.

Applicazione

A. A tavola. In pairs, take turns asking and answering the following questions.

1. Quanti e quali sono i pasti del giorno?
2. Con che cosa incomincia un pranzo elegante?
3. In Italia il pasto principale è il pranzo. Negli Stati Uniti è la stessa cosa?
4. Gli spaghetti sono un primo o un secondo piatto?
5. Cos'è la prima cosa che il cameriere porta in un ristorante?
6. Se abbiamo ancora (*still*) fame dopo la carne, che cosa ordiniamo?
7. Che cosa porta il cameriere alla fine (*at the end*) del pranzo?

B. Al ristorante. Pretend you and your friend are ordering dinner **(la cena)** in a restaurant. Three students will play the roles of Marisa, Gianni, and **il cameriere.**

CAMERIERE	Buona sera, signori, desiderano un antipasto?
MARISA	Sì, grazie, vorrei *(I would like)*…
CAMERIERE	E Lei, signore?
GIANNI	…
CAMERIERE	Signorina, cosa desidera come primo piatto?
MARISA	…
CAMERIERE	Anche per Lei, signore?
GIANNI	No, io vorrei…
CAMERIERE	Per secondo, abbiamo un arrosto squisito, con patate, o del salmone dell'Atlantico, molto buono.
MARISA	…
GIANNI	…
CAMERIERE	Cosa porto da bere *(to drink)*?
MARISA	…
GIANNI	…
[After dinner, they ask for the bill.]	
GIANNI	…

C. Mi piace. Non mi piace. *(I like (it). I don't like (it).)* Recreate an exchange in a restaurant, with one student portraying a waiter and the other the customer. The waiter will suggest items from the **primo piatto** or **secondo piatto;** the customer will respond: **Mi piace** or **Non mi piace** *(+ singular noun)*…, **Mi piacciono** or **Non mi piacciono** *(+ plural noun)*…

Esempio — *Oggi, come primo, abbiamo spaghetti alle vongole.*
— *Sì, mi piacciono.* o *No, non mi piacciono. Vorrei i ravioli della casa.*

D. Conversazione. Take turns asking each other questions.

1. Incontri gli amici a un ristorante elegante o alla mensa *(cafeteria)* dell'università?
2. Che cosa ordini spesso? Ti piace il pesce?
3. Che cosa non mangiamo quando siamo a dieta: il formaggio, il pane, la verdura, la frutta, il pesce fritto, le paste? E quando fa molto caldo *(it's very hot)*? E quando siamo occupati e non abbiamo molto tempo?
4. Sei vegetariano(a)?
5. A colazione, cosa bevi *(do you drink)*? Una tazza di caffè, una tazza di tè, un bicchiere di latte, un succo di frutta?

E. Colazione sulla terrazza dell'albergo con vista sul mare. Imagine and describe who are the people having breakfast, and what they are eating, drinking, and saying. Describe also what you see in the photo.

Monterosso (Cinque Terre). Albergo Porto Roca. Colazione sulla terrazza con vista sul mare.

La grammatica

1 Verbi regolari in *-ere* e *-ire:* il presente

Gabriella scrive a Filippo. Papà legge il giornale.

La mattina il signor Brambilla dorme troppo e perde l'autobus.

scrivere *(to write)*		dormire *(to sleep)*	
io scriv**o**	noi scriv**iamo**	io dorm**o**	noi dorm**iamo**
tu scriv**i**	voi scriv**ete**	tu dorm**i**	voi dorm**ite**
lui/lei/Lei scriv**e**	loro scriv**ono**	lui/lei/Lei dorm**e**	loro dorm**ono**

A. Verbs ending in **-ere** (second conjugation) and verbs ending in **-ire** (third conjugation) differ only in the ending of the **voi** form: **scriv*ete*, part*ite*.** Both **-ere** and **-ire** verbs differ from **-are** verbs in the endings of the **lui, voi,** and **loro** forms: **parlare—parl*a*, parl*ate*, p*a*rl*ano*.**

Scrivo una lettera a Gino.
  { *I write a letter to Gino.*
  { *I am writing a letter to Gino.*
  { *I do write a letter to Gino.*

Dormi in classe?
  { *Do you sleep in class?*
  { *Are you sleeping in class?*

B. Some common verbs ending in **-ere** are:

chiędere	*to ask*	**ricęvere**	*to receive*
chiụdere	*to close*	**ripętere**	*to repeat*
crędere	*to believe*	**rispọndere (a)**	*to answer*
lęggere	*to read*	**scrịvere**	*to write*
pęrdere	*to lose; to miss (the bus, etc.)*	**vedere**	*to see*
pręndere	*to take*	**vịvere**	*to live*

Oggi **prendo** solo il primo piatto.   *Today I'll only have the first course.*
Vediamo cosa c'è sul menù.   *Let's see what there's on the menu.*
Quando **rispondete** all'invito?   *When are you answering the invitation?*

C. Some common verbs ending in **-ire** are:

aprire	*to open*	**seguire**	*to follow; to take a course*
dormire	*to sleep*	**sentire**	*to hear*
offrire	*to offer*	**servire**	*to serve*
partire (da)	*to leave (a place)*	**partire (per)**	*to leave for (a place)*

Mi **offri** un caffè?	*Are you offering me a coffee?*
Non **sentite** il telefono?	*Don't you hear the phone?*
Cosa **serviamo** agli invitati?	*What are we serving our guests?*

Pratica

A. Che cosa fanno? In pairs, take turns asking and answering the questions.

Esempio cosa/ricevere/la cameriera (la mancia)
— *Cosa riceve la cameriera?*
— *La cameriera riceve la mancia.*

1. cosa/**leggere**/voi al ristorante (menù)
2. chi/**servire**/i clienti al ristorante (…)
3. quante ore/**dormire**/tu la notte (…)
4. quando tu e il tuo compagno/**scrivere**/ai parenti (per Natale)
5. tu/**vivere**/con la tua famiglia (…)
6. tu/cosa/**offrire**/quando inviti gli amici (…)
7. tu e il tuo compagno (la tua compagna)/**rispondere**/immediatamente/ quando **ricevere**/un invito (…)

B. Scambi rapidi. Complete the following sentences as in the example.

Esempio il professore
— *Ragazzi, che cosa (vedere) _____ dalla finestra?*
— *Ragazzi, che cosa vedete dalla finestra?*

1. Al bar   — Signori, cosa (prendere) _____ Loro?

 — Io _____ una birra e la signora _____ un'acqua minerale.

2. Al ristorante   — Ragazzi, (leggere) _____ il menù. Oggi io (offrire) _____ il pranzo.

 — Grazie. Noi (prendere) _____ solo il secondo piatto.

 — Voi non (vedere) _____ che ci sono dei buoni dolci?

 — Allora (*Then*) io (seguire) _____ il tuo consiglio (*advice*) e (prendere) _____ il tiramisù.

C. Un po' d'immaginazione. In pairs, ask each other questions using the following verbs: **leggere, rispondere, prendere, dormire, ricevere.** Start with **cosa, dove, quando.**

Esempio — *Cosa riceve tua madre per la Festa della Mamma?*
— *Riceve dei fiori.*

2 Verbi in -ire con il suffisso -isc-

Many -ire verbs add -isc- between the stem and the endings of the io, tu, lui, and loro forms. In the vocabulary lists of this book and in some dictionaries, these verbs are indicated in this way: finire (-isc-).

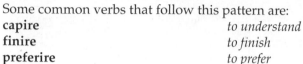

finire* (to finish)	
finisco	finiamo
finisci	finite
finisce	finiscono

*Finire takes di before an infinitive.

Preferisce con l'anestesia o senza?

Some common verbs that follow this pattern are:

capire	to understand
finire	to finish
preferire	to prefer
pulire	to clean
restituire	to give back

Quando **finisci** di studiare?	*When do you finish studying?*
Preferiamo un esame facile.	*We prefer an easy exam.*
Pulisco la casa il sabato.	*I clean the house on Saturdays.*

Pratica

A. Preferenze. Ask each other what the people you are inviting to the party prefer to eat.

Esempio   Ornella/un gelato alla panna
— *Cosa preferisce Ornella?*
— *Ornella preferisce un gelato alla panna.*

1. tu e il tuo amico/…
2. la professoressa/il tiramisù
3. tu/…
4. la tua ragazza/…
5. i tuoi genitori/la torta al cioccolato
6. tu e io/…

B. Il dovere o il piacere? (*Duty or pleasure?*) In groups of three, play the roles of Pietro, Gino, and Franco. Complete their conversation with the proper form of the following verbs: **restituire, pulire, preferire, finire, capire.**

PIETRO   Gino, tu _____ sempre quando il professore parla in italiano?

GINO   Qualche volta _____ e qualche volta _____, e tu?

PIETRO   _____

FRANCO   Ragazzi, oggi pomeriggio voi _____ andare a fare un giro o andare ai videogiochi?

GINO   Veramente (*Actually*) oggi ho bisogno di _____ la mia stanza, perché è un disastro.

FRANCO   Perché non _____ la tua stanza domani che è sabato, e oggi andiamo ai videogiochi?

PIETRO   Sì, Franco ha ragione; io _____ la mia stanza solo una volta al mese!

GINO   OK, però prima _____ i compiti di italiano.

PIETRO   E noi _____ i libri alla biblioteca, poi ci incontriamo in centro ai videogiochi.

GINO   D'accordo.

3 Il partitivo (some, any); *alcuni, qualche, un po' di*

il tè · del tè · la torta

della torta · le paste · delle paste

A. The partitive (**partitivo**) is used to indicate a part of a whole or an undetermined quantity or number. In English, it is expressed by *some* or *any*. In Italian, it is expressed by the contraction of **di** and the definite article in all its forms (**del, dello, dell'; della, dell'; dei, degli; delle**).

Vorrei **dell'**acqua minerale.	*I would like some mineral water.*
Abbiamo **del** vino francese.	*We have some French wine.*
Ho **degli** amici simpatici.	*I have some nice friends.*

NOTE:

a. The plural forms of the partitive may be thought of as plural forms of the indefinite article **un, uno, una.**

Ho **un** amico a Roma e **degli** amici a Napoli.	*I have a friend in Rome and some friends in Naples.*

b. The partitive is omitted in negative statements.

No, non compriamo frutta, compriamo **del** gelato.	*No, we are not buying (any) fruit, we're buying (some) ice cream.*

B. **Alcuni, qualche,** and **un po' di** are other forms that translate as *some.* The adjective **alcuni (alcune)** is always followed by a plural noun. The adjective **qualche** is invariable and is always followed by a singular noun. Both may replace the partitive when *some* means *a few.*

Invitiamo	**alcuni** amici. **qualche** amico. **degli** amici.	*We invite some (a few) friends.*

Pio porta	**alcune** bottiglie. **qualche** bottiglia. **delle** bottiglie.	*Pio brings some (a few) bottles.*

NOTE: With nouns that designate substances that can be measured but not counted such as **pane, latte, carne, caffè, minestra,** etc., the partitive article **del, della, dello** cannot be replaced by **qualche** or **alcuni.**

— Cosa desideri? Ci sono alcune mele.
— C'è anche un po' di torta.

C. Un po' di (Un poco di) may replace the partitive only when *some* means *a little, a bit of.*

Mangio **un po' di** pollo (del pollo).   *I eat some chicken.*

Pratica

A. Che cosa preferisci? Imagine that you are deciding what to order in a restaurant. In pairs, take turns asking and answering these questions as in the example.

Esempio   acqua minerale/latte
— *Preferisci dell'acqua minerale?*
— *No, preferisco del latte.*

1. gelato/torta
2. spinaci/zucchine
3. pane e formaggio/frutta
4. tè/Coca-Cola
5. spaghetti/pizza

6. vino/birra
7. arrosto di vitello/scaloppine
8. insalata verde/pomodori
9. biscotti *(cookies)*/paste

B. Nel negozio di frutta e verdura. Look inside the baskets and take turns telling a classmate what you are buying. Use the partitive or **alcuni (e).**

Esempio   1.   — *Io compro delle arance (o alcune arance), e tu?*

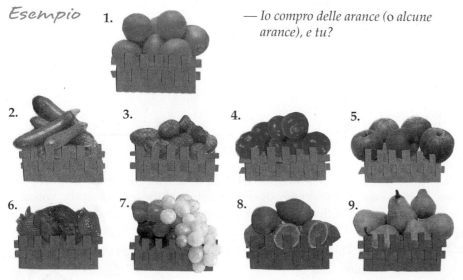

C. Che cosa compri? With a classmate, take turns asking and answering questions about what you are buying at the grocery store. Use **qualche** in your answers, following the example.

Esempio   patate
— *Compri delle patate?*
— *Sì, compro qualche patata.*

1. panini
2. bistecche
3. mele
4. biscotti
5. bottiglie di acqua minerale

D. Hai fame? Vorresti *(Would you like)...* ? You and a friend are thinking about dinner. Ask each other questions, following the example.

Esempio   pane
— *Vorresti del pane?*
— *Sì, vorrei un po' di pane.*

1. formaggio Bel Paese
2. insalata di pomodori
3. pollo ai ferri
4. spinaci al burro
5. pesce fritto
6. macedonia di frutta
7. minestra di verdura

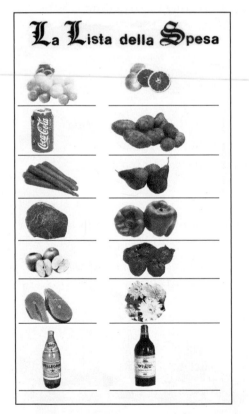

La lista della spesa

E. I generi alimentari *(Groceries)*. **Di cosa abbiamo bisogno?** In groups of three, each one will tell what he/she needs to buy at the supermarket. You may choose the items from the list or make up your own list. Use the partitive or **qualche, alcuni.**

Esempio   — *Ho bisogno di comprare dell'uva, delle mele e alcune bottiglie di birra, e tu?*

4 Molto, tanto, troppo, poco, tutto, ogni

A. The following adjectives express quantity:

molto, molta; molti, molte	*much, a lot of; many*
tanto, tanta; tanti, tante	*much, so much; so many*
troppo, troppa; troppi, troppe	*too much; too many*
poco, poca; pochi, poche	*little; few*

Lavorate **molte** ore?	*Do you work many hours?*
I bambini mangiano **troppo** gelato.	*Children eat too much ice cream.*
Lui invita **pochi** amici.	*He invites few friends.*

— Hai molta fame?
— Sì, ma ho pochi soldi.

B. When **molto, tanto, troppo,** and **poco** modify an adjective or a verb, *they are adverbs* **(avverbi).** As adverbs, they are invariable.

L'Italia è **molto** bella.	*Italy is very beautiful.*
Tu parli **troppo.**	*You talk too much.*

C. Tutto, tutta; tutti, tutte *(the whole; all, every).* When the adjective **tutto** is used in the singular, it means *the whole;* when it is used in the plural, it means *all, every.* The adjective **tutto** is followed by the definite article.

Studi **tutto il** giorno?	*Are you studying the whole day?*
Studio **tutti i** giorni.	*I study every day.*

D. Ogni *(Each, Every)* is an *invariable* adjective. It is *always* followed by a singular noun.

Lavoriamo **ogni** giorno.	*We work every day.*
Ogni settimana gioco a tennis.	*Every week I play tennis.*

NOTE: Tutto and **ogni** are often used interchangeably.

tutti i giorni ⎫
ogni giorno ⎬ *every day*

Pratica

A. Scambi rapidi. Complete each sentence using **molto** as an adverb or the correct form of **molto** as an adjective. Then act out the exchanges with a classmate.

1. Fra compagni: — Scrivi _____ cartoline (*postcards*) agli amici quando sei in viaggio?

    — Affatto *(Not at all)*, perché non mi piace _____ scrivere.

2. Fra amiche: — Paola, oggi ti vedo (*you look*) _____ preoccupata (*worried*). Perché?

    — Cara mia, ho _____ carte di credito, ma ho anche debiti (*debts*).

3. Fra colleghi: — Come mai (*How come*) dormi in ufficio? Non dormi _____ di solito la notte?

    — No, dormo poche ore la notte, e di giorno ho _____ sonno.

4. Fra conoscenti: — Ingegnere, desidero invitare Lei e la signora a un ristorante cinese _____ buono.

    — Grazie, accetto volentieri (*with pleasure*). Mi piace _____ il cibo cinese.

B. La dieta personale. Using **molto** and **poco,** and referring to **la piramide della salute,** exchange information with a classmate about your eating habits.

Esempio — *Quanta pasta mangi?*
— *Mangio poca (molta) pasta.*

1. pane, pasta, riso...

2. verdura

3. frutta

4. carne

5. latte, formaggi

6. zucchero, dolci

Le piramide della salute

C. Tutti(e)—Ogni. Take turns with your classmates asking each other about everyday activities. Follow the example.

Esempio studiare/sere
— *Studiate tutte le sere?*
— *Sì, studiamo ogni sera.* o
— *No, non studiamo ogni sera.*

1. lavorare/giorni
2. mangiare a casa/giorni
3. preparare la colazione/mattine
4. imparare/parole del vocabolario
5. studiare/lezioni
6. parlare con/compagni di classe
7. guardare la televisione/sere

Il mercato all'aperto. Al banco *(stand)* del salumiere si possono comprare molti generi alimentari, come, per esempio: prosciutto, salame, salsicce, vari tipi di formaggio (parmigiano, ricotta, mozzarella, gorgonzola, fontina), yogurt, uova, burro, olive, funghi sott'olio, acciughe *(anchovies)*, eccetera.

D. Il mercato all'aperto. You have invited a few friends for tonight, and you want to prepare a couple of dishes with **antipasti** and **formaggi**. You are now at the open market at the counter of the **salumiere**, played by another student. First practice the dialogue. Then using it as a guideline, create your own dialogue with your partner.

(1 kilo = 2.2 pounds; 1 etto = .1 kilo)

— Buon giorno, desidera?

— Del grana padano, per favore.

— Mezzo chilo?

— No, è troppo! Tre etti. E anche due etti di gorgonzola.

— Ha bisogno d'altro?

— Sì, del prosciutto di Parma, tagliato fine *(sliced thin)*, alcune uova, un po' di burro, e delle olive. Le uova sono fresche?

— Sì, molto fresche. Sono di ieri mattina. Basta così?

— Sì, grazie. Quanto fa?

— Benissimo, il totale è di 35 euro e 50 centesimi.

— Va bene, ecco a Lei, arrivederci.

— ArrivederLa e grazie!

E. Conversazione. Take turns asking each other questions.

1. Gli studenti mangiano spesso nei ristoranti eleganti? Perché sì o perché no?
2. Gli studenti italiani mangiano spesso al McDonald's. Anche tu?
3. Ti piacciono le verdure? Quali verdure ti piacciono e quali non ti piacciono?
4. Ti piace la torta al cioccolato o preferisci il tiramisù?
5. Mangi molta frutta? Quale preferisci?
6. Ti piace molto il gelato? Quale tipo (al limone, alla fragola, alla pesca, al cioccolato, alla nocciola, al pistacchio)?
7. Qual è il tuo cibo *(food)* preferito (messicano, italiano, cinese, francese, giapponese, ...)? Qual è il nome del tuo ristorante preferito e dove si trova? È un ristorante molto caro?

Per finire

Una festa di compleanno CD1, Track 21

Domani Gabriella **compie** ventun anni. Lucia organizza una festa e invita Filippo, il ragazzo di Gabriella, e tutti gli altri amici.	*turns*
LUCIA Marcello, tu **che** hai sempre **un sacco di soldi,** che cosa porti?	*who / a lot of money*
MARCELLO **Macché** un sacco di soldi! Se aspetto i soldi di papà… Io compro alcune bottiglie di spumante Asti. E porto Liliana e Antonio con me nella Ferrari.	*No way*
LUCIA E loro, cosa portano?	
MARCELLO Liliana ha intenzione di portare dei panini al prosciutto perché non ama cucinare. Antonio, sempre **al verde,** porta Fido e la chitarra.	*broke*
LUCIA Filippo, che cosa porti tu?	
FILIPPO Del vino rosso e una torta Motta*. Va bene?	
MARCELLO Molto bene. Con ventun **candeline,** vero? E tu, Lucia, che sei una **cuoca** molto brava, che cosa prepari?	*small candles* *cook*
LUCIA Vorrei preparare un arrosto con delle patate fritte.	
MARCELLO Perché non offriamo un regalo **insieme?** Qualche CD, per esempio, **dato che** a Gabriella piace la musica.	*together* *since*
LUCIA D'accordo. E tu, Filippo, **che cosa regali?** Che cos'è? Siamo curiosi.	*what present are you bringing?*
FILIPPO Ho due **biglietti** per l'Opera, ma **silenzio,** per piacere. È una sorpresa! Ho anche il **biglietto di auguri.** Perché non scrivete qualche parola anche voi?	*Tickets / silence* *birthday card*
La sera della festa tutti gli amici sono a casa di Lucia e aspettano Gabriella e Filippo. Quando i due aprono la porta gli amici **augurano:** «Buon compleanno, Gabriella!»	*wish her*

*A popular brand of pastries and cakes.

Comprensione

1. Perché organizza una festa Lucia?
2. Chi invita Lucia?
3. Chi è Filippo?
4. È ricco o povero il padre di Marcello?
5. Che cosa porta Marcello? E Antonio?
6. Come arriva alla festa Marcello? Con chi?
7. Perché Liliana porta dei panini?
8. Che cosa porta Filippo?
9. Quante candeline ci sono sulla torta?
10. Che piatto prepara Lucia?
11. Che cosa regala Filippo? Perché?
12. Che cosa augurano tutti gli amici quando Gabriella e Filippo aprono la porta?

Conversazione

1. Che regalo desideri per il tuo (your) compleanno?
2. Di solito, dove festeggi (do you celebrate) il tuo compleanno? Che cosa desideri mangiare in questo (this) giorno?
3. Organizzi molte o poche feste per gli amici?
4. Che cosa portano gli amici?
5. Dimentichi il compleanno di un amico/un'amica o compri sempre un regalo?

Ascoltiamo!

Una colazione CD1, Track 22

Mr. Wilson is staying at an elegant **pensione** in Florence. After admiring the view of the city from his window, he has come down to have breakfast. Listen to his conversation with the waitress who takes his order. Then answer the following questions.

Comprensione

1. Per che cosa è pronto il signor Wilson?
2. È in un albergo?
3. Sono freddi i panini e le brioche? Perché?
4. Che cosa desidera mangiare il signor Wilson?
5. Che succo di frutta ordina? Ordina anche caffè e latte?
6. Di che frutta sono le marmellate sul tavolo?
7. È contento il signor Wilson? Perché?

Dialogo

Colazione alla pensione. In groups of three, play the roles of two customers and a waiter/waitress. It's 8 A.M., and you are ordering breakfast at your inn.

Al ristorante CD1, Track 23

Linda and Gianni are having dinner in a small restaurant. They both order the first and second courses and the drinks. Listen to the conversation, then answer the following questions.

Comprensione

1. Sono in un grande ristorante lussuoso Linda e Gianni?
2. Chi desidera mangiare molto? Perché?
3. Che cosa raccomanda il cameriere come antipasto?
4. Che primo e secondo ordina Gianni? E Linda? Perché?
5. Che cosa ordina Gianni? Acqua minerale?

Adesso scriviamo!

Un picnic

Invent a story about the people seated on the grass: who they are and what their names are, why they are celebrating, and what the circumstances are. Be sure to describe the various elements of the celebration and where the items are located.

Parliamo insieme!

A. Al ristorante. You are in the restaurant Al Ponte. One student portrays the waiter and brings the menu. Two or three others order **un pranzo all'italiana** *(Italian style):* **antipasto, primo piatto, secondo piatto, ecc.**

B. Un picnic al parco. It is your turn to organize a picnic in the park. You and your friends take turns to tell what you are bringing (look at the items suggested). Use the **partitivo.** You also need plastic cups and dishes **(bicchieri e piatti di plastica),** and the drinks of your choice.

RISTORANTE AL PONTE
Via del Mulino 28   San Gimignano   (0577) 940415

ANTIPASTI

Prosciutto e melone   3,00
Fritto misto[1]   2,50
Insalata di gamberetti   3,25

PRIMI

Tagliatelle alla bolognese   4,00
Spaghetti alle vongole[2]   4,00
Pappardelle ai funghi   3,00
Risotto alla milanese   3,25
Ravioli alla panna[3]   4,00
Tortellini al gorgonzola[4]   4,00
Ravioli con ricotta e spinaci   4,5
Ravioli della casa   3,25
Gnocchi alla romana   4,50
Zuppa di verdure   3,50
Zuppa di pesce   4,50

BEVANDE

Vino, birra, acqua minerale
Caffè, tè, liquori

SECONDI

Bistecca alla fiorentina   7,00
Polpette[5] al sugo di pomodoro   5,50
Fegato[6] con polenta   5,00
Petti di pollo[7]
    con punte d'asparagi   7,50
Trota al burro   7,00
Sogliola ai ferri   7,00
Salmone alla griglia   8,50

CONTORNI

Insalata mista   2,25
Patate fritte, carciofi[8]   2,75
Zucchine, piselli, fagiolini[9]   2,25

DOLCI E FRUTTA

Carrello paste   3,00
Tiramisù   3,25
Gelati misti   2,50
Torta al cioccolato   3,00
Torta di fragole   3,00
Macedonia di frutta   3,25
Frutta di stagione

Pane, coperto e servizio

[1] *mixed fried fish or meat*   [2] *clams*   [3] *cream*   [4] *a creamy Italian blue cheese*
[5] *meatballs*   [6] *liver*   [7] *chicken breast*   [8] *artichokes*   [9] *green beans*

Attualità   Dove andiamo a mangiare?

A. Prima di leggere Following are descriptions of different types of restaurants that are common in Italy. As you read, try to determine what the main characteristics of each type of restaurant are and to make comparisons. Consider, for example, how formal or informal each type of restaurant is, what kind of food each serves, how expensive a meal typically is, and who the usual patrons are.

Al ristorante

Un ristorante è un **locale** elegante, dove gli Italiani ordinano un pasto completo: un primo piatto, un secondo piatto con uno o due contorni, della frutta, del dolce e un caffè. Ci sono molti ristoranti in Italia e sono divisi in categorie di qualità e **prezzi.**

place

prices

Un ristorante di famiglia

Un pizzaiolo al lavoro

In trattoria

Questo è un locale dove lavora tutta la famiglia. Gli Italiani vanno in una trattoria per mangiare i piatti tipici della regione. Non è necessario ordinare un pranzo completo ma anche solo un primo piatto o un secondo piatto e il dolce. L'atmosfera è di solito **meno** formale e i prezzi sono **inferiori a quelli** di un ristorante.

less
lower than those

In pizzeria

Questo è un locale dove gli Italiani mangiano di solito solo la pizza. La pizza italiana è molto più **sottile** di quella americana, ed è **cucinata** in **un forno di pietra a legna.** L'atmosfera è molto informale e gli Italiani bevono una Coca-Cola o una birra quando mangiano la pizza. Ci sono molte pizzerie in Italia e sono tutte diverse **l'una dall'altra.** Non ci sono compagnie di **pizzerie a catena** come in America e gli Italiani scelgono il locale dove la pizza è più buona o dove **conoscono** il **proprietario.**

thinner / cooked / a
*   wood-burning oven*
one from another
pizzeria chains
know / the owner

Alla tavola calda

Questo è un locale dove gli Italiani vanno quando hanno fretta. C'è molta **varietà di cibi** che sono **già pronti** e i clienti **scelgono** i piatti che preferiscono. Quando un cliente ha il **vassoio** pronto va alla **cassa** dove paga i piatti **scelti**. Poi va a sedersi a un tavolo; non ci sono camerieri. Una tavola calda **di solito** è in centro, vicino alle banche e ad altri uffici dove gli Italiani che lavorano possono andare a mangiare durante **l'ora libera** per il pranzo.

choice of dishes
already prepared /
choose / tray / cash /
register / chosen
usually
the free hour

In paninoteca

Questo è un locale che serve una grande varietà di panini: caldi o freddi, ma anche pizzette o insalate. Gli Italiani, soprattutto i giovani, mangiano in una paninoteca quando hanno fretta o non hanno molti soldi. Ci sono molte paninoteche vicino alle università dove gli studenti vanno durante **l'intervallo** del pranzo o **prima di** andare a casa nel pomeriggio. In una paninoteca gli studenti parlano **dei** corsi, dei professori e studiano insieme.

break / before
about

B. Alla lettura Dove andiamo a mangiare? On the basis of the information you have gathered, suggest where the following people are likely to go for a meal.

Esempio   I signori Bianchi hanno tre bambini e non hanno molti soldi.
Mangiano in una trattoria.

1. Il signor Rossi lavora in centro a Milano in una banca.
2. Giorgio e Alessandra sono studenti universitari e le lezioni sono finite.
3. L'architetto Moretti porta fuori *(is taking out)* la moglie per il suo compleanno.
4. Marco e Alessia hanno voglia di un piatto tipico e di un buon dolce.
5. È domenica sera, Paolo vede gli amici per andare al cinema, ma prima mangiano insieme.

Vocabolario

Nomi

il bicchiere	glass
il biscotto	cookie
la bottiglia	bottle
la candelina	little candle
la carne	meat
il cibo	food
il compleanno	birthday
la cucina	kitchen; cooking, cuisine
il cuoco (la cuoca)	cook
i generi alimentari	groceries
il piatto	dish, course
il regalo	gift, present
i soldi	money
la sorpresa	surprise
la tazza	cup

Aggettivi

alcuni(e)	some, a few
occupato	busy
ogni (inv.)	each, every
poco (pl. pochi)	little; few
qualche (sing.)	some
squisito	delicious
tanto	much, so much
troppo	too much
tutto	the whole; all, every
vegetariano	vegetarian

Verbi

amare	to love
aprire	to open
arrivare	to arrive
augurare	to wish
capire	to understand
chiedere	to ask
chiudere	to close
credere	to believe
cucinare	to cook
dormire	to sleep
festeggiare	to celebrate
finire	to finish
invitare	to invite
leggere	to read
offrire	to offer
ordinare	to order
organizzare	to organize
pagare	to pay
partire	to leave

perdere	to lose
(p.p. perduto, perso)	
portare	to bring, to carry; to wear
preferire	to prefer
prendere	to take, to catch
preparare	to prepare
pulire	to clean
regalare	to give a present
restituire	to give back
ricevere	to receive
ripetere	to repeat
rispondere	to answer
scrivere	to write
seguire	to follow
sentire	to hear
servire	to serve
vedere	to see
vivere (p.p. vissuto)	to live

Altre espressioni

adesso	now
Buon compleanno!	Happy birthday!
d'accordo	OK, agreed
essere a dieta	to be on a diet
Ti piace (piacciono)… ?	Do you like . . . ? (familiar)
Le piace (piacciono)… ?	Do you like . . . ? (formal)
Mi piace (+ sing. noun)	
Mi piace la torta.	I like the cake.
Mi piacciono (+ plural noun)	
Mi piacciono i biscotti.	I like the cookies.
un po' di (un poco di)	some, a bit of
un sacco di	a lot of
se	if
senza	without
solo (inv.)	only
spesso	often
va bene?	Is it OK?
volentieri	with pleasure
vorrei	I would like

Attività video
Sulla strada

I piatti preferiti

A. Comprensione

Vero o falso?

1. Questa sera Marco e Giovanni si fermano a dormire in un albergo.
   (a) Vero   (b) Falso

2. Marco dice: "ci faremo una bella mangiata di pasta fatta in casa".
   (a) Vero   (b) Falso

3. In Italia si mangia male.
   (a) Vero   (b) Falso

4. Ogni regione ha le sue specialità.
   (a) Vero   (c) Falso

5. Un buon pasto è accompagnato da un buon vino.
   (a) Vero   (c) Falso

Domande

a. Dove si trovano oggi Marco e Giovanni?
_____

b. Che cosa hanno intenzione di fare? Di mangiare? Di dormire? _____

c. Quante notti hanno intenzione di fermarsi a dormire nell'agriturismo? _____

d. Che generi alimentari (*foods*) produce questo agriturismo? _____

e. Che cosa significa 'il vino fa buon sangue'? Significa che il vino fa bene o fa male alla salute (*to your health*)? _____

B. Attività

a. Qual è il piatto preferito di alcuni intervistati?

1. _____
2. _____
3. _____
4. _____
5. _____
6. _____
7. _____
8. _____

b. Quali sono le specialità di Bologna?
_____

c. Qual è il cibo che è molto popolare in America, ma non piace a un intervistato?
_____

d. In Italia, ci sono gli stessi piatti in tutte le regioni?
_____

e. Di quante portate (*dishes*) è composto un pasto in Italia?
_____

f. Cosa si beve con il pasto?
_____

C. Partecipazione

Completate le frasi.

1. Nell'agriturismo si produce vino e _____ .
2. Il vino fa _____ .
3. A Bologna sono famose le _____ .
4. Il pasto è composto da _____ .
5. Con il pasto gli italiani bevono _____ .

Domande

a. Quali sono due primi piatti italiani che piacciono molto agli Americani?

_____

b. Nomina due secondi piatti italiani che piacciono agli Americani.

_____

c. Due dessert sono molto popolari in Italia: il tiramisù e il gelato. Sono popolari anche in America?

_____

d. Secondo gli Italiani, si mangia meglio (better) in Italia o in America?

_____

D. Domande personali

Immagina di essere in un ristorante a Roma. Ordina un pranzo completo. Incomincia dall'antipasto.

Antipasto: _____

Primo piatto: _____

Secondo piatto: _____

Contorni: _____

Dolci: _____

Caffè: _____

Cosa ordini da bere? _____

E. Scambi culturali

Quali sono le differenze tra il modo come si mangia in America e come si mangia in Italia?

La ragazza ha venticinque anni. È nata a Firenze, dove vive e lavora. Il suo piatto preferito è la pasta, comunque le piacciono molti piatti.

Andrea aiuta suo padre a fare il vino.

Due giovani fanno un picnic in campagna.

La famiglia

Oggi, generalmente, tanto il padre quanto la madre lavorano. Più che una scelta è una necessità, a causa *(because of)* dell'alto costo della vita.

Parole da ricordare
I parenti

La grammatica
1 Aggettivi e pronomi possessivi
2 Verbi irregolari in **-ere** e **-ire**; sapere e conoscere
3 I pronomi diretti
4 I mesi e la data

Per finire: Chi viene a cena stasera?
Ascoltiamo! Adesso scriviamo!
Parliamo insieme!

Attualità: La famiglia in Italia

www.academic.cengage.com/italian/salve
Workbook   iRadio   Audio

93

Parole da ricordare

I parenti *(Relatives)*

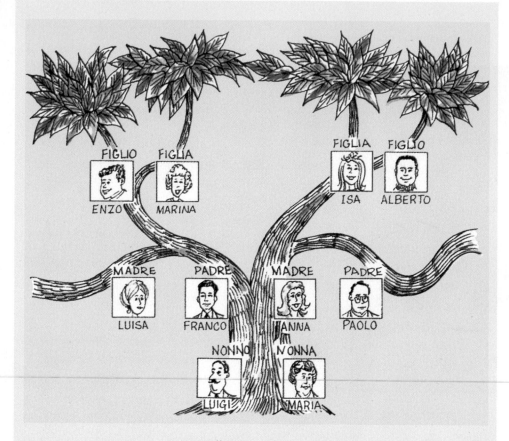

Albero genealogico

i genitori parents	**nubile, single** unmarried, single female
il marito husband	
la moglie wife	**celibe, single** unmarried, single male
il fratello brother	
la sorella sister	**fidanzato(a)** fiancé(e)
lo zio, la zia uncle, aunt	**sposato(a)** married
il cugino (la cugina) cousin	**separato(a)** separated
il nipote grandson; nephew	**divorziato(a)** divorced
la nipote granddaughter; niece	**vedovo(a)** widower, widow
i figli children	**il mio ragazzo** my boyfriend
il suocero father-in-law	**la mia ragazza** my girlfriend
la suocera mother-in-law	

La parentela

*O*ggi è raro trovare in Italia la famiglia tradizionale del passato, quando due o tre generazioni vivevano nella stessa casa. La necessità di trovare un lavoro ha spinto *(forced)* i figli ad allontanarsi dalla casa paterna e crearsi la loro famiglia altrove *(elsewhere)*. Molte volte i giovani anziché *(instead of)* sposarsi preferiscono convivere. Oggi, a causa della lontananza, è più difficile dare un aiuto ai genitori anziani *(elderly)*, che si ritrovano soli e sono spesso costretti ad andare nelle case di riposo. Inoltre *(Besides)* i nonni non possono badare *(take care)* ai nipotini, che devono stare negli asili d'infanzia *(childcare facilities)* quando i genitori sono al lavoro.

Nonostante ciò *(In spite of this)* la famiglia è ancora unita da forti legami *(ties)* e i membri della famiglia si riuniscono per festeggiare matrimoni, battesimi, compleanni, lauree e feste religiose o civili.

Applicazione

A. Chi è? Completate le seguenti frasi con l'espressione appropriata.

1. Il fratello di mio padre è mio _____.

2. La madre di mia madre è mia _____.

3. I nonni hanno un debole *(a weak spot)* per i loro _____.

4. Rina non ha marito; è _____.

5. La figlia dello zio Piero è mia _____.

B. Conversazione. In coppie, fatevi a turno domande sulle vostre famiglie.

1. Hai dei fratelli o delle sorelle?

2. Quante persone ci sono nella tua famiglia? (Nella mia famiglia…) Hai una famiglia numerosa?

3. Come si chiama tuo padre? E tua madre?

4. Vai spesso a trovare i parenti?

5. Dove abitano i genitori, in città o in campagna?

6. Hai molti cugini?

La grammatica

1 Aggettivi e pronomi possessivi

Giacomo   Maria
Antonio   Pietro   Teresa   Anna   Maria

Giacomo   Luigi   Pierino   Fido

Ecco Antonio, con la sua famiglia: suo padre, sua madre, le sue sorelle, i suoi fratelli, e il suo cane. Alla parete c'è il ritratto dei suoi nonni.

	Singular		Plural	
Possessor	**Masculine**	**Feminine**	**Masculine**	**Feminine**
io *my*	il mio	la mia	i miei	le mie
tu *your (familiar sing.)*	il tuo	la tua	i tuoi	le tue
lui, lei *his, her, its*	il suo	la sua	i suoi	le sue
Lei *your (formal sing.)*	il Suo	la Sua	i Suoi	le Sue
noi *our*	il nostro	la nostra	i nostri	le nostre
voi *your (familiar pl.)*	il vostro	la vostra	i vostri	le vostre
loro *their*	il loro	la loro	i loro	le loro
Loro *your (formal pl.)*	il Loro	la Loro	i Loro	le Loro

A. Possessive adjectives express ownership or relationship (*my, your, his,* etc.). They agree in gender and number with the noun they modify, *not* with the possessor, and they are preceded by an article.

È **la famiglia** di Antonio?   Sì, è **la sua** famiglia.
Sono **i fratelli** di Antonio?   Sì, sono **i suoi** fratelli.
Sono **le sorelle** di Antonio?   Sì, sono **le sue** sorelle.

il mio ragazzo, **la mia** ragazza   *my boyfriend, my girlfriend*
Signor Riva, **la Sua** macchina   *Mr. Riva, your car is ready.*
  è pronta.

NOTE: Remember that whenever certain prepositions precede a definite article, the two words contract: *Nella mia famiglia ci sono sei persone.*

Telefona **dal Suo** ufficio?   *Are you calling from your office?*
Ritornano **dal loro** viaggio.   *They are returning from their trip.*

1. The article is *not* used when a possessive adjective precedes a singular noun that refers to a relative. The article is used, however, if the noun referring to relatives is plural or if it is modified by an adjective or a suffix.

mio zio Baldo	*my uncle Baldo*
nostra cugina Nella	*our cousin Nella*
suo fratello	*his (her) brother*

BUT

i miei zii e **le mie** cugine	*my uncles and my cousins*
la mia bella cugina Lia	*my beautiful cousin Lia*
il tuo fratellino	*your little brother*

2. **Loro** is invariable and is *always* preceded by the article.

la loro sorella	*their sister*
i loro vicini	*their neighbors*

3. Phrases such as *a friend of mine* and *some books of yours* translate as **un mio amico** and **alcuni tuoi libri.**

4. The idiomatic constructions **a casa mia, a casa tua,** etc., mean *at (to) my house, at (to) your house,* etc.

B. The *possessive pronouns* have the same forms as the possessive adjectives. They are preceded by an article, even when they refer to relatives.

mia madre e **la sua**	*my mother and his (hers)*
la tua casa e **la nostra**	*your house and ours*
i suoi amici e **i miei**	*his/her friends and mine*

— Mio figlio si chiama Luigi. È i Loro?
— I nostri si chiamano Mina, Lisa, Tino, Gino, Nino.

Pratica

A. Cosa cerchi? Tu e il tuo compagno (la tua compagna) siete un po' disorganizzati e cercate alcune cose. Fatevi a turno le domande usando gli aggettivi possessivi.

Esempio   quaderni
— *Cosa cerchi?*
— *Cerco i miei quaderni.*
— *Ecco i tuoi quaderni.*

1. penna
2. libri
3. orologio (*watch*)
4. cartoline (*postcards*)
5. dischetti
6. appunti
7. telefonino
8. fotografie

B. Chi portate? Attività in gruppo. La tua università celebra il centenario della sua fondazione. Alla celebrazione gli studenti possono invitare due persone, oltre (*besides*) ai genitori. Ogni studente dice chi porta.

Esempio   cugino/amico Marco
— *Io porto mio cugino e il mio amico Marco.*

1. sorella/fratellino
2. zio/zia
3. fratello/compagno(a) di liceo
4. parenti dall'Italia
5. nonna/migliore (*best*) amica
6. cugine di Roma
7. ...?
8. ...?
9. ...?

C. Di chi è? Domandate ad un altro studente **(un'altra studentessa)** di chi sono i seguenti oggetti *(the following objects)*. La risposta è affermativa o negativa, secondo *(according to)* l'informazione e l'esempio. Fatevi a turno le domande.

Esempio — È il quaderno di Lia?/no
— *No, non è il suo quaderno.*

1. È il computer di Filippo?/sì
2. Sono i CD di Stefania?/no
3. È la Mercedes del signor Rizzi?/sì
4. Sono le cassette del professor Vari?/no
5. È la chitarra di Antonio?/no
6. Sono gli esami della professoressa di filosofia?/sì

D. Un'amica curiosa. La tua compagna di stanza desidera sapere molte cose. Fatevi a turno le domande. Nella risposta usate la preposizione articolata + aggettivo possessivo. Seguite l'esempio.

Esempio — Dove sono le chiavi?/(my) borsa *(bag)*
— *Sono nella mia borsa.*

1. A chi scrivi/(my) parenti
2. Di chi è la foto/(my) nonni
3. Dov'è l'indirizzo di Luigi/(your) scrivania
4. Dov'è la macchina di Fiona/(her) garage
5. Dove sono gli appunti di storia/(your) scaffale *(m.)*
6. Di chi è quest'orologio/(my) amica
7. Dov'è il gatto/(your) letto

E. Le cose che faccio io e le cose che fai tu. In due, fatevi a turno le domande. Rispondete con il pronome possessivo corretto: **il tuo, la tua, i tuoi, le tue.** Usate la preposizione quando è necessaria.

Esempio — Io scrivo a mio padre, e tu?
— *Io scrivo al mio.*

1. Io faccio i miei compiti, e tu?
2. Io parlo alla mia insegnante, e tu?
3. Io vedo mio cugino, e tu?
4. Io invito le mie sorelle, e tu?
5. Io uso il mio telefonino, e tu?
6. Io scrivo a mio fratello, e tu?
7. Io pago i miei conti, e tu?

2 Verbi irregolari in *-ere* e *-ire; sapere* e *conoscere*

Io qui non posso entrare

Sulle porte dei negozi c'è spesso questo cartello. I padroni devono lasciare fuori il loro cane.

To download a podcast on **sapere** and **conoscere,** go to academic.cengage.com/italian.

[handwritten, right margin:]
Eccomi   Eccoñi
Ecco ti   EccoVi
Eccolo/
Eccola   Eccoli / Eccole

A. The following verbs ending in **-ere** are irregular in the present tense:

bere (to drink)		dovere (to have to, must; to owe)		potere (can, may, to be able to)		volere (to want)	
bevo	beviamo	devo	dobbiamo	posso	possiamo	voglio	vogliamo
bevi	bevete	devi	dovete	puoi	potete	vuoi	volete
beve	bevono	deve	devono	può	possono	vuole	vogliono

Stasera **devo** uscire.
Possiamo fare molte cose.
Cosa **vuoi** mangiare?

Tonight I have to go out.
We can do many things.
What do you want to eat?

NOTE: Dovere, followed by a noun, corresponds to the English *to owe.*

Devo cento euro a mia zia.

I owe my aunt one hundred euros.

[handwritten, right margin:]
Vedere
ti vedo - I see you informal
La vedo - I see you (formal)
lo/la vedo - I see her
mi vedo - I see myself
ci vede - Do you see us?
vi vedo
li vedo - I see them

Un proverbio dice: «Dopo la pioggia viene il sole». Che cosa vuol dire questo proverbio? C'è un proverbio simile in inglese?

B. The following verbs ending in **-ire** are irregular in the present tense.

dire (to say, to tell)		uscire (to go out)		venire (to come)	
dico	diciamo	esco	usciamo	vengo	veniamo
dici	dite	esci	uscite	vieni	venite
dice	dicono	esce	escono	viene	vengono

Veniamo domani.
Esce tutte le sere.

We'll come tomorrow.
He (She) goes out every night.

La grammatica ■ 99

— Pietro! Cosa fai!? Mia madre non
sa nuotare!

C. *Sapere e conoscere*

In Italian there are two verbs that both translate as *to know* in English: **sapere**
and **conoscere**. They are conjugated as follows:

sapere		conoscere	
so	sappiamo	conosco	conosciamo
sai	sapete	conosci	conoscete
sa	sanno	conosce	conoscono

1. **Sapere** is an irregular verb. It means to know how to do something, to
   know a fact.

2. **Conoscere** is a regular verb. It means to be acquainted with a person or a
   place and to meet someone for the first time.

Nino **sa** suonare il piano.	*Nino knows how to play the piano.*
Sapete che domani è vacanza?	*Do you know that tomorrow is a holiday?*
No, non **lo** sappiamo.	*No, we do not know (it).*
Non **conosco** il signor Paoli.	*I don't know Mr. Paoli.*
Conosciamo bene Venezia.	*We know Venice well.*

Pratica

 A. **Cosa possiamo fare con 1.000 euro?** Un compagno (Una compagna) dice
che cosa vogliono fare le sequenti persone con 1.000 euro. Tu rispondi se possono
o non possono.

Esempio   i miei genitori/andare in Italia
   — *I miei genitori vogliono andare in Italia.*
   — *I tuoi genitori non possono andare in Italia.*

1. io/comprare una macchina fotografica
2. mio fratello/fare un viaggio a New York
3. mia sorella ed io/portare i nostri genitori all'Opera
4. i miei cugini/comprare una barca *(boat)*
5. tu ed io/dare una festa per tutti gli studenti
6. io/affittare *(to rent)* una villa in Toscana per un mese *(month)*
7. mio marito ed io/fare una crociera *(cruise)* alle isole Hawaii
8. tu/comprare un computer Macintosh

 B. **Cosa fate se... ?** Con un compagno (una compagna), fatevi a turno le
domande. Usate il verbo **dovere** nella risposta e un po' d'immaginazione.

Esempio   —Cosa fai se hai sete?
   — *Se ho sete, devo bere dell'acqua. (o...)*

1. Cosa fanno gli studenti se ricevono un brutto voto?
2. Cosa fai se hai fame la mattina?
3. Cosa facciamo se non stiamo bene?
4. Cosa fai se hai sonno?
5. Cosa fate se volete organizzare un picnic?
6. Cosa fai se non capisci la spiegazione?
7. Cosa facciamo se abbiamo bisogno di soldi?

C. Qual'è il verbo corretto? Completate con le forme corrette di **uscire** e **venire,** secondo il caso (*according to the context*).

1. Questa sera io non _____ perché i miei nonni _____ a cena.
2. Tu e il tuo compagno _____ tutte le sere! Dove andate?
3. Oggi mia madre non _____ di casa perché aspetta sua sorella che _____ dall'Italia.
4. Se noi _____ presto (*early*) dall'ufficio, possiamo fare una passeggiata.
5. Quando _____ a casa mia voi?
6. Se volete, possiamo _____ insieme stasera.

D. Cosa diciamo? Con un compagno (una compagna), fatevi a turno le seguenti domande. Seguite l'esempio.

Esempio   tu/quando arrivi in classe
— *Cosa dici tu quando arrivi in classe?*
— *Dico «Buon giorno». (o…)*

1. voi/al compleanno di un amico
2. noi/quando rispondiamo al telefono
3. i tuoi genitori/quando vedono i tuoi voti
4. tu/quando un tuo parente o un tuo amico parte
5. tu/a un compagno prima di un esame difficile
6. voi/agli amici la sera tardi (*late*) dopo una festa
7. gli Italiani/quando fanno un brindisi (*they make a toast*)

E. Conversazione. Con un compagno (una compagna), fatevi le seguenti domande.

1. Esci spesso il sabato sera?
2. Esci solo(a) o con gli amici?
3. Quando tu e la tua amica/il tuo amico uscite, dove andate di solito?
4. Dite ai vostri genitori a che ora tornate?
5. Sabato sera do una festa a casa mia, vieni anche tu?
6. Viene anche la tua compagna/il tuo compagno? Venite insieme?

F. Un padre curioso. Il padre di Gabriella domanda informazioni a un conoscente (*acquaintance*) su (*about*) Filippo. Cominciate la domanda con **Sa… ?** o **Conosce… ?**

Esempio   suo padre
Conosce suo padre?

1. dove abita
2. con chi lavora
3. la sua famiglia
4. se è un ragazzo serio
5. i suoi amici
6. quanti corsi segue all'università
7. i suoi genitori
8. quanti anni ha
9. sua madre
10. quanti fratelli o quante sorelle ha
11. quando finisce gli studi

G. **Lo sai o non lo sai?** In due, fatevi a turno le domande e date la risposta esatta. Se non sapete rispondere dite semplicemente: **Non lo so** (*I don't know*).

Esempio — Sai chi ha inventato la radio?
— *Lo so. È stato Marconi.*

1. Sai dov'è Torino?
2. Sai quante regioni ci sono in Italia?
3. Sai in quale città si trova (*is found*) il Colosseo?
4. Sai cos'è *La Divina Commedia*?
5. Sai chi è l'autore?
6. Sai in quale isola è Palermo?
7. Sai cos'è il tiramisù?

— Compri il panettone a Natale?
— Sì, lo compro ogni Natale.

Il dolce tradizionale di Natale è il panettone, che gli Italiani regalano a parenti, amici e colleghi di lavoro. È un dolce fatto con frutta candita (*candied*) e uva sultanina (*raisins*). Hai mangiato il panettone qualche volta? In quale occasione l'hai mangiato?

3 I pronomi diretti

A. The direct-object pronouns are used to replace direct-object nouns. The direct object of a sentence answers the questions *whom?* or *what?*

Chiamo **il cameriere. Lo** chiamo.   Visito **il museo. Lo** visito.
Chiamo **la signora. La** chiamo.   Visito **la chiesa. La** visito.
Chiamo **gli amici. Li** chiamo.   Visito **i giardini. Li** visito.
Chiamo **le ragazze. Le** chiamo.   Visito **le città. Le** visito.
Mi chiami? Sì, **ti** chiamo.   **Ci** chiami? Sì, **vi** chiamo.

Here is a chart showing all of the direct-object pronouns.

Singular		Plural	
mi (m') me	**mi** chiamano	**ci** us	**ci** chiamano
ti (t') you (*familiar*)	**ti** chiamano	**vi** you (*familiar*)	**vi** chiamano
lo (l') him, it	**lo** chiamano	**li** them (*m.*)	**li** chiamano
la (l') her, it	**la** chiamano	**le** them (*f.*)	**le** chiamano
***La (L')** you (*formal, m. & f.*)	**La** chiamano	**Li, Le** you (*formal, m. & f.*)	**Li/Le** chiamano

*The formal pronoun **La (L')** is both masculine and feminine, as in **arrivederLa**.

B. Note that the direct-object pronoun immediately precedes the verb. This is also true in the negative sentence. The final vowel of a singular direct-object pronoun may be dropped before a vowel or an *h*.

Apro il frigo. **L'**apro.   *I open the refrigerator. I open it.*
Leggo le lettere. **Le** leggo.   *I read the letters. I read them.*
Mi vedono? No, non **ti** vedono.   *Do they see me? No, they don't see you.*
Non **ci** invitano mai.   *They never invite us.*
Buona sera, dottore. **La** vedo domani.   *Good evening, Doctor. I'll see you*
                                                 tomorrow.

C. Unlike their English equivalents, Italian verbs such as **ascoltare** (*to listen to*), **guardare** (*to look at*), **cercare** (*to look for*), and **aspettare** (*to wait for*) are not followed by a preposition; they therefore take a direct object.

Cerchi la ricetta?   *Are you looking for the recipe?*
Sì, **la** cerco.   *Yes, I am looking for it.*
Vi aspetto stasera alle otto.   *I will be waiting for (expecting) you at*
                                        eight o'clock tonight.

Pratica

A. Le mie attività. Sostituite l'espressione in corsivo con il pronome corretto.

Esempio   Chiamo *i miei genitori* oggi pomeriggio.
             Li chiamo oggi pomeriggio.

1. Aspetto *il mio amico* per cena.   **2.** Chiamo *i miei nonni* stasera.   **3.** Invito *le mie cugine* a pranzo domenica.   **4.** Preparo *la cena* per il compleanno del mio amico.   **5.** Ascolto *le notizie* alla TV, se ho tempo.   **6.** Guardo *il mio programma preferito* dopo cena.   **7.** Cucino *gli spaghetti alle vongole* per i miei amici.   **8.** Offro *l'aperitivo* ai miei ospiti.   **9.** Organizzo *il picnic* per domenica.

B. Domande fra amici/amiche. Fatevi a turno le seguenti domande usando il pronome diretto appropriato.

Esempio   —Quando inviti *i tuoi amici?*
             —*Li invito sabato sera. (o…)*

1. Bevi *il caffè* la mattina?
2. *Ci* inviti alla tua festa?
3. Conosci *la professoressa d'italiano?*
4. Dici *le bugie (lies)* quando non fai *i compiti?*
5. Quando mangi *la pizza?*
6. Quando vedi *i tuoi nonni?*
7. *Mi* chiami stasera dopo cena?
8. Dove festeggi *il tuo compleanno?*
9. Dove fai *la spesa?*
10. Quando guardi *la televisione?*
11. *Ci* aspetti cinque minuti?
12. Fai *i compiti* da solo(a) o con un compagno/una compagna?
13. *Ci* chiami sabato o domenica?

C. Quando? Un amico vuole sapere quando tu fai le seguenti cose. Rispondi usando il pronome diretto appropriato. In due, fatevi a turno le domande.

Esempio   fare la spesa
             —*Quando fai la spesa?*
             —*La faccio venerdì pomeriggio. (o…)*

1. fare i compiti
2. scaricare *(to download)* la musica sul tuo iPod
3. comprare i fiori per tua mamma
4. invitare il tuo ragazzo/la tua ragazza fuori a cena
5. guardare la televisione
6. incontrare i tuoi amici

D. Scambi rapidi. I genitori parlano con il figlio Aldo, giornalista, che è ritornato da un lungo viaggio. In gruppi di tre, completate il dialogo con i pronomi appropriati.

ALDO   Cari mamma e papà, finalmente _____ rivedo *(I see you again)*! Come state?

PAPÀ   Noi stiamo benone. Ma tu, come _____ trovi *(do you find us)*? Più vecchi forse?

ALDO   Anzi *(On the contrary)*, _____ trovo sempre giovani e in ottima forma, e _____ rivedo con molto piacere!

MAMMA   Anche noi _____ rivediamo con molto volentieri. Siamo molto contenti quanto tu _____ chiami e vieni a trovarci.

ALDO   Purtroppo devo partire domani! A proposito, papà, domani tu _____ accompagni alla stazione in macchina?

PAPÀ   Sì, _____ accompagno volentieri.

MAMMA   Noi _____ aspettiamo sempre, e speriamo che tu ritorni ad abitare nella nostra città.

🎭 **E. Conversazione.** In due, fate la parte di Tino e Renza.

TINO   Fai il tuo compito d'italiano stamattina o stasera?

RENZA   _____, e tu?

TINO   _____

RENZA   Ascolti i CD a casa o al laboratorio di lingue?

TINO   _____

RENZA   Hai gli appunti di storia?

TINO   Sì, _____

RENZA   Io non trovo i miei appunti. Mi dai i tuoi?

TINO   Sì, _____ do i miei.

RENZA   Io e Maria siamo in biblioteca nel pomeriggio (*afternoon*). Ci incontri in biblioteca?

TINO   Sì _____ incontro in biblioteca alle 4.00.

4 I mesi e la data

I mesi sono:

gennaio	aprile	luglio	ottobre
febbraio	maggio	agosto	novembre
marzo	giugno	settembre	dicembre

Dates are expressed according to the following pattern:

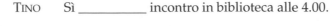

definite article +	*number* +	*month* +	*year*
il	**20**	**marzo**	**2008**

The abbreviation of the above date would be written **20/3/2008.**

Note that *cardinal* numbers are used to express days of the month except for the first of the month, which is indicated by the ordinal number **primo.**

Oggi è il **primo** (di) aprile.	*Today is April first.*
È il **quattordici** (di) luglio.	*It is July fourteenth.*
È l'**otto** di agosto.	*It is August eighth.*

To ask the day of the week, the day of the month, and the date, the following questions are used:

Che giorno è oggi?	*What day is today?*
Oggi è venerdì.	*Today is Friday.*
Quanti ne abbiamo oggi?	*What day of the month is it today?*
Oggi ne abbiamo tredici.	*Today is the thirteenth.*
Qual è la data di oggi?	*What is the date today?*
Oggi è il tredici (di) dicembre.	*Today is the thirteenth of December.*

The article **il** is used before the year.

Il 1996 è stato un anno bisestile. *1996 was a leap year.*
Siamo nati **nel** 1984. *We were born in 1984.*

Pratica

A. Qual è la data? Guardate i disegni e chiedetevi a turno qual è la data di queste feste.

Esempio   — Qual è la data?
              — È il trentuno di dicembre.

1. **2.** **3.**

B. Date da ricordare. A coppie, fatevi le domande. Rispondete scegliendo *(choosing)* le date esatte che sono elencate *(listed below)*.

1. l'anno dell'unificazione d'Italia
2. il primo giorno di primavera
3. l'anno della scoperta dell'America
4. l'anno della fondazione della Repubblica Italiana
5. *Halloween*
6. la data della dichiarazione dell'indipendenza americana

   21/3   1861   4/7   31/10   1492   1946

C. I compleanni. Chiedete ad alcuni compagni quand'è il loro compleanno e ripetete la risposta.

Esempio   — Robert, quand'è il tuo compleanno?
              — È il cinque di dicembre.
              — Il compleanno di Robert è il cinque di dicembre. Il compleanno
                di Julie è…

Per finire

La sposa e lo sposo (Monica e Alex) il giorno delle nozze.

Chi viene a cena stasera? CD1, Track 24

Gabriella parla di una serata speciale.

Stasera c'è una grande riunione a casa mia. Vengono i miei nonni Bettini e mio zio Baldo con sua moglie e anche mia cugina Betulla da Brescia. Viene anche Filippo, il mio ragazzo: vuole conoscere i miei genitori e i miei parenti.

Nella mia famiglia siamo solo in tre: mio padre, mia madre ed io. Mio padre è un uomo tranquillo e paziente, che ama fumare la pipa e leggere il giornale. Lavora in una **ditta di assicurazioni**. Mia madre è professoressa di musica; ama il teatro, ha molte amiche e sa cucinare meravigliosamente.

Mio zio Baldo è il fratello di mio padre. Gli piace raccontare storie divertenti. Sua moglie lavora in banca. I miei zii hanno due figli, Nino e Luisa. Mio cugino Nino è **appassionato di** musica rock e viene a casa solo quando è al verde. Sua sorella è simpatica, ma un po' strana.

Oggi è una giornata importante per me. Sono felice perché i miei genitori possono finalmente conoscere Filippo. Mio padre però dice che devo finire gli studi prima di pensare al matrimonio.

insurance company

has a passion for

Comprensione

Rispondete usando gli aggettivi possessivi.

1. Chi viene a casa di Gabriella stasera?
2. Chi è Filippo?
3. Cosa ama fare il padre di Gabriella?
4. Qual è la professione della madre di Gabriella? Cosa sa fare molto bene?
5. Quanti cugini ha Gabriella? Come sono?
6. Quando viene a casa suo cugino Nino?
7. Perché Gabriella è felice?
8. Cosa dicono i genitori di Gabriella?

Conversazione

1. Quando incontri i tuoi parenti? Spesso o in occasioni speciali (festa di Thanksgiving, Natale, Hannukah, compleanni, anniversari, …)?
2. Quale parente vedi più spesso?
3. I tuoi parenti vivono vicino o lontano? Li vedi spesso?
4. Hai parenti che vivono in altri paesi? Quali?
5. Qual è il tuo parente/la tua parente più simpatico? Perché?

Ascoltiamo!

A casa degli zii   CD 1, Track 25

Ornella and her friend Bianca have just arrived at the house of her aunt and uncle in the country. Listen as everyone exchanges greetings and a few words. Then answer the following questions.

Comprensione

1. Dove arrivano Ornella e la sua amica Bianca?
2. Dove abitano gli zii?
3. Cosa dice lo zio quando Ornella presenta la sua amica?
4. Come stanno i genitori di Ornella?
5. Dove lavora suo padre?
6. Qual è la professione di sua madre?
7. Cosa prepara la zia?

Dialogo

In due, fate la parte di Bianca e della zia (o dello zio) di Ornella. La zia chiede a Bianca se ha un ragazzo, come si chiama, se lavora o va all'università, quanti anni ha. Bianca chiede alla zia quanti figli ci sono nella famiglia, quanti anni hanno, come si chiamano, se ha una fotografia dei bambini, ecc.

Una famiglia numerosa
CD 1, Track 26

Ornella and her friend Bianca go to visit Ornella's aunt and uncle who live in the countryside. Bianca wants to meet Ornella's brother, Marco, a student in Medicine. Listen to the conservation, then answer the following questions.

Comprensione

1. Che giorno è?
2. Con chi va a trovare gli zii Ornella?
3. Quanti figli ci sono nella famiglia di Ornella?
4. Come si chiama suo fratello?
5. Che opinione hanno i suoi professori?
6. Bianca vuole conoscere Marco?
7. Secondo te, Bianca ha un ragazzo?
8. Con chi esce Bianca domani sera?

Adesso scriviamo!

La mia famiglia

Descrivi la tua famiglia. Comincia con: **Nella mia famiglia siamo in...** Descrivi tutti i membri: chi sono, come si chiamano, come sono fisicamente, qual è il loro carattere, la loro occupazione (lavoro o scuola) e i loro passatempi o sport.

Esempio   Mio fratello si chiama Jimmy, ha 18 anni, è alto, biondo e molto simpatico e generoso. È studente all'università di..., gioca a basket e fa il cardiofit training. Non studia troppo, ma è molto intelligente e i suoi voti sono buoni.

Parliamo insieme!

A. Un'occasione speciale. Un amico/Un'amica annuncia il suo fidanzamento. Voi volete sapere molte cose e domandate:

1. if you know his/her fiancé(e).
2. if you may see his/her picture.
3. what he/she is like.
4. how old he/she is.
5. if he/she is a student or has a diploma or **laurea** (or is working and where).
6. where he/she lives. Add that you would like to meet the fiancé(e) and to be invited to the wedding (**nozze,** *f. pl.*).

B. Consigli pratici. Immagina di essere uno psicologo (una psicologa) che dà dei consigli alla persona che ha i problemi qui descritti. Fate a turno le due parti e usate la vostra immaginazione.

Esempio   — *Ho dei problemi con il mio lavoro.*
— *Allora deve lasciare* (to leave) *il Suo lavoro e cercare un nuovo lavoro.*

C. Matrimoniali. Immagina di avere una cugina di 28 anni che cerca marito. Tu e la tua amica (il tuo amico) leggete le inserzioni *(ads)* e discutete insieme qual è l'uomo che ha le qualità ideali come marito e che volete presentare a tua cugina.

ATTRAENTE, sportivo, 55enne, ottimo livello socio/culturale, sposerebbe bella signora/ina, snella, fine, pulita, 30/50enne, anche straniera. Scrivere: Publikompass 8549 - 10100 Torino.

CELIBE 36enne operaio, presenza, cerca signora/ina scopo matrimonio. Scrivere: Publikompass 7024 - 10100 Torino.

INCONTRI Agenzia Matrimoniale, requisiti richiesti: classe, cultura, serietà d'intenti. Via Vespucci 34 bis (To). Tel. 568.3242.

LIBERA 45enne laureata posizionata giovane attraente conoscerebbe scopo matrimonio, laureato, colto, solida posizione economica, bella presenza, moralità irreprensibile, senza figli, inanonimi, telefono. Scrivere: Publikompass 1526 - 43100 Parma.

PENSIONATO 84enne cerca scopo matrimonio pensionata sensibile seria. Scrivere: Publikompass 5019 - 10100 Torino.

RAGAZZA nubile trentenne relazionerebbe scopo matrimonio con coetaneo. Scrivere: Publikompass 8548 - 10100 Torino.

30ENNE bella presenza alto 1,85, diplomato, cerca scopo matrimonio bella e diplomata. Scrivere: Publikompass 8601 - 10100 Torino.

30ENNE ex modella contatterebbe solo scopo matrimonio settentrionale laureato industriale professionista. Scrivere: Publikompass 5016 - 10100 Torino.

33ENNE bella presenza, romantico, buon lavoro, sposerebbe ragazza carina, affettuosa, lavoratrice, anche nullatenente massimo trentenne, possibilmente residente in Torino. Gradito tel. Scrivere: Publikompass 8602 - 10100 Torino.

42ENNE celibe, serio, conoscerebbe seria, carina, scopo matrimonio. Scrivere: Publikompass 8551 - 10100 Torino.

51ENNE vedovo cerca signora/ina o vedova 40/48enne seria scopo matrimonio max serietà, no perditempo. Scrivere: Publikompass 7022 - 10100 Torino.

58ENNE vedova indipendente cerca massimo 60enne alto, bella presenza, fumatore, indipendente, scopo matrimonio. Scrivere: Publikompass 8603 - 10100 Torino.

63ENNE pensionato solo casa propria conoscerebbe signora scopo matrimonio. Scrivere: Publikompass 7028 - 10100 Torino.

Attualità

La famiglia in Italia

A. Prima di leggere

In Italia, i Governi **sono stati lenti** a seguire, con **le leggi opportune** i **cambiamenti** sociali. **Inoltre**, gli Italiani hanno **sempre avuto** un **comportamento** tradizionale e abitudinario: la famiglia in Italia **risentiva ancora** del concetto patriarcale. Il marito-padre era il capofamiglia: **a lui spettavano** le principali decisioni per la famiglia: la **scelta** della residenza, l'educazione dei figli, e la donna-moglie-madre, **doveva** rispettare la sua autorità. Certamente anche in Italia incominciavano i primi movimenti femministi che rivendicavano la parità tra donna e uomo in tutti i **campi** della vita sociale e familiare.

Le due **guerre** mondiali del **XX secolo** sono state i **catalizzatori** dei cambiamenti sociali. Le due guerre **hanno messo** in evidenza tutte le capacità delle donne nel campo produttivo e **gestionale**, quando le donne hanno sostituito gli uomini andati in guerra.

Un momento decisivo nel cambiamento della mentalità esistente, **è stato** il movimento degli studenti (chiamato il movimento studentesco del Sessantotto–1968). L'Italia **si era ripresa** dai disastri dell'ultima guerra, e la società era **pronta** ad **affrontare** i cambiamenti sociali.

Nel 1970 il Parlamento italiano ha approvato la legge sul divorzio. A quel tempo il New York Times aveva **scritto** che con quella legge anche l'Italia **era uscita** dal **Medioevo.**

La componente cattolica del Paese, naturalmente, **non si era arresa,** e nel 1974 **domandò** un referendum abrogatorio. La popolazione, in grande maggioranza, **votò contro** il referendum.

Nel 1975 il nuovo Diritto di famiglia **dichiarò** l'uguaglianza morale e **giuridica** del marito e della moglie.

I cambiamenti sociali ed economici sono evidenti nella composizione del nucleo familiare, una volta molto numeroso, oggi con uno o due figli. Il nucleo familiare è cambiato: marito e moglie, marito e moglie e uno o due figli; nuclei composti da "single", sia uomini che donne, e nuclei **allargati** che comprendono **coniugi già** divorziati e risposati o conviventi, con nuovi figli o con i figli dei matrimoni precedenti.

Benché i nomi corrispondenti per stepfather/mother, stepson/daughter, siano: patrigno, matrigna, figliastro, figliastra, questi nomi sono raramente usati, perché hanno una connotazione negativa. Riferendosi al «figliastro» o alla «figliastra», gli Italiani preferiscono usare: il figlio (la figlia) di mio marito (di mia moglie). I figli, generalmente, si **rivolgono** al patrigno (alla matrigna) usando semplicemente il loro primo nome.

È di data recente una proposta del Governo di riconoscere i diritti delle «coppie di fatto», **cioé** non sposate, ma semplicemente conviventi.

B. Alla lettura

1. Com'è stato per molto tempo (e in parte ancora oggi) il comportamento *(behavior)* degli Italiani?

2. Quali decisioni spettavano, nel passato *(in the past)*, esclusivamente al padre?

3. Quali sono stati i catalizzatori che hanno iniziato i cambiamenti sociali? Perché?

[Marginal glosses:]

have been slow / needed law's / changes
Besides / always had / behavior
was still under the influence
he was supposed to make
choice
had to

fields
wars / 20th century / catalysts
have shown
managerial

was

had recovered
ready / to face

wrote / had come out
Middle Ages
did not give up the fight
demanded
voted against
declared
judicial

extended
couples / already

Although

address

that is (i.e.)

4. Qual è stato un altro momento decisivo?
5. Quando il Parlamento italiano ha approvato la legge *(law)* sul divorzio?
6. Che cosa ha scritto il *New York Times*?
7. Qual è la differenza tra il nucleo familiare del passato e quello di oggi?
8. Perché gli Italiani non usano le parole: patrigno, matrigna, figliastro, figliastra?

Nel passato la famiglia italiana era molto numerosa. Oggi la famiglia è piccola, con uno o due figli, a causa dei cambiamenti economici e culturali in Italia.

- Famiglie italiane: 21.503.080 con numero medio di componenti di 2.6
- Coppie con figli: 45% – Coppie senza figli 26% – Persone sole 23%
- Coppie miste sposate o conviventi: nel 1991: 65.000
  nel 2006: 600.000
  (Dati statistici da censimenti decennali e da indagini ISTAT, 2007)

Vocabolario

Nomi

il carattere	temperament
la donna	woman
il fidanzamento	engagement
il fratellino, la sorellina	little brother, little sister
la giornata	(the whole) day
i giovani	young people
il lavoro	work, job
il matrimonio	marriage, wedding
il membro	member
le nozze	wedding ceremony
la persona	person
due o tre persone	two or three people
la riunione	reunion
la serata	(the whole) evening
lo sposo, la sposa	groom, bride
la storia	story
il telefonino	cell phone
l'uomo (*pl. gli uomini*)	man

Aggettivi

eccellente	excellent
importante	important
meraviglioso	wonderful
numeroso	numerous
strano	strange
tranquillo	quiet

Verbi

bere	to drink
conoscere	to know, to be acquainted with, to meet for the first time
descrivere	to describe
dire	to say, to tell
dovere	must, to have to
fumare	to smoke
potere	to be able to, can, may
presentare	to introduce
raccontare	to tell (a story)
sapere	to know
uscire	to go out
venire	to come
volere	to want

Altre espressioni

andare a trovare	to visit (people)
come	as, like
meravigliosamente	wonderfully
il viaggio di nozze	honeymoon trip

Buon viaggio!

Piazza del Campidoglio (disegnata da Michelangelo), con il Palazzo del Senato

Parole da ricordare
Arrivi e partenze

La grammatica
1 Il passato prossimo con **avere**
2 Il passato prossimo con **essere**
3 L'ora (*Time*)
4 Usi di **a, in, da** e **per**

Per finire: Un viaggio di nozze
Ascoltiamo! Adesso scriviamo!
Parliamo insieme!

Attualità: Toscana, dove vivere è un quotidiano elogio della natura

academic.cengage.com/italian/salve
Workbook iRadio Audio

113

Parole da ricordare

Arrivi e partenze *(Arrivals and departures)*

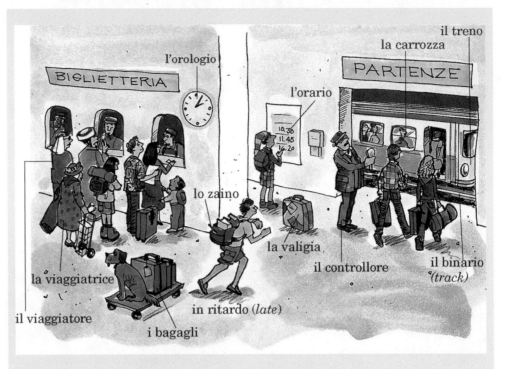

— A che ora parte il treno espresso per Roma?
— Parte alle 8.25.
— Non c'è un espresso che parte alle 9?
— No, signora, parte alle 9.15.

La stazione ferroviaria *(The train station)*

l'agenzia di viaggi travel agency	**confermare** to confirm
prenotare to reserve	**annullare** to cancel
la prenotazione reservation	**la prima (seconda) classe** first (second) class
fare il biglietto to buy the ticket	
viaggiare to travel	**il posto** seat
il viaggio trip	**salire** to get on
la gita short trip, excursion	**scendere** to get off
il pullman tour bus	**la coincidenza** connection
la carta d'identità I.D. card	**in orario** on time
il passaporto passport	**perdere il treno (l'aereo, ecc.)** to miss the train (plane, etc.)
all'estero abroad	
la nave ship	**la fermata del treno (dell'autobus, del tram)** train (bus, street car) stop
la crociera cruise	
la dogana customs	
il biglietto di andata e ritorno round-trip ticket	

— **Scusi, sono liberi questi posti?**   Excuse me, are these seats free?
— **No, sono occupati.**   No, they are taken.
— **Dove scende Lei?**   Where do you get off?

* * *

L'aeroporto

la linea aerea   airline
la classe turistica   economy class
il volo   flight
l'assistente di volo   flight attendant
i passeggeri   passengers

* * *

Espressioni di tempo

Quanto tempo fa?	How long ago?
stamattina	this morning
ieri mattina	yesterday morning
ieri pomeriggio	yesterday afternoon
ieri sera	yesterday evening/last night
l'altro ieri	the day before yesterday
la notte scorsa	last night
la settimana scorsa	last week
l'anno scorso	last year
due ore fa	two hours ago
tre giorni fa	three days ago

— Scusi, quando parte il treno per Firenze?
—È partito un treno espresso 10 minuti fa. Il prossimo treno parte alle 11.45.

Applicazione

A. Guardate il disegno a pagina 114.

1. Cosa fanno le persone in fila *(in line)* davanti alla biglietteria?
2. Un viaggiatore guarda l'orologio e corre *(runs)*: di cosa ha paura?
3. Se i viaggiatori vogliono essere sicuri *(sure)* di trovare un posto in treno (o in aereo), che cosa devono fare?
4. Per viaggiare comodamente *(comfortably)*, in quale classe devono viaggiare?
5. Di quale documento hanno bisogno se vanno all'estero?

B. **In viaggio.** Sei appena arrivato(a) *(You have just arrived)* all'aeroporto dopo un lungo viaggio in aereo. Sei stanco(a), e decidi di fermarti *(to stop)* una notte in albergo prima di continuare il viaggio in treno. Telefona all'albergo e chiedi *(ask)* se hanno una camera libera per una notte e quanto costa. Uno studente/ una studentessa è l'impiegato(a) dell'albergo. Nella conversazione con l'impiegato(a) usate la forma di cortesia **Lei.**

Informazioni

Aerei e treni

*A*litalia, la linea aerea internazionale italiana, offre una varietà di voli tra l'Italia e gli Stati Uniti. Roma e Milano hanno i due principali aeroporti internazionali. Autobus e treni speciali collegano *(connect)* gli aeroporti alle stazioni dei treni; i biglietti si comprano *(are bought)* all'aeroporto.

Viaggiare in aereo in Italia, e negli altri paesi dell'Europa, è costoso. Ora sono disponibili voli all'ultimo minuto che non costano molto ma non ti portano ovunque *(everywhere)*. È sempre molto più economico viaggiare in treno; il sistema ferroviario *(railway system)* è efficiente e i treni arrivano frequentemente e in orario. Prima di salire in treno i viaggiatori devono convalidare *(validate)* il loro biglietto ad una macchina (di solito gialla) situata vicino ai binari del treno. I viaggiatori che partono senza timbrare il biglietto ricevono una multa *(fine)* dal controllore sul treno.

C. Conversazione. Con un compagno/una compagna, fatevi le seguenti domande.

1. Come preferisci viaggiare: in treno, in macchina o in aereo? Perché?
2. Quando viaggi in aereo, viaggi in prima classe? Perché?
3. Di solito, viaggi con molte valigie?
4. Con chi viaggi di solito?
5. Quando sei in aereo, dormi, leggi, ascolti la musica o parli con altri viaggiatori?
6. Hai paura di viaggiare in aereo?
7. Che cosa dicono i tuoi amici quando parti per un viaggio?

La grammatica

1 Il passato prossimo con *avere*

Jane ha comprato un biglietto per Roma.

A Roma ha visto il Colosseo.

Ha dormito in una pensione vicino a Piazza Navona.

A. The **passato prossimo** (*present perfect*) expresses an action completed in the recent past. Today, however, many Italians also use it informally to indicate an action or an event that occurred either in the recent or not-so-recent past. Like the present perfect tense in English, the **passato prossimo** is a compound tense. For most Italian verbs and all transitive verbs (verbs that take a direct object), the **passato prossimo** is conjugated with the present of the auxiliary verb **avere** + the *past participle* (**participio passato**) of the main verb.

The **participio passato** of regular verbs is formed by replacing the infinitive endings **-are, -ere,** and **-ire** with **-ato, -uto,** and **-ito,** respectively.

comprare	*comprato*
ricevere	*ricevuto*
dormire	*dormito*

comprare		ricevere		dormire	
ho		ho		ho	
hai		hai		hai	
ha	comprato	ha	ricevuto	ha	dormito
abbiamo		abbiamo		abbiamo	
avete		avete		avete	
hanno		hanno		hanno	

B. The **passato prọssimo** is expressed in English in the following ways, depending on the context.

Ho portato due valịgie.

> *I have carried two suitcases.*
> *I carried two suitcases.*
> *I did carry two suitcases.*

C. The *negative form* is expressed by placing **non** in front of the auxiliary verb.

Hai telefonato all'agenzia di viaggi?   *Did you call the travel agency?*
No, non ho telefonato.   *No, I haven't called.*

D. The past participle of a **passato prọssimo** conjugated with the auxiliary **avere** must agree in gender and number with the direct-object pronouns **lo, la, li,** and **le** when they precede the verb.

Hai comprato **il giornale**? Sì, l'ho **comprato.** No, non l'ho **comprato.**
Hai comprato **la rivista**? Sì, l'ho **comprata.** No, non l'ho **comprata.**
Hai comprato **i biglietti**? Sì, **li** ho **comprati.** No, non **li** ho **comprati.**
Hai comprato **le vitamine**? Sì, **le** ho **comprate.** No, non **le** ho **comprate.**

E. Many verbs, especially those ending in **-ere,** have an irregular past participle. Here are some of the most common:

fare *(to make)*	*fatto*
bere *(to drink)*	*bevuto*
chiẹdere *(to ask)*	*chiesto*
chiụdere *(to close)*	*chiuso*
conọscere *(to know)*	*conosciuto*
lẹggere *(to read)*	*letto*
mẹttere *(to put, to wear)*	*messo*
perdere* *(to lose)*	*perduto (perso)*
prẹndere *(to take)*	*preso*
rispọndere *(to answer)*	*risposto*
scrịvere *(to write)*	*scritto*
spẹndere *(to spend)*	*speso*
vedere* *(to see)*	*veduto (visto)*
aprire *(to open)*	*aperto*
dire *(to say, to tell)*	*detto*
offrire *(to offer)*	*offerto*

*Pẹrdere and **vedere** have a regular and an irregular past participle. The two forms are interchangeable, but the irregular ones, **perso** and **visto,** are more frequently used.

Hai **letto** il giornale di ieri?   *Did you read yesterday's newspaper?*
Abbiamo scritto ai nonni.   *We wrote to our grandparents.*

NOTE: Some verbs that are irregular in the present have a regular past participle: **dare:** *dato;* **avere:** *avuto;* **volere:** *voluto;* **potere:** *potuto;* **dovere:** *dovuto;* **sapere:** *saputo.*

Cartelli che possiamo leggere sulle porte dei negozi. Immaginate (con un po' di fantasia) e dite dove sono andati i negozianti *(store keepers)* che hanno chiuso i negozi. Quali sono i motivi *(reasons)* familiari? Un matrimonio? Un funerale? Una malattia *(illness)*? Una vincita *(win)* alla lotteria?

In Italia, durante il mese di agosto, molti negozi sono chiusi per le ferie. Le città sono semideserte perché la gente è in vacanza o in ferie *(paid vacation)*.

Pratica

 A. Quante scuse! Roberto ha sempre una giustificazione da dare a sua madre per le cose che non ha fatto. Con un compagno/una compagna, ricreate il loro scambio seguendo l'esempio.

Esempio   rispondere/sentire il telefonino
— *Perché non hai risposto?*
— *Perché non ho sentito il telefonino.*

1. fare colazione/non avere tempo
2. bere un succo d'arancia/prendere un caffè al bar
3. mangiare alla mensa/comprare un panino in paninoteca
4. fare la spesa al supermercato/dovere tornare a casa a studiare
5. preparare la cena/il mio compagno cucinare

 B. Prima di andare all'università. Fatevi a turno le seguenti domande. Rispondete con il passato prossimo e i pronomi (quando è possibile).

Esempio   — Hai riordinato la tua stanza?
— *Sì, l'ho riordinata.*

1. Hai fatto colazione stamattina? Cos'hai mangiato?
2. Hai preso l'autobus per venire a scuola?
3. Quando hai fatto i compiti per oggi? Li hai finiti?
4. Quando hai studiato «i possessivi»? Hai capito «il passato prossimo»?
5. Quando hai scritto la composizione per il corso d'italiano?
6. Hai trovato le tue chiavi (keys)?
7. Hai mandato i messaggi elettronici? A chi?
8. Hai chiuso la porta a chiave?

C. Preparativi per un viaggio. Fatevi a turno le seguenti domande usando il passato prossimo e i pronomi diretti nella risposta. Seguite l'esempio.

Esempio   chiamare/l'agente di viaggi
— *Hai chiamato l'agente di viaggi?*
— *Sì, l'ho chiamato.*

1. fare/le prenotazioni   2. comprare/i biglietti   3. prendere/i traveler's cheques
4. preparare/la valigia   5. invitare/il tuo migliore amico (la tua migliore amica)
6. salutare/gli amici   7. prendere/il passaporto   8. confermare/il volo

D. Cosa avete fatto voi... ? In gruppi di due, fatevi a turno le seguenti domande.

Esempio   in cucina
— *Cosa avete fatto in cucina?*
— *Abbiamo preparato un'insalata mista. (o...)*

1. al supermercato
2. all'agenzia di viaggi
3. al ristorante
4. in biblioteca
5. alla stazione dei treni
6. al telefono pubblico
7. al caffè
8. alla piscina
9. alla conferenza del professore
10. al cinema
11. al campo da tennis

E. Attività in gruppo. In gruppi di cinque o sei studenti, dite che cosa avete fatto durante le vacanze di Natale. Tutti gli studenti del gruppo participano facendo delle domande. Usate il passato prossimo e, tra altri verbi, potete scegliere tra i seguenti: **fare, scrivere, rispondere, conoscere, spendere, leggere, comprare, prendere, mangiare, ricevere, telefonare, invitare, preparare,** eccetera.

Esempio   *Ho comprato dei regali per i miei genitori e per mia sorella.*
(Uno studente può chiedere: Che cosa hai comprato?)

2 Il passato prossimo con *essere*

Jane è arrivata a Venezia all'aeroporto Marco Polo.

A. Most intransitive verbs (verbs that do not take a direct object) are conjugated with the auxiliary **essere.** In this case, the past participle *must agree with the subject* in gender and number.

andare			
sono		siamo	
sei	andato(a)	siete	andati(e)
è		sono	

B. Most verbs that take the auxiliary **essere** are verbs of coming and going. Here is a list of the most common ones:

andare *(to go)*	**è andato(a)**
arrivare *(to arrive)*	**è arrivato(a)**
cadere *(to fall)*	**è caduto(a)**
diventare *(to become)*	**è diventato(a)**
entrare *(to enter)*	**è entrato(a)**
essere *(to be)*	**è stato(a)**
morire *(to die)*	**è morto(a)**
nascere *(to be born)*	**è nato(a)**
partire *(to leave)*	**è partito(a)**
restare *(to remain)*	**è restato(a)**
(ri)tornare *(to return)*	**è ritornato(a)**
rimanere *(to remain, to stay)*	**è rimasto(a)**
salire *(to go up, to climb)*	**è salito(a)**
scendere *(to go down)*	**è sceso(a)**
stare *(to be, to stay)*	**è stato(a)**
uscire *(to go out)*	**è uscito(a)**
venire *(to come)*	**è venuto(a)**

C. Note that **essere, morire, nascere, rimanere, scendere,** and **venire** have irregular past participles.

Ieri noi **siamo andati** al cinema.
Maria non **è uscita** con il suo ragazzo.
Siete partiti in treno o in aereo?
Dove **sei nato(a)?**
Giovanni **è stato** in Italia tre volte.

Yesterday we went to the movies.
Maria didn't go out with her boyfriend.
Did you leave by train or by plane?
Where were you born?
Giovanni has been to Italy three times.

Pratica

Roma. Piazza di Spagna, luogo di ritrovo di artisti e poeti. Le gradinate *(steps)* portano alla chiesa di Trinità dei Monti. Il nome, Piazza di Spagna, deriva da «Palazzo di Spagna», edificio costruito nel diciassettesimo secolo per ospitare l'Ambasciata di Spagna.

A. Un breve tour di Roma. Ieri avete fatto il tour di Roma, in pullman con una guida. Immaginate di raccontare il tour agli amici.

Esempio   la guida e l'autista *(driver)*/arrivare all'albergo alle 9
          La guida e l'autista sono arrivati all'albergo alle 9.

1. io e gli altri turisti/uscire dall'albergo
2. noi/salire in pullman
3. il pullman/partire la mattina
4. noi/arrivare al Foro Romano a mezzogiorno
5. la guida/scendere con noi per visitare le rovine
6. l'autista/restare sul pullman
7. noi tutti/ritornare all'albergo la sera
8. l'autista e la guida/andare a pranzare in una trattoria lì vicino

B. Il primo giorno a Firenze. Che cosa hanno fatto i giovani signori Jones dopo il loro arrivo all'aeroporto?

Esempio   prendere un tassì
          Hanno preso un tassì.

1. dare l'indirizzo della pensione al tassista   2. salire nella loro camera
3. fare la doccia   4. chiedere informazioni sulla città   5. mangiare in un buon ristorante   6. visitare Santa Maria del Fiore   7. ammirare le vetrine *(windows)* dei negozi sul Ponte Vecchio   8. passare alcune ore in piazza della Signoria   9. scrivere delle cartoline *(postcards)* ad alcuni amici e comprare i francobolli   10. ritornare alla pensione   11. cenare nella loro camera

C. La giornata di un'impiegata. Un'amica curiosa vuole sapere molti particolari *(details)* sulla giornata di lavoro che Luisa Rossi ha avuto ieri. Create il loro dialogo seguendo l'esempio. Usate l'ausiliare **essere** o **avere,** secondo il verbo, e il pronome corretto.

Esempio   fare colazione
            — *Hai fatto colazione?*
            — *L'ho fatta. o No, perché non ho avuto tempo. (o...)*

1. quando partire da casa   2. dove prendere l'autobus   3. dove scendere
4. cosa fare in ufficio   5. la pausa di mezzogiorno essere lunga o breve
6. dove andare per la spesa   7. ritornare a casa presto o tardi

D. Attività di gruppo. In gruppi di cinque o sei studenti, ogni studente/ studentessa dice dove è andato(a) e cosa ha fatto durante le vacanze estive *(summer)*. Gli altri studenti partecipano con domande.

Esempio   — *L'estate scorsa* (Last summer) *ho fatto il campeggio* (camping) *in montagna con due miei amici (mie amiche). Siamo stati(e) a Yosemite, ed è stato molto divertente.*
            (Uno studente/Una studentessa può chiedere: Avete visto degli orsi *(bears)*? Siete andati(e) con un camper? ecc.)

3 L'ora *(Time)*

A. The hour and its fractions are expressed in Italian as follows:

B. To ask what time it is, either of two expressions can be used:

Che ora è? *or* **Che ore sono?**

È l'una.

È l'una e dieci.

È l'una e un quarto
(*o* e quindici).

È l'una e mezzo (*o*
e trenta).

Sono le due meno
venti.

Sono le due meno un quarto
(*o* meno quindici).

To answer, **è** is used in combination with **l'una, mezzogiorno,** and **mezzanotte. Sono le** is used to express all other hours.

È l'una.	*It is one o'clock.*
È mezzogiorno.	*It is noon.*
È mezzanotte.	*It is midnight.*
Sono le due, le tre, ecc.	*It is two o'clock, three o'clock,* etc.

To distinguish A.M. and P.M., the expressions **di mattina, del pomeriggio, di sera,** and **di notte** are added after the hour.

Sono le cinque **di mattina.**	*It is 5:00* A.M.
Sono le tre **del pomeriggio.**	*It is 3:00* P.M.
Sono le dieci **di sera.**	*It is 10:00* P.M.
È l'una **di notte.**	*It is 1:00* A.M.

C. The question **A che ora?** (*At what time?*) is answered as follows:

A mezzogiorno (*o* mezzanotte)	*At noon (or midnight)*
All'una e mezzo	*At 1:30*
Alle sette di sera	*At 7:00 P.M.*

D. Italians use the 24-hour system for official times (travel schedules, museum hours, theater times).

La Galleria degli Uffizi apre **alle nove** e chiude **alle diciotto.** *The Uffizi Gallery opens at 9:00 A.M. and closes at 6:00 P.M.*

E. The following expressions are associated with time:

la mattina *in the morning*	**in anticipo** *ahead of time, early*
il pomeriggio *in the afternoon*	**in orario** *on time*
la sera *in the evening*	**in ritardo** *late*
la notte *at night*	**presto** *early*
in punto *sharp, precisely*	**tardi** *late*

La mattina vado in biblioteca.	*In the morning I go to the library.*
La sera guardiamo la TV.	*In the evening we watch TV.*
Il treno è **in orario.**	*The train is on time.*
Sono le due **in punto.**	*It is two o'clock sharp.*

Gina si è alzata **tardi** e ora è **in ritardo** all'appuntamento.	*Gina got up late and now she is late for her appointment.*

The adverbs **presto** and **tardi** are used with **ẹssere** only in impersonal expressions.

È presto (tardi).	*It is early (late).*

BUT

Lui è in antịcipo (in ritardo).	*He is early (late).*

F. The English word *time* is translated as **tempo, ora,** or **volta,** depending on the context.

Non ho **tempo.**	*I don't have time.*
Che **ora** è?	*What time is it?*
Tre **volte** al giorno.	*Three times a day.*

Pratica

A. I fusi orari (*Time zones*) In gruppi di due, confrontate (*compare*) l'ora di alcune città del mondo (*world*).

Esempio   — Quando a New York sono le sette di sera, che ore sono a Roma?
            — È l'una di notte.

| LONDRA (A.M.) | ROMA (A.M.) | SAN PIETROBURGO (A.M.) | NAIROBI (A.M.) | PECHINO (A.M.) | TOKYO (A.M.) | SYDNEY (A.M.) | LOS ANGELES (P.M.) |

B. A che ora parte / arriva? Siete a Firenze per una conferenza. Nel pomeriggio siete liberi(e) e desiderate fare delle brevi gite vicino alla città. All'albergo dove alloggiate c'è una bacheca (*bulletin board*) con gli orari degli autobus che portano a varie destinazioni. Fatevi domande sugli orari degli autobus.

Esempio   — A che ora parte l'autobus per Fiesole?
            — Alle tredici e trentadue.
            — A che ora arriva?
            — Alle quattordici e trenta.

Autobus	Parte	Arriva
San Gimignano	12.30	14.45
Siena	13.00	14.00
Fiesole	13.32	14.30
Pisa	15.11	16.15
Viareggio	11.40	13.55

C. A che ora? Domandate a un compagno/una compagna a che ora fa di solito le seguenti attività.

1. fare colazione
2. uscire di casa
3. arrivare al lavoro o a scuola
4. ritornare a casa
5. cenare
6. andare a letto

D. La puntualità è un problema. Fatevi a turno le domande.

1. La lezione di matematica comincia alle nove. Oggi Gianna è arrivata alle nove e un quarto. È arrivata in anticipo?

2. Tu devi essere dal dentista alle tre del pomeriggio e arrivi alle tre in punto. Sei in ritardo?

3. È sabato. Noi siamo a letto e guardiamo l'orologio: sono le sei di mattina. Restiamo ancora (*still*) a letto. Perché?

4. Ieri sera Pippo è andato al cinema ed è ritornato alle due di mattina. È ritornato presto?

To download a podcast on the preposition **da,** go to academic.cengage.com/italian

4 Usi di *a, in, da* e *per*

I turisti vanno da Napoli a Pompei in pullman per vedere le rovine.

A. The prepositions **a, in,** and **da** are used to indicate location or means of transportation. Each is used as follows:

1. The preposition **a:**
   - before the names of cities and small islands
   - before nouns such as **casa, scuola, teatro, piedi** *(on foot),* **letto,** and **tavola**

Abitano **a** Venezia.	*They live in Venice.*
Siamo andati **a** Capri.	*We went to Capri.*
Sei venuta **a** scuola ieri?	*Did you come to school yesterday?*
No, sono restata **a** casa.	*No, I stayed (at) home.*
Andiamo a casa **a** piedi?	*Are we going home on foot?*
Vado **a** letto.	*I'm going to bed.*

2. The preposition **in:**
   - before the names of continents, countries, states, regions, and large islands
   - before nouns such as **classe, biblioteca, ufficio, chiesa, città, montagna, campagna, viaggio, crociera,** and **vacanza**
   - before nouns indicating means of transportation, such as **treno, aereo, macchina, bicicletta, autobus, tassì,** and **pullman** *(tour bus)*

Siete stati **in** Europa?	*Have you been to Europe?*
Vorrei abitare **in** Toscana.	*I would like to live in Tuscany.*
Vai **in** montagna?	*Are you going to the mountains?*
Vivono **in** città o **in** campagna?	*Do they live in the city or in the country?*
Siamo venuti **in** macchina.	*We came by car.*
Sono andati **in** vacanza **in** Sicilia.	*They went on vacation to Sicily.*

3. The preposition **da:**
   - before a person's name, title, or profession to refer to that person's home or workplace
   - before a disjunctive pronoun to represent a person's home or workplace

Stasera andiamo **da** Pietro.	*Tonight we are going to Pietro's (house).*
Vado **dalla** dottoressa Pini.	*I'm going to Doctor Pini's office.*
Venite **da** me domani?	*Are you coming to my house tomorrow?*

   NOTE: If the *definite article* is expressed, it contracts with **da.**

Vai **dal** tuo amico?	*Are you going to your friend's house?*

B. To indicate purpose, Italian uses **per** + *infinitive.* This construction corresponds to the English *(in order) to* + *infinitive.*

Studio **per** imparare.	*I study (in order) to learn.*
Lavoro **per** vivere.	*I work (in order) to live.*

Pratica

A. Dove e come vanno le seguenti persone? In due, a turno, chiedetevi (*ask each other*) dove e come vanno queste persone.

Esempio   Pietro/scuola/bicicletta
— *Dove va Pietro?*
— *Pietro va a scuola in bicicletta.*

1. Gabriella e Filippo/teatro/tassì
2. la signora Giacomi/chiesa/piedi
3. i signori Betti e il figlio/Rapallo/treno
4. il signor Agnelli/montagna/aereo

B. Dove sono andate queste persone? L'anno scorso (*Last year*) le seguenti persone hanno fatto un viaggio. In due, chiedetevi dove sono andate.

Esempio   Liliana/Inghilterra
— *Dove è andata Liliana?*
— *Liliana è andata in Inghilterra.*

1. tu/Austria
2. voi/Alaska
3. Gabriella e Filippo/Toscana, Roma, Napoli e Capri
4. i signori Betti/Liguria
5. la famiglia Catalano/Sicilia
6. Marcello e suo zio/Africa

C. In vacanza. Completate con le preposizioni corrette.

L'anno scorso sono andata _____ vacanza _____ Italia. Ho viaggiato _____ aereo. Sono arrivata _____ Milano. Sono andata _____ macchina _____ mia madre. Sono restata _____ mia madre per tre settimane. Ho visitato la città _____ piedi e _____ autobus. Sono andata _____ miei nonni che abitano _____ campagna, e sono andata _____ sciare _____ montagna. Dopo tre settimane sono ritornata _____ California _____ aereo.

D. Perché? Spiegate (*Explain*) il perché (*the reason*) delle seguenti azioni. Usate **per** + l'infinito.

Esempio   Ho studiato per…
Ho studiato per dare l'esame di letteratura. (o …)

1. Ho telefonato all'agenzia di viaggi per…
2. Mia madre è ritornata a casa per…
3. Mia sorella ha comprato il giornale per…
4. I miei amici sono andati in pizzeria per…
5. Io sono stato(a) a casa per…

E. Conversazione

1. Sei mai stato(a) in Inghilterra o in Francia?   **2.** Sei mai andato(a) a San Francisco o a San Diego?   **3.** Hai mai fatto una crociera? Dove sei andato(a)? **4.** In quali città degli Stati Uniti hai abitato?   **5.** Quali paesi stranieri hai visitato?   **6.** Come hai viaggiato? Con chi?

Per finire

Capri, bellisima isola nel golfo di Napoli

Un viaggio di nozze CD1, Track 27

Ieri Lucia ha ricevuto una e-mail da Gabriella. L'amica si è sposata alcuni giorni fa e ora è in viaggio di nozze.

Cara Lucia, ho scritto solo due giorni **fa** dal computer dell'albergo qui a Capri, ma oggi Filippo ha fatto una passeggiata nel pomeriggio e ha trovato questo posto che si chiama Internet Point, molto comodo, vicino al porto. Così ora **mentre** aspettiamo l'aliscafo per Napoli, scrivo le ultime notizie. Capri è bellissima, ieri pomeriggio abbiamo visitato la Grotta Azzurra e abbiamo conosciuto due turisti americani molto simpatici e abbiamo parlato inglese. È stata una conversazione un po' difficile perché abbiamo dimenticato molte delle espressioni che abbiamo studiato a scuola. **Ricordi?**

Ieri sera, **invece** di mangiare la solita pizza, siamo andati in un piccolo ristorante qui vicino al porto, molto romantico. Io ho mangiato una **zuppa ai frutti di mare** buonissima.

Filippo, invece, non ha voluto mangiare pesce e ha preso una bistecca con delle verdure. Mah! Forse non ha capito che a Capri il pesce è squisito. Poi abbiamo trovato una gelateria e io ho preso un gelato gigante con tanta frutta mentre Filippo ha bevuto solo un caffè. Dopo una settimana di matrimonio conosco **meglio** Filippo. Adesso so che prende troppi caffè e poi perde la pazienza perché è troppo nervoso. Scusa, **devo scappare** perché è arrivato l'aliscafo.

A presto, Gabriella

ago

while

Do you remember?/ instead
seafood soup

better

I must go

Comprensione

1. A chi ha scritto l'e-mail Gabriella?
2. Perché è in viaggio?
3. Da quale città scrive Gabriella?
4. Che cosa hanno visitato lei e Filippo ieri pomeriggio?
5. Chi hanno conosciuto?
6. Perché la loro conversazione in inglese è stata un po' difficile?
7. Che cosa hanno mangiato al ristorante ieri sera?
8. Dove sono andati dopo la cena? Che cosa hanno preso?
9. Come finisce il messaggio Gabriella? Perché ha fretta?

Conversazione

1. Hai fatto un viaggio tu recentemente? Dove sei andato(a)? Come hai viaggiato?
2. Quale paese o quali paesi stranieri hai visitato?
3. Hai viaggiato in treno? Quando?
4. Quali sono, secondo te, le città più belle che hai visitato all'estero o nell'America del Nord?
5. Preferisci fare un viaggio in Europa o una crociera nel mare dei Caraibi (*Caribbean*)?
6. Dove vuoi andare in luna di miele (*honeymoon*)?

Ascoltiamo!

In treno   CD1, Track 28

The Betti family has boarded the train for Rapallo. They are now in a compartment where there is already one other person, to whom they speak briefly. Listen to their conversation; then answer the following questions.

Comprensione

1. Di quanti posti hanno bisogno i Betti?
2. Dove scendono?
3. Con chi iniziano una conversazione?
4. Il loro compagno di viaggio va a Genova per un viaggio di piacere (*pleasure*) o per un viaggio d'affari (*business*)?
5. Che cosa domanda la signora Betti al viaggiatore?
6. Perché è contenta la signora Betti?

Dialogo

All'ufficio prenotazioni: una conversazione con l'impiegato(a) della stazione. Dopo una notte in albergo, tu sei pronto(a) a continuare il viaggio, e prenoti un biglietto sul treno Milano–Roma. (Osserva attentamente il biglietto.)

Comincia con: Vorrei prenotare un posto sul treno. Di' (*Tell*) all'impiegato(a): dove desideri andare, che tipo di biglietto desideri comprare, in che tipo di carrozza desideri viaggiare; chiedi quanto costa il biglietto e in quante ore il treno arriva a... Alla fine, paghi il biglietto, ringrazi e saluti l'impiegato(a).

Alla stazione   CD1 Track 29

The Betti family, mother and son, are at the train station in Milan. They are going to Rapallo for the weekend. Mr. Betti is explaining to his wife that he bought second-class tickets because they are less expensive than first-class tickets. Listen to the converstation. Then answer the following questions.

Comprensione

1. Dove vanno i Betti?   2. Da dove partono?
3. Perché il padre non ha comprato i biglietti di prima classe?   4. Come sono i treni il venerdì?
5. Perché la madre è preoccupata?   6. Che cosa desidera sapere Pippo? Perché?   7. Su quale binario è arrivato il treno?

[83] AG	GA 4660840	TERM.	Mod. CI 63/AG	Timbro d'emissione
Modo di pagamento		2692 1	Indicazioni speciali	cod. 2692
Mode de paiement	Cash		Indications spéciales	18/01/08
P. IVA: 05403151003	TLXYT9	Valido fino al 17/03/2008		17.12 2393
RIF/REF 830779980114				Cachet d'émission

Convalidare prima della partenza   Le abbiamo riservato/Nous vous avons réservé
02   **Posti/Places**   PREZZO EUROSTAR   Ad.002 Rag.***
MILANO CENTRALE   ROMA TERMINI

Partenza/Départ   [30]   25/01/2008   🕐 19.00   9451
Sost. Tagl. n. GA4660556

Compartimento/Compartiment   Cl.   Numeri dei posti / Numéros des places
                                                 Finestrino/superiore   Mediano   Corridoio/inferiore
                                                 Fenêtre/haut   Milieu   Couloir/bas
CORRIDOIO LATERALE
NON FUMATORI   1   002   46 45

Riduz.   —   %   —   %   Motivo   E.***134,28
Réduct.   —   %   —   %   Motif
                           GA4660842 0713   0000071

1. Dove va questo viaggiatore? 2. Vuole una carrozza per fumatori? 3. Fino a quando è valido il biglietto?
4. Per quanti posti è valido questo biglietto? 5. Quanto costa?

Adesso scriviamo!

Un viaggio interessante

Descrivi un viaggio o una gita interessante che hai fatto recentemente. Includi le seguenti informazioni nella tua descrizione:

1. Dove sei andato(a).
2. Con chi sei andato(a).
3. Con quale mezzo hai viaggiato.
4. Quanto tempo è durato il viaggio.
5. Quali città o posti interessanti hai visitato.
6. Alcune cose che hai fatto o visto.

Parliamo insieme!

A. Il viaggio di Marisa. Attività di gruppo: Ogni studente (studentessa) descrive una vignetta. Mettete i tempi al passato prossimo.

1.

2.

3.

4.

5.   **6.**   **7.**

8.   **9.**   **10.**

B. Alcuni giorni in paradiso. Nicola e la sua ragazza passano un lungo weekend a Portofino. In piccoli gruppi, descrivete le loro attività. Ogni studente del gruppo participa alla descrizione.

Esempio   Nicola e Francesca, la sua ragazza, sono partiti in macchina, venerdì mattina, molto presto.
Venerdí, sabato, domenica, lunedì

Possibilità:
arrivare, stare, visitare, andare, fare, comprare, nuotare, mangiare, partire, ristorante, trattoria, pensione, picnic, mare *(m.)*, albergo «Il Faro», spese

Portofino, rinomata località sulla Riviera Ligure

Attualità

Toscana, dove vivere è un *quotidiano elogio* della natura

daily celebration

A. Prima di leggere

Tuscany is a place, as the reading title tells us, where living is a daily celebration of nature. If you stop to think about this title and its implications, you will already be aware of the article's focus. In turn, you will be prepared to see how it is developed as you read. Within this focus, the article presents local people and well-k–nown foreigners who have all chosen to live in the Tuscan countryside.

noise you hear / this green island / village / sculpted this land / have chosen live in it / estates

Qui il solo **rumore che senti** è quello della natura. Vivere in **quest'isola di verde** in un piccolo **borgo scolpito** dalla storia e nella roccia, per alcuni è un regalo del destino. Perché in **questa terra** sono nati e **hanno scelto** di **viverci.** Perché qui hanno le residenze e le **tenute.** Sono gli Antinori, i della Gherardesca, gli Incisa della Rocchetta, i Tolomei, i Serristori e i Ruspoli.

instead / choice he moved face and body

Per altri **invece,** vivere in Toscana è una **scelta** di vita. A Figline Valdarno, Sting possiede una splendida tenuta, dove **si è trasferito** con l'intera e numerosa famiglia. Russell Crowe, **volto e corpo** del Gladiatore, ha recentemente comprato una casa vicino alla tenuta del popstar inglese. Richard Gere, **buddista di fede** e **toscano di adozione,** abita vicino all'istituto Lama Tzong Khapa. La **maremma ha sedotto** recentemente **due divi** come George Clooney e Julia Roberts, che hanno cercato e trovato casa in questa parte di mondo.

Buddhist by faith / Tuscan by adoption Tuscan countryside / seduced two stars

elsewhere / have limited unite / has touched, but not damaged slowness is a way of life same

its own

Per tutti, nativi o neo residenti, la Toscana è un posto dove trovare la pace che i tempi moderni, **altrove, hanno limitato.** Un luogo dove **unire** riti e costumi che l'avanzata del progresso **ha sfiorato, ma non intaccato.** Dove **la lentezza è un modus vivendi,** inutile cercare altrove gli stessi ritmi, i **medesimi** sapori. Chi ha scelto di vivere la Toscana sa di aver cercato e trovato un mondo unico. Dove il cibo ha un sapore **tutto suo,** come l'olio nuovo e i vini dei Bolgheri e Castagneto.

B. Alla lettura

In due, fatevi a turno le seguenti domande.

1. Molte famiglie nobili vivono in Toscana: hanno avuto la fortuna di nascere in Toscana o hanno scelto (*chosen*) questa regione?

2. Chi sono alcuni personaggi famosi che hanno scelto di vivere in Toscana?

3. Che cosa hanno trovato in questo luogo?

4. Perché la Toscana è un mondo unico?

Vocabolario

Nomi

l'agente (*m.*)	agent
l'albergo	hotel
la camera	room
la cartolina	postcard
il documento	document
il francobollo	stamp
la guida	tour guide
la mezzanotte	midnight
il mezzogiorno	noon
l'ora	time, hour
l'orologio	watch, clock
la pensione	inn
il pomeriggio	afternoon
il tassì	taxi
il tassista	taxi driver
la trattoria	restaurant
la vacanza	vacation
la vita	life

Aggettivi

comodo	comfortable
nervoso	nervous
scorso	last
sicuro	sure
stanco	tired

Verbi

ammirare	to admire
cadere	to fall
correre (*p.p.* **corso**)	to run
dimenticare	to forget
(di)scendere (*p.p.* **[di]sceso**)	to descend, to go down, to get off
diventare	to become
entrare	to enter
lasciare	to leave (someone, something)
mettere	to put
morire (*p.p.* **morto**)	to die
nascere (*p.p.* **nato**)	to be born
passare	to spend (time)
perdere (*p.p.* **perso**)	to lose
restare	to remain
ricordare	to remember
rimanere (*p.p.* **rimasto**)	to remain
ritornare	to return
salire	to climb, to go up, to get on
salutare	to greet; to say good-bye
spendere (*p.p.* **speso**)	to spend (money)
trovare	to find
visitare	to visit (a place)

Altre espressioni

Buon viaggio!	Have a nice trip!
comodamente	comfortably
fa	ago
fare una pausa	to take a break
ieri	yesterday
in anticipo	early, ahead of time
in orario	on time
in punto	sharp, precisely (time)
in ritardo	late
la luna di miele	honeymoon
presto; Presto!	early, fast, soon; Hurry up!
Quanto tempo fa?	How long ago?
tardi	late
viaggio di nozze	honeymoon trip

Attività video
Sulla strada

Che tempo fa?

A. Comprensione

Vero o falso?

1. La stagione preferita di Marco è l'estate.
   (a) Vero   (b) Falso

2. A Roma nevica spesso.
   (a) Vero   (b) Falso

3. Per Marco l'inverno è una stagione inutile.
   (a) Vero   (b) Falso

4. A Firenze è una splendida giornata e c'è un bel caldo.
   (a) Vero   (b) Falso

Domande

1. Com'è Roma in primavera? _____

2. Perché il tempo è imprevedibile *(unpredictable)* in estate?
   _____

3. Firenze è una piccola o una grande città?
   _____

4. Perché è sempre stata famosa Firenze?
   _____

B. Attività

1. Marco dell'estate ama:
   a. _____
   b. _____
   c. _____

2. Perché Marco ama l'inverno? _____
   _____

3. Perché Marco dice che l'autunno è una stagione inutile?
   _____

C. Partecipazione

Completate le frasi.

1. In primavera Roma è piena di _____.

2. Firenze è famosa per il movimento umanistico che si chiama _____.

3. L'arte di Firenze è _____.

4. Il ponte che attraversa *(crosses)* il fiume Arno si chiama _____.

Domande

1. Perché la prima intervistata dice che l'inverno è un problema?
   _____

2. Perché un intervistato dice che non ci sono più le stagioni?
   _____

D. Domande personali

1. Qual è la tua stagione preferita? _____

2. Perché? _____

3. Quale città in Italia vorresti *(would you like)* visitare? In quale stagione?
   _____

4. Che tempo fa nella tua città o dove vivi tu?
   _____

E. Scambi culturali

Uno studente italiano/Una studentessa italiana che hai conosciuto *(you met)* in Italia viene a stare a casa tua per un mese. Inizia una conversazione con lui (lei); Digli (Dille) *(Tell him/her)* che tempo fa dove abiti tu e che vestiti deve portare.

Le vacanze

A. Comprensione

Vero o falso?

1. Oggi Marco sta peggio.
   (a) Vero   (b) Falso
2. Il tempo è ancora brutto.
   (a) Vero   (b) Falso
3. Marco ha deciso di proseguire verso ovest.
   (a) Vero   (b) Falso
4. A Venezia il tempo è peggio di prima.
   (a) Vero   (b) Falso

Domande

1. Come si sente oggi Marco?
   _____
2. Cosa dicono le previsioni del tempo?
   _____
3. Cosa dice Marco quando vede l'aeroporto di Venezia?
   _____
4. Cosa non potrebbe (*he could not*) portare su un'isola tropicale?
   _____

B. Attività

1. Dove sono andati in vacanza alcuni intervistati?
   a. _____
   b. _____
   c. _____
   d. _____
2. Il primo intervistato è stato in Turchia. Per quanto tempo? Come ha viaggiato? Da dove ha preso il traghetto?
   _____
3. Un intervistato è stato in Sardegna. Come descrive la Sadegna?
   _____
4. Un altro intervistato è stato in un agriturismo? Cosa ha fatto?
   _____

C. Partecipazione

Completate le frasi.

1. Oggi mi sento _____.
2. Le previsioni del tempo dicono _____.
3. Vorrei volare fino verso un'isola tropicale, ma non potrei _____.
4. La Sardegna è _____.

Domande

1. Perché Marco ha deciso di proseguire verso est?
   _____
2. Il secondo intervistato ha visitato tre città italiane. Quali?
   _____
3. Un intervistato alterna le vacanze di divertimento con quale tipo di vacanze?
   _____
4. Un intervistato è stato in Sardegna. Per quanto tempo e con chi?
   _____
5. Che cosa porterebbe Giovanni in valigia su un'isola deserta? E Marco?
   _____

D. Domande personali

1. Immagina di aver vinto (*won*) un viaggio premio per una città in Italia. Quale città sceglieresti (*would you choose*) e perché? _____
2. Qual è il tuo mezzo di trasporto preferito quando viaggi? _____
3. Preferisci andare in vacanza solo(a), con amici, o con la famiglia? _____
4. Qual è il tuo progetto per il tuo prossimo viaggio? Dove vuoi andare? _____
5. Ti piacerebbe (*Would you like*) fare un viaggio per l'Italia in una Mini come Marco? Perché (o perché no)?
   _____

E. Scambi culturali

Con un compagno (una compagna) descrivetevi a turno dove siete andati in vacanza l'anno scorso. Con quale mezzo di trasporto avete viaggiato? Per quanto tempo? Che tempo faceva? In quale stagione siete andati?

Roberta Risarisi dice che l'arte di
Firenze è eccezionale. Roberta
adora Firenze. Sullo sfondo, Firenze
e il Ponte Vecchio.

Davide Onnis abita a Bologna ma
arriva dalla Sardegna. Dice che la
Sardegna è un paradiso, ma va vista
d'estate.

Marco viaggia verso Venezia, ma il
tempo è ancora brutto.

Il mondo degli affari

7

L'interno di una banca. Le persone fanno la fila davanti allo sportello.

Parole da ricordare
Albergo, banca, telefono

La grammatica
1 I verbi riflessivi e reciproci
2 Il passato prossimo con i verbi riflessivi e reciproci
3 I pronomi indiretti
4 I pronomi con l'infinito e **Ecco!**

Per finire: Un viaggio d'affari
Ascoltiamo! Adesso scriviamo!
Parliamo insieme!

Attualità: In Italia, dopo l'euro

www.academic.cengage.com/italian/salve
Workbook   iRadio   Audio

135

Parole da ricordare
Albergo, banca, telefono

— Per favore, vorrei cambiare 500 dollari in euro.
— Ha un documento d'identità?
— Sì, ho il passaporto.

Albergo

prenotare to reserve
alloggiare to lodge, to stay
un albergo hotel
  di lusso deluxe
  economico moderately priced
una pensione boarding house
un ostello della gioventù
  youth hostel

una camera singola single room
  doppia double room
  con bagno with bath
  con doccia with shower
  con aria condizionata with air
  conditioning
noleggiare una macchina to rent
  a car

* * *

Banca

il denaro, i soldi money
pagare in contanti to pay cash
  con carta di credito with credit
  card
il Bancomat ATM machine

cambiare to change, to exchange
mostrare un documento d'identità
  to show an ID
la firma signature
la ricevuta receipt

* * *

Telefono

il telefono pubblico public phone
il telefono cellulare (telefonino)
  cellular phone
la ricarica recharge for cellular
  phones
l'elenco telefonico phone book
il numero di telefono phone
  number
il prefisso area code
libero free
occupato busy
il (la) centralinista operator
la telefonata interurbana
  long distance phone call
la carta telefonica prepaid

  phone card
la segreteria telefonica answering
  machine
chiocciola at
fare una telefonata ⎫ to make a
telefonare   ⎬ phone call,
chiamare   ⎭ to phone
parlare al telefono to talk on
  the phone
rispondere al telefono to answer
  the phone
una telefonata a carico del
  destinatario a collect call

Applicazione

 A. **Domande.** In due, fatevi a turno le seguenti domande.

1. Quando uno studente/una studentessa che non ha molti soldi viaggia all'estero, dove alloggia?
2. Una coppia prenota una camera singola?
3. Cosa è bene fare prima di partire per un viaggio, per essere sicuri di trovare una camera in un albergo?
4. Come si chiama in Italia l'«ATM machine»?
5. Quant'è il cambio del dollaro adesso? Più o meno di un euro?
6. Dove cerchiamo un numero di telefono?
7. Se un numero non è nell'elenco, chi chiami tu?
8. Quando abbiamo bisogno del prefisso?

— **Pronto? Sono...** Hello. This is . . .
— **Vorrei parlare con...** I would like to speak with . . .
— **C'è... ?** Is . . . in?
— **Mi dispiace, non c'è.** I'm sorry, he/she is not in.
— **Vorrei lasciare un messaggio.** I would like to leave a message.
— **Qual è il numero di telefono di... ?** What is the phone number of . . . ?

B. **Conversazione.** Con un compagno/una compagna, fatevi le seguenti domande.

1. Che cosa prenoti quando vai all'estero: una camera in un albergo di due o quattro stelle?
2. Quando è una buon'idea prenotare una camera con aria condizionata?
3. Quando vuoi prenotare una camera in un albergo all'estero, telefoni all'albergo o mandi un fax?
4. Quando sei in un paese straniero, noleggi una macchina o usi i mezzi di trasporto *(means of transportation)* pubblici?
5. Quando compri qualcosa *(something)* in un negozio, come paghi?
6. Fai molte telefonate interurbane? Perché? Fai telefonate a carico del destinatario?
7. Hai una segreteria telefonica? Una carta telefonica? Un telefono cellulare (telefonino)?

Informazioni

Alberghi e banche

Gli alberghi in Italia sono classificati in categorie: da una a cinque stelle *(stars)*. Una pensione è generalmente più piccola e più economica di un albergo; è spesso gestita *(run)* da una famiglia. Gli alberghi e le pensioni possono offrire la scelta: pensione completa *(full board)* con i tre pasti, o mezza pensione: solo colazione e cena (o pranzo). Per i giovani viaggiatori che non vogliono spendere molto, gli ostelli per la gioventù offrono alloggio a prezzi modici *(low cost)*, però sono molto affollati durante l'estate.

La maggior parte *(most)* delle automobili hanno la trasmissione a mano. Per avere un'automobile con la trasmissione automatica, bisogna *(one must)* prenotarla in anticipo *(in advance)*.

Gli orari *(hours)* delle banche di solito sono dalle 8.30 del mattino alle 12.30 del pomeriggio, e dalle 2.45 alle 4 del pomeriggio, da lunedì a venerdì. Questi orari possono variare da banca a banca e da una città all'altra.

La grammatica

1 I verbi riflessivi e reciproci

Mi chiamo Gino; sono impiegato di banca.

Mi alzo alle sette.

Mi lavo e mi vesto.

Mi riposo la sera.

A. I verbi riflessivi

1. A verb is reflexive when the action expressed by the verb refers back to the subject. Only transitive verbs (verbs that take a direct object) may be used in the reflexive construction.

Lavo la macchina.	*I wash the car.* (transitive)
Mi lavo.	*I wash myself.* (reflexive)
Vedo la ragazza.	*I see the girl.* (transitive)
Mi vedo nello specchio.	*I see myself in the mirror.* (reflexive)

The infinitive of a reflexive verb is formed using the infinitive of the non reflexive form without the final **-e** + the reflexive pronoun **si** *(oneself):* **lavar-si, metter-si, vestir-si.**

lavarsi *to wash oneself*			
mi lavo	*I wash myself*	**ci laviamo**	*we wash ourselves*
ti lavi	*you wash yourself*	**vi lavate**	*you wash yourselves*
si lava	*he/she/it washes himself/herself/itself*	**si lavano**	*they wash themselves*
Si lava	*you wash yourself (formal sing.)*	**Si lavano**	*you wash yourselves (formal pl.)*

The reflexive pronouns are **mi, ti, ci, vi,** and **si.** They must always be expressed and must agree with the subject, since the object and subject are the same. Usually the pronoun precedes the reflexive verb. Some common reflexive verbs are:

chiamarsi *to be called*	**sentirsi** *to feel*
svegliarsi *to wake up*	**fermarsi** *to stop (oneself)*
alzarsi *to get up*	**riposarsi** *to rest*
lavarsi *to wash (oneself)*	**addormentarsi** *to fall asleep*
vestirsi *to get dressed*	**arrabbiarsi** *to get angry*
prepararsi *to get ready*	**innamorarsi** *to fall in love*
mettersi *to put on*	**sposarsi** *to get married*
divertirsi *to have fun, to enjoy oneself*	**scusarsi** *to apologize*
annoiarsi *to get bored*	**laurearsi** *to graduate from a university*

(Noi) **ci alziamo** presto.	*We get up early.*
Come **ti chiami**?	*What's your name?*
Mi sveglio tutti i giorni alle otto.	*I wake up every day at eight.*

If a reflexive verb is used in an infinitive form, the appropriate reflexive pronoun is attached to the infinitive after dropping the final **-e**.

Desidero divertir**mi**.	*I want to enjoy myself (have a good time).*
Non dobbiamo alzar**ci** presto.	*We do not have to get (ourselves) up early.*

Tra amici.
Gino: Hai un cellulare nuovo?
Franco: Sì, è un Samsung.
Gino: Costa molto?
Franco: 295 euro.
Gino: Costa parecchio *(a lot)*!
Franco: Sì, ma vale la pena
(it is worth); mi diverto a fare le
fotografie.

2. **Sedersi** *(to sit down)* has an irregular conjugation.

mi siedo	ci sediamo
ti siedi	vi sedete
si siede	si siedono
Passato prossimo: *mi sono seduto(a)*	

B. I verbi reciproci

Carlo e Maria si telefonano.

When a verb expresses reciprocal action (we know *one another,* you love *each other*), it follows the pattern of a reflexive verb. In this case, however, only the plural pronouns **ci, vi,** and **si** are used.

Lia e Gino **si salutano**.	*Lia and Gino greet each other.*
(Lia saluta Gino e Gino saluta Lia.)	
Noi **ci scriviamo** spesso, ma voi non **vi scrivete** mai.	*We write to each other often, but you never write to each other.*

Pratica

A. Una questione di abitudini (*habits*). Completate il paragrafo.

Io _____ (chiamarsi) Alberto e il mio compagno di stanza _____ (chiamarsi) Stefano. Lui _____ (svegliarsi) molto presto la mattina, ma io _____ (svegliarsi) tardi. Lui _____ (lavarsi) e _____ (vestirsi) rapidamente e io _____ (lavarsi) e _____ (vestirsi) lentamente (*slowly*). Io non _____ (prepararsi) la colazione perché non ho tempo, ma Stefano _____ (prepararsi) una colazione abbondante. Io _____ (divertirsi) quando gioco a tennis, ma Stefano non _____ (divertirsi). Io _____ (annoiarsi) quando guardo la TV e lui _____ (annoiarsi) quando è solo. Io _____ (innamorarsi) delle ragazze bionde e lui _____ (innamorarsi) delle ragazze brune. Io _____ (arrabbiarsi) perché Stefano è sempre in ritardo, e lui _____ (arrabbiarsi) perché io dimentico sempre i miei appuntamenti. A mezzogiorno Stefano ed io _____ (fermarsi) al caffè e mangiamo insieme. Poi noi _____ (riposarsi) al parco prima di ritornare in banca. La sera noi _____ (addormentarsi) presto perché siamo stanchi morti (*dead tired*).

B. Come ci divertiamo e quando ci annoiamo. Mara, Lucio e Gianni discutono come si divertono e quando si annoiano. Fate la loro parte e date risposte personali (o scegliete tra i suggerimenti dati).

Esempio   Mara: Io mi diverto quando vado al cinema.

MARA   Io _____ , e voi, ragazzi?

LUCIO   Io e Gianni _____.

GIANNI   I miei genitori _____.

LUCIO   E tuo fratello, come _____?

GIANNI   Lui _____.

MARA   Voi due quando vi annoiate?

GIANNI   Lucio ed io _____ , e tu?

MARA   Io, invece, _____.

andare al teatro, giocare a ping pong, andare a sciare, ascoltare una conferenza noiosa, andare in discoteca, stare a letto con l'influenza, fare il surf, fare i compiti d'italiano, andare all'opera

C. Che cosa fate quando... ? Fatevi a turno le domande e rispondete con il verbo riflessivo appropriato.

Esempio   la sveglia suona (*goes off*)? svegliarsi
            — *Cosa fate quando la sveglia suona?*
            — *Ci svegliamo.*

1. un amico è in ritardo?   mettersi un golf (*sweater*)
2. avete freddo?   addormentarsi
3. andate a una festa?   divertirsi
4. ascoltate un discorso (*speech*) noioso?   arrabbiarsi
5. siete stanchi(e) di camminare?   annoiarsi
6. avete sonno?   fermarsi a salutare
7. vedete un amico/un'amica?   sedersi

Week-end multisport !!!

Rafting
MORGEX & VALSESIA
Escursioni di Canyoning Hydrospeed e Kajak

Naviga con noi...www.rafting.it

Ti diverti quando fai il rafting o lo consideri uno sport pericoloso? Chi lo ha fatto? Quando?

D. Conversazione. Rispondete usando la costruzione reciproca.

1. Dove vi incontrate, tu e i tuoi compagni?
2. Dove vi vedete, tu e il tuo ragazzo/la tua ragazza?
3. Quante volte all'anno vi scrivete, tu e i tuoi genitori?
4. Quando vi telefonate, tu e tua madre?
5. Quando sei arrabbiato(a) *(mad)* con il tuo compagno/la tua compagna di stanza, vi parlate o non vi parlate?
6. Quando tu e i tuoi amici vi vedete, vi abbracciate o vi date la mano?

E. Conosciamoci. Hai una nuova compagna/un nuovo compagno di stanza e desiderate conoscervi meglio *(better)*. Create delle domande con i verbi della lista e poi praticate con un compagno/una compagna di classe.

alzarsi, prepararsi, divertirsi, riposarsi, addormentarsi, arrabbiarsi, laurearsi

Esempio   alzarsi
— *A che ora ti alzi di solito?*
— *Mi alzo alle otto.*

2 Il passato prossimo con i verbi riflessivi e reciproci

Pippo l'astuto si è seduto.

All reflexive and reciprocal verbs are conjugated with the auxiliary **essere** in the **passato prossimo.** The past participle must agree with the subject in gender and number.

lavarsi	to wash oneself
mi sono lavato(a)	*I washed myself*
ti sei lavato(a)	*you washed yourself*
si è lavato(a)	*he/she washed himself/herself*
ci siamo lavati(e)	*we washed ourselves*
vi siete lavati(e)	*you washed yourselves*
si sono lavati(e)	*they washed themselves*

Lia, **ti sei divertita** ieri?   *Lia, did you have fun yesterday?*
Ci siamo alzati alle sei.   *We got up at six.*
Il treno **si è fermato** a Parma.   *The train stopped in Parma.*

Verbi reciproci

Ci siamo incontrati(e).   *We met each other.*
Vi siete incontrati(e).   *You (plural) met each other.*
Si sono incontrati(e).   *They met each other.*

Pratica

A. Sì, ma... Completate con il verbo riflessivo al passato prossimo.

Esempio   Ti alzi presto?/Sì, ma questa mattina _____.
Ti alzi presto? Sì, ma questa mattina mi sono alzato(a) tardi.

1. Vi fermate a salutare i nonni?/Di solito sì, ma questa volta non
_____.

2. Ti annoi alle conferenze?/Di solito sì, ma alla conferenza di ieri io
non _____.

3. Ti svegli presto la mattina?/Sì, ma questa mattina io _____.

4. Vi scrivete spesso tu e la tua famiglia?/Sì, ma quest'anno _____.

Il Foro Romano. Il Foro, ai piedi dei colli di Roma, era il cuore dell'antica
Roma, dove i Romani s'incontravano per discutere sugli affari pubblici e
giudiziari.

B. Una storia d'amore. Raccontate la storia di
Laura e Francesco al passato prossimo.

Un bel giorno Laura e Francesco s'incontrano. Si guardano e si parlano: s'innamorano a
prima vista *(at first sight)*. Si scrivono e si rivedono spesso. Finalmente si fidanzano e, dopo
pochi mesi, si sposano.

C. Vacanze romane. Completate le seguenti
frasi usando il passato prossimo.

Raffaella _____ (arrivare) a Roma ieri sera
per incontrare l'amica Marina. Stamattina Raffaella _____ (svegliarsi) presto, _____ (alzarsi) e
_____ (telefonare) all'amica. Poi _____ (lavarsi) e
_____ (vestirsi). Quando le due ragazze _____
(incontrarsi), _____ (salutarsi) con molto affetto e
_____ (uscire) dall'albergo. Marina e Raffaella
_____ (visitare) la città e _____ (divertirsi) molto.
A mezzogiorno le due ragazze _____ (sentirsi)
stanche e _____ (fermarsi) a una tavola calda *(snack bar)*, dove _____ (riposarsi)
per un'ora. Dopo il pranzo, Marina e Raffaella _____ (fare) le spese nei negozi e
_____ (comprare) delle cartoline e dei francobolli. Poi le due amiche _____
(sedersi) a un caffè e _____ (scrivere) le cartoline ai loro parenti e amici.

D. Conversazione

1. A che ora ti sei alzato(a) stamattina?

2. Hai avuto tempo di prepararti la colazione?

3. Ti sei fermato(a) al caffè a prendere qualcosa?

4. Ti sei divertito(a) o ti sei annoiato(a) in classe? Perché?

5. Tu e i tuoi amici vi siete visti o vi siete telefonati oggi?

6. Come pensate di divertirvi il prossimo weekend?

3 I pronomi indiretti

A. An indirect object designates the person *to whom* an action is directed. It is used with verbs of *giving:* **dare, prestare, offrire, mandare, restituire, regalare, portare,** etc., and with verbs of *oral* and *written communication:* **parlare, dire, domandare, chiedere, consigliare, rispondere, telefonare, scrivere, insegnare, spiegare,** etc. The preposition **a** follows these verbs and precedes the name of the person to whom the action is directed.

Scrivo **una lettera.** *(direct object)*
Scrivo una lettera **a Lucia.** *(indirect object)*

Here are the forms of the indirect-object pronouns:

— Che cosa regali a tua madre per Pasqua?
— Le regalo un bell'oggetto per la casa.

Singular		Plural	
mi (m') *(to) me*	**mi** scrivono	**ci** *(to) us*	**ci** scrivono
ti (t') *(to) you (familiar)*	**ti** scrivono	**vi** *(to) you (familiar)*	**vi** scrivono
gli *(to) him*	**gli** scrivono	**loro** *o* **gli** *(to) them*	scrivono **loro**
le *(to) her*	**le** scrivono	*(m. & f.)*	(**gli** scrivono)
Le *(to) you (formal,*	**Le** scrivono	**Loro** *o* **Gli** *(to) you*	scrivono **Loro**
m. & f.)		*(formal, m. & f.)*	*(very formal)*

NOTE: In their forms, indirect-object pronouns differ from direct-object pronouns only in the third-person singular and plural.

Direct-Object Pronouns		Indirect-Object Pronouns
mi		mi
ti		ti
lo, la, La	$\longrightarrow$	gli, le, Le
ci		ci
vi		vi
li, le, Li, Le	$\longrightarrow$	gli (loro), Loro

Like the direct-object pronouns, indirect-object pronouns precede the conjugated form of the verb, except **loro** which always follows the verb. In negative sentences, *non* precedes the pronouns.

Mi dai un passaggio?	*Will you give me a lift?*
Chi **ti** telefona?	*Who is calling you?*
Non **gli** parlo.	*I am not speaking to him.*
Perché non **ci** scrivevate?	*Why didn't you write to us?*
Le offro un caffè.	*I am offering you a cup of coffee.*
Gli parlo, *o* Parlo **loro.**	*I am speaking to them.*

In contemporary Italian, the tendency is to replace **loro** with the plural **gli.**

B. In the **passato prossimo,** the past participle *never* agrees with the indirect-object pronoun.

Le ho parla**to** ieri.	*I spoke to her yesterday.*
Non **gli** abbiamo telefona**to.**	*We did not call them.*

Pratica

A. **Sostituzione.** Sostituite le parole in corsivo con i pronomi appropriati.

Esempio   Telefono *all'agente di viaggi.*
Gli telefono.

1. Lascio un messaggio *alla mia professoressa.*
2. Do il mio numero di telefono *all'impiegato di banca.*
3. Domando *alla proprietaria della pensione* se ha una camera libera.
4. Mostro *al direttore della banca* il mio documento d'identità.
5. Faccio *a te e a Renata* i miei migliori auguri per il vostro fidanzamento.
6. Auguro buon viaggio *ai miei compagni di classe.*
7. Mando dei fiori *alla mia ragazza.*
8. I miei genitori mandano una e-mail *a me e al mio compagno di stanza.*

 B. **Quando?** Una persona curiosa vuole sapere quando tu fai le seguenti cose. Un compagno/Una compagna fa la parte della persona curiosa.

Esempio   — Quando dai dei consigli al *tuo amico?*/quando ha dei problemi
— *Gli do dei consigli quando ha dei problemi.*

1. Quando telefoni *a tua madre?*/la domenica
2. Quando *ci* mandi una cartolina?/quando arrivo a Roma
3. Quando scrivi *ai tuoi genitori?*/quando ho bisogno di soldi
4. Quando *mi* fai gli auguri?/il giorno del tuo compleanno
5. Quando *ci* offri un gelato?/dopo cena
6. Quando rispondi *ai tuoi parenti?*/quando ho tempo
7. Quando porti un regalo *a tua madre?*/per Natale

 C. **Una persona generosa.** Il tuo compagno/La tua compagna di stanza è una persona molto generosa. Tu vuoi sapere cos'ha regalato per Natale a parenti ed amici. Fate a turno la parte della persona generosa.

Esempio   a tuo fratello/un maglione
— *Cos'hai regalato a tuo fratello?*
— *Gli ho regalato un maglione.*

1. a tua madre/una macchina per fare il cappuccino   2. alle tue sorelle/ due DVD   3. a tuo fratello/un giocattolo *(toy)* e caramelle *(candy)*   4. a tua zia/una scatola di cioccolatini Perugina   5. al tuo migliore amico/un portafoglio di pelle marrone   6. ai tuoi nonni/_____   7. alla tua ragazza (al tuo ragazzo)/_____   8. alla professoressa d'italiano/ _____

D. **Diretto o indiretto?** Tu e il tuo compagno/la tua compagna organizzate un viaggio. Il tuo compagno/La tua compagna doveva fare alcune cose e tu vuoi sapere se le ha fatte.

Esempio   invitare Luisa
— *Hai invitato Luisa?*
— *Sì, l'ho invitata.*

1. telefonare all'agente di viaggi   2. fare le prenotazioni   3. comprare i biglietti   4. cercare i passaporti   5. confermare il volo   6. cambiare i dollari   7. telefonare ai tuoi cugini di Roma   8. scrivere a tua zia di Napoli   9. preparare le valigie   10. comprare i regali   11. rispondere alla proprietaria della pensione   12. prenotare la macchina

4 I pronomi con l'infinito e *Ecco!*

A. When a direct or indirect pronoun is the object of an infinitive, it—with the exception of **loro**—is attached to the infinitive, which drops the final **-e**.

Non desidero veder**la**.	*I don't wish to see her.*
Preferisco scriver**le**.	*I prefer to write to her.*

NOTE: With the verbs **potere, volere, dovere,** and **sapere,** the object pronoun may either be placed before the conjugated verb or attached to the infinitive.

Ti posso parlare?   *May I speak to you?*   Posso parlar**ti**?

B. A direct-object pronoun attaches to the expression **ecco!**

Ecco**lo**!	*Here (There) he is!*
Ecco**mi**!	*Here I am!*

Lisa Guarda Gina! Quello è Luigi che ti fa la proposta di matrimonio!
Gina Oh! Luigi è così romantico!
Lisa Vuoi sposarlo?
Gina Sì, voglio sposarlo! E tu vuoi farmi da damigella d'onore?
Lisa Con molto piacere!

Pratica

A. Sostituzione. Sostituite le espressioni in corsivo con il pronome appropriato.

1. Incomincio a capire *questa lingua.*
2. Abbiamo bisogno di parlare *a Tonino.*
3. Preferisco scrivere *a Luisa* domani.
4. Ho deciso di invitare *gli amici.*
5. Ho dimenticato di comprare *le uova.*
6. Quest'anno non posso fare molti regali *ai miei amici.*
7. Desidero invitare *le mie amiche* a una festa.
8. Sapete parlare bene *lo spagnolo*?
9. Voglio trovare *le mie chiavi*!
10. Non posso aspettare *mio fratello.*
11. Devi prendere *la macchina*?

B. Intenzioni. Tua sorella ti domanda quando hai intenzione di fare alcune cose importanti. Fatevi a turno le seguenti domande.

Esempio   telefonare a papà/...
        — *Quando pensi di telefonare a papà?*
        — *Penso di telefonargli domani.*

1. comprare il telefonino/...   **2.** prenotare l'albergo/...   **3.** telefonare ai tuoi parenti in Italia/...   **4.** rispondere alla zia/...   **5.** pagare la bolletta *(bill)* del telefono/...   **6.** mandare l'e-mail all'albergo/...   **7.** comprare i traveler's cheques/...

C. Dove ho messo... ? Oggi tu sei un po' disorganizzato(a), e non ti ricordi dove hai messo alcune cose. Il tuo compagno/La tua compagna ti aiuta a trovarle.

Esempio   — *Dove ho messo le chiavi?*
        — *Eccole!*

1. il portafoglio
2. la patente di guida *(driver's license)*
3. il telefonino

4. i soldi
5. le ricevute
6. il fax dell'albergo

Per finire

Le banche chiudono, di solito, alle 12.30 e riaprono alle 3.00 del pomeriggio. All'esterno di ogni banca c'è il servizio Bancomat (ATM machine).

Un viaggio d'affari   CD1, Track 30 🎧

John White è un uomo d'affari americano. È arrivato a Roma e **soggiorna** all'albergo «Excelsior» in via Veneto, dove ha prenotato una **camera singola** con doccia. Dall'albergo telefona a Davide, un collega che lavora alla **filiale** di Roma.

stays
single room
branch

JOHN   Pronto, Davide? Sono John White. Come stai?

DAVIDE   **Salve,** John! Come va? Hai fatto un buon viaggio?

Hello

JOHN   Sì, **abbastanza,** però è stato un viaggio lungo e mi sono annoiato **parecchio.**

good enough
a lot

DAVIDE   In che albergo stai? Hai una macchina?

JOHN   Sono all'«Excelsior». No, **non ho noleggiato** la macchina. A Roma preferisco prendere il tassì. Inoltre ho lasciato a casa la **patente.**

I haven't rented

driver's license

DAVIDE   Hai ragione. Qualche giorno fa ho preso una **multa** perché ho parcheggiato dov'era vietato. Hai telefonato all'ingegner Rusconi per dirgli che sei arrivato?

fine

JOHN   Sì, gli ho telefonato, ma era fuori. Gli ho lasciato un messaggio sulla segreteria telefonica.

DAVIDE   **Allora,** ci vediamo per il pranzo? Al «Gladiatore»?

Well then

JOHN   Sì, certo, però prima devo farmi la doccia, vestirmi e poi andare in banca per cambiare dei dollari.

DAVIDE   Allora, ci incontriamo al ristorante all'una. Va bene?

JOHN   D'accordo. A presto.

Comprensione

1. Chi è John White?
2. È venuto a Roma per un viaggio di piacere?
3. Cos'ha prenotato all'albergo?
4. Perché John si lamenta *(complain)* del viaggio?
5. Ha noleggiato una macchina? Perché?
6. Perché Davide ha preso una multa?
7. Perché John non ha potuto parlare con Rusconi? Gli ha lasciato un messaggio? Dove?
8. Dove s'incontrano John e Davide?
9. Cosa deve fare John prima di incontrare Davide?
10. Per che ora è fissato l'appuntamento?

Conversazione

Con un compagno/una compagna, fatevi le seguenti domande.

1. Usi spesso il telefonino?   2. Telefoni spesso al tuo migliore amico/alla tua migliore amica? Gli/Le mandi degli SMS *(text messages)*?   3. Spendi molto per le telefonate?   4. Quando prenoti una camera in un albergo, telefoni o mandi un fax?   5. Quando alloggi in un albergo, come paghi il conto?   6. Hai dei parenti che abitano lontano da te? Quando gli telefoni? Gli mandi gli auguri per le feste e per i compleanni?   7. Hai dei parenti che vivono all'estero?   8. Quando vai all'estero, noleggi una macchina, usi i mezzi di trasporto pubblici o chiami un tassì?

Ascoltiamo

Una telefonata d'affari
CD1, Track 31

An architect, Gino Paoli, is making a business phone call to an engineer, Rusconi (**l'ingegner Rusconi**), about an appointment. Listen to his conversation with Rusconi's secretary.

Comprensione

1. L'architetto Paoli telefona a casa o all'ufficio dell'ingegner Rusconi?
2. C'è l'ingegnere?
3. Che cosa lascia Paoli?
4. Per quand'è l'appuntamento?
5. L'ufficio di Rusconi è nella stessa città da dove telefona Paoli? Perché no?
6. La telefonata di Paoli è una telefonata personale o d'affari?

Dialogo

You are calling your doctor's office for an appointment. His secretary answers. You say **Pronto. Sono...** and ask if the doctor is in. The secretary answers that she is sorry, but the doctor is not in. Tell her you would like to leave a message: Is it possible (**È possibile**) to see the doctor tomorrow? Then give her your phone number and say good-bye. In pairs, play the roles of the secretary and the patient.

Il primo giorno di lavoro
CD 1, Track 32

Andrea and his friend Gianni met downtown in a coffee shop. They talk about the difficulty of finding a good, permanent job, even with their university degrees. Listen to the conversation. Then answer the following questions.

Comprensione

1. Quando si è laureato Andrea? In quale università?   2. Ha trovato un lavoro a tempo pieno *(full time)*? Dove ha trovato un lavoro?   3. Dove si sono incontrati Andrea e il suo amico?   4. Perché Andrea ha dovuto alzarsi presto? Perché non è una cosa facile per lui?   5. Andrea è entusiasta di questo lavoro? Perché lo ha accettato?   6. Perché Gianni è stato fortunato?   7. Secondo Andrea, qual è il lato *(side)* positivo della situazione?

Adesso scriviamo!

Il primo giorno

Racconta *(Tell)* il tuo primo giorno di lavoro per una nuova compagnia *(firm)*. O, se preferisci, racconta il tuo primo giorno di lezioni all'università. Organizza il tuo tema *(composition)* con l'aiuto di queste domande:

Ti sei alzato(a) più presto del solito *(than usual)*? Ti sei svegliato(a) da solo(a) o con una sveglia *(alarm clock)*? A che ora? Hai fatto colazione prima di uscire? Come sei andato(a) al lavoro/a scuola? È stata una giornata interessante, noiosa, impegnativa *(challenging)*? Perché?

Parliamo insieme!

A. Al telefono. In gruppi di due studenti. Un amico/Un'amica o collega è arrivato(a) nella tua città e ti telefona. Inizia una conversazione telefonica sull'esempio del dialogo «Un viaggio d'affari». Tu gli/le domandi com'è andato il viaggio, dove alloggia, se ha noleggiato la macchina o ha bisogno del tuo aiuto. Fissate un appuntamento per il pranzo o per la cena. Gli/Le chiedi che tipo di cibo preferisce (italiano, cinese, messicano, francese, giapponese, ecc.) e gli/le dici il nome del ristorante dove desideri invitarlo(a) e a che ora vi incontrate.

B. Quali sono i tuoi desideri? Leggete la pubblicità della Unicredit e domandatevi cosa desiderate fare con un prestito *(loan)* della Banca.

Esempio — Io vorrei tremila euro per andare a Machu Pichu, e tu?
— Io invece vorrei duemila euro per comprarmi una moto.
— Io vorrei anche…

C. All'hotel. Immagina di essere un uomo (una donna) d'affari che è arrivato(a) a Firenze ed è andato(a) all'Hotel Morandi, dove vuole pernottare *(spend the night)*. Un compagno/Una compagna fa la parte dell'impiegato dell'albergo.
(You want to know if they have a room for one night, if it has air conditioning, how much it costs, and if breakfast is included (**compresa**). You also ask if you can make a phone call to rent a car, and ask for Hertz's phone number. Then thank the employee. The employee will ask you how many suitcases you have, and after you answer, he will tell you he will take your suitcase(s) to your room.)

HOTEL MORANDI ALLA CROCETTA

Un ambiente raccolto, signorile e confortevole, ove sorgeva il convento dells Crocetta, è oggi, nel rispetto di una antica tradizione di ospitalità, il naturale riferimento di un piacevole e tranquillo soggiorno fiorentino. Ubicato nel centro storico di Firenze, attiguo al Museo Archeologico e a pochi passi dall'Accademia della Belle Arti, offre la possibilità di raggiungere facilmente ogni punto di interesse artistico, culturale ed economico della ciuà.

Note: Many convents and monasteries throughout Italy have opened their doors to tourists at reasonable prices. The hotel Morandi alla Crocetta was previously a convent. Today it is a nice, very comfortable hotel.

Attualità   In Italia dopo l'euro

A. Prima di leggere. On January 1, 2002, the euro became the national currency of Italy and of other participating countries in the European Union. Although adoption of the euro, which replaced the **lira,** was greeted with feverish excitement by Italians, their subsequent experience with the new currency has not fully lived up to their expectations. Read about their experience in the passage below, focusing especially on how adoption of the euro has benefited Italians and how, on the other hand, it has caused problems.

L'euro, adottato da qualche anno da molti paesi europei, è ora nella sua infanzia.

L'introduzione della moneta unica nei paesi europei ha avuto una grande influenza sull'economia italiana. Gli Italiani hanno dovuto **affrontare** un **aumento** del costo della vita: i prezzi di molte cose sono aumentati, specialmente dei **generi alimentari.** Molti negozianti hanno alzato i prezzi: in pratica, l'euro è diventato l'equivalente di mille lire, quando in realtà l'euro ha il valore di quasi duemila lire. Così i prezzi sono diventati il **doppio.** Per esempio, se prima dell'euro, in un buon ristorante, gli Italiani **pagavano** cinquantamila lire per una buona cena, oggi pagano il doppio, cinquanta euro. Mentre i prezzi sono aumentati, le pensioni e gli stipendi sono rimasti gli stessi. Le persone che pagano di più le conseguenze sono gli **anziani,** che hanno delle difficoltà a **farcela** con la loro pensione. L'euro ha dimostrato di essere una moneta stabile, ma la **debolezza** del dollaro nei confronti dell'euro ha causato una diminuzione delle esportazioni dei prodotti italiani negli Stati Uniti.

to face / increase / food

double
used to pay

older people
to make it
weakness

Il cambio della moneta ha portato indubbiamente dei vantaggi: ha **reso** più stabile l'Unione Europea, lo scambio delle **merci** è totalmente libero, i turisti e viaggiatori non devono più cambiare la loro moneta quando viaggiano nei paesi europei dove l'euro è la moneta corrente. C'è stato anche un aumento del turismo italiano negli Stati Uniti perché oggi il cambio euro/dollaro è più vantaggioso di prima per gli Italiani. **Inoltre,** gli Italiani, come la maggior parte degli Europei, si sentono cittadini di un unico grande paese: l'Europa Unita, bellissimo per le sue differenze, culturalmente ricco e pieno di inziative.

made
goods

In addition

B. Alla lettura

1. Che cosa hanno dovuto affrontare gli Italiani con l'introduzione dell'euro?

2. Perché i generi alimentari e altri beni di consumo sono aumentati?

3. Chi sono stati maggiormente colpiti, e perché?

4. Quali sono i vantaggi dell'introduzione dell'euro?

Paesi europei che hanno adottato l'euro.

Vocabolario

Nomi

l'abbraccio	hug
l'affare	(m.) business
il bacio	kiss
il (la) collega (i colleghi, le colleghe pl.)	colleague
il messaggio	message
la multa	fine (ticket)
la patente	driver's license
un SMS (esse emme esse)	text message
la sveglia	alarm clock

Aggettivi

arrabbiato	mad
stanco	tired
sicuro	sure

Verbi

abbracciarsi	to embrace each other
addormentarsi	to fall asleep
alzarsi	to get up
annoiarsi	to get bored
arrabbiarsi	to get mad
baciarsi	to kiss each other
chiamarsi	to be called
divertirsi	to have fun, to enjoy oneself
fermarsi	to stop
fidanzarsi	to get engaged
innamorarsi (di)	to fall in love (with)
laurearsi	to graduate from a university

lavarsi	to wash (oneself)
mandare	to send
mettersi	to put on
parcheggiare	to park
prepararsi	to prepare oneself, to get ready
riposarsi	to rest
risparmiare	to save
salutarsi	to greet each other; to say good-bye
scusarsi	to apologize
sedersi	to sit down
sentirsi	to feel
soggiornare	to stay (at a hotel, etc.)
sposarsi	to get married
suonare	to ring
svegliarsi	to wake up
vestirsi	to get dressed

Altre espressioni

abbastanza	enough
fissare un appuntamento	to make an appointment
parecchio	a lot
una telefonata d'affari	a business phone call
una telefonata personale	a personal phone call
un uomo (una donna) d'affari	a businessman/ woman

Mezzi di diffusione

In un'edicola si vendono giornali, riviste, biglietti dell'autobus e la guida della televisione.

Parole da ricordare	**La grammatica**	**Per finire:** Una serata alla TV
Stampa, televisione, cinema	1 L'imperfetto	Ascoltiamo! Adesso scriviamo!
	2 Contrasto tra imperfetto e	Parliamo insieme!
	passato prossimo	**Attualità:** Un'intervista con
	3 Il trapassato prossimo	Ermanno Olmi
	4 I pronomi tonici	
	5 **Piacere**	

www.academic.cengage.com/italian/salve

📖 Workbook   🎧 iRadio   🎧 Audio

151

Parole da ricordare
Stampa, televisione, cinema

La stampa *(The press)*

il (la) giornalista   reporter
il giornale   newspaper
la rivista   magazine
l'articolo   article
l'autore/l'autrice   author
lo scrittore/la scrittrice   writer
il racconto   short story

il romanzo   novel
  giallo   mystery
  di fantascienza   science fiction
  di avventure   adventure
il riassunto   summary
il personaggio   character
il titolo   title
la trama   the plot

* * *

La televisione (tivù)–Il DVD

il televisore   TV set
il canale   channel
l'annunciatore/l'annunciatrice
  anchorman/anchorwoman,
  newscaster
il telegiornale   TV news
i video giochi   video games
accendere *(p.p.* **acceso)**   to turn on

le notizie   news
la trasmissione   transmission
il programma   TV program
il documentario   documentary
il videoregistratore   VCR
spegnere *(p.p.* **spento)**   to turn off
il telecomando   remote control

* * *

Il cinema

girare un film   to make a movie
l'attore/l'attrice   actor, actress
il (la) regista   director
lo spettatore/la spettatrice
  viewer, spectator
i sottotitoli   subtitles

il cartone animato   cartoon
l'articolo (il libro, il film) tratta di...
  the article (book, movie) deals
  with . . .
fare la parte   to play the role

Informazioni

La televisione

*I*n Italia ci sono tre canali televisivi pubblici (RAI), e per questi si paga un canone annuo (*annual fee*) di circa 100 euro. Oltre a questi ci sono i canali privati, che trasmettono il telegiornale e programmi vari: «la televisione commerciale», con gli spot pubblicitari, spesso imitazioni dei programmi americani. Con il sistema SKY, a pagamento, si ricevono i canali via satellite: canali europei, russi, statunitensi (CNN), arabi, cinesi, ed altri asiatici. Tra i programmi preferiti dai giovani ci sono quelli di imitazione americana: «Grande fratello», «Chi vuol essere milionario», «La ruota della fortuna». Per i bambini la TV offre spettacoli istruttivi e divertenti. Si programmano anche vari corsi universitari la sera tardi.

NOTE: A mystery or detective book is called **un giallo** because of the color of the cover. During the Fascist era, the publication of this genre was forbidden. After WWII, the Italian publisher Mondadori resumed publication of these types of books using yellow covers, which are still used today. By analogy, a movie portraying mystery stories is also called **un giallo.**

Applicazione

A. Domande

1. Cosa sono il *New York Times* e il *Corriere della Sera*?
2. Che cosa fa un(a) giornalista?
3. Chi era Steinbeck? Potete nominare il titolo di qualche suo romanzo?
4. Se andiamo a vedere un film straniero, che cosa ci aiuta a capire il dialogo?
5. Che cosa offre il telegiornale? Chi lo presenta?
6. Quando si usa il telecomando?

B. Per i patiti *(fans)* del cinema

1. Sapete dire il titolo in inglese di questi film?
2. Quale di questi film è sentimentale? Drammatico? Un giallo? Una commedia? Di fantascienza?
3. Guardate i giudizi dei critici. Secondo voi, quale di questi film è memorabile? Molto bello? Niente male? Così così? Brutto? Quante stelle dareste *(would you give)* al film *"Il signore degli anelli"*?

La Bella e la Bestia di Walt Disney
Guerre stellari con Harrison Ford
Neverland—Un sogno per la vita con Johnny Depp
Il giro del mondo in 80 giorni con Jackie Chan
Nascosto nel buio con Robert De Niro
Mi presenti i tuoi? con Ben Stiller, Robert De Niro, Barbra Streisand e Dustin Hoffman
Squadra 49 con John Travolta
Il gladiatore con Russell Crowe
Gli incredibili di Walt Disney/Pixar
Il signore degli anelli con Elijah Wood

GIUDIZI
★★★★★ Memorabile
★★★★ Molto bello
★★★ Niente male
★★ Così così
★ Brutto

6.30 Tg 5 Prima pagina

13.00 Tg 5 Notiziario
**13.35 Le più belle scene da
        un matrimonio**

18.00 Flash Tg 5 Notiziario
18.05 Ok il prezzo è giusto!
        Gioco Conduce Iva Zanicchi
19.00 La ruota della fortuna
        Gioco Con Mike Buongiorno
        Regia di M. Bianchi
20.00 Tg 5 Notiziario
**20.20 Film Agente 007 Vivi e
        lascia morire Spionaggio**

A che ora incominciano i programmi
televisivi sul canale 5?
A che ora danno il primo notiziario?
Che programma si vede alle 18.05?
E alle 19.00?
Che film danno alle 20.20? Chi è
l'attore principale in questo film?

C'era una volta un burattino di legno
(wooden puppet) che si chiamava
Pinocchio. Aveva il naso molto lungo
perché diceva molte bugie...

C. Conversazione. Con un compagno/una compagna, fatevi le seguenti domande.

1. Vai spesso al cinema? Che genere di film ti piace?
2. Noleggi spesso le videocassette o i DVD? Preferisci noleggiarli o andare al cinema?
3. Chi è il tuo attore/la tua attrice preferito(a)?
4. Quali programmi preferisci vedere alla TV (film, spettacoli, giochi, programmi di politica, musica, sport, scienze, National Geographic)?
5. A che ora di solito guardi la TV? Tieni la TV accesa quando fai i compiti o ascolti la musica?
6. Discuti sui film con i tuoi amici?

La grammatica
1 L'imperfetto

A. The **imperfetto** (from the Latin *imperfectum*) means "imperfect," that is, incomplete. It is used to express an action that took place in the past but whose duration cannot be specified. Its endings are identical in all three conjugations.

parlare → parla-**vo** = *I was speaking, I used to speak, I spoke*

parlare	ricevere	dormire
parla**vo**	riceve**vo**	dormi**vo**
parla**vi**	riceve**vi**	dormi**vi**
parla**va**	riceve**va**	dormi**va**
parla**vamo**	riceve**vamo**	dormi**vamo**
parla**vate**	riceve**vate**	dormi**vate**
parla**vano**	riceve**vano**	dormi**vano**

The following verbs are irregular in the imperfect tense:

essere:	**ero, eri, era, eravamo, eravate, erano**
fare:	**facevo, facevi, faceva, facevamo, facevate, facevano**
bere:	**bevevo, bevevi, beveva, bevevamo, bevevate, bevevano**
dire:	**dicevo, dicevi, diceva, dicevamo, dicevate, dicevano**

The imperfect tense is used to describe:

1. environment, time, weather; physical and mental states; and age in the past.
   Erano le sette di sera. — *It was 7:00 P.M.*
   Fuori **faceva** freddo e **pioveva**. — *Outside it was cold and it was raining.*
   La gente **aveva** fame. — *People were hungry.*

2. habitual actions in the past.
   Leggeva favole tutte le sere. — *He read (used to read) fables every night.*

3. an action in progress while another action was taking place or was completed.
   Mentre **scrivevo** una lettera, Nino **suonava** il piano. — *While I was writing a letter, Nino was playing the piano.*
   Luisa **pranzava** quando Marcello è entrato. — *Luisa was having dinner when Marcello walked in.*

Pratica

A. Vacanze veneziane. Che cosa faceva tutti i giorni Franca quand'era a Venezia?

Esempio   visitare la città
             Visitava la città.

1. prendere il vaporetto *(motorboat)*
2. ammirare i palazzi veneziani
3. camminare lungo le calli *(narrow Venetian streets)* e i ponti *(bridges)*
4. entrare nelle chiese e nei negozi
5. visitare i musei
6. fare le spese
7. la sera, sedersi a un caffè di Piazza San Marco
8. divertirsi a guardare la gente

B. Da ragazzini(e) (As young children). Cosa facevate quando eravate ragazzini(e)? Fate a turno le domande.

Esempio   che libri (leggere)
             — *Che libri leggevi?*
             — *Leggevo i libri di avventure.*

1. che cosa (guardare) alla TV
2. quali film (andare) a vedere
3. (dire) bugie
4. cosa (volere) diventare
5. con chi (giocare)
6. cosa (fare) durante l'estate
7. (avere) un amico/un'amica del cuore
8. come (chiamarsi)

C. Frammenti di ricordi. Sostituite l'infinito con la forma appropriata dell'imperfetto.

Ricordo che quand'ero bambino, io (passare) _____ ogni estate con i nonni. I nonni (abitare) _____ in una piccola casa in collina *(hill)*. La casa (essere) _____ bianca, con un tetto *(roof)* rosso. Davanti alla casa (esserci) _____ un bel giardino. Ogni giorno, quando (fare) _____ caldo, io (stare) _____ in giardino, e se (avere) _____ sete, la nonna (portare) _____ delle bevande fresche. Il pomeriggio io (guardare) _____ i cartoni animati alla tivù, (divertirsi) _____ a giocare a palla, o (fare) _____ lunghe passeggiate nei campi con il vecchio cane. Alle sette, la nonna (chiamare) _____ me e il nonno per la cena, e io (aiutarla) _____ ad apparecchiare *(to set)* la tavola. La sera noi (stare) _____ fuori a guardare il cielo stellato *(starry)*.

2 Contrasto tra imperfetto e passato prossimo

Both the **passato prossimo** and the **imperfetto** present events and facts that took place in the past. However, they are not interchangeable.

Ho letto questa rivista perché ieri il mio computer non funzionava.

A. If a past action took place only *once*, was repeated a *specific* number of times, or was performed within a *definite* time period, the **passato prossimo** is used.

B. If a past action was *habitual*, was repeated an *unspecified* number of times, or was performed for an *indefinite* period (with no beginning or end indicated), the **imperfetto** is used. It is also used to *describe circumstances* surrounding a past action or event (time, weather, physical appearance, age, feelings, attitudes, etc.).

The following sets of sentences illustrate the contrast between these two tenses.

Ieri sera **ho ascoltato** la radio. Tutte le sere **ascoltavo** la radio.	*Last night I listened to the radio. Every evening I would (= used to) listen to the radio.*

La settimana scorsa Gianni mi **ha telefonato** tre volte. Prima mi **telefonava** molto spesso.	*Last week Gianni phoned me three times. Before he used to phone me very often.*

L'estate scorsa **ho fatto** del tennis tutti i giorni. Quando **ero** giovane, **facevo** del tennis tutti i giorni.	*Last summer I played tennis every day. When I was young I would (= used to) play tennis every day.*

Gina **ha preso** l'impermeabile ed **è uscita.** Gina **ha preso** l'impermeabile perchè **pioveva.**	*Gina took her raincoat and went out. Gina took her raincoat because it was raining.*

Pratica

A. Discussioni pericolose (*dangerous*). Sei stato(a) testimone (*witness*) a una discussione sulla politica, e adesso la racconti a un amico/un'amica. Usa il passato prossimo o l'imperfetto, a seconda del caso (*according to the context*).

1. È il primo giugno.

2. Sono le otto di sera.

3. Piove.

4. Entro al Caffè Internet.

5. Ordino un espresso.

6. Un giovane arriva al bar.

7. Ha circa vent'anni.

8. Porta un vecchio impermeabile.

9. Incomincia a parlare male del Governo.

10. Un cliente s'arrabbia.

11. I due litigano.

12. La confusione è grande.

13. Un cameriere telefona alla polizia.

B. Passato prossimo o imperfetto? Sostituite all'infinito la forma corretta dell'imperfetto o del passato prossimo, a seconda del significato (*according to the meaning*).

1. Questa mattina mia moglie ed io _____ (svegliarsi) presto e _____ (uscire) di casa alle 7.30.

2. Poiché la nostra macchina non _____ (funzionare), noi _____ (andare) a prendere l'autobus.

3. Alla fermata dell'autobus _____ (esserci) molte persone che _____ (aspettare).

4. Ma l'autobus non _____ (arrivare).

5. Un uomo _____ (venire) e _____ (dire) che _____ (esserci) lo sciopero (*strike*) degli autobus fino alle 11.00, e che noi _____ (dovere) aspettare per molto tempo.

6. Mia moglie _____ (dire) che lei _____ (volere) andare al lavoro a piedi, perché il suo ufficio _____ (essere) vicino. Io, invece, _____ (dovere) fare circa 3 chilometri a piedi per arrivare al lavoro.

7. Così io _____ (pensare) che _____ (essere) una buon'idea prendere un tassì, anche se _____ (costare) molto.

8. Ma a causa dello (*because of*) sciopero degli autobus, io non _____ (trovare) un tassì e _____ (tornare) a casa.

9. Prima di andare a casa io _____ (noleggiare) un DVD: un bel film giallo, *Il silenzio degli innocenti*. Così io _____ (passare) un bel pomeriggio in casa mentre (io) _____ (aspettare) il ritorno di mia moglie.

C. **Quand'eravamo ragazzini.** Mara, suo fratello Lucio e il loro amico Raffaele parlano di quand'erano ragazzini. In gruppi di tre, fate la loro parte e completate il loro dialogo.

MARA	Raffaele, dove andavi in vacanza quand'eri ragazzino?
RAFFAELE	_____, e voi due?
LUCIO	Noi _____
RAFFAELE	Come vi divertivate?
MARA	_____
LUCIO	_____, e tu?
RAFFAELE	_____
MARA	Raffaele, che tipo di film guardavi?
RAFFAELE	_____, e voi?
MARA	Noi avevamo gusti differenti; io guardavo i cartoni animati.
LUCIO	A me piaceva guardare _____.

3 Il trapassato prossimo

The **trapassato prossimo** (*pluperfect tense*) expresses an action that took place prior to another action in the past (**avevo ascoltato** = *I had listened*). It is a compound tense formed with the *imperfect tense* of the auxiliary (**avere** or **essere**) + *the past participle* of the main verb. It is conjugated as follows:

parlare		partire		alzarsi	
avevo		ero		mi ero	
avevi		eri	partito(a)	ti eri	alzato(a)
aveva	parlato	era		si era	
avevamo		eravamo		ci eravamo	
avevate		eravate	partiti(e)	vi eravate	alzati(e)
avevano		erano		si erano	

Non aveva fame perché **aveva**
  già **mangiato.**
She wasn't hungry because she
  had already eaten.
Non siamo andati a San Remo
  perché c'**eravamo** già **stati** l'anno
  scorso.
We didn't go to San Remo because
we had already been there
  last year.

Prima di morire, Giulietta aveva parlato molte volte a Romeo da questo balcone (Verona, Veneto). Quale grande scrittore inglese si è ispirato alla storia tragica di questi due personaggi?

Pratica

Amici curiosi. In gruppi di due, fatevi a turno le seguenti domande. Usate il passato prossimo e il trapassato prossimo come nell'esempio.

 non andare al cinema/andare al cinema la sera prima
  — *Perché non sei andato al cinema?*
  — *Perché ero andato al cinema la sera prima.*

1. non fare colazione/fare colazione la mattina presto
2. non guardare il programma alla TV/guardare lo stesso programma il mese scorso
3. non ascoltare le notizie alle 8/ascoltare le notizie alle 6
4. non uscire/uscire la sera prima
5. non andare alla conferenza sull'Unione Europea/andare alla stessa conferenza due mesi fa

4 I pronomi tonici

Ascolti me o guardi lei?

A. Disjunctive pronouns **(i pronomi tonici)** are personal pronouns that are used after a verb or a preposition. They are:

Singular	Plural
me *me; myself*	**noi** *us; ourselves*
te *you (familiar); yourself*	**voi** *you (familiar); yourselves*
lui *him*	
lei *her*	**loro** *them*
Lei *you (formal)*	**Loro** *you (formal)*
sé *himself, herself, yourself*	**sé** *themselves, yourselves*

B. As a direct or indirect object, a disjunctive pronoun is used after the verb for emphasis, to avoid ambiguity, and when the verb has two or more objects.

Vedo **te**!	*I see you!*
Parlo **a lui,** non **a lei.**	*I'm speaking to him, not her.*
Ha scritto a Franco e **a me.**	*He wrote to Franco and me.*

C. A disjunctive pronoun is also used as the object of a preposition.

Parto **con loro.**	*I'm leaving with them.*
Abita vicino **a noi.**	*He lives near us.*
Sono arrivati **prima di me.**	*They arrived before me.*
Siamo andati **da lei.**	*We went to her house.*
Pensa solo **a sé stesso.**	*He thinks only of himself.*

This chart summarizes the pronouns you have now learned:

Subject pronouns	Direct-object pronouns	Indirect-object pronouns	Reflexive pronouns	Disjunctive pronouns
io	mi	mi	mi	me
tu	ti	ti	ti	te
lui/lei, Lei	lo/la, La	gli/le, Le	si	lui/lei, Lei, sé
noi	ci	ci	ci	noi
voi	vi	vi	vi	voi
loro, Loro	li/le, Li/Le	gli (loro), Loro	si	loro, Loro, sé

Pratica

A. **Tra compagni.** Immaginate di avere un nuovo compagno/una nuova compagna di classe e di fargli(le) delle domande. Seguite l'esempio.

Esempio   — Abiti con *i tuoi genitori?*
                — *Sì, abito con loro.* o
                — *No, non abito con loro. Abito solo(a). (o con...)*

1. Sei venuto(a) all'università con *degli amici* oggi?

2. Hai già parlato con *il professore/la professoressa d'italiano?*

3. Hai bisogno di *me* per qualche informazione?

4. Io abito in via _____. E tu, abiti vicino a *me?*

5. A mezzogiorno vado a mangiare alla mensa degli studenti con due compagni. Vieni con *noi?*

6. Sei hai bisogno di soldi, li chiedi *a tuo padre* o *a tua madre?*

7. Inviti anche *il mio compagno/la mia compagna* alla tua festa?

8. Aspetti *me* o *Luigi?*

9. Ascolti *me* o pensi *al tuo ragazzo/alla tua ragazza?*

B. **Da chi?** Fatevi a turno le seguenti domande. Rispondete con una frase negativa usando **da** con il pronome tonico.

Esempio   — Vai a casa di Paolo oggi?
                — *No, non vado da lui. Vado...*

1. Vieni a casa mia a studiare oggi pomeriggio?

2. Andrai dai tuoi genitori per le vacanze estive?

3. Se hai bisogno di consigli, vai da tua madre o da un amico/un'amica?

4. Vai dal dottore quando stai male?

5. Vieni da noi stasera, guardiamo l'ultimo film di Moretti?

6. Quando hai bisogno di soldi, vai da tuo padre? Se no, cosa fai?

5 Piacere

To download a podcast on The verb **piacere**, go to academic.cengage.com/italian.

Sciatori sulle piste di sci a Misurina, nelle Alpi Orientali. È la «settimana bianca», la settimana di vacanze che si passa in montagna, di solito durante il periodo delle feste di Natale.
— Gianni, a me piace andare in montagna quando c'è la neve, e a te?
— Anche a me, però a me piace di più stare al caldo vicino al caminetto a guardare la neve che cade.
— Non sei sportivo. A me piace di più sciare.

A. The irregular verb **piacere** means *to please*. It is used mainly in the third-person singular and plural (present tense: **piace, piacciono**) and in an indirect construction that corresponds to the English *to be pleasing to*.

mi piace		ci piace	
ti piace	leggere	vi piace	cantare
gli piace		piace loro, Loro	
le, Le piace		(gli piace)	

Participio passato: **piaciuto**

Mi piace la pasta.	*I like pasta. (Pasta is pleasing to me.)*
Ci piace l'appartamento.	*We like the apartment. (The apartment is pleasing to us.)*
Le piacciono queste scarpe?	*Do you like these shoes? (Are these shoes pleasing to you?)*

NOTE: The singular form **piace** is followed by a singular noun; the plural form **piacciono** is followed by a plural noun.

B. **Piacere** is singular when followed by an infinitive.

Ti piace fare il campeggio?	*Do you like to go camping?*

C. When the indirect object is a noun or a disjunctive pronoun, the preposition **a** is used.

Ai bambini piace il gelato.	*Children like ice cream.*
A me piacevano le favole.	*I used to like fables.*

D. The opposite of **piacere** is **non piacere**. **Dispiacere** has the same construction as **piacere**, but it translates as *to be sorry, to mind*.

Non mi piace la birra.	*I don't like beer.*
Non sta bene? **Mi dispiace.**	*You are not well? I am sorry.*
Le dispiace se fumo?	*Do you mind if I smoke?*

E. The **passato prossimo** of **piacere** is conjugated with **essere**. Therefore, the past participle (**piaciuto**) agrees in gender and number with the subject.

Ti è **piaciuta** la commedia?	*Did you like the comedy?*
Non mi **sono piaciuti** i personaggi.	*I did not like the characters.*

Pratica

A. Cosa ci piace? Completate con la forma corretta di piacere.

1. Ti _____ questo programma?
2. Mi _____ i documentari sulla natura.
3. Lisa non guarda i film gialli; non le _____.
4. Vi _____ ascoltare la musica jazz?
5. Sì, e ci _____ anche le canzoni melodiche.
6. Marco guarda la TV dopo la scuola; gli _____ i cartoni animati.
7. Spegni la TV! Non mi _____ quel programma.
8. Allora cambio canale. C'è un film di fantascienza sul 2. Ti _____?
9. No, non mi _____ i film di fantascienza.

 B. Un amico/Un'amica curioso(a). Fatevi a turno le seguenti domande. Seguite l'esempio.

Esempio   ai bambini, giocare/sì (no)
— *Ai bambini piace giocare?*
— *Sì, gli piace.*

1. ai tuoi amici, le feste/sì
2. a te, i film gialli/no
3. a tua madre, i tuoi voti/sì (no)
4. ai tuoi nonni, ricevere lettere da te/sì
5. al tuo professore, correggere i tuoi compiti/sì
6. alla tua professoressa, leggere le tue composizioni/sì
7. al tuo compagno di stanza, i tuoi amici/sì
8. alla tua compagna di stanza, andare al cinema con te/sì

 C. Ricordi piacevoli o no? Domandatevi a turno se vi sono piaciute o no le seguenti cose. Usate il verbo **piacere** al passato.

Esempio   il film di ieri sera
— *Ti è piaciuto il film di ieri sera?*
— *No, non mi è piaciuto. o*
— *Sì, mi è piaciuto molto (abbastanza, moltissimo).*

1. le vacanze dell'estate scorsa
2. l'ultima gita che hai fatto
3. il ristorante dove hai mangiato recentemente
4. gli anni passati al liceo
5. la pensione dove sei stato(a) durante l'ultimo viaggio
6. le feste di Natale
7. l'ultimo libro che hai letto
8. il film *La vita è bella*
9. i documentari sulla natura

D. Conversazione. In piccoli gruppi, ogni persona nomina due cose che gli (le) piacciono e due cose che non gli (le) piacciono.

Esempio   — *Mi piacciono i gelati al pistacchio. Mi piace la lingua italiana.*
— *Non mi piace la pioggia* (rain). *Non mi piacciono i film gialli.*

Per finire

Dopo la cena e dopo il telegiornale delle 8.00, gli Italiani hanno un'ampia scelta di programmi alla TV, su canali nazionali o su canali esteri.

Una serata alla TV CD2, Track 2 🎧

Giovanni e Marina hanno finito di cenare e pensano di passare una serata tranquilla in casa. Giovanni accende la televisione.

GIOVANNI Sono le 8.00, possiamo vedere il telegiornale.

MARINA Veramente, abbiamo già letto le notizie di oggi sul giornale, quando eravamo in treno.

GIOVANNI Allora cambio canale e vediamo le notizie sportive.

MARINA No, perché **non mi va** di sentire che pagano cifre astronomiche per i **giocatori di calcio**.

I don't feel like / soccer players

GIOVANNI Allora cosa vuoi vedere?

MARINA Vediamo la guida della TV. T'interessa un documentario sulle foreste tropicali? È su Canale 5.

GIOVANNI Per carità! In cinque minuti mi addormento. Non c'è per caso un bel film, un classico? Quando eravamo fidanzati, andavamo al cinema ogni domenica.

MARINA Sì, infatti c'è un bel film su Rete 4: *La vita è bella!*, con Roberto Benigni. Ti va?

GIOVANNI D'accordo. L'ho già visto, ma lo rivedo volentieri.

Comprensione

1. Hanno voglia di uscire Giovanni e Marina questa sera?

2. Cosa pensano di fare?

3. Perché Marina non vuole vedere il telegiornale?

4. A Marina interessano le notizie sportive? Perché no?

5. Perché Giovanni non vuole vedere il documentario?

6. Che cosa facevano Marina e Giovanni quand'erano fidanzati?

7. Che programma ha trovato Marina su Rete 4?

8. Giovanni vede questo film per la prima volta? È contento di rivederlo?

Conversazione

1. Cosa ti piaceva guardare alla TV quand'eri bambino(a)?

2. Ti piaceva fare i compiti? Quali compiti non ti piacevano (matematica, scienze)?

3. Cosa piaceva fare a te e ai tuoi amici durante l'estate?

4. Quali libri ti piacevano? I libri di avventure? Di fantascienza? *Pinocchio?*

5. Quali storie ti piacevano? *Cappuccetto Rosso? Biancaneve e i sette nani? Cenerentola?*

6. Piaceva a te e ai tuoi amici andare in bicicletta? Dove?

7. A quali giochi vi piaceva giocare? A Monopoli? A Scrabble? Alle carte? A nascondino (*hide and seek*)?

8. Ti piaceva immaginare di essere Captain Kirk o Mister Spock?

Ascoltiamo!

Dove vi siete conosciuti?
CD2, Track 3

This evening Diletta and Luciano have invited Luciano's new colleague to dinner. While Diletta is in the kitchen, the colleague asks Luciano a bit about himself and Diletta. Listen to the conversation; then answer the following questions.

Comprensione

1. Dove si sono conosciuti Luciano e la moglie?

2. In quale facoltà erano (*were*) Luciano e Diletta?

3. Sono ancora idealisti, o non lo sono più? Perché?

4. Si sono sposati prima della laurea?

5. Perché si considerano fortunati?

6. Che cosa pensa il collega della situazione economica?

Dialogo

Immaginate di essere una personalità della TV e intervistate uno studente/una studentessa della classe che fa la parte di uno scrittore/una scrittrice. Fate domande sul suo nuovo romanzo in corso di pubblicazione (*in press*) e sulla vita personale dello scrittore (della scrittrice).

Al cinema «Odeon»: Opinioni diverse   CD 2, Track 4

Filippo and his friends went to the movies. They are now in a coffee shop discussing the movie they have just seen: *Ticket*, directed by Ermanno Olmi. Listen to the conversation. Then answer the following questions

Comprensione

1. Dove sono seduti Filippo e i suoi amici?

2. Che film hanno appena visto?

3. Perché Gabriella è soddisfatta?

4. Che film pensava di vedere Filippo? Si è annoiato?

5. Secondo Jane, è un film diverso dai film americani? Perché?

6. Di che altro film parla Marcello? L'hai visto tu?

7. Chi è l'altro regista nominato da Gabriella? Lo conosci?

Adesso scriviamo!

Un film

Scrivi la recensione di un film che hai visto recentemente.

A.

1. Era americano o straniero?
2. Qual era il titolo?
3. Chi erano il regista e gli attori principali?
4. Dove è stato filmato?
5. Chi sono i personaggi principali?
6. Che genere di film era? Avventuroso, comico, poliziesco, romantico, ecc.

B. Descrivi brevemente la trama e la fine. È stato un film interessante? Noioso? Divertente? Drammatico? Romantico? Inviti un amico/un'amica ad andare a vedere questo film?

ITALIA

Programmi ed obbiettivi del futuro

proposte per l'europa

Un' Europa aperta
Cooperare per la pace
Mettere l' Europa al lavoro
Una politica industriale comune
Culture e identità dell' Europa
Combattere lo scandalo della povertà
Mercato unico e protezione dei consumatori
Donne protagoniste del cambiamento
Trasporti per unire l' Europa
Anziani cittadini a pieno titolo
Giovani senza frontiere

Il rispetto reciproco, la tolleranza e la coesistenza delle diverse culture sono possibili e costituiscono un arricchimento per tutti.

La mobilità e l'insegnamento interculturale sono elementi della cittadinanza europea. Per costruire l'Europa unita le generazioni che dovranno cooperare tra loro fra 10 o 20 anni devono imparare a conoscersi e a eliminare le barriere culturali e linguistiche. Per questo deve crescere la dimensione europea dell'educazione, in particolare mediante un insegnamento più intensivo delle lingue straniere.

Attualmente in Europa la speranza di vita della popolazione è aumentata di circa 20 anni rispetto all'inizio del secolo. Allo stesso tempo, grazie ai progressi della medicina e al miglioramento delle condizioni di vita e di lavoro, le condizioni fisiche delle persone anziane permettono loro di continuare a partecipare pienamente tanto alle attività culturali, ricreative e sportive quanto alla vita politica.

Parliamo insieme!

Una conferenza stampa. Immaginate di essere ad una conferenza stampa. Uno studente/Una studentessa fa la parte del deputato _(congressman)_ e legge il testo del discorso. Gli altri studenti fanno la parte dei giornalisti e gli fanno le domande. Tutti gli studenti della classe partecipano facendo le domande. Guardate il testo «Proposte per l'Europa» a pagina 165.

1. Secondo Lei, è possibile la coesistenza di diverse culture? E a quali condizioni?
2. La lunghezza della vita media è cambiata in Europa? E da quando?
3. Nel passato gli anziani _(elders)_ non partecipavano alle attività culturali e politiche. È cambiata la loro situazione? E per quali motivi?
4. Per quali ragioni le condizioni fisiche degli anziani sono migliorate _(improved)_?
5. Qual è il compito _(task)_ delle generazioni che tra 10 o 20 anni dovranno _(will have to)_ cooperare tra loro?
6. Che cosa contribuisce ad eliminare le barriere culturali e linguistiche?

Attualità

Un'intervista con Ermanno Olmi

Ermanno Olmi sulla scena del film *Ticket*.

A. Prima di leggere

You are about to read excerpts from an interview with the Italian film director Ermanno Olmi. Born in 1931, Olmi has had a distinguished career spanning a number of decades. His most famous films reflect his strong social conscience.

In the passages from the interview that follow, Olmi talks about his latest creation, *Ticket* filmed in collaboration with two other well-known directors: Ken Loach from Great Britain and Abbas Kiarostami from Iran.

> **GIORNALISTA** Ha finito le riprese di *Ticket*, film girato insieme con lo scozzese Ken Loach e l'iraniano Abbas Kiarostami. Ci vuole anticipare qualcosa?
>
> **ERMANNO OLMI** Mi fa piacere parlarne, perché è stata un'esperienza straordinaria. Ora la **pellicola** è al **montaggio** e il lavoro è stato ultimato poco prima di Natale. *[film / assembly]* Non ci conoscevamo di persona ma ciascuno di noi aveva visto i film degli altri due. Perciò incontrarci e lavorare insieme è stato un po' come **chiacchierare** con *[to chat]* dei vecchi amici al bar. La diversa **estrazione** culturale si *[origin]* è rivelata una ricchezza, mai un limite. La diversità è sempre un grande dono, un'immensa opportunità quando si comprende, come diceva il mio **conterraneo** *[countryman]* **papa** Giovanni, che sono più le cose che uniscono che *[Pope]* quelle che dividono.
>
> **GIORNALISTA** Di cosa parla il film?
>
> **ERMANNO OLMI** Racconta un viaggio in treno da una città del Nord Europa fino a Roma. Ognuno di noi tre registi segue alcuni personaggi nelle diverse **tratte** del **percorso**. *[length / itinerary /* Il viaggio è un'occasione per **gettare uno sguardo** *take a look]* sull'uomo di oggi.

GIORNALISTA	Come vede l'uomo contemporaneo?	
ERMANNO OLMI	**Avverto** un senso di inquietudine nel mio **prossimo** che mi preoccupa, perché tende ad impedire la possibilità di essere **gioiosi**. Mi riferisco a diversi **ambiti**: politica, religione, famiglia, economia, lavoro.	*I perceive* *neighbor* *happy / areas*
	Faccio fatica a trovare intorno a me gente gioiosa. Paradossalmente, **i più** felici sembrano gli **anziani,** perché da giovani sono stati educati alla gioia, una condizione **di cui** oggi sembra **essersi smarrita** la possibilità. Tutti propongono la felicità attraverso esperienze straordinarie ma sono cose che alla fine lasciano **il vuoto.** La vera gioia, invece, dobbiamo cercarla dentro di noi. E, possibilmente, **condividerla** con gli altri.	*I find difficult* *the most /* *elderly / of* *which / to* *have lost* *emptiness* *share it*

From "Ermanno Olmi, ragazzo della Bovisa", in *Club 3 Vivere in armonia*, January 2005.

B. Alla lettura

1. Con quali altri registri Ermanno Olmi ha girato il film *Ticket*?
2. La diversa estrazione *(origin)* culturale dei tre registi è stata una ricchezza o una limitazione?
3. Di cosa parla il film?
4. Secondo Olmi, l'uomo di oggi è contento o insoddisfatto?
5. Olmi pensa che siano più contenti i giovani o gli anziani *(elderly)*?
6. Dove, secondo Olmi, dobbiamo cercare la vera gioia?

Vocabolario

Nomi

la bugia	lie
la cifra	amount
la commedia	comedy
la cultura	culture
il discorso	speech
la discussione	discussion
l'economia	economy
l'edicola	newsstand
la fine	end
la gente	people
il gioco	game
il gusto	taste
l'inizio	beginning
l'intervista	interview
la politica	politics
il problema	problem
la scena	scene
la serata	evening
il sogno	dream
lo spettacolo	show
la tragedia	tragedy
il tipo	type
il vantaggio	advantage

Aggettivi

comico	comic
drammatico	dramatic
poliziesco	police/crime story
principale	main
romantico	romantic
sentimentale	sentimental

Verbi

aiutare	to help
camminare	to walk
costare	to cost
decidere (*p.p.* **deciso**)	to decide
discutere (*p.p.* **discusso**)	to discuss
filmare	to film
immaginare	to imagine
intervistare	to interview
interessarsi (di)	to be interested (in)
litigare	to argue, to quarrel
piacere	to like
non piacere	to dislike

Altre espressioni

a causa di	because of
ancora	still
a piedi	on foot
c'era una volta	once upon a time
un classico	a classic
dare un film	to show a movie
mi dispiace	I'm sorry
ti dispiace se... ?	do you mind if . . . ?
poiché	since

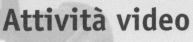

Attività video
Sulla strada

La televisione

A. Comprensione

Vero o falso?

1. Al nord il cielo è nuvoloso
   (a) Vero   (b) Falso

2. Oggi la giornata è bella.
   (a) Vero   (b) Falso

3. Marco è romanista
   (a) Vero   (b) Falso

4. Oggi la Roma gioca contro il Siena
   (a) Vero   (b) Falso

Domande

a. Perché le previsioni del tempo erano corrette?
   _____

b. Cosa c'è oggi in televisione, per fortuna *(luckily)*?
   _____

c. Perché Marco non può guardare la partita in televisione?
   _____

d. Perché Marco cerca *(is looking for)* una radio?
   _____

B. Attività

a. Il primo intervistato guarda alla TV: 1_____
   2 _____ 3 _____

b. Il secondo intervistato cosa guarda principalmente? _____

c. Perché il terzo intervistato dice che in Italia c'è la tirannia della TV?
   _____

d. Al quarto intervistato piacciono tre programmi alla TV: 1_____ 2_____ 3 _____

e. L'intervistato numero 5 guarda solo un programma. Quale? _____

f. Un intervistato dice che non guarda la TV perché odia *(hates)* la TV. Perché la odia?
   _____

C. Partecipazione

Completate le frasi.

1. Dopo tanti giorni di sole, oggi _____
2. Per fortuna oggi _____
3. Marco non può guardare la partita in TV perché
   _____
4. Si dice che in Italia c'è la tirannia della TV.
   Perché?_____

Domande

a. Perché oggi Marco ha deciso di guardare la TV invece di viaggiare?
   _____

b. Può guardare la partita in TV? Perché no?
   _____

c. Quali sono alcuni programmi che gli intervistati guardano generalmente?

   1_____   5_____
   2_____   6_____
   3_____   7_____
   4_____   8_____

Km 738.0

La televisione

D. Domande personali

Immagina di essere costretto(a) *(forced)* a stare in casa per il brutto tempo. In ordine di preferenza elenca *(list)* i programmi che preferisci guardare alla TV.
1 _____ 2 _____
3 _____

E. Scambi culturali

Hai ascoltato le preferenze per i programmi televisivi degli intervistati italiani. Quali sono i tre o quattro programmi preferiti dai telespettatori americani?

Lo sport

A. Comprensione

Vero o falso?

1. Alla partita di calcio i tifosi (*fans*) gridano: Forza!
   (a) Vero   (b) Falso

2. Gli Italiani sono tutti pazzi per il calcio.
   (a) Vero   (b) Falso)

3. La partita di oggi è Roma-Lazio
   (a) Vero   (b) Falso

4. A Marco piacciono pochi sport.
   (a) Vero   (b) Falso

Domande

a. Di quale squadra (*team*) di calcio è tifoso Marco?
_____

b. Che altri sport pratica Marco?
1_____ 2_____ 3 _____ 4 _____

c. Da quando (*Since when*) Marco ha meno tempo da dedicare agli sport?
_____

d. Che attività sportive pratica la sera Marco?
_____

e. Dove nuota? _____

B. Attività

a. Secondo (*According to*) il primo intervistato qual è lo sport più diffuso in Italia?
_____

b. Quali sport pratica il secondo intervistato?
1_____ 2_____

c. Perché la terza intervistata non pratica nessuno (*any*) sport?
_____

d. Perché l'intervistato numero 5 ha smesso (*stopped*) di giocare a pallavolo? Quali altri sport pratica?
_____

e. Che sport segue alla TV l'ultimo intervistato?
_____

f. La squadra di calcio favorita di Marco, la Roma, ha vinto (*won*). Perché Marco è triste?
_____

C. Partecipazione

Completate le frasi.

1. In Italia siamo tutti _____
2. Sono un tipo a cui piacciono _____
3. Da quando ho iniziato l'università _____
4. Lo sport più diffuso è _____
5. I miei amici stanno festeggiando _____

Domande

1. Che espressione usano i tifosi italiani per incoraggiare (*encourage*) i giocatori di calcio?
_____

2. Di quale squadra di calcio è tifoso Marco?
_____

3. Quali altri sport piacciono a Marco?
_____

4. Quali sono alcuni sport che gli intervistati praticano?
1._____   2._____   3._____
4._____   5._____   6._____

5. Perché gli amici di Marco festeggiano?
_____

D. Scambi culturali

In Europa e nell'America Latina il calcio è molto popolare. Quali sono gli sport più popolari negli Stati Uniti? Quale sport ha il maggior numero di tifosi?

Andrea Ricci ha ventiquattro anni. Da piccolo giocava a pallavolo e a calcio. Ora che è studente universitario va in palestra.

Fa ancora brutto tempo. Marco vorrebbe vedere la partita di calcio alla televisione, ma purtroppo la partita è solo sulla TV satellite.

Marco ascolta la partita alla radio in macchina.

La moda 9

Firenze è rinomata per la moda, per la produzione di oggetti d'arte e per la lavorazione della pelle.

Parole da ricordare
Articoli di abbigliamento

La grammatica
1 L'imperativo
2 L'imperativo con un pronome
3 Aggettivi e pronomi dimostrativi
4 Le stagioni e il tempo

Per finire: Alla Rinascente
Ascoltiamo! Adesso scriviamo!
Parliamo insieme!
Attualità: Dolce e Gabbana:
  Una storia di successo

www.academic.cengage.com/italian/salve

📖 Workbook 🎧 iRadio 🎧 Audio

Parole da ricordare
Articoli di abbigliamento *(Clothing)*

LA MODA Abbigliamento per Uomo Donna Bambini

l'impermeabile
il completo (giacca e gonna)
la camicetta
la camicia   la cravatta
l'ombrello
gli stivali
il cappello
gli occhiali
i guanti
il cappotto
la maglietta *(T-shirt)*
la felpa *(sweat shirt)*
i calzini
il vestito (l'abito)
la borsetta
i sandali
i jeans
il maglione
le scarpe
il completo (l'abito) (giacca e pantaloni)
il golf *(cardigan)*
SALDI di fine stagione sconti fino al 60%

NOTE: The word "jeans" comes from the name of the city of Genova. The strong blue fabric, made in the French city of Nîmes (hence, *denim*) was very suitable for making the sails on ships and for covering merchandise. When it was shipped in crates to the U.S., on the crates was written the port of origin, Genova, in French *Gênes*, which was then read as "Jeans." Later the spelling was changed.

la moda fashion	**un paio di calze (scarpe, pantaloni)** a pair of socks/stockings (shoes, pants)
la sfilata di moda fashion show	
mettersi to put on	
portare to wear	**i pantaloncini** shorts
provare to try on	**le scarpe da tennis** tennis shoes
il portafoglio wallet	**sportivo** casual
la pelle leather	**elegante** elegant
la seta silk	**a buon mercato** cheap
la lana wool	**in svendita** on sale
il cotone cotton	**lo sconto** discount
leggero light	**il commesso/la commessa** salesperson
pesante heavy	
pratico practical	**la vetrina** shop window, display window
i vestiti clothes	
la taglia/la misura size	

Che taglia porti?

Abiti da donna						Abiti da uomo				
Italia	40	42	44	46	48	44	46	48	50	52
USA	6	8	10	12	14	34	36	38	40	42

La moda italiana

*L*a moda italiana si è affermata in tutto il mondo. Ecco alcuni dei nomi degli stilisti italiani di fama internazionale: Armani, Versace, Valentino, Trussardi, Moschino, Prada, Roberto Cavalli, Dolce e Gabbana, Laura Biagiotti. Molti stilisti hanno abbinato alla loro collezione di abiti la creazione di accessori: scarpe e borsette, oltre a gioielli e profumi. Il "Made in Italy" si è imposto anche grazie alla qualità dei tessuti *(fabric)*, molto apprezzati dagli stilisti stranieri. La lavorazione della lana, della seta e della pelle vanta *(boasts)* una tradizione di molti secoli.

In ogni stagione ci sono sfilate di moda nei maggiori centri. Milano, Firenze e Roma sono specialmente importanti per queste manifestazioni. Molto suggestiva è la sfilata d'estate in Piazza di Spagna a Roma, «Sotto le stelle». Buon gusto *(taste)*, tecnica e creatività si trovano anche nell'artigianato dei piccoli centri di provincia. Nelle serate estive, è comune assistere a sfilate dell'abbigliamento di creazione locale. Su passerelle *(catwalks)* improvvisate sfilano le «bellezze» del luogo, trasformate in modelle... e modelli!

Applicazione

A. La comodità prima di tutto. Fatevi le seguenti domande.

1. Che cosa portiamo quando piove *(it rains)*? **2.** Che cosa ci mettiamo per proteggere *(to protect)* gli occhi dal sole? **3.** Che cosa si mette un uomo sotto la giacca? **4.** Quando ci mettiamo il cappotto? **5.** Quando ci mettiamo un vestito leggero? **6.** Com'è una camicetta di seta? **7.** Quando ci mettiamo le scarpe da tennis? **8.** Se vogliamo sentirci comodi *(comfortable)*, ci mettiamo dei pantaloni eleganti o dei jeans? **9.** Dove mettiamo i soldi e le carte di credito?

B. Acquisti in un negozio d'abbigliamento. Leggete questo dialogo. Poi, in coppie, fate la parte del commesso/della commessa e del(la) cliente e scambiate brevi dialoghi sugli articoli *(items)* che seguono. Usate un po' d'immaginazione.

Esempio

— Le piace questo vestito di seta a fiori? È in svendita.
— Quant'è lo sconto?
— È del 20% (per cento).
— È la mia taglia?
— Sì, è taglia 40.
— Va bene, lo provo.

Roma. Piazza di Spagna. La sfilata di moda «Sotto le stelle» che ha luogo d'estate.

1.   2.   3.   4.   5.   6.

C. Conversazione

1. Ti piace la moda italiana? Compri articoli di abbigliamento italiani? Quali?

2. Porti vestiti eleganti o pratici quando viaggi? Che vestiti porti?

3. Cosa ti piace portare il weekend? E quando esci con gli amici?

4. Come ti vesti per un'occasione speciale (il matrimonio di un tuo parente, per esempio)?

5. Tu sei in Italia e vuoi comprare un regalo per un amico/un'amica. Sai che lui/lei preferisce un articolo d'abbigliamento. Cosa compri per lui/lei?

D. Che cosa portate? In coppie, descrivete il vostro abbigliamento di oggi.

1 L'imperativo

A. The **imperativo** (*imperative mood*) is used to express a command, an invitation, an exhortation, or advice. Here are the forms for the three conjugations:

	ascoltare	prendere	partire
(tu)	ascolta!	prendi!	parti!
(Lei)	ascolti!	prenda!	parta!
(noi)	ascoltiamo!	prendiamo!	partiamo!
(voi)	ascoltate!	prendete!	partite!
(Loro)	ascoltino!	prendano!	partano!

The pattern of the imperative for **-isc-** verbs is as follows:

finisci!, finisca!, finiamo!, finite!, finiscano!

NOTE:

a. Subject pronouns are ordinarily *not* expressed in imperative forms.
b. The imperative **noi** form corresponds to the English "Let's . . ."
   (**Guardiamo!** = *Let's look!*)
c. The *negative imperative* of the **tu** form uses **non** + *infinitive*.

Mangia la minestra!	*Eat the soup!*
Non mangiare quei dolci!	*Don't eat those sweets!*
Leggi la lettera!	*Read the letter!*
Non leggere quella rivista!	*Don't read that magazine!*
Viaggi in treno, signora!	*Travel by train, madam!*
Non viaggi in treno, signora!	*Don't travel by train, madam!*
Partiamo domani!	*Let's leave tomorrow!*
Non partiamo domani!	*Let's not leave tomorrow!*

B. Here are the imperative forms of some irregular verbs:

	tu	Lei	noi	voi	Loro
andare	va' (vai)	vada	andiamo	andate	vadano
dare	da' (dai)	dia	diamo	date	diano
fare	fa' (fai)	faccia	facciamo	fate	facciano
stare	sta' (stai)	stia	stiamo	state	stiano
dire	di'	dica	diciamo	dite	dicano
avere	abbi	abbia	abbiamo	abbiate	abbiano
essere	sii	sia	siamo	siate	siano
venire	vieni	venga	veniamo	venite	vengano

— Non scrivere il nome della tua donna! Scrivi «amore mio», così non devi cambiare ogni volta.

NOTE: The forms **va'**, **da'**, **fa'**, and **sta'** are abbreviations of the regular forms. Either form may be used.

Di' la verità!	*Tell the truth!*
Fa' presto!	*Hurry up!*

Pratica

A. Esortazioni a degli amici. Usate la forma **tu** o **voi**, secondo il caso.

Esempio   Tino/stare zitto
            — *Tino, sta' zitto!*

1. Enrico/avere pazienza
2. ragazzi/fare attenzione al traffico
3. Paola/dare l'ombrello a Luisa
4. Pippo/dire la verità
5. Luisa e Roberta/essere in orario
6. Renzo e Lucia/prendere le vitamine
7. Gianni/venire a casa presto
8. Ragazzi/spendere meno

B. Un amico spendaccione *(spendthrift)*. Marc ha dei gusti raffinati, spende troppi soldi ed ha molti debiti. Uno studente fa la parte di Marc. Alcuni studenti/Alcune studentesse della classe gli danno dei consigli perché risparmi *(save money)*. Tutti gli studenti possono partecipare con consigli differenti.

Esempio   Marc   — Io mangio solo in ristoranti eleganti.
            Uno studente   — *Non mangiare nei ristoranti eleganti! Mangia al McDonald's!*

MARC	Bevo solo l'acqua minerale Perrier.
STUDENTE #1	_____
MARC	Porto solo giacche di Armani.
STUDENTE #2	_____
MARC	Vorrei comprare una Lamborghini.
STUDENTE #3	_____
MARC	Quando vado in vacanza, sto solo in alberghi di cinque stelle.
STUDENTE #4	_____
MARC	Penso di affittare una villa a Como, vicino a quella di George Clooney.
STUDENTE #5	_____
MARC	Viaggio sempre in business class.
STUDENTE #6	_____
MARC	Voglio comprare un televisore con schermo gigante.
STUDENTE #7	_____

C. Sì, certo (*By all means*)! Gabriella (o Filippo) è in una boutique di via Montenapoleone a Milano e fa delle domande alla commessa/al commesso che risponde affermativamente.

Esempio   domandare una cosa
— *Posso domandare una cosa?*
— *Domandi pure!*

1. guardare   2. provare questa giacca   3. entrare nel camerino (*dressing room*)
4. vedere se c'è un'altra giacca   5. fare una telefonata a mio marito/mia moglie
6. aspettare qui mio marito/mia moglie   7. pagare con la carta di credito

D. Scambi rapidi. Completate con la forma **Lei** dell'imperativo.

1. In una via del centro.
   — Mi (dire) _____, per favore, dov'è il negozio di Armani?
   — (Andare) _____ avanti dritto, e poi (girare [*to turn*])
   _____ a destra e all'angolo c'è il negozio di Armani.

2. Sul treno.
   — Signora, vuole vedere la nuova sfilata di Ferré? (aprire) _____ la rivista a pagina 43.
   — Che moda strana! E (pensare) _____ che molti giovani vanno matti per questo stilista!

3. Nel negozio di Armani.
   — Signorina, per piacere, mi (dare) _____ la taglia più piccola.
   — (Aspettare) _____ un secondo per favore, signora. Arrivo subito.

E. Diamo dei suggerimenti. Uno studente/Una studentessa dice alla classe che cosa ha intenzione di fare. Attività di gruppo. Ogni studente del gruppo partecipa con un suggerimento.

Esempio   He/She wants to buy a pair of Gucci shoes.
You tell him/her not to buy Gucci shoes because they are too expensive.
— *Vorrei comprare un paio di scarpe Gucci.*
— *Non comprare le scarpe Gucci perché sono troppo care.*

1. He/She wants to go shopping downtown.
   You tell him/her not to go today because it is raining.

2. He/She is going on vacation and wants to pack (**mettere in valigia**) only light-weight clothes.
   You tell him/her to pack a heavy sweater because it is cold in the evening.

3. He/She is going to dinner at the home of Italian friends and wants to know what to bring.
   Tell him/her to bring a bouquet of flowers and a bottle of good wine.

4. He/She is going to Milan to a fashion show and asks if you know of a good inexpensive hotel.
   Tell him/her not to go downtown, but to stay at the Marini Hotel near the train station.

2 L'imperativo con un pronome (diretto, indiretto o riflessivo)

Molti preferiscono il dolcificante allo zucchero

Perchè ingrassi il tuo caffé? **Dimagriscilo con Tac.**

A. Object and reflexive pronouns attach to the end of the familiar imperative forms (**tu, noi, voi**) and precede the formal forms (**Lei, Loro**). **Loro** always follows the imperative form (familiar or formal).

Familiar	Formal	
Chiama**mi**	**Mi** chiami!	*Call me!*
Parla**gli!**	**Gli** parli!	*Talk to him! (Talk to them!)*
Ferma**ti**	**Si** fermi!	*Stop!*
BUT		
Parla **loro!**	Parli **loro!**	*Talk to them!*

Note the imperative construction with reflexive and reciprocal verbs:

fermarsi	scriversi
(tu) **Fermati!** *Stop!*	
(noi) **Fermiamoci!** *Let's stop!*	**Scriviamoci!** *Let's write to each other!*
(voi) **Fermatevi!** *Stop!*	**Scrivetevi!** *Write to each other!*
(Lei) **Si fermi!** *Stop!*	
(Loro) **Si fermino!** *Stop!*	**Si scrivano!** *Write to each other!*

B. When a pronoun attaches to the monosyllabic imperatives **va', da', fa', sta',** and **di',** the initial consonant of the pronoun—except **gli**—is doubled.

Dammi il libro!	*Give me the book!*
Dicci qualcosa!	*Tell us something!*
Falle un regalo!	*Give her a gift!*

BUT

Digli la verità!	*Tell him the truth!*

C. In the familiar forms of the *negative imperative,* the pronouns may precede or follow the verb. With the **tu** form, the infinitive drops the final **-e.**

Non **gli** dite niente! Or: Non dite**gli** niente!	*Don't tell him anything!*
Non **ti** alzare! Or: Non alzar**ti!**	*Don't get up!*

Pratica

A. **Dammi un consiglio!** Tu e tuo fratello/tua sorella vi consigliate a vicenda (*each other*) su quale regalo comprare (o non comprare) per la mamma.

Esempio: (la spilla) — *Compro la spilla?*
— *Sì, comprala! o No, non comprarla!*

Nuovo vocabolario

il pigiama	il profumo	la cintura
il foulard di seta	il braccialetto	

B. **In una nuova città.** Il tuo amico Fabio si è appena trasferito nella tua città e ha bisogno di informazioni.

a. Tu rispondi con un po' d'immaginazione.

Esempio dire dov'è l'ufficio postale
— *Per favore, dimmi dov'è l'ufficio postale.*
— *L'ufficio postale è qui vicino, in Piazza Garibaldi. o...*

1. consigliare una buona banca
2. suggerire un buon ristorante
3. mostrare dov'è l'università
4. aiutare a trovare una stanza
5. telefonare a questo numero
6. mandare un'email

b. Fabio chiede le stesse informazioni a un impiegato in un'agenzia.

Esempio — *Per favore, mi dica dov'è l'ufficio postale.*

C. **Abbiamo degli ospiti** (*guests*). I tuoi amici di New York sono venuti a trovare te e la tua famiglia. Tu e i tuoi familiari date loro dei consigli. Attività di gruppo. Ogni studente del gruppo partecipa con un consiglio.

Esempio suggeritegli di **alzarsi** presto se vogliono vedere molte cose
— *Alzatevi presto se volete vedere molte cose.*

1. suggeritegli di **vestirsi** con abiti leggeri perché fa molto caldo
2. invitateli a **prepararsi** la colazione che preferiscono
3. invitateli a **sentirsi** come a casa loro
4. incoraggiateli a **divertirsi**
5. ditegli di **non arrabbiarsi** se hanno perso la carta di credito
6. ditegli di **non preoccuparsi** se ritornano tardi la sera
7. preparate la vasca (*bathtub*) con l'acqua calda e invitateli a **farsi** un bagno rilassante
8. ditegli di **fermarsi** ancora qualche giorno
9. invitateli a **riposarsi** il giorno prima del viaggio di ritorno

3 Aggettivi e pronomi dimostrativi

Alcuni turisti ammirano questa presentazione degli abiti di Valentino, che ha luogo nel Museo dell'Accademia a Firenze. Sullo sfondo, l'originale del Davide di Michelangelo.

A. The demonstrative adjectives (**aggettivi dimostrativi**) are **questo, questa** *(this)* and **quello, quella** *(that)*. They precede the noun and agree in gender and number with the noun.

Questo has the singular forms **questo, questa, quest'** (before a noun beginning with a vowel); the plural forms are **questi, queste** and mean *these*.

Quanto hai pagato **questa** maglietta?	*How much did you pay for this T-shirt?*
Quest'anno vado in montagna.	*This year I'll go to the mountains.*
Queste scarpe sono larghe.	*These shoes are wide.*

Quello, quella have the same endings as the adjective **bello**. The singular forms are **quel, quello, quella, quell'**; the plural forms are **quei, quegli, quelle** and mean *those*.

Preferisco **quell'**impermeabile.	*I prefer that raincoat.*
Quella gonna è troppo lunga.	*That skirt is too long.*
Quegli stivali non sono più di moda.	*Those boots are no longer fashionable.*
Guarda **quei** vestiti!	*Look at those dresses!*
Quelle borsette sono italiane.	*Those handbags are from Italy.*

B. **Questo(a)** and **quello(a)** are also pronouns when used alone. **Questo(a)** means *this one* and **quello(a)** means *that one, that of*, or *the one of*. Both have regular endings **(-o, -a, -i, -e)**.

Compra questo vestito; **quello** rosso è caro.	*Buy this dress; the red one is expensive.*
Questa macchina è **quella** di Renzo.	*This car is Renzo's (that of Renzo).*

Pratica

A. **Come sono... ?** Siete in un negozio d'abbigliamento e domandate l'opinione del vostro amico/della vostra amica sui seguenti articoli. Usate l'aggettivo **questo** nelle forme corrette.

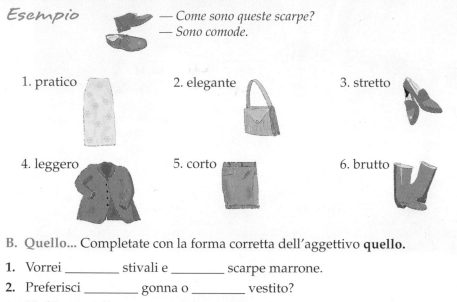

Esempio — Come sono queste scarpe?
— Sono comode.

1. pratico
2. elegante
3. stretto
4. leggero
5. corto
6. brutto

B. **Quello...** Completate con la forma corretta dell'aggettivo **quello.**

1. Vorrei _____ stivali e _____ scarpe marrone.
2. Preferisci _____ gonna o _____ vestito?
3. Ho bisogno di _____ impermeabile e di _____ calzini.
4. Dove hai comprato _____ occhiali da sole?
5. _____ negozio d'abbigliamento è troppo caro.

C. **No!** Rispondete, secondo l'esempio.

Esempio (Giovanni) È il cappotto di Maria?
— No, è quello di Giovanni.

1. (Sig. Smith) È l'assegno di Pietro? No, è _____.
2. (suo padre) Sono le chiavi di Luigi? No, sono _____.
3. (Oggi) Hai letto il giornale di ieri? No, ho letto _____.
4. (Puccini) Preferisci le opere di Verdi? No, preferisco _____.
5. (Al Pacino) Desideri vedere dei film con Harrison Ford? No, preferisco vedere _____.

D. **Preferenze.** In gruppi di due, immaginate di essere nel reparto *(department)* abbigliamento di un grande magazzino con un amico/un'amica. Esprimete le vostre preferenze per i seguenti articoli usando **questo** o **quello** nelle forme corrette.

Esempio cravatta rossa/verde
— Mi piace questa cravatta rossa.
— Io preferisco quella verde.

Pantaloni sportivi/eleganti
— Mi piacciono questi pantaloni sportivi.
— Io preferisco quelli eleganti.

1. guanti di lana/di pelle
2. stivali neri/marrone
3. borsa piccola/grande
4. berretto *(cap)* blu/grigio
5. maglietta a fiori/a righe *(striped)*

4 Le stagioni e il tempo

a) In primavera fa bel tempo. Ci sono molti fiori.

b) In estate fa caldo. C'è molto sole.

c) In autunno fa brutto tempo. Piove e tira vento.

d) In inverno fa freddo. Nevica.

The seasons are **la primavera** *(spring)*, **l'estate** *(f.) (summer)*, **l'autunno** *(autumn)*, and **l'inverno** *(winter)*. The article is used before these nouns except in the following expressions: **in primavera, in estate, in autunno, in inverno.**

L'autunno è molto bello.	*Fall is very beautiful.*
Vado in montagna **in estate.**	*I go to the mountains in the summer.*

Fare is used in the third-person singular to express many weather conditions.

Che tempo fa?	*How is the weather?*
Fa bel tempo.	*The weather is nice.*
Fa brutto tempo.	*The weather is bad.*
Fa caldo.	*It is hot.*
Fa freddo.	*It is cold.*
Fa fresco.	*It is cool.*

Other common weather expressions are:

Piove. (piovere)	*It is raining.*	**È nuvoloso.**	*It is cloudy.*
Nevica. (nevicare)	*It is snowing.*	**È sereno.**	*It is clear.*
Tira vento.	*It is windy.*	**la pioggia**	*the rain*
C'è il sole.	*It is sunny.*	**la neve**	*the snow*
C'è nebbia.	*It is foggy.*	**il vento**	*the wind*

NOTE: Piovere and **nevicare** may be conjugated in the **passato prossimo** with either **essere** or **avere.**

Ieri ha piovuto *or* è piovuto.
Ieri ha nevicato *or* è nevicato.

Pratica

A. **Che tempo fa?** In due, fatevi a turno delle domande sul tempo in alcuni luoghi *(places)*.

Esempio   estate/New York
— *Che tempo fa d'estate a New York?*
— *Fa molto caldo.*

1. agosto/Sicilia
2. primavera/Perugia
3. inverno/montagna
4. novembre/Chicago
5. dicembre/Florida
6. autunno/Londra
7. ...

B. Variabilità del tempo. In due, fate la parte di Gino e Franco nei loro dialoghi, usando la vostra immaginazione. Poi confrontate i vostri dialoghi con quelli dei compagni.

Esempio   Gino   Perché ti metti il berretto *(cap)*?
           Franco   *Perché fa fresco.*

1. **In città** (inverno).

    GINO   Perché ti metti il cappotto?
    FRANCO   Perché ___Ha Fello___, e tu no?
    GINO   Io ___Porto fa brutto tempo___
    GINO   Ti metti anche gli stivali?
    FRANCO   Sì, perché ___Nevica___, e tu?
    GINO   Io invece ___Porto___ l'ombrello e ___il capello___

2. **Al mare** (estate).

    GINO   Perché ti metti i jeans e la maglietta leggera?
    FRANCO   _____ e tu, cosa ti metti?
    GINO   Sì, oggi fa caldo, io _____
    FRANCO   Io porto un golf; forse stasera _____
    GINO   Ma va *(Come on)*! Tu hai sempre paura _____
    FRANCO   Ti metti i sandali?
    GINO   No, _____, e tu?
    FRANCO   _____

3. **In campeggio a Yosemite** (autunno).

    GINO   Che vestiti metti nel tuo zainetto *(backpack)*?
    FRANCO   _____, e tu?
    GINO   _____
    FRANCO   Cosa dicono le previsioni del tempo *(weather forecast)*?
    GINO   Dicono che oggi _____ e domani _____
    FRANCO   Con la tenda *(tent)* non abbiamo problemi.
    GINO   Abbiamo problemi se _____
    FRANCO   Allora torniamo a casa!

C. Che tempo fa dove abiti tu? Fatevi a turno le domande.

1. Che tempo fa nella tua città?
2. Nevica qualche volta?
3. Piove molto in autunno?
4. In quali mesi fa molto caldo?
5. C'è nebbia in inverno?
6. Quale stagione preferisci e perché?
7. Che tempo ha fatto l'estate scorsa?

Per finire

Milano. Il reparto «Cosmetici» della Rinascente, uno dei grandi magazzini in centro.

Alla Rinascente   CD 2, Track 5 🎧

Questa mattina Antonio è andato alla **Rinascente** per comprarsi un completo nuovo. Di solito Antonio porta jeans, camicia e maglione, ma venerdì ha un **colloquio** importante e ha bisogno di un completo nuovo. **Eccolo** ora nel reparto abbigliamento maschile. Un commesso **si avvicina.**

COMMESSO   Buon giorno. Posso aiutarLa?

ANTONIO   Vorrei vedere un completo.

COMMESSO   Pesante o leggero? Chiaro o scuro?

ANTONIO   Di **mezza stagione**, scuro.

COMMESSO   Che taglia porta?

ANTONIO   La 52 o la 54.

COMMESSO   Ecco un completo che **fa per Lei**, grigio scuro.

ANTONIO   OK. *[Dopo la prova.]* La giacca mi va bene, ma i pantaloni sono lunghi.

COMMESSO   Non si preoccupi! Li **accorciamo.**

ANTONIO   Sono pronti per giovedì? Ho un colloquio importante...

COMMESSO   Oggi è lunedì... sì, **senz'altro**! Mi lasci il suo numero di telefono. Se sono pronti prima Le do un colpo di telefono.

ANTONIO   Quanto costa il completo?

COMMESSO   Trecentoventi euro.

ANTONIO   Così caro?! Costa **un occhio della testa**!

COMMESSO   Ma Lei compra un abito di ottima qualità.

ANTONIO   Avrei bisogno anche di un paio di scarpe.

COMMESSO   Per le scarpe scenda al primo piano, al reparto calzature. Per pagare il completo si accomodi alla cassa.

ANTONIO   Grazie, ArrivederLa.

COMMESSO   Grazie a Lei, e... auguri per il suo colloquio.

Glossary (right margin):
- *(name of a department store)*
- */interview/Here he is/is approaching*
- *between seasons*
- *suits you*
- *we will shorten*
- *of course*
- *a fortune (an arm and a leg)*

Comprensione

1. Perché Antonio è andato in un negozio di abbigliamento?   2. Perché ha bisogno di un completo nuovo?   3. Come vuole il completo Antonio?   4. Il completo che Antonio prova, va bene? Perché no?   5. Perché il commesso chiede ad Antonio il numero di telefono?   6. Antonio trova il completo a buon mercato? Cosa pensa?   7. Di cos'altro ha bisogno Antonio? Trova quello che cerca nello stesso reparto?

Conversazione

1. Tu vai spesso a fare le spese in un negozio di abbigliamento?   2. Ti piace fare lo shopping?   3. Preferisci fare le spese in un grande magazzino o in negozi specializzati?   4. Preferisci andare a fare le spese solo(a) o con amici? Chiedi spesso i loro consigli?   5. Preferisci un abbigliamento sportivo o elegante? Qual è il tuo colore preferito?   6. Spendi molto per vestirti?

Ascoltiamo!

Che vestiti compriamo?

CD 2, Track 6 🎧

Lindsay has been in Perugia for several weeks. Today she is shopping for clothes with her friend Lucia in a store on **corso Vannucci.** Listen to their comments as Lindsay makes a decision about buying a blouse and talks with a clerk. Then answer the following questions.

Comprensione

1. Dove sono Lindsay e Lucia oggi? Perché?
2. Che cosa ammirano le due ragazze?
3. Perché Lindsay non compra la camicetta di seta?
4. C'è uno sconto sulla camicetta di cotone? Di quanto?
5. Che taglia ha Lindsay?
6. Paga in contanti Lindsay?

Dialogo

 In un negozio d'abbigliamento. Avete bisogno di comprare un articolo d'abbigliamento: Quale? In gruppi di due, discutete con il commesso/la commessa che cosa preferite: il colore, la stoffa (*material*), la taglia. Domandate il costo dell'articolo che vi piace e se è in svendita. L'articolo è troppo caro; vi scusate e uscite.

Alla fine dell'estate, il negozio Magia-Moda espone gli abiti per l'autunno e per l'inverno.

Che vestiti metto in valigia?

CD 2, Track 7

Lucia, a student in Perugia, has received an e-mail from her friend Lindsay, who lives in Boston. She is coming to Perugia to study and wants to know what kind of clothes she should bring. Lucia and her friend Marina are e-mailing her with their advice. Listen to the conversation. Then answer the following questions.

Comprensione

1. Chi è Lindsay?   2. Dove vuole andare a studiare Lindsay?   3. Perché ha scritto un'email a Lucia?   4. Perché Marina suggerisce di dirle di portare una giacca di lana? E perché un impermeabile?   5. Perché Lucia suggerisce di portare scarpe comode? E perché un vestito elegante?   6. Cosa hanno intenzione di fare Lucia e Marina quando Lindsay arriva?   7. Come si chiamano i cioccolatini che sono la specialità di Perugia?

Adesso scriviamo!

Cosa devo portare?

Un cugino americano/una cugina americana che hai conosciuto durante un tuo soggiorno a San Francisco, ti ha mandato un'email dicendo che verrà a trovarti *(will visit you)* in agosto e ti chiede che vestiti deve portare.

Mandagli(le) un'email e digli (dille): 1) che tu pensi di portarlo(la) al mare a Riccione; 2) digli (dille) che tempo fa in agosto al mare; 3) digli (dille) che vestiti e che scarpe deve portare per il giorno, per la sera e per i divertimenti al mare. Incomincia la tua email con: Caro/Cara... Concludi con: Un affettuoso abbraccio e a presto (tua firma).

Parliamo insieme!

A. In un grande magazzino *(department store)*. È quasi Natale. Immagina, con un amico/un'amica, di acquistare regali per parenti ed amici. Decidete cosa comprare e per chi. Usate **quello** e i pronomi possessivi.

Esempio: 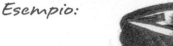   — *Compro quelle pantofole per mia nonna.*

la cintura	*belt*
la sciarpa	*scarf*
il portachiavi	*keychain*
le pantofole	*slippers*

Peruzzi

B. Come ti vesti? Considerate le seguenti situazioni e fatevi a turno le domande.

1. Il presidente degli Stati Uniti ti ha invitato(a) ad un pranzo ufficiale alla Casa Bianca.
2. Un tuo amico/Una tua amica e la sua famiglia ti hanno invitato(a) a passare un weekend con loro nel loro cottage in montagna. È novembre e fa freddo.
3. Vai a un concerto rock con degli amici. È luglio e fa molto caldo.

Attualità

Dolce e Gabbana: Una storia di successo

Simona Ventura posa sul divano circondata da Domenico Dolce e Stefano Gabbana.

Tre tigri italiane. Milano. Simona Ventura, 39, regina della TV italiana, posa nell'atelier tigrato degli amici stilisti Stefano Gabbana, 42 (accanto a lei), e Domenico Dolce, 46. «Indosso i loro abiti da 10 anni: mi fanno sentire femminile, ma anche molto pratica. Inoltre *(Also)* il loro stile ha quell'ironia di base che mi appartiene *(that it belongs to me)*».

A. Prima di leggere

During their twenty-year career, the Italian clothing designers Dolce and Gabbana have become world famous; in their own words: "l'immagine dell' Italia nel mondo." Throughout the interview that you are about to read, they consider, from a variety of perspectives, a key question raised near the outset by the interviewer: "Qual è il vostro elisir di lunga vita?" As you read, focus on how the designers explain their extraordinary—and long-lasting—success.

Dolce e Gabbana: Una storia di successo

GIORNALISTA Era l'ottobre 1985 quando nacque **il marchio** Dolce & Gabbana con la prima sfilata a Milano Collezioni, nella sezione Nuovi Talenti.

brand

D&G Sembra incredibile: quando abbiamo iniziato nessuno credeva in noi, eccetto la famiglia Dolce. Avevamo 2 milioni di lire ed entusiasmo da vendere. Oggi, **quanto a** stile, **ci ritroviamo** a essere l'immagine dell'Italia nel mondo.

in regards to
we find ourselves

[...]

GIORNALISTA Qual è il vostro elisir di lunga vita?

D&G Siamo arrivati al momento giusto e abbiamo trovato un linguaggio stilistico che bene incontra **i gusti** della gente. Anni fa Isabella Rossellini ci disse: «Fate cose nuove ma che ricordano molto il passato, i dettagli di **una volta**». A pensarci, è così: anche al **capo** più innovativo abbiamo fatto incontrare la tradizione. E il mix funziona.

tastes

long ago / piece of clothing

GIORNALISTA Che cosa c'è dietro a ogni vostra creazione?

D&G Noi stessi. **Siamo riusciti** a trasferire al pubblico quello che siamo: sinceri, genuini, con i piedi sempre per **terra.**

We were able

ground

[...]

GIORNALISTA Rileggendo i capitoli della vostra storia, ce n'è uno che si potrebbe intitolare: indipendenza sempre e **comunque...**

at any rate

D&G Vero, siamo rimasti indipendenti, **nonostante lusinghe** e **corteggiamenti** da parte di multinazionali e grandi compagnie. Noi abbiamo sempre preservato la nostra identità. Ci hanno offerto tanto denaro ma ci siamo domandati: «Perché essere **avidi** e perdere la nostra libertà?» Ogni abito è come se **fosse** un nostro figlio, e **farci comprare** da un gruppo equivaleva a vendere i nostri bambini. Sarà business sentimentale, ma è andata così. Dolce & Gabbana sono nati indipendenti e lo resteranno.

despite compliments / courting

stingy
it were
to have us bought

[...]

B. Alla lettura

1. In che anno è nato il marchio Dolce & Gabbana? In quale sfilata?
2. Con quanti soldi Dolce e Gabbana hanno incominciato il loro «business»?
3. Qual è il loro elisir (segreto) di lunga vita?
4. Qual è stato il commento di Isabella Rossellini sulle creazioni di Dolce e Gabbana?
5. Che cosa hanno saputo preservare i due stilisti?
6. Cosa vogliono essere e restare per sempre?

Vocabolario

Nomi

l'acquisto	purchase
l'articolo	item
l'autunno	autumn, fall
la cassa	cash register
il (la) cliente	customer
il consiglio	advice
l'estate (f.)	summer
il gusto	taste
il'inverno	winter
il Natale	Christmas
la nebbia	fog
la neve	snow
la pioggia	rain
la primavera	spring
il reparto	department
la roba	stuff, things
la sfilata	fashion show
il sole	sun
la stagione	season
lo (la) stilista	designer
il tempo	weather
il vento	wind
lo zainetto	backpack

Aggettivi

elegante	elegant
moderno	modern
ottimo	excellent
pratico	casual
quello	that
questo	this
stretto	narrow, tight

Verbi

andare bene	to fit
consigliare	to advise
decidere (p.p. deciso)	to decide
nevicare	to snow
piovere	to rain
preoccuparsi	to worry

Altre espressioni

C'è il sole.	It is sunny.
C'è nebbia.	It is foggy.
Che tempo fa?	What is the weather like?
costare un occhio della testa	to cost a fortune
di mezza stagione	between seasons
di moda	fashionable
È nuvoloso.	It is cloudy.
È sereno.	It is clear.
Fa bel tempo.	It is nice weather.
Fa brutto tempo.	It is bad weather.
Fa caldo.	It is hot.
Fa freddo.	It is cold.
Fa fresco.	It is cool.
le previsioni del tempo	weather forecast
Tira vento.	It is windy.

La casa

Oggi molte donne italiane lavorano fuori casa, e hanno meno tempo di una volta da dedicare alla cucina.

Parole da ricordare
Le casa e i mobili

La grammatica
1 **Ne**
2 **Ci**
3 I pronomi doppi
4 I numeri ordinali

Per finire: Il nuovo appartamento
Ascoltiamo! Adesso scriviamo!
Parliamo insieme!

Attualità: Renzo Piano, architetto di fama mondiale

Parole da ricordare

La casa e i mobili *(furniture)*

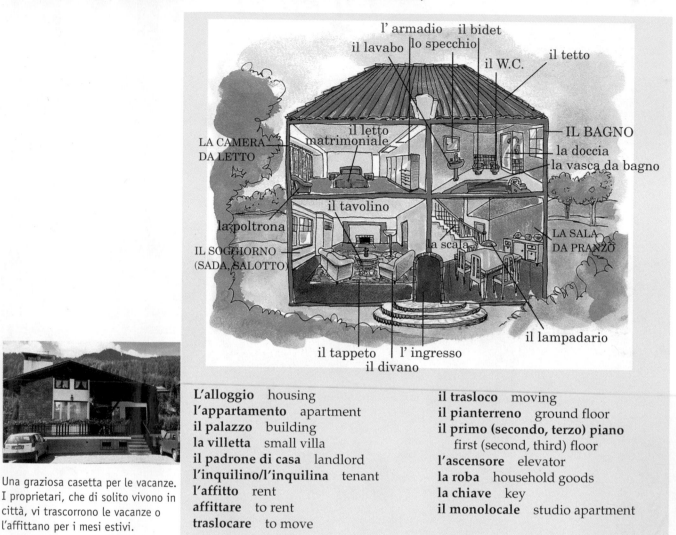

Una graziosa casetta per le vacanze. I proprietari, che di solito vivono in città, vi trascorrono le vacanze o l'affittano per i mesi estivi.

L'alloggio housing
l'appartamento apartment
il palazzo building
la villetta small villa
il padrone di casa landlord
l'inquilino/l'inquilina tenant
l'affitto rent
affittare to rent
traslocare to move

il trasloco moving
il pianterreno ground floor
il primo (secondo, terzo) piano
  first (second, third) floor
l'ascensore elevator
la roba household goods
la chiave key
il monolocale studio apartment

Informazioni

Case e appartamenti

Nei centri urbani e di provincia, come anche nell'immediata periferia *(suburbs)*, la gente vive in appartamenti. Questi si trovano in palazzi antichi o moderni a tre o più piani. Nella maggior parte dei casi, gli appartamenti sono occupati dai loro proprietari; perciò non è facile trovare appartamenti da affittare.

In periferia, e soprattutto nei paesi di campagna, sono comuni le case singole a due piani: ville, villette e case coloniche *(farmhouses)*.

Il piano a livello della strada è chiamato **pianterreno**, mentre il **primo piano** corrisponde al

second floor. Sotto il tetto si trova la **soffitta** *(attic)*, che nei vecchi palazzi e ville serviva da abitazione al personale di servizio. Molte case ed anche palazzi hanno una **cantina** *(basement)*. Nelle case di campagna serve a conservare il vino.

Molti Italiani che abitano in città, possiedono anche una casetta o un appartamento in montagna o al mare, dove vanno a passare le vacanze o le ferie. In montagna, d'inverno, vanno a passare la settimana bianca *(a vacation week in the winter)*.

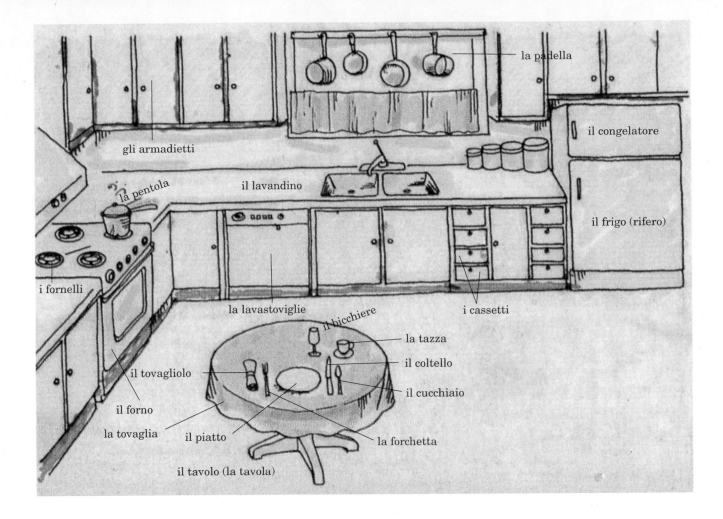

gli armadietti
la padella
il congelatore
la pentola
il lavandino
il frigo (rifero)
i fornelli
la lavastoviglie
i cassetti
il bicchiere
la tazza
il tovagliolo
il coltello
il forno
il cucchiaio
la tovaglia
il piatto
la forchetta
il tavolo (la tavola)

La cucina kitchen	**cuocere** (*p.p.* **cotto**) to cook
cucinare to cook	**apparecchiare la tavola** to set the
al forno to bake	table
alla griglia to grill	

Diverse forme di pasta

Applicazione

 A. In cucina. In due, fatevi a turno le seguenti domande.

1. Guarda il disegno della cucina a pagina 193. Cosa vedi su un fornello?
2. Che cosa vedi sotto i fornelli?
3. Dove mettiamo il latte per conservarlo fresco?
4. Hai una cucina grande? Un forno a microonde (*microwave*)? Una lavastoviglie?
5. Ti piace cucinare? Quali piatti?
6. Come cucinano la pasta gli Italiani? Al dente o stracotta (*overdone*)?
7. Quando hai degli invitati, cucini una torta al forno o la compri dal pasticciere?
8. Quali sono gli ingredienti per preparare un buon piatto di pasta?
9. Compri solo le verdure fresche o anche quelle surgelate (*frozen*)?
10. Sei vegetariano(a)?

B. Dove li mettiamo? Tu e il tuo compagno/la tua compagna avete traslocato. A turno, domandatevi dove mettere questi mobili.

Esempio

— *Dove devo mettere questa sedia?*
— *Mettila in cucina.*

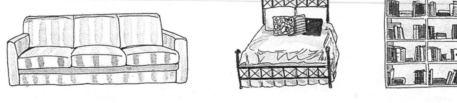

C. Conversazione. Fatevi le seguenti domande.

1. Se tu affitti un appartamento, lo preferisci ai primi piani o ai piani alti?
2. In generale, gli studenti preferiscono affittare un appartamento vuoto o ammobiliato (*unfurnished or furnished*)?
3. Tu preferisci affittarlo soltanto per te o condividerlo con un'altra persona? Se lo condividi, quali sono i vantaggi e gli svantaggi?
4. Cosa ti piace, o non ti piace, del tuo alloggio?
5. Puoi avere degli animali domestici (*pets*)? Ne hai?
6. Nel soggiorno, preferisci i tappeti orientali o la moquette (*wall-to-wall carpet*)?
7. Ti piacciono di più i mobili antichi o i mobili moderni?

 To download a podcast on The pronoun **ne**, go to academic. cengage.com/italian.

— Buon giorno, signora Filomena.
— Buon giorno, Antonio. Cosa Le do oggi?
— Vorrei delle pere, per favore.
— Quante ne vuole?
— Ne vorrei un chilo.
— Vuole anche delle banane?
— No, grazie, ne ho ancora tre o quattro.
— Arrivederci, Antonio, e buona giornata.
— Buona giornata anche a Lei, signora Filomena.

A. **Ne** is an invariable pronoun with several meanings: *some (of it, of them); any (of it, of them); about it, about them; of it, of them.* **Ne** can replace a noun used in a partitive sense or a noun introduced by a number or expression of quantity, such as **poco, molto, tanto, chilo, litro,** etc.

Hai **del vino bianco**?	*Do you have some white wine?*
Sì, **ne** ho.	*Yes, I have some (of it).*
No, non **ne** ho.	*No, I don't have any (of it).*
Quante **stanze hai**?	*How many rooms do you have?*
Ne ho tre.	*I have three (of them).*
Hai molti **vestiti**?	*Do you have many outfits?*
Sì, **ne** ho molti.	*Yes, I have many (of them).*

Notice the following examples:

Compri **le** mele? Sì, **le** compro.
Compri **delle** mele? Sì, **ne** compro.
Compri **alcune** mele? Sì, **ne** compro.
Quante mele compri? **Ne** compro tre o quattro.

B. Like object pronouns, **ne** attaches to the end of the infinitive and the **tu, noi,** and **voi** forms of the imperative.

Desideri comprare **delle arance**?	*Do you want to buy some oranges?*
Desidero comprar**ne** quattro o cinque.	*I want to buy four or five (of them).*
Compra**ne** molte!	*Buy many (of them)!*

C. **Ne** replaces the noun or infinitive used after verbs such as **avere bisogno di, avere paura di, essere contento di, parlare di,** and **pensare di** (when asking for an opinion).

Hai bisogno **di lavorare**?	*Do you need to work?*
No, non **ne** ho bisogno.	*No, I do not need to.*

D. When **ne** is used with the **passato prossimo,** the past participle agrees with the noun replaced by **ne** only when this noun is a direct object.

Quanti **annunci** hai letto?	*How many ads have you read? (direct object)*
Ne ho letti molti.	*I have read many (of them).*
BUT Hai parlato *della nostra situazione?*	*Did you speak about our situation?*
Sì, *ne* ho *parlato.*	*Yes, I spoke about it.*

LA FANTASIA
Articoli Regalo
un regalo apprezzato?
un regalo per lei?
un regalo per lui?
Ne abbiamo per tutte le età!

— Devi fare un regalo a qualcuno?
— Sì, voglio farne uno bello a mia mamma.

Pratica

A. In un negozio di frutta e verdura. Attività di gruppi. Ogni studente/studentessa del gruppo dice al fruttivendolo (uno studente/una studentessa) che frutta o verdura desidera comprare. Aggiungete altre scelte a quelle suggerite. Usate il pronome **ne.**

Esempio arance — *Vorrei delle arance.*
— *Quante ne desidera?*
— *Ne vorrei quattro.* (mezzo chilo, un chilo) o...

1. zucchini/zucchine	**5.** uva	**9.** ...
2. patate	**6.** mele	**10.** ...
3. pomodori	**7.** funghi	**11.** ...
4. fragole	**8.** ...	**12.** ...

B. A colazione. Ti sei fermato(a) a dormire a casa di un amico/un'amica. La mattina dopo l'amico(a) ti prepara la colazione. Rispondi alle sue domande usando **ne** o **lo, la, li, le.**

L'AMICO(A) Bevi del latte?
TU Sì, _ne bevo_

L'AMICO(A) Quante fette *(slices)* di pane vuoi?
TU _ne voglio tre_

L'AMICO(A) Vuoi le fette con la marmellata o con il miele *(honey)*?
TU _le voglio con il miele_

L'AMICO(A) Mangi le uova?
TU Sì, _Ne mangio_

L'AMICO(A) Quante uova vuoi?
TU _Ne voglio_

L'AMICO(A) Come vuoi le uova: strapazzate, all'occhio di bue *(sunny-side-up)* o sode?
TU _____

L'AMICO(A) Ho del succo d'arancia. Ne vuoi?
TU No, grazie, _____

C. Quando hai bisogno di... ? In due, fatevi a turno le seguenti domande. Usate **ne** nella risposta e seguite l'esempio.

Esempio   carta da scrivere
— *Quando hai bisogno di carta da scrivere?*
— *Ne ho bisogno quando devo scrivere una lettera.*

1. passaporto
2. telefonino
3. soldi
4. occhiali da sole
5. carta geografica
6. impermeabile
7. telecomando
8. chiave

D. La crostata di mele (*Apple pie*). Anna e Lisa hanno deciso di preparare insieme una crostata di mele. In due, fate la loro parte mentre parlano in cucina. Usate **lo, la, li, le** o **ne.**

ANNA   Hai misurato la farina?

LISA   Sì, _____, e tu hai preso le uova?

ANNA   Sì, _____

LISA   Quante uova hai messo?

ANNA   _____ Hai preso il burro dal frigo?

LISA   _____ Quanti cucchiai di zucchero hai messo?

ANNA   _____

LISA   Quante mele hai tagliato (*cut*) a pezzetti?

ANNA   _____, e tu hai messo la cannella (*cinnamon*)?

LISA   _____

ANNA   Hai acceso il forno?

LISA   Sì, _____. La crostata sarà pronta in 45 minuti.

ANNA   Questa è la prima crostata che faccio.

LISA   Anche la mia.

E. Conversazione. Rispondete usando **ne.**

1. Quanti corsi segui questo trimestre (semestre)?
2. Hai dei fratelli? Quanti?
3. Quanti anni avevi quando hai incominciato a guidare (*to drive*)?
4. Fai molti viaggi in macchina? Viaggi lunghi?
5. Spendi molti soldi per i divertimenti?
6. Dai molte o poche feste? Perché?

To download a podcast on The adverb and pronoun **ci,** go to academic.cengage.com/italian.

2 *Ci*

In una salumeria di un quartiere di Milano.
— Ha dei formaggi freschi?
— Sì, ce ne sono di diversi tipi.

A. The adverb **ci** means *there* when it is used in the expressions **c'è** and **ci sono.**

Ci sono due lampade in sala.	*There are two lamps in the living room.*

B. Ci is also used to replace an expression indicating location and introduced by **a, in, su,** or **da.** Its position is the same as that of object pronouns.

Quando vieni **da me**?	*When are you coming to my house?*
Ci vengo stasera.	*I am coming (there) tonight.*
Sei stato(a) **in Italia**?	*Have you been to Italy?*
No, non **ci** sono mai stato(a).	*No, I have never been there.*
Voglio andar**ci.**	*I want to go there.*

C. Ci + vuole or **vogliono** has the idiomatic meaning *it takes* or *one needs.*
ci vuole + *singular noun:*

Ci vuole un'ora per andare da Bologna a Firenze.	*It takes one hour to go from Bologna to Florence.*

ci vogliono + *plural noun:*

Ci vogliono venti minuti per andare da Firenze a Fiesole.	*It takes twenty minutes to go from Florence to Fiesole.*

D. When **ci** is followed by a direct-object pronoun or **ne,** it becomes **ce.**

Ci sono quadri in sala?	*Are there paintings in the living room?*
Sì, **ce ne** sono quattro.	*Yes, there are four.*

Pratica

A. Piccoli e grandi viaggi. Quando sei stato(a) in questi posti? In due, fatevi a turno le seguenti domande. Usate **ci** nella risposta.

Esempio   a Los Angeles
   — *Quando sei stato(a) a Los Angeles?*
   — *Ci sono stato(a) l'estate scorsa.* o *Non ci sono mai stato(a).*

1. in Europa
2. a teatro
3. dal dentista
4. dal medico (dottore)
5. al cinema
6. all'ospedale
7. in montagna a sciare *(to ski)*

B. Quanti? Quante? Fatevi a turno le seguenti domande.

Esempio   — Quanti giorni ci sono a dicembre?
   — *Ce ne sono 31.*

1. Quante finestre ci sono nel tuo appartamento (nella tua stanza)?
2. Quanti piani ci sono nel tuo palazzo?
3. Quanti bagni ci sono nel tuo appartamento?
4. Quante camere da letto ci sono?
5. Quanti studenti ci sono in classe oggi?

3 I pronomi doppi

— Mi leggi gli annunci pubblicitari?
— Sì, te li leggo subito.

— Ci mostra l'appartamento?
— Sì, ve lo mostro volentieri.

A. When two object pronouns accompany the same verb, the word order is the following:

indirect object +	direct object +	verb
Me	**lo**	**leggi?**
(**Mi** leggi il giornale?)		

Me lo leggi?	*Will you read it to me?*
Sì, **te lo** leggo.	*Yes, I'll read it to you.*

Here are all the possible combinations.

mi			me lo, me la, me li, me le, me ne
ti			te lo, te la, te li, te le, te ne
ci	+ lo, la, li, le, ne =		ce lo, ce la, ce li, ce le, ce ne
vi			ve lo, ve la, ve li, ve le, ve ne
gli	+ lo, la, li, le, ne =		glielo, gliela, glieli, gliele, gliene
le (Le)			

NOTE:

a. **Mi, ti, ci,** and **vi** change to **me, te, ce,** and **ve** before **lo, la, li, le,** and **ne** (for phonetic reasons).

b. **Gli, le,** and **Le** become **glie-** in combination with direct-object pronouns.

c. **Loro** does *not* combine with direct-object pronouns and always follows the verb.

B. The position of double-object pronouns is the same as that of the single-object pronouns. The following chart illustrates the position of the double-object pronouns.

with present tense:	Dai il libro a Luigi?
	Glielo do.
with past tense:	Hai dato le chiavi a Pietro?
	Gliele ho date.
with infinitive:	Vuoi dare i regali ai bambini?
	Voglio dar**glieli**.
with imperative:	Do il libro a Marco?
	Da**glielo**!
	Non dar**glielo**!
	Glielo dia! *(formal)*

C. With reflexive verbs, the reflexive pronouns combine with the direct-object pronouns **lo, la, li, le,** and **ne,** and follow the same word order as double-object pronouns.

Mi metto		**Me lo** metto.
Ti metti		**Te lo** metti.
Si mette	il vestito. =	**Se lo** mette.
Ci mettiamo		**Ce lo** mettiamo.
Vi mettete		**Ve lo** mettete.
Si mettono		**Se lo** mettono.

Mi lavo la faccia.	*I wash my face.*
Me la lavo.	*I wash it.*

Pratica

A. Subito (*Right away*)! Siete in una trattoria durante l'ora del pranzo. Tutti gli studenti partecipano a questa attività. Uno studente/Una studentessa fa la parte del cameriere/della cameriera e gli altri studenti/le altre studentesse sono i clienti. Ogni studente/studentessa chiede al cameriere/alla cameriera di portargli (le) il piatto che ha scelto sul menù. Aggiungete altri piatti a quelli suggeriti.

Esempio   gelato al caffè
        — *Cameriere, mi porta il gelato al caffè, per favore?*
        — *Glielo porto subito, signore (signora, signorina)!*

1. ravioli alla panna
2. tagliatelle alla Bolognese
3. spinaci al burro
4. scaloppine alla Marsala
5. insalata di pomodori
6. formaggio Bel Paese
7. frutta di stagione
8. ...

9. ...
10. ...
11. ...
12. ...
13. ...
14. ...
15. ...
16. ...

B. Volentieri! Come reagisce un amico alle seguenti domande? Rispondete secondo l'esempio.

Esempio   — Ci presti la cassetta?
        — *Sì, ve la presto volentieri!*

1. Mi mostri la tua casa?
2. Ci offri il caffè?
3. Ci dai il tuo nuovo indirizzo?
4. Ci presti l'aspirapolvere (*vacuum cleaner*)?
5. Mi regali il tuo tavolino?
6. Mi presti la macchina?
7. Ci mostri i tuoi quadri?

C. Conversazione. Fatevi a turno le seguenti domande. Usate i pronomi doppi e il passato prossimo.

Esempio   — Quando hai spedito *le cartoline ai parenti?*
        — *Gliele ho spedite per Natale.* o...
        — Quando hai mandato *dei regali ai tuoi zii?*
        — *Gliene ho mandati per Pasqua.* o...

1. Quando hai portato *dei fiori a tua mamma?*
2. Quando hai mandato *degli SMS ai tuoi amici?*
3. Hai lasciato *il messaggio al tuo professore* quando non sei andato(a) in classe?
4. Hai portato *il panettone alla tua professoressa* per le feste di Natale?
5. Hai portato *il regalo al tuo ragazzo/alla tua ragazza* per il suo compleanno? Che cosa?
6. Hai mandato *delle cartoline ai tuoi genitori* quando hai fatto un viaggio? Da dove?

D. Un amico con molte pretese. Il tuo amico Gianni è tanto simpatico, ma ti chiede sempre delle cose in prestito (*loan*). In coppie.

Esempio — Puoi prestarmi la tua Vespa?
— *Sì, posso prestartela.* o *No, non posso prestartela.*

1. Puoi prestarmi la tua macchina per stasera?
2. Puoi darmi i tuoi appunti di chimica?
3. Puoi prestarmi dei soldi fino alla fine del mese?
4. Puoi prestarmi la tua mountain bike per sabato prossimo?

E. Quando ti metti... ? In due, fatevi a turno le seguenti domande. Sostituite i nomi con il pronome appropriato.

Esempio i guanti di lana
— *Quando ti metti i guanti di lana?*
— *Me li metto quando fa freddo.*

1. le scarpe da tennis
2. il costume da bagno
3. la cravatta
4. il cappotto
5. l'impermeabile
6. un vestito elegante

4 I numeri ordinali

Vicenza. Palazzo Chiericati. Andrea Palladio, architetto del sedicesimo secolo, rivoluzionò l'architettura del diciassettesimo e del diciottesimo secolo e influenzò l'architettura degli Stati Uniti (due esempi: U.S. Capitol e Monticello).

A. Ordinal numbers (*first, second, third,* etc.) are adjectives and must agree in gender and number with the noun they modify. From *first* through *tenth,* they are:

primo(a, i, e)	quarto	settimo
secondo	quinto	ottavo
terzo	sesto	nono
		decimo

From **undicesimo** (*eleventh*) on, ordinal numbers are formed by dropping the final vowel of the cardinal number and adding the suffix **-esimo (a, i, e).** Exceptions: Numbers ending in **-trè** (**ventitrè, trentatrè,** etc.) and in **-sei** (**ventisei, trentasei,** etc.) preserve the final vowel.

quindici	quindic**esimo**
venti	vent**esimo**
trentuno	trentun**esimo**
trentatrè	trentatre**esimo**
ventisei	ventisei**esimo**
mille	mill**esimo**

Ottobre è il **decimo** mese dell'anno.	*October is the tenth month of the year.*
Hai letto le **prime** pagine?	*Did you read the first pages?*

B. Ordinal numbers precede the noun they modify except when referring to popes and royalty. When referring to centuries, they may follow or precede the noun.

Papa Giovanni XXIII (ventitreesimo)	*Pope John XXIII*
il secolo XXI (ventunesimo) *o* il ventunesimo secolo	*the twenty-first century*

Pratica

A. Nomi nella storia. Completate le frasi con il numero ordinale appropriato.

1. Machiavelli è vissuto (*lived*) nel secolo (XVI) _____.
2. Enrico (VIII) _____ ha avuto sei mogli.
3. La regina (*queen*) d'Inghilterra è Elisabetta (II) _____.
4. Dante è nato nel secolo (XIII) _____.

B. Lo sai o non lo sai? In gruppi di due, fatevi a turno le domande che seguono.

Esempio   — In quale capitolo di questo libro ci sono gli articoli?
            — *Nel primo capitolo.*

1. Quale pagina del libro è questa?
2. A quale capitolo siamo arrivati?
3. Quale giorno della settimana è mercoledì? E venerdì?
4. Aprile è il sesto mese dell'anno? E dicembre?
5. In quale settimana di novembre festeggiamo il Thanksgiving?
6. In quale settimana di settembre festeggiamo la Festa del Lavoro?

Per finire

Nuovi appartamenti in città

Il nuovo appartamento CD 2, Track 8

Emanuela e Franco abitano a Napoli in un piccolo appartamento e da qualche mese ne cercavano uno più grande. Finalmente ne hanno trovato uno che piace a tutt'e due. È un appartamento ristrutturato. Si trova al terzo piano in un condominio con ascensore, in via Nazionale. Ha una camera da letto, soggiorno, cucina, bagno e una piccola **anticamera.** *entrance hall* Ora sono nell'appartamento e il padrone di casa glielo mostra.

PADRONE DI CASA   L'appartamento ha molta **luce** perché è *light* al terzo piano e le finestre sono grandi. Ce ne sono tre, e c'è anche un piccolo balcone. La cucina è abbastanza grande.

FRANCO   Sì, l'appartamento ci piace, ma nell'annuncio non è indicato quant'è l'affitto.

PADRONE DI CASA   Sono 600 euro al mese, più le spese: acqua, luce, gas, **spazzatura.** Avete già i mobili? *garbage*

EMANUELA   Li abbiamo per la camera da letto e la cucina, ma dovremo comprare divano e poltrone perché dove abitiamo adesso non abbiamo il soggiorno.

PADRONE DI CASA   Dovete firmare il contratto per un anno.

FRANCO   Non ci sono problemi, possiamo firmarglielo.

PADRONE DI CASA   Benissimo. Allora se venite domani verso quest'ora a firmare il contratto, vi darò le chiavi.

FRANCO   Possiamo darle un assegno?

PADRONE DI CASA   Me lo darete domani, per l'affitto del primo e dell'ultimo mese e il deposito. Avete animali domestici?

EMANUELA   Ne abbiamo uno, un gatto.

PADRONE DI CASA   Un gatto è OK. Allora arrivederci a domani.

FRANCO   Arrivederci e grazie.

Comprensione

1. Perché Emanuela e Franco vogliono cambiare casa?
2. Com'è l'appartamento che piace a tutt'e due?
3. Oltre all'affitto, che altre spese ci sono?
4. L'appartamento è vuoto o ammobiliato?
5. Di quali nuovi mobili hanno bisogno? Perché?
6. Che cosa devono firmare? Quant'è la durata del contratto?
7. Quando gli darà le chiavi il padrone di casa?
8. Che cosa comprende l'ammontare dell'assegno che il padrone di casa richiede?
9. Quanti animali domestici hanno Emanuela e Franco?

Conversazione. Fatevi a turno le seguenti domande.

1. Tu abiti in un appartamento, in una casa o in un dormitorio?
2. Com'è? Che mobili ci sono?
3. Abiti da solo(a) o condividi la tua abitazione con un compagno/una compagna?
4. Preferisci vivere solo(a) o avere un compagno/una compagna? Perché?
5. Che tipo di persona deve essere il compagno/la compagna che tu cerchi per condividere la tua abitazione?
6. Quando decidi di scegliere (to choose) un compagno (una compagna) metti un annuncio sul giornale, metti un cartello (sign) sulla bacheca (notice-board) all'università o chiedi agli amici se conoscono qualcuno che vuole condividere un appartamento?

Ascoltiamo!

Il giorno del trasloco
CD 2, Track 9

Emanuela and Franco, exhausted from moving into their new apartment today, are taking a break and talking about what they have yet to do and what it has all cost them. Listen to their conversation; then answer the following questions.

Comprensione

1. Emanuela e Franco hanno dimenticato qualche cosa nel vecchio appartamento? Hanno portato tutta la loro roba?
2. Chi è Mimi? Dove sarà?
3. Perché Franco sembra preoccupato? Che cosa ha dovuto dare al padrone di casa?
4. Mentre loro parlano, chi arriva? Sembra contento o scontento lui? Perché, secondo Lei?

Dialogo

In due, immaginate di avere affittato insieme un appartamento vuoto di due locali (rooms); ora dovete arredarlo (furnish it). Discutete insieme quali mobili comprare e dove metterli.

Si affitta appartamento ammobiliato   CD 2, Track 10

Antonio wants to rent a small apartment. His friend Marcello helps him by reading the ads in the newspaper. They go to see a studio apartment, and Antonio likes it very much: he feels that finally he is independent. Listen to the conversation. Then answer the following questions.

Comprensione

Usate i pronomi quando è possibile.

1. In che scuola ha incominciato ad insegnare Antonio?   2. Da quanto tempo ci insegna?
3. Perché vuole cercarsi un appartamento?
4. Dove suggerisce di cercare gli annunci Marcello?
5. Perché il primo annuncio che Marcello legge non piace ad Antonio?   6. Nell'annuncio c'è il costo dell'affitto?   7. Com'è l'appartamento che Antonio decide di andare a vedere?   8. Chi mostra l'appartamento ai due amici?   9. Piace a Marcello quell'appartamento?   10. Che ne dice Antonio? Perché?

Adesso scriviamo!

La casa ideale

Com'è la tua casa ideale? Descrivila in due o tre brevi paragrafi.

1. Dove vorresti costruire la tua casa? In città, in campagna, in montagna,... ?
2. È una casa moderna, tradizionale o in uno stile particolare?
3. Quanti piani ci sono?
4. Quali stanze ci sono?
5. Quante camere? Quanti bagni?
6. C'è un giardino?

Ville sulle rive del Lago di Como.

Parliamo insieme!

A. Alla ricerca di un alloggio. Attività in gruppi di tre: un padrone/una padrona di casa e due eventuali (*probable*) inquilini(e). Voi cercate un appartamento in affitto e leggete nel giornale i seguenti annunci. Sceglietene (*Choose*) uno e telefonate al numero indicato: specificate l'appartamento che cercate e discutete le condizioni dell'affitto con il padrone/la padrona di casa.

AFFITTASI

Vicino al centro affitto appartamento ristrutturato, ultimo piano: grande soggiorno, cucina, due camere, bagno, balcone, ripostigli e cantina. Vicinanza metropolitana.
Euro 1.200 + spese.
Fax 02/47127896

Appartamento ammobiliato, in zona signorile, terzo piano, con ascensore, composto da: soggiorno-cucina, camera, bagno, ripostiglio, box posto auto. Euro 950 + spese, solo referenziati. Telefornare dopo le ore 17.30 al 02/2954578

Monolocale con balcone, grande bagno e ripostiglio; secondo piano; giardino condominiale; senza ascensore; ben servito da mezzi di trasporto pubblici. Euro 780 + spese tel. ore pasti 02/3567897

B. Gli elettrodomestici *(Appliances)*. Tu e il tuo amico/la tua amica avete affittato un appartamento ammobiliato vicino all'università. Di soldi ne avete pochi, e i tuoi genitori (troppo generosi) hanno deciso di comprarvi alcuni elettrodomestici. In due, fate la parte dei genitori e seguite l'esempio.

Esempio

— *Hanno bisogno della cucina?*
— *Sì, ne hanno bisogno.*
— *Allora compriamogliela!*

1. washing machine   *la lavatrice*
2. iron   *il ferro da stiro*
3. microwave oven   *il forno a micro-onde*
4. espresso machine   *la macchina per l'espresso*
5. toaster   *il tostapane*
6. vacuum cleaner   *l'aspirapolvere (m.)*
7. hair dryer   *l'asciugacapelli (m.)*
8. oven   *il forno*

Attualità
Renzo Piano, architetto di fama mondiale

A. Prima di leggere You are about to read an article on the world-renown Italian architect Renzo Piano. His works can be found not only in Italy but in many other countries as well: France, Switzerland, Japan, the Netherlands, and the United States. You will be reading about his particular style of design.

Renzo Piano, nato a Genova nel 1937, è uno dei più geniali architetti del nostro tempo. Renzo Piano si è affermato, sia in Italia che all'estero, fin dagli anni '60. Nel 1971 ha collaborato al grande progetto del Centre Georges Pompidou a Parigi. Questo progetto l'ha reso famoso in tutto il mondo.

I suoi progetti di edifici rivelano lo studio della leggerezza, della trasparenza e della semplicità classica nella costruzione degli edifici. Il suo progetto per l'edificio del *New York Times* a New York, per esempio, è un grattacielo che sembra sfidare *(to defy)* le leggi di gravità: la base è di vetro e tutto l'edificio sembra emanare la luce dall'interno.

Lo studio di Renzo Piano a Punta Nave (Genova). Photo Credit: Fregoso & Basalto

Tra gli edifici che ha progettato ci sono musei, gallerie ed altri edifici pubblici in Italia e all'estero. Per citarne alcuni: il Menil Collection a Houston, il Museo Beyeler in Svizzera, il NEMO: Museo della scienza e della tecnologia ad Amsterdam, la Pinacoteca Giovanni e Marella Agnelli di Torino, l'aeroporto internazionale Kansai e molti altri. Ha anche in progetto la parte nuova della Morgan Library di New York.

I suoi successi gli hanno fruttato fama internazionale e numerosi riconoscimenti in Italia e all'estero. Renzo Piano è spesso in viaggio, ma ritorna sovente nei suoi due studi di Punta Nave (Genova) e di Parigi.

Courtesy of Renzo Piano Studio – 2007

B. Alla lettura
Rileggete l'articolo e, in due, fatevi a vicenda le seguenti domande.

1. Chi è Renzo Piano?
2. Dove e quando è nato?
3. Quale grande progetto, al quale ha collaborato, l'ha reso famoso?
4. Quali sono le caratteristiche dei suoi progetti di edifici, oltre *(besides)* alla leggerezza?
5. Renzo Piano ha progettato edifici solo in Italia?
6. Che tipo di edificio ha progettato per il *New York Times*? Dove?
7. Che cosa ha progettato ad Amsterdam? A Torino? E in Giappone?
8. Dove sono i suoi due studi?

Maser. Villa Barbaro. Una delle più belle ville palladiane.

Vocabolario

Nomi

l'animale domestico	pet
l'annuncio pubblicitario	ad
l'anticamera	entrance hall
l'arredamento	furnishing
il contratto	contract
il costo	cost
il locale	room
la luce	light
il mobile	piece of furniture
la moquette	wall-to-wall carpet
il quadro	painting, picture
la scelta	choice
lo svantaggio	disadvantage
la vicinanza	vicinity

Aggettivi

ammobiliato	furnished
arredato	furnished
antico	antique; ancient
disponibile	available
fresco	fresh
libero	free; vacant; available
surgelato	frozen
vuoto	vacant, empty

Verbi

arredare	to furnish
condividere (*p.p.* condiviso)	to share
costruire	to build
firmare	to sign
mostrare	to show
ristrutturare	to restructure
scegliere (*p.p.* scelto)	to choose
trovarsi	to find oneself; to be located

Altre espressioni

doppi servizi	two baths
ne	some (of it, of them, about it, about them)
subito	right away
verso quest'ora	about this time
volerci	to take (time)
ci vuole un'ora	it takes one hour
ci vogliono due ore	it takes two hours

Attività video
Sulla strada

La mia famiglia

A. Comprensione

Vero o falso?

1. Marco riceve una telefonata dalla mamma.
   (a) vero   (b) falso

2. Marco sta guidando *(driving)*.
   (a) vero   (b) falso

3. Marco è a Roma
   (a) vero   (b) falso

4. Domani è il compleanno della mamma.
   (a) vero   (b) falso

Domande

a. Perché Marco dice alla mamma di telefonargli più tardi *(later)*?

b. In che città è arrivato Marco quando parla con la mamma la seconda volta *(time)*?

c. Che cosa gli ricorda *(reminds)* la mamma?

d. Marco si ricordava (remembered) o aveva dimenticato *(had forgotten)* che era il compleanno dello zio Jerry?

e. Marco dice alla mamma di salutare una persona. Chi? _____

B. Attività

a. La prima intervistata ha due gemelli *(twins)*. Quanti anni hanno? Dove studiano?

b. I genitori del secondo intervistato lavorano tutt'e due *(both)*. Qual è la loro professione?

c. Dove vive la giovane signora che è sposata con un ragazzo tedesco di Leipzig? Dove lavora?

d. Per l'intervistato numero 4 ci sono solo due cose importanti al mondo. Quali?

e. L'intervistata numero 6 è fidanzata. Che cosa spera? _____

C. Partecipazione

Completate le frasi:

1. Dopodomani è il compleanno _____
2. Brava, mamma, grazie per _____
3. Mamma, vado che Giovanni _____
4. In Italia la famiglia _____

Domande

1. Tutti gli intervistati considerano la famiglia molto importante?

2. Un'intervistata è figlia unica *(only child)*. Che cosa le sarebbe piaciuto *(would she have liked)*?

3. L'ultima intervistata non ha figli. Che cos'ha invece *(instead)* dei figli?

D. Domande personali

1. Nella tua famiglia quante persone ci sono?

2. Preferiresti (*Would you prefer*) essere figlio(a) unico(a) o avere molti fratelli e sorelle?

3. Quando avrai *(you will have)* la tua propria *(own)* famiglia, con i tuoi figli, dove preferirai abitare? In città? In campagna? Vicino al mare?

E. Scambi culturali

Con un compagno/una compagna, discutete quali sono, secondo voi, le differenze tra la famiglia italiana e quella americana, e le differenze tra le abitazioni (case, appartamenti) in Italia e quelle in America.

Buon compleanno!

Comprensione

Vero o falso?

1. Oggi è il compleanno di zio Jerry.
   (a) vero   (b) falso
2. Zio Jerry è andato in America l'anno scorso.
   (a) vero   (b) falso
3. Molti Italiani sono andati in America alla fine della guerra.
   (a) vero   (b) falso
4. Zio Jerry si è sposato in America.
   (a) vero   (b) falso

Domande

a. Perché Marco telefona a zio Jerry?
_____

b. Come festeggia il suo compleanno lo zio Jerry?
_____

c. Come va la macchina che lo zio ha regalato (*gave as a present*) a Marco?
_____

d. Cosa sta facendo (*is doing*) Marco in giro per l'Italia?
_____

B. Attività

a. Qual è la festa preferita dal primo intervistato?
_____

b. Alcuni modi (*ways*) in cui (*how*) gli intervistati festeggiano il loro compleanno:
   1 _____ 2 _____
   3 _____ 4 _____

c. Cosa fa l'intervistato numero 8 per Natale?
_____

d. Secondo (*According to*) l'intervistato numero 8 la Pasqua (*Easter*) si festeggia a casa con la famiglia, o si va con gli amici?
_____

e. Cosa si fa per Pasqua nella famiglia dell'ultimo intervistato? Chi cucina per tutti?
_____

C. Partecipazione

Completate le frasi.

1. Lo zio Jerry è andato in America
_____

2. La sua piccola azienda (*business*) adesso
_____

3. Siamo in giro per l'Italia, stiamo
_____

4. Ah be, la macchina _____ sì, sì
   _____.

Domande

a. Ha fatto fortuna lo zio Jerry in America?
_____

b. Cosa canta al telefono Marco? Per chi?
_____

c. Cosa spedirà (*will send*) Marco allo zio Jerry?
_____

d. Quali sono, secondo gli intervistati, le feste più importanti in Italia?
_____

e. Gli intervistati, in generale, festeggiano il Natale a casa con la famiglia e gli amici, o vanno al ristorante?
_____

f. Quando la mamma telefona di nuovo a Marco, Marco cosa le dice (*tells her*) dello zio Jerry?
_____

D. Domande personali

Con un compagno/una compagna, fatevi a vicenda le seguenti domande.

1. Quand'è il tuo compleanno?
_____

2. Come lo festeggi?
_____

3. Quali altre feste sono importanti nella tua famiglia?
_____

E. Scambi culturali

Immagina di invitare a casa tua un amico italiano/un'amica italiana per il suo compleanno. Come festeggi il suo compleanno? Cosa gli regali? Prepari un pranzo a casa in suo onore o lo inviti al ristorante? Come si dice in italiano "Happy Birthday"?

Francesca Santarelli ha venticinque anni, è fidanzata ed è prossima al matrimonio. Il suo hobbie è il suo lavoro, che le piace molto.

Per Antonio Zagaret le due cose preferite al mondo sono sua moglie e i suoi figli.

Oggi è il compleanno dello zio Jerry. Marco gli telefona per fargli gli auguri.

Le vacanze

Vernazza (Le Cinque Terre)

Parole da ricordare
In vacanza: al mare, in
   montagna

La grammatica
1 **Il futuro**
2 **I comparativi**
3 **I superlativi**
4 **Comparativi e superlativi
   irregolari**
5 **Uso dell'articolo
   determinativo**

Per finire: Una gita scolastica
Ascoltiamo! Adesso scriviamo!
Parliamo insieme!

Attualità: Inverno tutto
   italiano

www.academic.cengage.com/italian/salve

📖 Workbook   🎧 iRadio   🎧 Audio

Parole da ricordare

In vacanza: al mare, in montagna

AL MARE

*la guida is always feminine

la guida* tour guide, guide book
la gita turistica tour, excursion
la villeggiatura summer vacation
passare le vacanze to take a vacation
   in montagna in the mountains
   al lago at the lake
   in campagna in the country
   al mare at the beach
   all'estero abroad
abbronzarsi to tan
nuotare to swim

annegare to drown
pericoloso dangerous
il (la) bagnino(a) lifeguard
salvare to rescue

il paese country; small town
l'isola island
la penisola peninsula
il fiume river
la collina hill

IN MONTAGNA

la giacca a vento windbreaker
il sacco a pelo sleeping bag
montare le tende to pitch the tents
fare { **l'autostop** to hitchhike
     il campeggio to go camping, to camp
     un'escursione (f.) to take an excursion
     l'alpinismo to climb a mountain

Paesaggi d'Italia

L'Italia è una penisola montuosa, limitata al nord dalla maestosa catena delle **Alpi** e attraversata nella sua lunghezza dalla catena degli **Appennini**. Tra le Alpi e gli Appennini settentrionali si estende la **Pianura Padana,** attraversata dal Po, il fiume più lungo del paese. Questa pianura è ricca di fiumi e di laghi: i più grandi sono il **lago di Garda,** il **lago Maggiore** e il **lago di Como.**

Nelle regioni settentrionali il paesaggio è dolcemente ondulato *(gently rolling)* mentre verso il sud acquista una bellezza severa e selvaggia. Le coste occidentali sono in genere alte, rocciose e pittoresche, come la **Riviera Ligure.** Le coste dell'Adriatico sono più basse, con ampie spiagge sabbiose *(sandy)* che attirano folle di bagnanti *(bathers).* La Sicilia è la più grande isola del Mediterraneo, ed è considerata il museo archeologico d'Europa per i suoi templi e teatri greci. Sulla costa orientale si erge il maestoso **Etna,** il più importante vulcano d'Europa. La Sardegna, seconda isola per grandezza del Mediterraneo, montuosa all'interno, attira molti turisti italiani e stranieri per le sue bellissime coste, come la **Costa Smeralda.**

A. Domande. Fatevi a turno le domande.

1. Quando andiamo all'estero, come risolviamo il problema della lingua?

2. Con quali mezzi possiamo viaggiare se vogliamo passare delle vacanze economiche? E se preferiamo vacanze lussuose?

3. Alla spiaggia, chi salva le persone in pericolo di annegare?

4. Che cosa ci mettiamo quando andiamo a nuotare?

5. Cosa usiamo per asciugarci?

6. Perché stiamo molte ore al sole?

7. Dove dormiamo quando facciamo il campeggio?

8. Siamo in montagna. Le previsioni del tempo annunciano vento e pioggia: cosa ci mettiamo?

9. Quando ci perdiamo, di cosa abbiamo bisogno per ritrovare la strada?

B. Conversazione. Con un compagno/una compagna, fatevi a turno le seguenti domande.

1. Ti piace fare il campeggio? Dove preferisci farlo?

2. Preferisci dormire sotto la tenda o in un bell'albergo?

3. Hai mai viaggiato in un camper? Dove sei andato(a)?

4. Preferisci una vacanza a contatto con la natura, o un viaggio turistico in alcune città europee? Perché?

5. Quando sei in vacanza al mare, fai una vita attiva? Nuoti? Cammini sulla spiaggia? Giochi a pallavolo? Oppure preferisci riposarti e prendere il sole?

La grammatica
1 Il futuro

Lia passerà le ferie al mare.

Tina si divertirà in montagna.

A. The future (**futuro**) is a simple tense expressing an event that will take place in the future. It is formed by adding the endings of the future to the infinitive after dropping the final **-e**.

rispondere ⟶ risponderò = *I will answer*

The future is conjugated as follows:

parlare	rispondere	partire
parler**ò**	risponder**ò**	partir**ò**
parler**ai**	risponder**ai**	partir**ai**
parler**à**	risponder**à**	partir**à**
parler**emo**	risponder**emo**	partir**emo**
parler**ete**	risponder**ete**	partir**ete**
parler**anno**	risponder**anno**	partir**anno**

The endings are the same for all conjugations. Note that the **-a** of the first conjugation infinitive ending changes to **-e** before adding the future endings.

I turisti **prenderanno** il pullman.   *The tourists will take the tour bus.*
Noi **visiteremo** un castello.   *We will visit a castle.*

B. The following groups of verbs are irregular in the future tense:

1. Verbs that end in **-are** but do not undergo a stem change:

dare: **darò, darai,** ecc.
fare: **farò, farai,** ecc.
stare: **starò, starai,** ecc.

2. Verbs that end in **-care**, **-gare**, **-ciare**, and **-giare** and undergo a spelling change for phonetic reasons:

dimenticare: **dimenticherò, dimenticherai,** ecc.
pagare: **pagherò, pagherai,** ecc.
cominciare: **comincerò, comincerai,** ecc.
mangiare: **mangerò, mangerai,** ecc.

3. Verbs that drop a stem vowel:

andare: **andrò, andrai,** ecc.
avere: **avrò, avrai,** ecc.
cadere: **cadrò, cadrai,** ecc.
dovere: **dovrò, dovrai,** ecc.
potere: **potrò, potrai,** ecc.
sapere: **saprò, saprai,** ecc.
vedere: **vedrò, vedrai,** ecc.
vivere: **vivrò, vivrai,** ecc.

4. Verbs that have an irregular stem:
essere: **sarò, sarai,** ecc.
bere: **berrò, berrai,** ecc.
venire: **verrò, verrai,** ecc.
volere: **vorrò, vorrai,** ecc.

— Dove cadrà?
— Chi vivrà, vedrà!

Saremo pronti alle otto.   *We will be ready at eight.*
A che ora **mangerete?**   *At what time will you eat?*
Pagherai tu il conto?   *Will you pay the bill?*

NOTE: Colloquial Italian often uses the present tense to express the near future.

Quando **parti?**   *When are you leaving?*
Parto la settimana prossima.   *I am leaving next week.*

Here are a few expressions of time used with the future tense.

domani	*tomorrow*
dopodomani	*the day after tomorrow*
la settimana prossima	*next week*
l'anno (il mese) prossimo	*next year (month)*
fra un anno	*one year from now*
fra tre giorni (una settimana, ecc.)	*in three days (a week, etc.)*
fra poco	*in a little while*

C. Futuro di probabilità. The future tense is also used to convey probability or conjecture in the present.

Dov'è la guida? **Sarà** al bar.   *Where is the tour guide? He/She is probably (He/She must be) in the bar.*

Che ore sono? **Saranno** le tre.   *What time is it? It is probably (It must be) three.*

Pratica

A. Progetti di vacanze. Attività in piccoli gruppi. Un vostro compagno/Una vostra compagna di classe andrà in vacanza e voi volete sapere cosa farà. Ogni studente del gruppo gli rivolge una domanda.

Esempio   dove andare/...
— *Dove andrai?*
— *Andrò a Marostica.*

1. quando partire/...   2. andare solo(a)/...   3. con che mezzo viaggiare/...
4. quanti giorni stare/...   5. dove alloggiare/...   6. cosa vedere/...   7. mandare delle cartoline/...   8. comprare dei ricordi (*souvenirs*) per gli amici/...   9. fare delle foto/...

Marostica (Veneto). Personaggi e cavalli viventi giocano, ogni due anni, una partita a scacchi (*chess*) sulla piazza a scacchiera, davanti al castello della città. Celebrazione, secondo la leggenda, della partita giocata da due cavalieri medievali per conquistare il diritto (*right*) di sposare la figlia del castellano.

B. Il campeggio. Attività in piccoli gruppi. Tu e alcuni amici, in vacanza in Italia, farete il campeggio sulle montagne del Trentino. Gli studenti del gruppo sono curiosi di sapere cosa farete.

Esempio   in quanti essere/...
— *In quanti sarete?*
— *Saremo in cinque.*

1. viaggiare in treno o in macchina/...   2. portare la tenda o comprarla in Italia/...   3. montare la tenda nel bosco (*woods*) o vicino a un fiume/...
4. pescare le trote/...   5. cosa mangiare/...   6. dormire nel sacco a pelo/...
7. fare dell'alpinismo/...   8. quanto tempo restare in Trentino/...

C. Indovinello *(Guessing game)*. Chiedetevi a turno dove saranno queste persone (e il gatto) in questo momento. Scegliete i luoghi che vi sembrano appropriati nella colonna di destra.

1. I turisti	in giardino, con un topo
2. Alcuni studenti assenti	a Roma o in viaggio
3. Il gatto	in crociera
4. Bill Gates	a casa a dormire
5. Il presidente degli Stati Uniti	in ufficio a contare i suoi soldi
6. Il Papa	alla Casa Bianca

D. Conversazione. Con un compagno/una compagna, fatevi le seguenti domande.

1. Se l'estate prossima avrai un mese di vacanza, dove andrai? Al mare o in montagna?
2. Quale preferisci e perché?
3. Andrai in vacanza da solo(a), con amici o con la famiglia?
4. Quali attività farai se andrai in montagna?
5. E se andrai al mare quali attività farai?

E. Scherziamo insieme. Immaginate di telefonare all' «Oroscopo telefonico» per sapere cosa succederà *(will happen)* nel vostro futuro. Uno studente/Una studentessa fa la parte dell'indovino(a) *(fortune teller)*.

— Pronto? Oroscopo telefonico?

— Sì, dica.

— Vorrei sapere cosa ci sarà nel mio futuro.

— Quand'è la Sua data di nascita?

— _____

— A che ora è nato(a)?

— _____

— Gli astri *(stars)* Le sono favorevoli.

— Benissimo. Mi dica: incontrerò l'uomo/la donna dei miei sogni?

— Certamente, _____

— Quando e dove l'incontrerò?

— _____

— Sarà una persona ricca? Quale sarà la sua professione?

— _____

— Quando ci sposeremo?

— _____

— Avremo molti figli?

— _____

— Dove andremo ad abitare?

— _____

— Faremo molti viaggi? Dove?

— _____

— Saremo felici insieme?

— _____

— La ringrazio molto.

— Prego. Sono 150 euro. Per favore, mi dia il numero della Sua carta di credito.

— Cosa vede nel mio futuro?
— Le arriverà presto una grossa sorpresa.

2 I comparativi

Assisi la mistica città di San Francesco e di Santa Chiara nella regione Umbria. La Basilica di San Francesco contiene stupendi esempi d'arte del '200 e del '300.

Siena, nella regione Toscana, ha mantenuto il suo aspetto medievale. Nella sua piazza centrale, Piazza del Campo, ha luogo il Palio di Siena, la famosa corsa dei cavalli.

There are two types of comparisons: comparisons of *equality* (i.e., *as tall as*) and comparisons of *inequality* (i.e., *taller than*).

A. Comparisons of equality are expressed as follows:

(così)... come	*as . . . as*
(tanto)... quanto	*as . . . as, as much . . . as*

Both constructions may be used before an adjective or an adverb; in these cases, **così** and **tanto** may be omitted. Before a noun, **tanto... quanto** must be used; **tanto** and **quanto** must agree with the noun they modify and cannot be omitted.

Roma è **(tanto)** bella **quanto** Firenze.	*Rome is as beautiful as Florence.*
Ho **tanti** fratelli **quante** sorell**e.**	*I have as many brothers as sisters.*

B. Comparisons of inequality are expressed as follows:

più... di, più... che	*more . . . than*
meno... di, meno... che	*less . . . than*

1. **Più... di** and **meno... di** are used when two persons or things are compared in terms of the same quality or performance.

La California è **più** grande **dell'**Italia.	*California is bigger than Italy.*
Una Fiat è **meno** cara **di** una Ferrari.	*A Fiat is less expensive than a Ferrari.*
Tu hai **più** soldi **di** me.	*You have more money than me.*

   NOTE: Di *(Than)* combines with the article. If the second term of the comparison is a personal pronoun, a disjunctive pronoun (**me, te,** etc.) must be used.

2. **Più... che** and **meno... che** are used when two adjectives, adverbs, infinitives, or nouns are directly compared with reference to the same subject.

L'Italia è **più** lunga **che** larga.	*Italy is longer than it is wide.*
Mi piace **meno** studiare **che** divertirmi.	*I like studying less than having fun.*
Luigi ha **più** nemici **che** amici.	*Luigi has more enemies than friends.*

Pratica

A. Paragonate (*Compare*). Paragonate le seguenti persone (o posti o cose) usando **(tanto)... quanto** o **(così)... come.**

Esempio   (alto) Teresa/Gina
             Teresa è (tanto) alta quanto Gina. o
             Teresa è (così) alta come Gina.

1. (bello) l'isola di Capri/l'isola d'Ischia
2. (elegante) le donne italiane/le donne americane
3. (piacevole) le giornate di primavera/quelle d'autunno
4. (romantico) la musica di Chopin/quella di Tchaikovsky
5. (serio) il problema della disoccupazione/quello dell'inflazione

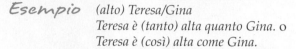

B. Più o meno. A turno, fatevi le domande usando **più di** o **meno di.**

Esempio   (popolato) l'Italia/la California
             — *L'Italia è più popolata o meno popolata della California?*
             — *L'Italia è più popolata della California.*

1. (riservato) gli Italiani/gli Inglesi
2. (lungo) le notti d'inverno/le notti d'estate
3. (leggero) un vestito di lana/un vestito di seta
4. (necessario) la salute/i soldi
5. (pericoloso) la bicicletta/la motocicletta

C. Chi più e chi meno? Fatevi a turno le seguenti domande, usando **più... di** o **meno... di.**

Esempio   — Chi ha più soldi? I Rockefeller o Lei?
             — *I Rockefeller hanno più soldi di me.* o *I Rockefeller hanno meno soldi di me.*

1. Chi ha più preoccupazioni? I tuoi genitori o tu?
2. Chi ha più clienti? Gli avvocati o i dottori?
3. Chi cucina più spaghetti? Gli Italiani o i Francesi?
4. Chi cambia la macchina più spesso? Gli Europei o gli Americani?
5. Chi ha ricevuto più voti nelle ultime elezioni? I repubblicani o i democratici?
6. Chi guadagna più soldi? Un professore o un idraulico?
7. Chi va più volentieri al ristorante? La moglie o il marito?

D. Più... che... Fatevi a turno le seguenti domande, scegliendo (*choosing*) l'alternativa appropriata.

Esempio   — Milano è industriale o artistica?
             — *Milano è più industriale che artistica.*

1. La Maserati è sportiva o pratica?
2. Venezia ha strade o canali?
3. A un bambino piace studiare o giocare?
4. Lei mangia carne o verdura?
5. Le piace sciare o andare a un concerto?

3 I superlativi

Il più feroce dei mostri. Bomarzo (Viterbo, Lazio). Il parco dei mostri, creato da Pier Francesco Orsini nel sedicesimo secolo. Chi sarà quel mostro?

There are two types of superlatives: the relative superlative (**superlativo relativo**) and the absolute superlative (**superlativo assoluto**).

A. The relative superlative means *the most . . . , the least . . . , the (. . .)est.* It is formed by placing the definite article before the comparative of inequality.

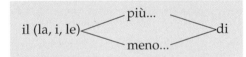

il (la, i, le) — più... / meno... — di

Firenze è **la più** bella città d'Italia.   *Florence is the most beautiful city in Italy.*
Pierino è **il meno** studioso della classe.   *Pierino is the least studious in the class.*

The position of the superlative in relation to the noun depends on the adjective. If the adjective follows the noun, the superlative also follows the noun. In this case, the article is placed *before* the noun.

Roma è **la più grande** città d'Italia.   *Rome is the largest city in Italy.*
  o Roma è **la** città **più grande** d'Italia.
Genova e Napoli sono **i** porti **più**   *Genoa and Naples are the most*
  importanti del mare Tirreno.   *important ports in the Tyrrhenian Sea.*

B. The absolute superlative means *very* or *extremely* + adjective or adverb. It is formed in the following ways:

1. By placing **molto** before the adjective or the adverb:

Capri è un'isola **molto bella.**   *Capri is a very beautiful island.*

2. By adding the suffix **-ssimo (-ssima, -ssimi, -ssime)** to the masculine plural form of the adjective. This form of the absolute superlative is more emphatic.

È stata una **bellissima** serata.   *It was a very beautiful evening.*

La grammatica   223

Pratica

A. Più o meno? In due, fatevi a turno le domande. Rispondete usando il *superlativo relativo*, secondo l'esempio.

Esempio   i vini francesi/famosi/mondo
— *I vini francesi sono i più famosi o i meno famosi del mondo?*
— *Sono i più famosi.*

1. lo Stato di Rhode Island/grande/Stati Uniti
2. il baseball/popolare/sport americani
3. un chirurgo/caro/professionisti
4. febbraio/lungo/mesi
5. il 21 dicembre/breve/giorni dell'anno
6. l'estate/calda/stagioni
7. l'alpinismo/pericoloso/sport
8. il Po/lungo/fiumi italiani
9. il cane/fedele/animali

B. Tutto è superlativo! Fatevi a turno le domande. Usate il superlativo assoluto nella risposta.

Esempio   bravo/Maria
— *È brava Maria?*
— *È bravissima.*

1. bello/l'isola di Capri
2. veloce/la Lamborghini
3. alto/il monte Everest
4. antico/Roma
5. vasto/lo spazio
6. profondo/l'oceano Pacifico
7. luminoso/le stelle
8. verde/le colline umbre

4 Comparativi e superlativi irregolari

San Marino è una repubblica piccolissima. Geograficamente è nelle Marche, ed è situata su una roccia altissima che si vede a grande distanza. Secondo la leggenda, fu fondata nell'anno 301. Ha sempre mantenuto la sua indipendenza ed il suo aspetto medievale.

A. Some adjectives have both regular and irregular comparative and superlative forms. The most common irregular forms are:

Adjective	Comparative	Relative superlative	Absolute superlative	
			regular	irregular
buono	migliore *better*	il migliore *the best*	buonissimo	ottimo *very good*
cattivo	peggiore *worse*	il peggiore *the worst*	cattivissimo	pessimo *very bad*
grande	maggiore *bigger, greater*	il maggiore *the biggest, the greatest*	grandissimo	massimo *very big, very great*
piccolo	minore *smaller*	il minore *the smallest*	piccolissimo	minimo *very small*

The regular forms are generally used in a literal sense, to describe size, physical characteristics, and character traits, for example. The irregular forms are generally used to express opinions about less concrete qualities, such as skill, greatness, and importance.

Il lago di Como è **più piccolo** del lago di Garda.	*Lake Como is smaller than Lake Garda.*
Le autostrade italiane sono tra **le migliori** d'Europa.	*Italian highways are among the best in Europe.*
Le tagliatelle alla Bolognese sono **buonissime (ottime).**	*Tagliatelle alla bolognese is very good.*
La Russia è un paese **grandissimo**.	*Russia is a very large country.*

NOTE: When referring to birth order, *older (the oldest)* and *younger (the youngest)* are frequently expressed by **maggiore (il maggiore)** and **minore (il minore).**

Tuo fratello è **maggiore** o **minore** di te?	*Is your brother older or younger than you?*

B. The adverbs **bene, male, molto,** and **poco** have the following comparative and superlative forms:

Adverb	Comparative	Relative superlative	Absolute superlative
bene	meglio *better*	il meglio *the best*	benissimo *very well*
male	peggio *worse*	il peggio *the worst*	malissimo *very badly*
molto	più, di più *more*	il più *the most*	moltissimo *very much*
poco	meno, di meno *less*	il meno *the least*	pochissimo *very little*

Lei conosce gli Stati Uniti **meglio** di me.	*You know the United States better than I do.*
Qui si mangia **benissimo.**	*Here one eats very well.*

Pratica

A. **Opinioni.** Domandatevi a turno la vostra opinione sulle seguenti cose. Quale dei due è **migliore**?

Esempio   il clima della California/il clima dell'Oregon
— *Secondo te, è migliore il clima della California o il clima dell'Oregon?*
— *Il clima della California è migliore del clima dell'Oregon.*

1. una vacanza al mare/una vacanza in montagna
2. un gelato al cioccolato/un gelato alla vaniglia
3. la musica classica/la musica rock
4. la cucina italiana/la cucina francese

B. **Paragoni.** Formate una frase completa con il comparativo dell'avverbio in corsivo, seguendo l'esempio.

Esempio   Maria canta *bene*/Elvira
Maria canta meglio di Elvira.

1. Un povero mangia *male*/un ricco
2. Un avvocato guadagna *molto*/un impiegato
3. Uno studente pigro studia *poco*/uno studente diligente
4. Mia madre cucina *bene*/me

C. **Superlativi.** In due, fatevi a turno le domande. Rispondete usando il superlativo assoluto dell'avverbio.

1. Si mangia *bene* in Italia?
2. Mangi *poco* quando sei a dieta?
3. Ti dispiace *molto* quando le vacanze sono finite?
4. Stai *male* quando ricevi una F in italiano?

5 Uso dell'articolo determinativo

Il lago Maggiore, in Lombardia, è uno dei più grandi laghi italiani (il secondo dopo il lago di Garda). Ai piedi delle Alpi, il lago è alimentato dai ghiacciai *(glaciers)* alpini. Il lago Maggiore è luogo di vacanza e meta di turisti italiani e stranieri.

We have already seen that the definite article is used with titles, days of the week, possessive adjectives, reflexive constructions, and dates and seasons. The definite article is also required with:

a. nouns used in a general or an abstract sense, whereas in English it is often omitted.

| **I bambini** amano **gli animali.** | *Children love animals.* |
| **Il tempo** è prezioso. | *Time is precious.* |

b. names of languages (except when immediately preceded by the verb **parlare**).

| Ho incominciato a studiare **l'italiano.** | *I began to study Italian.* |
| Parlo inglese. | *I speak English.* |

c. geographical names indicating continents, countries, states, regions, large islands, and mountains. Names ending in **-a** are generally feminine and take a feminine article; those ending in a different vowel or a consonant are masculine and take a masculine article.

La capitale de**gli Stati Uniti** è Washington, DC.	*The capital of the United States is Washington, DC.*
L'Asia è più grande dell'**Europa.**	*Asia is larger than Europe.*
I miei genitori vengono dal**la Sicilia.**	*My parents come from Sicily.*
Il Texas è ricco di petrolio.	*Texas is rich in oil.*

Pratica

A. Gusti di una coppia. Mirella parla di sè e del marito. Completate il suo discorso con l'articolo determinativo, se necessario.

Io amo _____ musica classica, lui ama _____ calcio. A me piacciono _____ acqua minerale e _____ frutta; a lui piacciono _____ panini al salame e _____ vino rosso. Io preferisco _____ lettura e lui preferisce _____ TV. _____ mia stagione favorita è _____ autunno; _____ sua è _____ estate. Io ho imparato _____ francese ed anche _____ inglese; lui ha studiato solamente _____ spagnolo. _____ mio padre è fiorentino e _____ suo padre è romano. _____ Toscana è _____ mia regione; _____ Lazio è _____ sua. Io vedo sempre _____ mie amiche _____ venerdì e lui vede _____ suoi amici _____ sabato.

B. Dove si trova... ? Fatevi a turno le domande.

Esempio Cina/Asia
— *Dove si trova la Cina?*
— *La Cina si trova in Asia.*

1. Portogallo/Europa
2. Brasile/America del Sud
3. monte Etna/Sicilia
4. Russia/Europa orientale
5. Calabria/Italia meridionale
6. monte Bianco/Alpi occidentali
7. Toronto/America del Nord
8. Maine/Stati Uniti dell'est
9. Chicago/Illinois
10. Denver/Colorado

Per finire

Sicilia. Il Teatro Greco di Taormina è uno dei teatri lasciati dai Greci e ricostruito piú tardi dai Romani. Secondo secolo B.C.

Una gita scolastica   CD2, Track 11   *field trip*

Alcuni professori del liceo «M» dell'Aquila hanno organizzato una gita scolastica a Roccaraso. Così Tina e i compagni vanno in montagna a passare **la settimana bianca.** Ora i ragazzi sono in pullman, **eccitati** e felici.   *a winter skiing vacation / excited*

TINA   Mi piace viaggiare in pullman, e a te?

STEFANO   Mi piace **di più** viaggiare in treno.   *more*

RICCARDO   Viaggi spesso?

STEFANO   Viaggio spesso con la mia famiglia nell'Italia settentrionale, ma l'estate prossima visiteremo l'Italia meridionale: la Campania e la Sicilia.

LISA   L'anno prossimo io prenderò l'aereo per la prima volta. Andrò con la mia famiglia negli Stati Uniti **a trovare** dei parenti.   *to visit*

TINA   Dove andrete?

LISA   Andremo prima a San Francisco, e ci staremo per una settimana. Poi noleggeremo una macchina e visiteremo l'Arizona, il New Mexico e il Gran Canyon.

STEFANO   Ho visto delle foto: il Grand Canyon è uno degli spettacoli più belli del mondo.

LISA   **Penso di sì. Non vedo l'ora** di vederlo.   *I think so. / I can't wait*

RICCARDO   Sarà un viaggio interessantissimo.

TINA   Io non prenderò mai l'aereo: **ho una paura da morire!** Un viaggio in treno è molto più piacevole di un viaggio in aereo: dal treno puoi vedere pianure, colline, laghi, fiumi...   *I am scared to death!*

RICCARDO   **Ma va!** Tu hai paura di **tutto! Come mai** non hai paura di sciare?   *Come on! / everything / How come*

TINA   Perché sciare mi piace moltissimo. E poi mio padre mi ha comprato un bellissimo paio di sci per Natale.

Comprensione

1. Dove vanno Tina e i suoi compagni?
2. A Stefano piace di più viaggiare in treno o in pullman?
3. Quali regioni visiterà Stefano l'estate prossima? Sono regioni settentrionali o meridionali?
4. Perché Lisa si fermerà a San Francisco?
5. Com'è il Gran Canyon, secondo Stefano? Dove l'ha visto?
6. Perché Tina non prenderà mai l'aereo?
7. Perché Tina non ha paura di sciare?

Conversazione

1. Hai mai attraversato l'America del Nord? Come? Quanti giorni ci vogliono in macchina? E in aereo?
2. Secondo te, è più attraente (*attractive*) la costa orientale dell'America del Nord o quella occidentale? Perché?
3. Hai visitato l'Italia settentrionale? E l'Italia meridionale?
4. Conosci il nome di un vulcano attivo in Italia? Sai dov'è?
5. Conosci il nome di due belle isole nel golfo di Napoli?
6. Sai qual è il monte più alto d'Europa? Quali paesi confinano con l'Italia?
7. Se paragoni l'Italia al tuo Stato, quali differenze noti? Per esempio, il tuo Stato è più piccolo o più grande? Più popolato o meno popolato? Trovi altre differenze (la moda, la cucina, la casa...)?

Ascoltiamo!

Un incontro CD2, Track 12

Lisa has stopped at a pharmacy in Roccaraso to buy a few items. There she runs into Giovanni, an old school friend whom she has not seen for several years. Listen to their conversation; then answer the following questions.

Comprensione

1. Che sorpresa ha avuto Lisa quando è entrata nella farmacia?
2. Con chi è venuto in montagna Giovanni? Perché?
3. In quale periodo dell'anno Lisa e Giovanni venivano in montagna con le loro famiglie?
4. Lisa era una brava sciatrice quand'era bambina? Perché Giovanni rideva (*was laughing*)?
5. Perché Giovanni non potrà vedere Lisa sugli sci domani?
6. Che cosa vuole sapere Giovanni da Lisa? Perché?

Dialogo

In gruppi di due, immaginate di incontrare un vecchio amico/una vecchia amica, che non vedevate da molto tempo, in un posto di villeggiatura. Abbracciatevi e scambiatevi (*exchange*) notizie e indirizzi.

Paragoni CD2, Track 13

Brett, an American student from San Francisco, came to Milan to study. He is now in a coffee shop with his friend Matteo. They are comparing their two cities: climate, housing, food, and people. Listen to the conversation. Then answer the following questions.

Comprensione

1. Di dov'è Brett e cosa fa a Milano? 2. Dov'è Brett oggi e con chi? Di cosa parlano? 3. Perché Brett trova Milano meno bella di San Francisco? 4. Che cosa gli piace di Milano? Perché? 5. Secondo Brett, qual è la differenza tra il clima di Milano e quello di San Francisco? 6. Perché Brett dice che in Italia si mangia benissimo? 7. Cos'altro gli piace di Milano? Perché?

Adesso scriviamo!

Una gita

Racconta un gita che hai fatto con gli amici o con la famiglia. Scrivi tre o quattro paragrafi, spiegando dove sei andato(a), con chi, con quale mezzo di trasporto, se era una gita breve (di quanti giorni), in che stagione, che tempo faceva, dove hai alloggiato, cosa hai visto, cosa hai fatto, se è stata una gita divertente (o no) e perché.

Parliamo insieme!

A. Quale albergo? Voi desiderate passare le vacanze al mare. Consultate la pubblicità dei seguenti alberghi. Fanno anche pensione. In gruppi di due, discutete quale dei due alberghi promette di più per le vostre vacanze, e fate la vostra scelta *(choice)*.

Situato in splendida posizione con terrazze soleggiate e vasto parco che scende direttamente al mare. Stabilimento Bagni e spiaggia privata con servizio snack-bar. Cucina eccellente. Parcheggio custodito e Garage. Diretto personalmente dai proprietari.

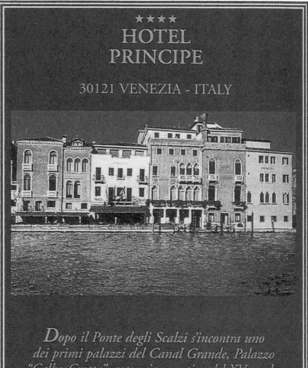

Dopo il Ponte degli Scalzi s'incontra uno dei primi palazzi del Canal Grande, Palazzo "Calbo-Crotta", cotruzione gotica del XV secolo. Il palazzo accoglie oggi l'hotel Principe, storico e bellissimo albergo completamente rinnovato dispone di un pontile privato per gondole e taxi d'acqua. Le sue camere arredate in stile veneziano, alcune delle quali con vista sul Canal Grande, sono dotate di TV satellitare, telefono, minibar, cassaforte, asciugacapelli e aria condizionata. Il bar "Marco Polo" ed il ristorante "Il Principe", sono il luogo ideale per gustare le specialità locali ed internazionali godendosi uno spettacolo inimitabile offerto dal Canal Grande.

B. Identificate le seguenti foto. In piccoli gruppi, uno studente/una studentessa rivolge una domanda a ogni studente(essa) del gruppo.

1.

2.

3.

Foto numero 1: **1.** Riconosci questa piazza? Si trova nel più piccolo Stato del mondo. Quale? **2.** In quale regione si trova la città che lo circonda? È una regione dell'Italia settentrionale, centrale o meridionale? **3.** Come si chiama il fiume che attraversa la città? **4.** Conosci il nome di alcuni artisti che hanno contribuito alla ricchezza artistica e architettonica di questa città?

Foto numero 2: **1.** Riconosci la città? In quale regione si trova? **2.** Come si chiama il fiume che l'attraversa? Conosci il nome del suo ponte famoso (visibile nella foto)? **3.** Puoi nominare una statua, una chiesa o un museo di questa città? **4.** Sai come si chiama il movimento umanistico nato nel '400 in questa città? **5.** Ricordi il nome di alcuni dei suoi più illustri cittadini nel campo dell'arte o della letteratura?

Foto numero 3: **1.** Sai in che città si trova questa cattedrale? Come si chiama? Di che stile è? **2.** In che regione si trova questa città? **3.** La regione si trova in una pianura molto fertile che prende il nome dal fiume che l'attraversa. Sai come si chiama la pianura e come si chiama il fiume? **4.** Sai con quali regioni confina questa regione? **5.** Sai perché questa città si chiama «la capitale industriale d'Italia»? **6.** Puoi nominare alcune industrie che esportano i loro prodotti all'estero?

Se avete la possibilità di visitare soltanto una delle tre città, quale preferite visitare e perché?

Attualità
Inverno tutto italiano

A. Prima di leggere
You are about to read about winter travel opportunities in two very different parts of Italy. Begin by locating the two regions, Trentino-Alto Adige and Campania, on the maps.

Trentino

Una proposta offerta a tutti gli innamorati, **ma non solo:** vacanze sulla neve per la settimana bianca di San Valentino. Il Residence Lastei propone un soggiorno a San Martino di Castrozza, sulle Dolomiti. Il residence offre ai suoi ospiti per il pomeriggio, dopo lo sci, delle **merende** a base di cioccolata calda, **vin brulè** e pasticcini assortiti, in un'atmosfera romantica. Il costo di una settimana per un appartamento **arredato** a due posti letto, è di euro 445,00.

but not for them alone

snacks / hot wine

furnished

Il Residence Lastei di San Martino di Castrozza, nota località sciistica trentina.

La romantica isola di Capri è una tappa del tour della Campania.

Campania

A chi desidera fare un viaggio culturale, storico e archeologico, Imperatore Travel, il tour operator specializzato nei viaggi nell'Italia del Sud, propone il giro della Campania. Il viaggio, che **dura** otto giorni e sette notti, è in pullman. La prima fermata è Napoli, con le sue allegre piazze, la sua gente e i suoi musei. Poi c'è il Vesuvio, il vulcano che è **oramai** diventato il simbolo della città e Pompei, la città distrutta dall'eruzione del Vesuvio all'epoca degli antichi romani. C'è anche l'isola di Capri, una delle isole più romantiche del mondo che ha **incantato** imperatori, poeti e letterati di tutto il mondo. Poi **è la volta** della costiera amalfitana, **quindi** Sorrento, Amalfi e Positano. La partenza **avviene** sempre di sabato da Napoli. È organizzato il pernottamento in hotel a tre o quattro stelle, con trattamento di pensione completa. Il costo, nel mese di gennaio, è di euro 506,00. Nei mesi di febbraio e marzo, invece, il costo sale a euro 542,00.

lasts

by now

enchanted
it is the time
consequently
takes place

B. Alla lettura

1. Che cosa propone il Residence Lastei a tutti gli innamorati?

2. Che cosa offre il Residence ai suoi ospiti (guests) nel pomeriggio?

3. Quant'è il costo di una settimana al Residence Lastei per due persone?

4. Se i turisti desiderano fare un viaggio storico e archeologico, dove possono andare?

5. Quanto dura il viaggio? Con quale mezzo di trasporto?

6. Quando è stata distrutta Pompei? Da che cosa?

7. Perché l'isola di Capri è famosa?

Vocabolario

Nomi

l'attività	activity
il canale	canal, channel
il clima	climate
la distanza	distance
le ferie	annual vacation
la gita scolastica	field trip
il mezzo di trasporto	means of transportation
l'ospite	guest
il villaggio	village

Aggettivi

attivo	active
attraente	attractive
centrale	central
eccitato	excited
maggiore	larger, greater
meridionale	southern
migliore	better
minore	smaller, younger
occidentale	western
orientale	eastern
peggiore	worse
pericoloso	dangerous
popolato	populated
prossimo	next
settentrionale	northern
veloce	fast

Verbi

andare (venire) a trovare	to visit (a person)
asciugarsi	to dry oneself
attraversare	to cross
circondare	to surround
confinare (con)	to border
paragonare	to compare
perdersi	to get lost
pescare	to fish

Altre espressioni

così... come	as . . . as
dopodomani	the day after tomorrow
fra (tra) poco	in a little while
fra (tra) un mese	in a month
meglio (adv.)	better
meno... di	less . . . than
non vedo l'ora	cannot wait ('til)
peggio (adv.)	worse
penso di sì	I think so
più o meno	more or less
più... di (che)	more . . . than
prendere il sole	to get some sun
tanto... quanto	as (much) . . . as

Il mondo del lavoro

12

Preparazione al lavoro. Giovani apprendisti che seguono attentamente le spiegazioni dell'istruttore.

Parole da ricordare
Mestieri e professioni

La grammatica
1 Il condizionale: presente e passato
2 Uso di **dovere, potere** e **volere** nel condizionale
3 Gli avverbi
4 Il **si** impersonale
5 Esclamazioni comuni

Per finire: In cerca di un impiego
Ascoltiamo! Adesso scriviamo!
Parliamo insieme!

Attualità: Immigrati: la carica della seconda generazione

www.academic.cengage.com/italian/salve

📖 Workbook   🎧 iRadio   🎧 Audio

235

Parole da ricordare

Mestieri e professioni

I mestieri Trades

il lavoratore/la lavoratrice worker	**l'idraulico** plumber
l'elettricista electrician	**l'operaio** factory worker

Le professioni Professions

il medico (dottore/dottoressa) physician	**il colloquio** interview
il chirurgo surgeon	**il requisito** requirement
il (la) consulente consultant	**l'impiego** employment, job
lo psicologo (la psicologa) psychologist	**il datore di lavoro** employer
il (la) dentista dentist	**il lavoro a tempo pieno** full-time job
l'infermiere/l'infermiera nurse	**un lavoro part-time** part-time job
il (la) dirigente chief executive	**un posto** position, job
l'ingegnere *(m. & f.)* engineer	**fare domanda** to apply
il (la) commercialista accountant, CPA	**le ferie** paid vacation
l'avvocato *(m. & f.)* lawyer	**assumere** *(p.p. **assunto**)* to hire
il programmatore/la programmatrice di computer computer programmer	**licenziare** to lay off, to fire
	guadagnare to earn
	smettere di to stop (doing something)
il segretario/la segretaria secretary	**il salario** } salary, wages
la casalinga homemaker	**lo stipendio** }
fare il (la)... to be a . . . (profession or trade)	**disoccupato** unemployed
la ditta firm	**la disoccupazione** unemployment
	fare sciopero to strike
	andare in pensione to retire
la fabbrica factory	**il pensionato/la pensionata** retiree

Informazioni

L'economia in Italia

Oggi la disoccupazione in Italia è del 7,4 per cento, e non è mai stata così bassa dal 1992. La differenza tra il Nord e il Sud è di 5–6 punti a favore del Nord.

Oggi in Italia c'è una crisi generale nella produzione: il «Made in Italy» non tiene più i mercati *(has a smaller market share)* come prima e la situazione economica è diventata più difficile. Tuttavia il tenore di vita *(standard of living)* degli Italiani, in generale, è abbastanza buono. Oltre all'esistenza di una forma di industria a carattere familiare o artigianale, il lavoratore italiano gode *(enjoys)* di alcuni privilegi: riceve alla fine dell'anno uno stipendio extra (la tredicesima); se cambia lavoro o va in pensione, riceve la liquidazione *(a sum of money)*. Il lavoratore ha anche quattro settimane di ferie pagate. Le lavoratrici hanno sei mesi di sospensione dal lavoro per il parto *(when they give birth)*. Il Governo inoltre dà una pensione anche alle persone che non hanno mai lavorato fuori casa, come le casalinghe.

(Dati ISTAT, gennaio 2005)

Applicazione

A. Applicazione. In due, fatevi a turno le seguenti domande.

1. Quando un lavoratore/una lavoratrice arriva a sessantacinque anni ed è stanco(a) di lavorare, cosa fa?

2. Che cosa riceve alla fine del mese una persona che lavora?

3. Di tutte le professioni o i mestieri elencati *(listed)*, qual è, secondo te, la/il più difficile *(the most difficult)*? Perché?

4. Se i lavoratori non sono soddisfatti dalla loro condizioni di lavoro, cosa fanno?

Giovani apprendisti che imparano il mestiere.

B. Cosa fanno? Dite quale mestiere o professione fanno le seguenti persone e aggiungete qualche vostra definizione.

1. Scrive lettere e tiene *(keeps)* in ordine i documenti in ufficio.

2. È una donna che non conosce orario né *(nor)* stipendio.

3. Lavora in una fabbrica.

4. Dirige una grande ditta.

5. Ha finito di lavorare e ora dovrebbe *(should)* riposare e divertirsi.

6. Prepara programmi per una macchina elettronica.

7. È una persona che...

La grammatica

1 Il condizionale: presente e passato

AGENZIA LAVOROTEMP S.p.A
Sede Milano

SELEZIONA

ASSISTENTI AL COMMERCIO

Mansioni: coordinazione, gestione e supervisione di gruppo FILIALI

Si richiede: cultura universitaria, abilità organizzative e relazionali, ottimo uso Pc. resistenza allo stress, capacità di problem solving.

Età: 25/30 anni.
Assunzione: 9 mesi con possibilità di occupazione permanente.
Inquadramento: basato sull'esperienza e titolo universitario
Sede: Milano

I candidati sono pregati di inviare il curriculum a Meroni@lavorotemp.it
Fax: 02/47127889

LT Lavoro Temp
Creating Job Opportunities

Ti piacerebbe fare domanda per questo lavoro? Dove lavoreresti? A chi spediresti il tuo curriculum vitae (CV)?

A. Il condizionale presente The present conditional **(condizionale presente)** expresses an intention, a preference, a wish, or a polite request; it is the equivalent of the English *would* + verb. Like the future, it derives from the infinitive, and its stem is always the same as the future stem. Also like the future, **-are** verbs change the **-a** to **-e.**

> partire → **partirei** *I would leave*

1. It is conjugated as follows:

parlare	rispondere	partire
parler**ei**	risponder**ei**	partir**ei**
parler**esti**	risponder**esti**	partir**esti**
parler**ebbe**	risponder**ebbe**	partir**ebbe**
parler**emmo**	risponder**emmo**	partir**emmo**
parler**este**	risponder**este**	partir**este**
parler**ebbero**	risponder**ebbero**	partir**ebbero**

NOTE: The endings of the present conditional are the same for all conjugations.

Mi **piacerebbe** essere ricco.	*I would like to be rich.*
Ci **aiuteresti?**	*Would you help us?*

2. Verbs that are irregular in the future are also irregular in the conditional. Here is a comprehensive list.

dare:	**darei, daresti,** ecc.	sapere:	**saprei, sapresti,** ecc.
fare:	**farei, faresti,** ecc.	vedere:	**vedrei, vedresti,** ecc.
stare:	**starei, staresti,** ecc.	vivere:	**vivrei, vivresti,** ecc.
andare:	**andrei, andresti,** ecc.	essere:	**sarei, saresti,** ecc.
avere:	**avrei, avresti,** ecc.	bere:	**berrei, berresti,** ecc.
cadere:	**cadrei, cadresti,** ecc.	venire:	**verrei, verresti,** ecc.
dovere:	**dovrei, dovresti,** ecc.	volere:	**vorrei, vorresti,** ecc.
potere:	**potrei, potresti,** ecc.		

Verresti al cinema con me?	*Would you come with me to the movies?*
Mi **darebbe** alcuni consigli?	*Would you give me some advice?*
Io **vorrei** fare l'oculista.	*I would like to be an eye doctor.*

3. Verbs ending in **-care, -gare, -ciare,** and **-giare** undergo a spelling change for phonetic reasons, as in the future tense (see **Capitolo 11**).

cercare: **Cercherei** un lavoro.	*I would look for a job.*
pagare: **Pagherei** molto.	*I would pay a lot.*
cominciare: **Comincerei** a lavorare.	*I would start working.*
mangiare: **Mangerei** della frutta.	*I would eat fruit.*

NOTE: When "would" indicates a habitual action in the past, Italian uses the imperfect tense. **Da bambino, andavo alla spiaggia tutte le estati.** *When I was a child, I would (I used to) go to the beach every summer.*

B. Il condizionale passato The conditional perfect (**condizionale passato**) is the equivalent of the English *would have* + past participle. It is formed with the present conditional of **avere** or **essere** + the past participle of the main verb.

avrei finito = *I would have finished*

—Papà, mi presteresti 100 euro? Esco con gli amici.
—Perché dovrei darti 100 euro?
—Perché se non ho soldi potrebbe venirmi un complesso di inferiorità e chissà per quanti mesi tu dovresti curarmi!

L'autista pensa: avrei fatto meglio a prendere il treno.

It is conjugated as follows:

parlare		rispondere		partire	
avrei		avrei		sarei	
avresti		avresti		saresti	partito(a)
avrebbe	parlato	avrebbe	risposto	sarebbe	
avremmo		avremmo		saremmo	
avreste		avreste		sareste	partiti(e)
avrebbero		avrebbero		sarebbero	

Avrei scritto, ma non avevo l'indirizzo.	*I would have written, but I did not have the address.*
Avresti accettato l'invito?	*Would you have accepted the invitation?*

Pratica

A. Desiderio di rilassarsi. Cosa faresti durante le vacanze? Rispondete secondo l'esempio.

Esempio   vedere gli amici
Vedrei gli amici.

1. dormire fino a tardi
2. fare delle passeggiate
3. leggere molti libri
4. mangiare al ristorante
5. guardare la TV
6. divertirsi
7. scrivere delle lettere
8. andare al cinema
9. stare alla spiaggia tutto il giorno
10. uscire con gli amici
11. riposarsi

B. Scambi rapidi. Completate con il condizionale presente.

1. A un caffè di Viareggio, in Toscana.
   — Ragazzi, io _____ (prendere) un espresso lungo *(weak)*. E voi?
   — Con questo caldo? Noi _____ (bere) volentieri qualcosa di fresco.
   — Sì, mi _____ (piacere) bere un succo di pompelmo. E a te?
   — Per me la stessa cosa.

2. All'ingresso di un albergo di Verona, nel Veneto.
   — Che camera _____ (volere) i signori? Una sul davanti?
   — Sì, _____ (andare) bene, se non c'è troppo rumore *(noise)* però.
   — Possono stare tranquilli. _____ (Potere) darmi un Loro documento?
   — Ecco il passaporto.

C. Cosa faresti tu in questa situazione? Fatevi a turno le domande. Scegliete l'espressione corretta alla seconda colonna e rispondete usando il verbo al condizionale.

Esempio   — Sei in ritardo a un appuntamento. Cosa faresti?
— *Mi scuserei.*

1. La macchina non funziona.	protestare (o…)
2. Un amico ti chiede un favore.	fargli le mie congratulazioni farglielo
3. Il padrone di casa aumenta l'affitto dell'appartamento.	portarla dal meccanico fare la fila e aspettare
4. Un collega d'ufficio riceve una promozione.	ringraziarlo preparare il mio curriculum vitae
5. Devi spedire un pacco *(package)*, e all'ufficio postale ci sono molte persone.	
6. Devi presentarti ad un colloquio.	
7. Il tuo direttore ti dà un aumento di stipendio.	

D. Cosa fareste con un sacco di soldi? Attività in piccoli gruppi. Uno studente/Una studentessa fa la stessa domanda ad ogni studente(essa) del suo gruppo, che risponde usando i verbi suggeriti al condizionale e con la sua immaginazione.

Esempio — *Cosa faresti tu con 100 milioni di dollari?*
— *Farei il giro del mondo. (o Comprerei un condominio alle Hawaii.)*
comprare, vivere, andare, fare, potere, dare, regalare, aiutare, passare, eccetera

E. Cosa avreste fatto voi? In due, il primo studente/la prima studentessa inizia con la prima frase, l'altro(a) risponde dicendo cosa avrebbe fatto e usa il condizionale passato.

Esempio — Mia sorella ha trovato un lavoro part-time.
— *Io, al suo posto, avrei cercato un lavoro a tempo pieno.*

1. — Mio padre ha continuato a lavorare dopo i 65 anni.

   — Io, al suo posto, _____

2. — I miei colleghi hanno preferito prendere le ferie a settembre.

   — Io e i miei colleghi, invece, _____

3. — Io non ho avuto il coraggio di chiedere un aumento di stipendio.

   — Io, al tuo posto, _____

4. — I miei fratelli hanno cercato lavoro all'estero.

   — Io e i miei fratelli, al vostro posto, _____

5. — Il mio capoufficio mi ha licenziato(a).

   — Io, al tuo posto, _____

F. Supposizioni. Cosa avresti fatto nelle seguenti situazioni? In coppie e a turno, fate le domande e rispondete.

Esempio al lago
— *Cosa avresti fatto al lago?*
— *Avrei preso il sole. o...*

1. a Roma
2. dopo un esame difficile
3. prima di un colloquio per un impiego
4. in caso di cattivo tempo
5. per il compleanno del tuo ragazzo/della tua ragazza
6. nel caso del tuo licenziamento

G. Presente o passato? Completate con il condizionale presente o passato.

1. Io (andare) _____ in vacanza ma sono al verde.
2. Noi (uscire) _____, ma piove.
3. (vivere) _____ in campagna Lei?
4. Loro (essere) _____ contenti di stare a casa oggi.
5. Gino (partire) _____ con il treno delle sei, ma la sua valigia non era pronta.
6. Che cosa (rispondere) _____ a un amico che ti domanda un favore?
7. (piacere) A te _____ fare il chirurgo?
8. Hai scritto a Pietro? Gli (scrivere) _____, ma lui non ha risposto alla mia ultima lettera.

H. Quale professione mi consiglia *(do you suggest)*? In due, fate a turno la parte di qualcuno che domanda consigli sulla professione da seguire e quella dell'impiegato(a) di un'agenzia di collocamento.

Esempio — Mi piacerebbe viaggiare e vedere paesi stranieri.
— *Allora Le consiglierei di fare l'agente di viaggi. (o la guida o...)*

1. Sono una persona ordinata, metodica, precisa e puntuale.
2. Mi piacerebbe studiare per tutta la vita.
3. Mi appassiono ai problemi personali e mi piacerebbe trovare le soluzioni.
4. Vorrei vedere il trionfo della giustizia *(justice)* e diventare ricco(a) allo stesso tempo.
5. Amo prendermi cura *(to take care)* dei bambini e della casa e preparare pranzi squisiti.
6. Mi diverto a montare e smontare i motori delle macchine.

2 Uso di *dovere, potere* e *volere* nel condizionale

—Potrebbe ripararla in un'ora, prima del ritorno di mio marito?

A. The present conditional of **dovere, potere,** and **volere** is used instead of the present indicative to make a request more polite or a statement less forceful. It has the following meanings:

dovrei = *I should, I ought to*
potrei = *I could, I might*
vorrei = *I would like*

Compare:

Devi aiutare la gente.   *You must help people.*
Dovresti aiutare la gente.   *You should (You ought to) help people.*

Non **voglio** vivere qui.   *I don't want to live here.*
Non **vorrei** vivere qui.   *I would not like to live here.*

Può aiutarmi?   *Can you help me?*
Potrebbe aiutarmi?   *Could you help me?*

B. In the conditional perfect, **potere, volere,** and **dovere** correspond to the following English constructions:

avrei dovuto + *infinitive* = *I should have* + past participle
avrei potuto + *infinitive* = *I could have* + past participle
avrei voluto + *infinitive* = *I would have liked* + infinitive

Avrei dovuto parlare all'avvocato.   *I should have spoken to the lawyer.*
Avrebbe potuto laurearsi l'anno scorso.   *She could have graduated last year.*
Avrebbe voluto fare un viaggio.   *He would have liked to take a trip.*

Pratica

A. Belle maniere (Polite manners). Attenuate *(Make less forceful)* le seguenti frasi, usando il condizionale presente.

1. Due turisti: Vogliamo due camere singole con doccia. Può prepararci il conto per domattina?

2. Il direttore di una ditta: Dobbiamo assumere una persona competente. Può inviarci *(send us)* il Suo curriculum vitae?

3. Il capoufficio: Deve pensare al Suo futuro. Vuole una lettera di raccomandazione?

4. Un lavoratore part-time: Oggi voglio finire prima. Devo andare all'agenzia di collocamento.

5. Gli studenti d'italiano: Possiamo uscire mezz'ora prima? Può ripetere la spiegazione sul condizionale domani?

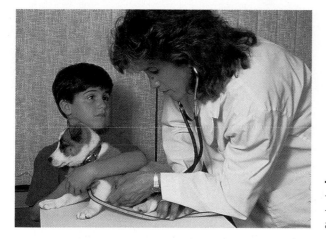

— Ti piacerebbe fare il veterinario?
— Sì, perché mi piacciono gli animali.

B. Situazioni e soluzioni. In coppie, uno studente/Una studentessa espone una situazione e fa la domanda; l'altro(a) offre una possibile soluzione.

Esempio   — Il signor Brambilla era stanco di lavorare. Che cosa avrebbe voluto fare?
— *Avrebbe voluto andare in pensione.* o *Avrebbe voluto smettere di lavorare.*

1. Non avevate notizie di una vostra amica. Che cosa avreste potuto fare?

2. Avevi un appuntamento, ma non ci potevi andare. Che cosa avresti potuto fare?

3. Un amico ti ha telefonato perché era in gravi difficoltà finanziarie. Che cosa avresti potuto fare?

4. L'altro giorno sei andato(a) in ufficio; il computer non funzionava, faceva troppo caldo e il direttore era di cattivo umore. Cosa avresti voluto fare?

5. Ieri era una bellissima giornata. A scuola c'era un esame difficile; tu e altri studenti non eravate preparati(e) e non avevate voglia di andare in classe. Cosa avreste voluto fare?

Un commercialista nel suo ufficio.

3 Gli avverbi

A. You have learned several adverbs (**molto, troppo, ora, presto,** etc.) in earlier chapters. In Italian, many adverbs are formed by adding **-mente** to the feminine form of the adjective. The suffix **-mente** corresponds to the English adverbial suffix *-ly*.

attento	attenta	**attentamente** (*carefully*)
rapido	rapida	**rapidamente** (*rapidly*)

Adjectives ending in **-e** add **-mente** without changing the final vowel.

semplice	**semplicemente** (*simply*)
veloce	**velocemente** (*fast, quickly*)

Adjectives ending in **-le** and **-re** drop the final **-e** before **-mente.**

particolare	**particolarmente** (*particularly*)
probabile	**probabilmente** (*probably*)

Pippo l'ottimista.
PIPPO: Papà, quando sarò grande *(when I'm grown up)*, comprerò una Ferrari, o probabilmente una Lamborghini.
PAPÀ: Certamente. Però prima devi lavorare duramente, risparmiare continuamente, spendere moderatamente...
PIPPO: Papà, non voglio più la Ferrari.

B. The following are some useful **adverbs of time:**

adesso, ora *now*	**dopo** *later*
prima *first, before*	**poi** *then*
presto *early, soon*	**tardi, più tardi** *late, later*
spesso *often*	**raramente** *seldom*
	qualche volta *sometimes*
già *already*	**non... ancora** *not . . . yet*
ancora *still, more, again*	**non... più** *not . . . any longer, not . . . anymore*
sempre *always*	**non... mai** *never*

Adverbs generally follow the verb.

Viaggio **spesso** per affari.	*I often travel on business.*
Vado **sempre** in aereo.	*I always go by plane.*

With *compound tenses*, however, the following adverbs of time are placed between the auxiliary verb and the past participle: **già, non... ancora, non... più, non... mai,** and **sempre.**

Non sono **mai** andato(a) in treno.	*I've never gone by train.*
Non ho **ancora** fatto colazione.	*I have not had breakfast yet.*
Sei **già** stato(a) in banca?	*Have you already been to the bank?*

C. To ask *how long* (**da quanto tempo**) something has been going on, the following construction is used:

Da + (quanto tempo) + **abiti** qui?
Abito qui **da dieci anni.**

If the question is **da quando?** *(since when?),* **da** means *since.*

Da quando studi l'italiano?   Studio l'italiano **dall'anno scorso.**

— Da quando hai la patente?
— Da stamattina.

Pratica

A. Come… ? Fatevi a turno le domande e rispondete con un avverbio, seguendo l'esempio.

Esempio — Sei una persona cordiale: come saluti?
— *Saluto cordialmente.*

1. Sei molto rapido(a) a leggere: come leggi?
2. Stai attento(a) quando il professore spiega: come ascolti?
3. Fai una vita tranquilla: come vivi?
4. Per te *(you)* è facile scrivere: come scrivi?
5. Sei sempre pronto(a) a rispondere: come rispondi?
6. I tuoi vestiti *(clothes)* sono sempre eleganti: come ti vesti?

B. Conversazione. In due, fatevi a turno le domande e usate nella risposta una delle espressioni suggerite in parentesi.

Esempio — Sei già stato(a) in Italia. (not yet)
— Non sono ancora stato(a) in Italia.

1. Hai già visitato Roma? (not yet)
2. Sei andato(a) in metropolitana? (sometimes)
3. Vai spesso al cinema? (seldom)
4. Guardi ancora i cartoni animati? (not . . . anymore)
5. Ti sei alzato(a) presto stamattina? (late)
6. Hai già cenato? (not yet)
7. Hai mai viaggiato in nave? (never)
8. Vai adesso in biblioteca? (later)

C. Da quanto tempo? In due, chiedetevi a turno le seguenti informazioni.

Esempio abitare in questa città
— *Da quanto tempo abiti in questa città?*
— *Abito in questa città da sei mesi (un anno, due anni, ecc.).*

1. frequentare l'università
2. studiare l'italiano
3. essere alla lezione d'italiano
4. abitare all'indirizzo attuale *(present)*
5. non vedere la tua famiglia
6. non andare a un ristorante cinese
7. avere la patente

D. Divertiamoci insieme. Un indovinello *(riddle)*. In gruppi di tre o quattro, leggete l'indovinello e poi, a turno, proponete la soluzione.

Prima o dopo? C'è un contadino *(farmer)* che deve attraversare un fiume con la barca *(boat)*. Deve portare sull'altra riva *(shore)* un lupo *(wolf)*, una capra *(goat)* e un cavolo *(cabbage)*. Però può portarne solo uno alla volta. Poi deve tornare indietro *(come back)* a prendere gli altri due. Se porta prima il lupo, la capra mangia il cavolo; se porta prima il cavolo, il lupo mangia la capra. Come deve fare? Chi porta prima e chi porta dopo? La soluzione c'è. Trovatela!

To download a podcast on The impersonal **si,** go to academic. cengage.com/italian.

4 Il *si* impersonale

PER ME SI VA NELLA CITTÀ DOLENTE, PER ME SI VA NELL'ETERNO DOLOR, PER ME SI VA TRA LA PERDUTA GENTE.

Dante. *Divina Commedia, Inferno, Canto III.*

The impersonal **si** + *verb* in the third-person singular is used:

- in general statements corresponding to the English words *one, you, we, they,* and *people* + verb.

Come **si dice** «...»?	*How do you say " . . . "?*
Se **si studia, s'impara.**	*If one studies, one learns.*

- conversationally, meaning **noi.**

Che **si fa** stasera?	*What are we doing tonight?*
Si va in palestra?	*Are we going to the gym?*

Pratica

A. **Si dice anche così.** In due, uno studente (una studentessa) fa l'affermazione; l'altro(a) la conferma usando il si impersonale.

Esempio — La gente vive bene in Italia.
— *Sì, si vive bene in Italia.*

1. Mangiamo bene in quel ristorante.
2. Se tu studi, impari.
3. In montagna, la gente va a dormire presto.
4. Se vuoi mangiare, devi lavorare.
5. Andiamo al cinema stasera?
6. Oggi la gente non ha più pazienza.
7. Mangiamo per vivere, non viviamo per mangiare.

B. **Dove... ?** Immaginate di essere in viaggio in Italia e di rivolgere molte domande alle persone del luogo per avere informazioni.

Esempio comprare le carte geografiche/libreria
— *Scusi, dove si comprano le carte geografiche?*
— *Si comprano in una libreria.*

1. potere telefonare/telefono pubblico
2. fare ginnastica/palestra *(gym)*
3. comprare il rullino della macchina fotografica/fotografo
4. chiedere informazioni sui tour/ufficio turistico
5. comprare i biglietti dell'autobus/edicola

5 Esclamazioni comuni

Here are some exclamations expressing a wish or a feeling. You have already encountered some of them.

Dai, che sei primo!

Auguri!	*Best wishes!*
Congratulazioni! Felicitazioni!	*Congratulations!*
Buon Anno!	*Happy New Year!*
Buon compleanno!	*Happy Birthday!*
Buon appetito!	*Enjoy your meal!*
Buon divertimento!	*Have fun!*
Buona fortuna!	*Good luck!*
In bocca al lupo!	*Break a leg! (lit., In the wolf's mouth!)*
Buona giornata!	*Have a good day (at work)!*
Buon Natale!	*Merry Christmas!*
Buona Pasqua!	*Happy Easter!*
Buone vacanze!	*Have a nice vacation!*
Buon viaggio!	*Have a nice trip!*
Salute! Cin cin!	*Cheers!*
Salute!	*God bless you! (when someone sneezes)*
Aiuto!	*Help!*
Attenzione!	*Watch out!*
Bravo(a)!	*Well done!*
Caspita!	*Wow! Unbelievable!*
Chissà!	*Who knows!*
Mah!	*Bah!*
Ma va! Macché!	*No way!*
Magari!	*I wish it were true!*
Meno male!	*Thank goodness!*
Peccato!	*What a pity!*
Su, dai!	*Come on!*
Va bene! D'accordo!	*OK!*
Be' (Beh)...	*Well . . .*
Purtroppo!	*Unfortunately!*

Pratica

Cosa si dice? A turno con un compagno/una compagna di classe, reagisci con un'espressione esclamativa appropriata alle seguenti situazioni.

1. Tua cugina si sposa sabato prossimo.
2. Bevi con amici un bicchiere di spumante.
3. È l'ora di pranzo e tutti sono a tavola.
4. Vedi un pedone *(pedestrian)* che attraversa la strada in un momento di traffico.
5. Un(a) parente ha vinto cinque milioni alla lotteria.
6. Ti domandano se andrai *(you will go)* in vacanza, ma tu sei incerto.
7. Tuo fratello ha perduto il treno.
8. Vuoi convincere Alberto ad uscire con te.
9. Domani tua sorella ha un esame importante.

Per finire

Liliana ha preparato il suo curriculum vitae e oggi si è presentata nello studio dell'avvocato Rizzi per un colloquio.

In cerca di un impiego   CD 2, Track 14 🎧

RIZZI   Ah, questo è il Suo curriculum. Mi dica, ha mai lavorato in un ufficio legale?

LILIANA   No, ho lavorato per alcuni mesi in una ditta di import-export, ma poiché sono studentessa in legge mi piacerebbe fare esperienza in uno studio legale.

RIZZI   Come Lei avrà letto nel nostro annuncio, noi avremmo **bisogno di qualcuno** solamente per un lavoro part-time di due mesi, per fare delle ricerche.

in search of somebody

LILIANA   Sì, un lavoro di due mesi a orario ridotto mi andrebbe bene, perché mi permetterebbe di frequentare i miei corsi.

RIZZI   Benissimo. Allora, benvenuta a bordo! **Per quanto riguarda** l'orario, si metta d'accordo con la mia segretaria.

As far as

(Liliana fa la conoscenza della segretaria.)

MARINA   Molto piacere, signorina.

LILIANA   Piacere. Mi chiami pure Liliana.

MARINA   Grazie. Io sono Marina. Lei è disponibile la mattina o il pomeriggio?

LILIANA   Il pomeriggio, due o tre ore. Posso incominciare anche domani.

MARINA   Ottimo. Io ho il Suo curriculum... dovrei vedere anche il Suo codice fiscale.

LILIANA   Eccolo!

MARINA   Benissimo, grazie. Allora ci vediamo domani pomeriggio alle due.

LILIANA   Grazie, arrivederci.

Comprensione

1. Perché Liliana si è presentata ad uno studio legale? Sarebbe un'impiegata inesperta? Perché?
2. Per quali ragioni vorrebbe lavorare in uno studio legale?
3. Ha ottenuto (*obtained*) l'impiego Liliana? Perché è contenta?
4. Che cosa le dice l'avvocato prima di salutarla?
5. Chi conosce poi Liliana? Perché?
6. Quando incomincia a lavorare?

Conversazione

1. Ti sei mai presentato(a) a un colloquio tu? Com'è andato? Ti hanno chiesto il curriculum vitae?
2. Ti piacerebbe fare l'impiegato(a)? Perché?
3. Se non hai ancora un lavoro, quale mestiere o professione vorresti fare? Perché?
4. Se hai già un impiego, sei soddisfatto(a) del tuo stipendio? Lo spendi tutto o riesci a risparmiare un po' di soldi?
5. Se non hai un impiego, è perché sei disoccupato(a), molto ricco(a), in pensione o perché prima avresti intenzione di finire gli studi?

Vi piacerebbe esercitare una di queste professioni? Oppure quale professione preferireste esercitare?

Ascoltiamo!

Una decisione pratica
CD2, Track 15

Paola has just run into Luigi, an old friend from the **liceo.** Listen to their conversation as they each catch up on what the other is doing. Then answer the following questions.

Comprensione

1. Com'è vestito Luigi? Perché?
2. Che cosa voleva fare Luigi quand'era al liceo? Perché ha cambiato idea *(did he change his mind)*?
3. Che cosa cerca Paola? Perché?
4. Adesso che cosa vorrebbe fare anche Paola?
5. Secondo Lei, Paola parla seriamente o scherza *(is joking)*?

Dialogo

Lavoro estivo. Leggete l'annuncio e poi telefonate per sapere dettagli sul lavoro, i giorni, le ore e il salario. In coppia, fate le parti di chi cerca lavoro e del padrone del ristorante che lo offre.

> **Ristorante** (Rimini) cerca 2 apprendisti cameriere/a 17-20 anni max periodo estivo minima esperienza. Tel. 902.5610

Una scelta difficile   CD 2, Track 16

Laura and Franco are in their last year of high school. They are talking about the professions they like, and give each other advice. Listen to the conversation. Then answer the following questions.

Comprensione

1. Che anno di liceo frequentano Laura e Franco?
2. Che cosa deve decidere Franco?   3. Che cosa gli piacerebbe fare?   4. Quali sono i vantaggi dell'insegnamento? Quali sono gli svantaggi?
5. Anche Laura è indecisa sulla sua professione?
6. Che cosa vuole fare? Perché?   7. Cos'ha a casa sua?

Adesso scriviamo!

Curriculum vitae

Immagina di essere uno studente italiano (una studentessa italiana) che ha letto questo annuncio e vuole fare domanda per il lavoro offerto negli Stati Uniti. Scrivi il tuo curriculum.

1. nome e cognome
2. data di nascita
3. indirizzo, numero di telefono, e e-mail
4. titolo di studio (diploma o laurea, nome della scuola o dell'università)
5. conoscenza delle lingue (quali)
6. soggiorno all'estero (in quali paesi)
7. esperienza di lavoro (dove, quando, quanto tempo)
8. attività e interessi personali
9. lettere di raccomandazione (da chi: nome, qualifica, scuola o ditta)

L'INDIRIZZO

Good job!

Volete un lavoro estivo negli Stati Uniti (e anche in altri paesi) per andare a imparare le lingue? Provate qui: www. greatsummerjobs.com. Sono elencate 167 categorie diverse di lavori all'interno di campi estivi per studenti delle superiori. Ci sono altre possibilità: www. summerjobs.com (che elenca 500 lavori possibili). Chi ama i parchi nazionali americani può orientarsi su www. coolworks.com. Per altri paesi del mondo: www. overseasjobs.com. Buon lavoro.

A. Offriamo lavoro. Leggete gli annunci di «Azienda Multi-nazionale». Immaginate di essere interessati in una delle posizioni offerte e iniziate una conversazione telefonica con il datore di lavoro, che vi chiederà quali sono le vostre qualifiche, gli studi, l'esperienza, le referenze, la conoscenza delle lingue straniere, eccetera. Voi chiederete informazioni sul lavoro offerto: l'orario, lo stipendio, la data di inizio, se è un lavoro permanente o di alcuni mesi e a chi rivolgersi per fare domanda.

— Pronto? Buon giorno. Ho letto la Vostra inserzione sul giornale e sono interessato(a) al posto di…

— Bene, quali sono le Sue qualifiche?

— _____

B. Test di attitudine. Volete sapere quali sono le vostre inclinazioni nel campo *(field)* del lavoro? Fai le domande al tuo compagno/alla tua compagna e marca *(fill in)* le risposte. Il tuo compagno/La tua compagna fa la stessa cosa con te. Quando i due test sono completati, verificate i risultati e paragonateli *(compare them)*.

Preferiresti un lavoro con	molte responsabilità.	A	_____
	poche responsabilità.	B	_____
Fare carriera	sarebbe molto importante per te.	A	_____
	non ti entusiasma molto.	B	_____
Ti piacerebbe vivere	in una grande città.	A	_____
	in un piccolo centro.	B	_____
Sceglieresti alla TV programmi	di economia e marketing.	A	_____
	di sport e film.	B	_____
Vorresti discutere con gli amici	di questioni economiche.	A	_____
	di problemi ecologici.	B	_____
Preferiresti	ascoltare conferenze su come investire i soldi.	A	_____
	passare il tempo libero in campagna.	B	_____
Ti piacerebbe	vestirti in maniera disinvolta *(casual)* ma elegante.	A	_____
	portare abiti pratici e comodi.	B	_____
Vorresti come regalo	un supercomputer.	A	_____
	una bicicletta da montagna.	B	_____

Sei hai totalizzato 8 A, hai definitivamente le tendenze di un agente di borsa *(stock broker)*.
Se hai totalizzato 8 B, la vita dell'alta finanza non fa per te.

AZIENDA MULTINAZIONALE
Sede Torino

CERCA: IMPIEGATI
Si richiede:
• Esperienza in comunicazioni telefoniche
• Laurea/Diploma
• Disponibilità entro breve termine
• Età massima 35 anni
Assunzione 6 mesi con possibilità di assunzione permanente.

CERCA: INGEGNERI INDUSTRIALI
Si richiede:
• Esperienza in costruzione e gestione impianti
• Abilità di utilizzare avanzate tecnologie informatiche.
• Conoscenza inglese
• Età non superiore ai 35 anni
Inquadramento: commisurato all'esperienza. Ottime possibilità carriera.

CERCA: SEGRETARIE
Si richiede:
• Archiviazione documenti
• Supporto attività organizzative e amministrative
• Gestione corrispondenza
• Ottima conoscenza del pacchetto Microsoft (Word, Outlook)
• Conoscenza inglese preferibile
• Abilità di utilizzare supporti informatici
Offriamo: posizione permanente
Inquadramento: basato su esperienza

Inviare curriculum a cattaneo@occupazione.com
Fax: 011/86334578

Attualità
Immigrati: la carica della seconda generazione

A. Prima di leggere Italy, formerly a country of emigrants, has for more than twenty years received large numbers of immigrants from all over the world. This article discusses the experience of the children of immigrants, the second generation that has been born and grown up in Italy. The focus is on the story of a Chinese-Italian brother and sister, who are still students living in Milan with their parents.

I figli degli **extracomunitari** nati e cresciuti in Italia, sono già più di 400 mila. Si sentono italiani, ma sono anche **orgogliosi** delle proprie origini. E, sopratutto, sognano una vita diversa da quella dei loro genitori. Noi siamo andati a conoscerli da vicino.

Possono passare senza difficoltà dal **napoletano** alla lingua **senegalese**. O dal **milanese** a uno dei tanti dialetti cinesi. Le loro mamme sanno cucinare **la pasta al forno**, ma anche lo zighinì, piatto tipico dell'**Eritrea**, o il cuscus alla **marocchina.** In TV guardano film indiani e filippini, ma poi comprano i CD di Tiziano Ferro e Nek. Sono i figli e le figlie degli immigrati. Immigrati di seconda generazione, li definiscono i sociologi. Italiani con il **trattino**, hanno cominciato a chiamarli giornali e TV. Italiani-cinesi, Italiani-marocchini, Italiani-filippini, Italiani e **chissà** quante altre cose.

—Alla cucina cinese preferiamo la **carbonara.**
I cugini dei due fratelli Hu hanno nomi italiani. Loro no. Lei, 16 anni, si chiama Giaowei, che si legge Ciauì e significa intelligente. Lui, ha 19 anni, si chiama Yungi, che si legge come si scrive e significa buono e bello. E di quei nomi cinesi sono **fieri.** Sono nati e vivono a Milano, da perfetti milanesi. Lei frequenta il terzo anno al **liceo scientifico**, lui fa il primo anno di Economia aziendale alla **Bocconi**. «I nostri genitori sono arrivati in Italia 23 anni fa» racconta Giaowei. «Vengono dallo stesso villaggio, ma in Cina non si conoscevano. Si sono incontrati qui, dove nell'84 hanno aperto un ristorante». Giaowei e Yungi (che hanno un fratello più piccolo, Yong Peng, di 14 anni) si sentono il **cuore** diviso a **metà.**

«Quando mi guardo allo specchio, non posso dimenticare le mie origini» dice Yungi. «Alle olimpiadi, probabilmente, **tiferò** Cina. Spero di tornarci presto e restare un po' per imparare la lingua. [...] Alla **dogana**, l'ultima volta che sono andato laggiù, mi **hanno preso in giro**: un Cinese che non sa il cinese. Non voglio che succeda più. Però sono nato qui. Papà e mamma frequentano amici sopratutto cinesi. Io invece ho amici italiani, non mi perdo un **tiggì**, mangio la carbonara e le patate al forno, seguo le **disgrazie** dell'**Inter.**

Insomma sono anche uno di voi. I miei genitori dicono sempre che un giorno torneranno in Cina. Io no, io voglio restare qui». Come s'immaginano il futuro i fratelli Hu? Yungi non esclude di usare la sua futura laurea per restare nel campo della ristorazione. «Non so ancora cosa farò **da grande**» confessa invece Giaowei, che ha solo una certezza: «Non lavorerò al ristorante». «Però» aggiunge scherzando «potrei aprire una pasticceria, sono golosissima di dolci, ho appena fatto fuori due brioches alla crema». Intanto fa la sua vita di studentessa, che cerca di scroccare passaggi al fratello per uscire la sera, ascolta David Bowie, Eros Ramazzotti e Laura Pausini e a chi le chiede: «Sposerai un cinese o un italiano?» risponde: «Quando ti innamori, ti innamori». E pazienza se mamma e papà sognano un genero con gli occhi a mandorla.

non ELL citizens
proud
Neapolitan
Senegal
Milan dialect /
baked lasagna /
African country
near Ethiopia /
Moroccan dish /
hyphen
who knows /
pasta dish with
eggs and bacon

proud
high school /
famous Milan
university /

heart / half /

I will be a fan
customs/they
teased me

telegiornale/
misfortunes/
Milan soccer
team
grown-up

From www.donnamoderna.com/attualità 23 marzo 2004. Article by Sabrina Barbieri.

B. Alla lettura Rileggi il testo e rispondi alle seguenti domande.

1. Quanti sono gli extracomunitari di seconda generazione?
2. Come si sentono e cosa sognano?
3. Come sono chiamati dai giornali e dalla TV?
4. Come si chiamano e che scuole frequentano i due fratelli italiani-cinesi?
5. Di dove sono i loro genitori e cosa fanno a Milano?
6. Perché Yungi vuole andare in Cina? Cosa è successo alla dogana?

Vocabolario

Nomi

l'agenzia di collocamento	employment agency
l'aumento	increase
il biglietto da visita	business card
il codice fiscale	social security card
il codice postale	zip code
la condizione	condition
l'esperienza	experience
la lettera di raccomandazione	letter of recommendation
l'orario	schedule
la promozione	promotion
la qualifica	qualification
la referenza	reference
la ricerca	research

Aggettivi

competente	competent
esperto	experienced, expert
finanziario	financial
grave	grave, serious
inesperto	inexperienced
intellettuale	intellectual
legale	legal
ordinato	neat
puntuale	punctual
soddisfatto	satisfied

Verbi

dirigere (*p.p.* diretto)	to manage
funzionare	to function, to work
permettere (*p.p.* permesso)	to allow
presentarsi	to introduce (present) oneself
riparare	to repair
ringraziare	to thank
usare	to use

Altre espressioni

Benvenuto(a)!	Welcome!
Come mai?	How come?
Da quando?	Since when?
Da quanto tempo?	How long?
fino a tardi	until late
già	already
non... ancora	not . . . yet
non... mai	never
non... più	not . . . any longer, not . . . anymore
prima	first, before
qualche volta	sometimes
raramente	seldom

Attività video
Sulla strada

Quanto costa?

A. Comprensione
Vero o falso?

1. Marco ha freddo e non ha vestiti puliti.
   (a) Vero   (b) Falso

2. Marco legge un libro.
   (a) Vero   (b) Falso

3. Marco ha bisogno di comprarsi dei vestiti.
   (a) Vero   (b) Falso

4. Marco entra in un negozio di abbigliamento (*clothing*).
   (a) Vero   (b) Falso

Domande

a. Perché Marco pensa che sia ora di fare un po' di schopping?
_____

b. In che negozio entra?
_____

c. Come saluta il commesso (*sale person*), Marco?
_____

d. Cosa ha visto nella vetrina (*display window*) del negozio?
1 _____ 2 _____
3 _____

e. A chi chiede un consiglio?
_____

B. Attività

a. Alcuni capi (*items*) di abbigliamento che il commesso mostra (*shows*) a Marco:
1 _____ 2 _____
3 _____ 4 _____

b. Cosa prova (*tries on*) Marco? Di che colore è?
_____

c. Quanto costa la maglietta?
_____

d. Quanto costano le scarpe nere a strisce (*stripes*) bianche? Gli vanno bene (*Do they fit*)?
_____

e. Quanto costa la giacca grigia?
_____

f. Questo negozio serve dei clienti giovani o anziani (*elderly*)?
_____

C. Partecipazione
Completate le frasi.

1. ... non ho un libro da leggere, penso che sia ora
_____

2. ... guarda pure se c'è qualche cosa _____

3. Questo negozio è nato _____

4. ... siamo molto contenti perché _____

Domande

a. Il commesso mostra molti articoli a Marco. Qual è il primo articolo che Marco prova? Cosa domanda Marco al commesso? _____

b. Che cosa dice il commesso della giacca grigio scuro? _____

c. Il commesso dice che il negozio è un negozio di ricerca. Cosa significa? _____

d. Di che età (*age*) sono la maggior parte (*most of*) dei clienti del negozio? _____

e. Va bene o non va bene "il business" del negozio? Perché? _____

f. Quanto costa quello che (*what*) Marco ha comprato? Come paga Marco? _____

D. Domande personali

1. Ti piace l'abbigliamento "made in Italy"? Hai degli abiti italiani (Versace, Benetton, ecc.)?
_____

2. Pensi che la professione di "commesso(a)" sia interessante? O noiosa? O stressante? Perché? Pensi che sia difficile accontentare (*to please*) sempre i clienti? _____

3. Se tu avessi bisogno di un lavoro part-time per l'estate, sceglieresti di fare il commesso/la commessa o preferiresti un'altra professione? Quale?
_____

E. Scambi culturali

Qual è la differenza, secondo te, tra il modo di vestire in Italia e quello di vestire in America? Quale è più elegante? Più casual? Più pratico? Meno costoso?

Dal farmacista

A. Comprensione

Vero o falso?

1. Marco non si sente molto bene.
   (a) Vero   (b) Falso

2. Marco entra in una farmacia.
   (a) Vero   (b) Falso

3. Il farmacista non c'è.
   (a) Vero   (b) Falso

4. Marco ha paura di avere la febbre.
   (a) Vero   (b) Falso

Domande

1. Per quale ragione Marco non si sente molto bene?
   _____

2. Cosa decide di fare Marco?
   _____

3. Che cosa spera? _____

4. Con chi parla in farmacia? _____

B. Attività

1. Quali sono i sintomi che Marco dice di avere al farmacista?
   1 _____ 2 _____
   3 _____

2. Che cosa gli chiede il farmacista?
   1 _____ 2 _____

3. Marco ha mal di testa?
   _____

4. Qual è la diagnosi del farmacista?
   _____

C. Partecipazione

Completate le frasi.

1. Per colpa di questo tempaccio
   _____

2. Ho paura di avere
   _____

3. Dall'aspetto non dovrebbe avere
   _____

4. Le diamo un prodottino
   _____

Domande

1. Come si chiama il medicinale che il farmacista dà a Marco? _____

2. Che ingredienti contiene il medicinale?
   1 _____ 4 _____
   2 _____ 5 _____
   3 _____

3. Come si chiama il farmacista? Perché dice di essere un po' vecchiotto?
   _____

4. Da quanto tempo fa il farmacista? Sembra che la sua professione gli piaccia?
   _____

5. Marco ha o non ha l'influenza? Per quanto tempo deve prendere la medicina che il farmacista gli ha dato?
   _____

D. Scambi culturali

Qual è la differenza tra il ruolo del farmacista in Italia e quello del farmacista in America? Quale dei due ha una professione con maggiori responsabilità? Perché?

Marco è in un negozio di abbigliamento. Fa freddo, e Marco si compra una felpa grigia.

Oggi Marco non si sente bene e va in una farmacia. Il farmacista, Giorgio Tagliavini, gli dà dei consigli sulle medicine.

Marco esce dalla farmacia con una medicina contro il raffreddore e l'influenza.

La salute e gli sport

Giovani sciatori pronti per la discesa.

13

Parole da ricordare
La salute e gli sport

La grammatica
1 I pronomi relativi e i pronomi indefiniti
2 Espressioni negative
3 Il gerundio e la forma progressiva
4 Plurali irregolari

Per finire: Dalla dottoressa
Ascoltiamo! Adesso scriviamo!
Parliamo insieme!
Attualità: L'agriturismo

www.academic.cengage.com/italian/salve
Workbook iRadio Audio

Parole da ricordare

La salute *(Health)* e gli sport

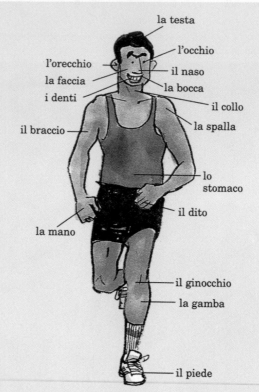

la testa
l'occhio
l'orecchio
il naso
la faccia
la bocca
i denti
il collo
la spalla
il braccio
lo stomaco
il dito
la mano
il ginocchio
la gamba
il piede

il corpo

avere mal di... testa   to have a . . .
   headache
   denti   toothache
   stomaco   stomachache
   gola   sore throat
avere il raffreddore   to have a cold
avere la febbre   to have a fever
mi fa male la testa (lo stomaco, ecc.)
   my head aches (my stomach . . . ,
   etc.)
mi fanno male i denti (le gambe, ecc.)
   my teeth ache (my legs . . . , etc.)
farsi male   to hurt oneself
Mi sono fatto(a) male al collo.   I hurt
   my neck.

**Mi sono rotto(a) (rompersi) un
   braccio.**   I broke my arm.
ammalarsi   to become ill
(am)malato(a)   ill
essere a dieta   to be on a diet

L'ambiente *(Environment)*

la natura   nature
l'ecologia   ecology
l'inquinamento   pollution
l'effetto serra   greenhouse effect

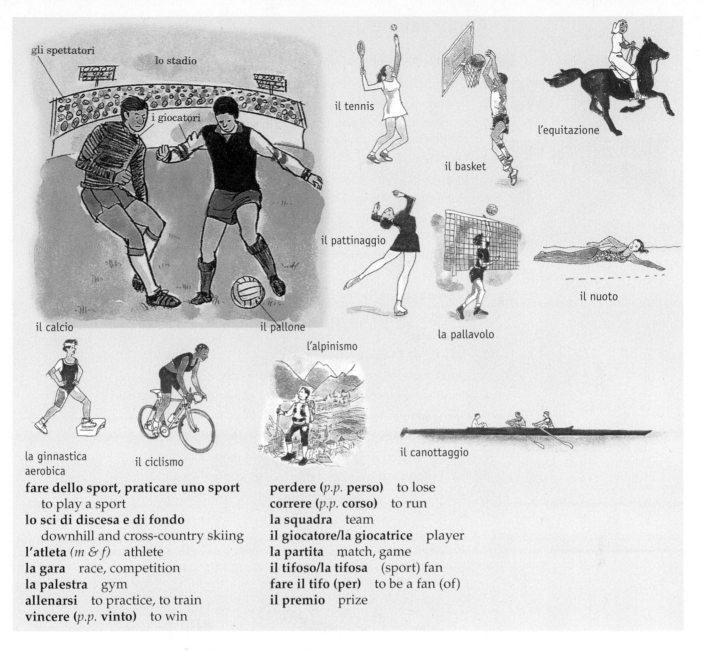

gli spettatori

lo stadio

i giocatori

il tennis

il basket

l'equitazione

il pattinaggio

il nuoto

la pallavolo

il calcio

il pallone

l'alpinismo

la ginnastica aerobica

il ciclismo

il canottaggio

fare dello sport, praticare uno sport
to play a sport
lo sci di discesa e di fondo
downhill and cross-country skiing
l'atleta (*m & f*)   athlete
la gara   race, competition
la palestra   gym
allenarsi   to practice, to train
vincere (*p.p.* **vinto**)   to win

perdere (*p.p.* **perso**)   to lose
correre (*p.p.* **corso**)   to run
la squadra   team
il giocatore/la giocatrice   player
la partita   match, game
il tifoso/la tifosa   (sport) fan
fare il tifo (per)   to be a fan (of)
il premio   prize

Informazioni

L'assistenza sanitaria

*T*utti i cittadini in Italia hanno l'assistenza medica e ospedaliera. I lavoratori pagano un contributo e per chi non ha un lavoro l'assistenza medica è gratuita. Ognuno possiede una tessera sanitaria che presenta per le visite mediche e tutti gli altri servizi sanitari. Quando una persona è ammalata, il medico viene a casa per la visita e, se necessario, ritorna nei giorni successivi.

Il Governo concede un sussidio mensile di circa 400 euro ai familiari che ospitano e si prendono cura di un genitore incapace di provvedere a se stesso.

Il farmacista è un laureato che può consigliare e dare medicinali in caso di malattie non gravi. In una città c'è sempre almeno una farmacia aperta di notte.

Per una visita medica è bene dirigersi al Pronto soccorso. Se si tratta di qualcosa di molto serio o di un incidente, è meglio chiamare il numero 113 per l'ambulanza o l'ospedale più vicino.

Applicazione

A. In due, fatevi a turno le seguenti domande.

Una partita di basket

1. Quando mangiamo troppo, cosa ci fa male?
2. Se uno va a sciare e cade, cosa si può rompere?
3. Se qualcuno festeggia un'occasione speciale e beve molti bicchieri di vino, che cos'ha il giorno dopo?
4. Quali sono i sintomi dell'influenza?
5. In quale stagione è facile prendere il raffreddore? Perché?
6. Hai mai fatto l'iniezione per prevenire *(to prevent)* l'influenza?
7. Cosa fai quando hai la febbre? Ti metti a letto? Chiami il dottore? Prendi due aspirine? Ti prepari il brodo di pollo?
8. Cosa fai per mantenerti *(to keep yourself)* in buona salute?

B. Conversazione. In due, fatevi a turno le seguenti domande.

1. Giochi a basket? Fai del footing? Che sport pratichi? Quante volte alla settimana?
2. Sai sciare? Di discesa o di fondo?
3. Quali sono, secondo te, i migliori sport per la salute?
4. Quali sono gli sport che si fanno sul ghiaccio *(ice)* e sulla neve?
5. Che sport pratica Serena Williams?
6. Come si chiamano gli appassionati di uno sport?
7. Sai quale sport in Italia ha il maggior numero di tifosi?
8. Fai il tifo per una squadra o per un giocatore? Quale?
9. Hai mai vinto un premio (primo, secondo, terzo... o il premio di consolazione)?

GUERRA AI RIFIUTI
Eliminiamo i contenitori non riciclabili

Parchi e animali da proteggere

respirare meglio

UNA VACANZA ALL'INSEGNA DELLA NATURA

mangiare sano

La grammatica
1 I pronomi relativi e i pronomi indefiniti

A. I pronomi relativi. Relative pronouns are used to link two clauses. The relative pronouns are **che, cui, quello che (ciò che),** and **chi.**

1. **Che** is the equivalent of the English *who, whom, that,* and *which* and is used either as a subject or as a direct object. It is invariable, cannot be omitted, and must *never* be used after a preposition.

    Il ragazzo **che** gioca è brasiliano.   *The boy who is playing is Brazilian.*
    La macchina **che** ho comprato   *The car (that) I bought is used.*
    è usata.

2. **Cui** is the equivalent of the English *whom* and *which* as the object of prepositions. It is invariable and must be *preceded* by a preposition.

    Ecco i signori **con cui** abbiamo   *Here are the men we traveled with (with*
    viaggiato.   *whom we traveled).*
    La squadra **di cui** ti ho parlato   *The team I spoke to you about (about which*
    è la migliore.   *I spoke to you) is the best.*

    NOTE: In cui translates as *when* in expressions of time. **Per cui** translates as *why* in the expression *the reason why (that).*

    Il giorno **in cui** sono nato(a)…   *The day (when) I was born . . .*
    Ecco la ragione **per cui** ti ho   *Here is the reason (why) I wrote to you.*
    scritto.

3. **Quello che (Quel che)** or **ciò che** means *what* in the sense of *that which.* They are invariable.

    Quello che (Ciò che) dici è vero.   *What you are saying is true.*

4. **Chi** translates as *the one(s) who, he who,* and *those who.* It is invariable.

    Chi arriverà ultimo avrà un   *He who arrives last will receive a*
    premio di consolazione.   *consolation prize.*

B. I pronomi indefiniti
Here are some common indefinite pronouns:

alcuni(e) *some*
qualcuno *someone, anyone (in a question)*   **ognuno** *everyone, each one*
qualcosa *something, anything*   **tutti(e)** *everybody, all*
  (in a question)   **tutto** *everything*

Alcuni sono rimasti, altri sono partiti.   *Some stayed, others left.*
Conosco **qualcuno** a Roma.   *I know someone in Rome.*
Hai bisogno di **qualcosa**?   *Do you need anything?*
Ognuno ha fatto una domanda.   *Each one asked a question.*
C'erano **tutti.**   *Everybody was there.*
Ho visto **tutto.**   *I saw everything.*

NOTE: Qualcosa takes **di** before an adjective and **da** before an infinitive.

Ho qualcosa **di** interessante   *I have something interesting*
  da dirti.   *to tell you.*

Vanessa Ferrari vincitrice della medaglia d'oro alle gare europee di ginnastica artistica, ad Amsterdam il 29 aprile 2007.

— C'è qualcuno in casa?

Pratica

 A. Chi sono? In piccoli gruppi, uno studente/una studentessa fa una domanda a ogni membro del gruppo. Nella risposta usate il pronome relativo **che**.

Esempio   Chi è un allenatore?
— *È qualcuno **che** allena i giocatori.*

1. Chi è un(a) ciclista?   **2.** Chi è un (un')alpinista?   **3.** Chi è un (un')atleta?
4. Chi è un giocatore/una giocatrice di calcio?   **5.** Chi è uno sciatore/una sciatrice?   **6.** Chi è un tifoso/una tifosa?

B. Quello che mi piace. In due, fatevi a turno le domande. Esprimete *(Express)* la vostra preferenza per le seguenti cose, secondo l'esempio.

Esempio   il nuoto/lo sport
— *Ti piace il nuoto?*
— *No, lo sport che mi piace è il canottaggio.* o...

1. il giallo/il colore...   **2.** le mele/la frutta...   **3.** la Volvo/l'automobile...
4. i gatti/gli animali...   **5.** il pugilato *(boxing)*/gli sport...   **6.** il Capodanno/la festa...

C. Una coppia di sposi. Completate le seguenti frasi usando **cui** preceduto *(preceded)* dalla preposizione appropriata.

Esempio   Ricordi gli sposi _____ ti ho parlato?
Ricordi gli sposi di cui ti ho parlato?

1. Ecco la chiesa _____ si sono sposati.
2. Questa è la città _____ si sono conosciuti.
3. Quello è il monumento vicino _____ si incontravano.
4. Ecco il negozio _____ lui lavorava.
5. Quelli sono gli amici _____ hanno passato molte ore divertenti.
6. Non so esattamente la ragione _____ hanno litigato.
7. Ricordo molto bene il biglietto *(card)* _____ lei mi annunciava la loro separazione.

D. A voi la scelta. Completate le frasi usando uno dei seguenti pronomi relativi: **che, cui** (preceduto da una preposizione) o **quello che**.

1. Lo sport _____ preferisco è il tennis.
2. L'anno _____ sono nato era bisestile *(leap year)*.
3. Non capisco _____ dici.
4. La festa _____ hai dato è stata un successo.
5. Il libro _____ ti ho parlato è in biblioteca.
6. La signorina _____ abbiamo incontrato è americana.
7. La signora _____ abbiamo parlato è canadese.
8. Il pranzo _____ mi hanno invitato era al ristorante Pappagallo di Bologna.
9. È proprio il vestito _____ ho bisogno.

E. **E qualcosa...** Domandatevi a turno che cosa sono le seguenti cose. Rispondete seguendo l'esempio.

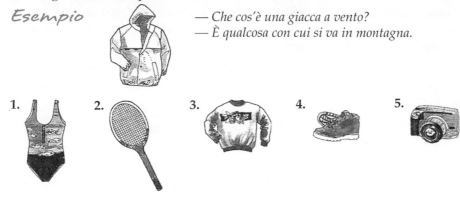

Esempio — *Che cos'è una giacca a vento?*
— *È qualcosa con cui si va in montagna.*

1. 2. 3. 4. 5.

F. **Dopo la partita di basket.** Rico è ritornato al dormitorio dopo essere stato alla partita di basket, e inizia una conversazione con Massimo, il suo compagno di stanza. In due, completate il loro dialogo scegliendo tra: **ognuno, tutto, tutti, ogni.**

MASSIMO   Sei andato alla partita di basket?

RICO   Sì, ci vado _____ settimana.

MASSIMO   C'erano gli studenti della nostra classe?

RICO   Sì, c'erano quasi _____. E dopo abbiamo fatto una festa.

MASSIMO   Hanno portato qualcosa da mangiare?

RICO   Sì, _____ ha portato qualcosa.

MASSIMO   C'era qualcosa di buono?

RICO   _____ era buono.

MASSIMO   Mi hai portato a casa qualcosa?

RICO   Mi dispiace, ma abbiamo mangiato _____.

2 Espressioni negative

To download a podcast on Double negatives, go to academic. cengage.com/italian.

A. You have already studied some negative expressions: **non... più, non... mai, non... ancora.** The following are other common expressions that take a *double negative* construction:

nessuno	*nobody, no one, not . . . anyone*
niente (nulla)	*nothing, not . . . anything*
neanche (neppure, nemmeno)	*not even; neither*
né... né	*neither . . . nor*

Non è venuto **nessuno.** — *Nobody came.*
Non ho mangiato **niente.** — *I did not eat anything.*
Non c'era **neanche** Pietro. — *Not even Pietro was there.*
Non voglio **né** carne **né** pesce. — *I want neither meat nor fish.*

— Non c'è mai niente di buono da mangiare in questa casa!

B. When **nessuno** is used as an adjective, it has the same endings as the indefinite article **un.** The noun that follows is in the singular.

Non ho **nessun** amico. — *I have no friends.*
Non vedo **nessuna** sedia. — *I don't see any chairs.*

C. **Niente** takes **di** before an adjective and **da** before an infinitive.

Non ho **niente di** buono **da** darti. — *I have nothing good to offer you.*

Pratica

A. Uno studente troppo pigro. Conversazione tra due studenti, Rico e Massimo. Immaginate di essere i due studenti e completate la loro conversazione scegliendo tra **mai, niente, neanche, nessuno, né... né.**

RICO	Non pratichi qualche sport?
MASSIMO	No, non pratico _____ sport.
RICO	Potresti andare in palestra o nuotare in piscina.
MASSIMO	Non mi piace _____ andare in palestra _____ nuotare.
RICO	Non ti piace _____ fare il jogging?
MASSIMO	Non vado _____ a fare il jogging.
RICO	Allora non vuoi fare proprio _____!
MASSIMO	No, preferisco guardare lo sport alla TV.

B. Momenti di cattivo umore *(mood).* Voi siete di cattivo umore. Fatevi a turno le seguenti domande.

Esempio — Uscirai con qualcuno domenica?
— *Non uscirò con nessuno.*

1. C'è qualcosa di buono in casa?
2. Hai comprato qualcosa da mangiare?
3. Vuoi qualcosa da bere?
4. Desideri leggere il giornale o riposare?
5. Hai incontrato qualcuno in piscina?
6. Ti ha parlato qualcuno?
7. Farai del basket o del nuoto questo fine settimana?
8. Hai mai fatto del ciclismo?
9. Farai mai della pesistica *(weightlifting)*?

3 Il gerundio e la forma progressiva

To download a podcast on **il gerundio** (The gerund), go to academic.cengage.com/italian.

Questi ragazzi stanno giocando a pallavolo sulla spiaggia.

A. The gerund **(il gerundio)** corresponds to the *-ing* form of English verbs. The gerund is formed by adding **-ando** to the stem of first-conjugation **(-are)** verbs and **-endo** to the stem of second- and third- conjugation **(-ere** and **-ire)** verbs. It is invariable.

Gerund	
parl**ando**	*speaking*
ripet**endo**	*repeating*
usc**endo**	*going out*

B. Stare + *the gerund* expresses an action in progress in the present, past, or future, stressing the point in time at which the action occurs. This form is less commonly used in Italian than is its equivalent in English.

Che cosa **stai facendo**?	*What are you doing (at this very moment)?*
Sto leggendo.	*I'm reading.*
Che cosa **stavate facendo** ieri sera, a quest'ora?	*What were you doing last night at this time?*
Stavamo cenando.	*We were having dinner.*

C. The gerund may be used alone in a subordinate clause to express the conditions (time, cause, means, manner) that govern the main action. It corresponds to the English gerund, which is usually preceded by the prepositions *while, upon, on, in,* or *by.*

Camminando per la strada, ho visto un incidente d'auto.	*While walking on the street, I saw a car accident.*
Studiando, s'impara.	*By studying, one learns.*
Leggendo attentamente, capirete meglio.	*By reading carefully, you will understand better.*

D. Unlike in English, Italian uses an infinitive instead of a gerund as a noun (subject or object of another verb).

Nuotare fa bene alla salute.	*Swimming* (subj.) *is good for your health.*
Preferisco **nuotare.**	*I prefer swimming* (obj.).

Camminando per i sentieri di montagna si scopre la bellezza della natura.

Pratica

A. Stiamo scherzando *(We are joking).* Tu e il tuo compagno/la tua compagna siete stanchi di studiare e avete bisogno di distrarvi. A turno, domandatevi, scherzando, cosa staranno facendo queste persone.

Esempio   — Cosa starà facendo il professore d'italiano?
           — Starà ancora spiegando i pronomi per la millesima volta.

1. Cosa starà facendo mia madre a casa?   **2.** Cosa starà facendo la mia ragazza/il mio ragazzo?   **3.** Cosa starà facendo Bill Gates?   **4.** E Al Gore?   **5.** Cosa staranno facendo Angelina e Brad?   **6.** E i Globetrotters?

B. Che cosa facevano? Dite che cosa facevano queste persone in determinate circostanze. Seguite l'esempio.

Esempio   I calciatori (giocare). Un cane ha attraversato lo stadio.
           I calciatori stavano giocando quando un cane ha attraversato lo stadio.

1. Tu (leggere) una rivista di sport. Il professore/la professoressa è entrato(a).

2. Il presidente (scrivere) un discorso. Il Segretario di Stato gli ha telefonato.

3. Jane Fonda (fare) dello yoga. È arrivato un giornalista per un'intervista.

4. Il ciclista (bere) alla sua vittoria. Una ragazza gli ha dato un mazzo di fiori.

5. La sciatrice Picabo Street (scendere) sulla pista. La neve è incominciata a cadere.

C. Sono d'accordo con te. In due, uno studente/una studentessa esprime la sua opinione, e l'altro(a) si dichiara d'accordo e nella sua affermazione usa l'infinito.

Esempio — *Il lavoro* fa bene alla salute.
— È vero, *lavorare* fa bene alla salute.

1. — *Lo sci* è divertente, non credi?
— Sono d'accordo, _____

2. — *Il fumo* fa male ai polmoni (lungs).
— È vero, _____

3. — Abbiamo bisogno di *riposo,* perché abbiamo studiato troppo.
— Hai ragione, _____

4. — *Il divertimento* è necessario quanto *lo studio,* non credi?
— Molto giusto, _____

5. — Quando sono alla spiaggia, mi piace *il gioco* della pallavolo, e a te?
— Anche a me piace _____

6. — Ti piace *il nuoto*?
— Sì, _____

D. A voi la scelta. Completate le seguenti frasi, scegliendo tra il gerundio e l'infinito.

1. _____ *(Walking)* per la strada, ho incontrato Maria. 2. _____ *(Hearing)* quella canzone, ho avuto nostalgia del mio paese. 3. Mi piace _____ *(swimming).* 4. _____ *(Skiing)* è molto costoso. 5. _____ *(Walking)* tutti i giorni è un buon esercizio. 6. Pietro è andato a scuola _____ *(running).*
7. _____ *(Having)* molti soldi non significa essere felici.
8. _____ *(Having)* molti soldi, Dino è partito per le Hawaii.

To download a podcast on Nouns with two plurals, go to academic. cengage.com/italian.

4 Plurali irregolari

Sicilia. Uno dei magnifici templi lasciati dai Greci.

A. Most nouns and adjectives that end in **-co** and **-go** form the plural with **-chi** and **-ghi:**

il fuoco	**i fuochi**	fresco	**freschi**
il parco	**i parchi**	stanco	**stanchi**
l'albergo	**gli alberghi**	largo	**larghi**
il lago *(lake)*	**i laghi**	lungo	**lunghi**

NOTE: The plural of most nouns and adjectives ending in **-ico** ends in **-ici:** l'amico, *gli amici*; il medico, *i medici*; simpatico, *simpatici*; pratico, *pratici*.

B. Nouns ending in **-cia** and **-gia** keep the **i** in the plural when the **i** is stressed; otherwise the plural is formed with **-ce** and **-ge:**

la farmacia	**le farmacie**
la bugia *(lie)*	**le bugie**

BUT

la pioggia	**le piogge**

C. Some masculine nouns ending in **-a** form the plural with **-i.** (They derive mainly from Greek. Most end in **-ma** or **-amma.**) The most common are:

il diploma	**i diplomi**
il problema	**i problemi**
il sistema	**i sistemi**
il programma	**i programmi**

D. Nouns and adjectives ending in **-ista** can be either masculine or feminine. They form the plural in **-isti** (masculine) and **-iste** (feminine).

il/la musicista	**i musicisti/le musiciste**
il/la turista	**i turisti/le turiste**
ottimista	**ottimisti/ottimiste**

E. The following nouns that refer to the body are masculine in the singular and feminine in the plural.

il braccio	**le braccia** *arms*	la mano *(f.)*	**le mani** *hands*
il dito	**le dita** *fingers*	l'orecchio	**le orecchie** *ears*
il ginocchio	**le ginocchia** *knees*	l'osso	**le ossa** *bones*

Pratica

A. Gioco dei plurali. Mettete le seguenti frasi al plurale.

1. L'ufficio turistico è chiuso oggi.
2. Il turista e la turista hanno visitato il parco di Roma.
3. L'acqua del lago è sporca *(dirty).*
4. La camera dell'albergo è abbastanza larga.
5. Non possiamo accendere un fuoco in questo bosco.
6. Il tuo problema non è molto serio.
7. Ho un dolore *(pain)* al ginocchio.

B. Riflessioni di un liceale. Completate usando il plurale delle parole in parentesi.

   Oggi è la fine degli esami di maturità; presto avremo (il diploma) _____.
È anche il giorno (dell'addio) _____ ai vecchi (amico) _____ di liceo.
Siamo tutti felici e pensiamo a (lungo) _____ vacanze (sulla spiaggia)
_____ italiane e a (fresco) _____ pomeriggi (nel parco) _____ delle
città. Per diversi mesi non avremo più libri tra (la mano) _____; siamo
(stanco) _____ di studiare e facciamo (programma) _____ molto
(ottimista) _____ per il nostro futuro.

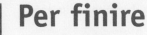

Sentirsi in forma nel paesaggio toscano.

Dalla dottoressa CD2, Track 17

Quando Marco si è svegliato questa mattina, non si sentiva bene; aveva mal di testa, mal di gola e il raffreddore. Si sentiva anche un po' di febbre, ma non avendo il termometro, non poteva misurarsela. Dopo aver deciso che era meglio rinunciare ad andare all'università, era tornato a letto ma, un paio d'ore più tardi, stava peggio di prima. Forse, ha pensato, era il caso di farsi vedere dal dottore. Non avendo la macchina, Marco ha mandato un SMS al suo amico Gianni, dopo aver telefonato al dottore.

MESSAGGIO   Stamattina non sto bene. Penso di avere l'influenza. Mi potresti accompagnare tu in macchina dal dottore?

RISPOSTA   Sì, certo. Hai preso un appuntamento?

MESSAGGIO   Sì, può ricevermi alle due.

RISPOSTA   OK, passo a prenderti all'una e mezzo.

Nello studio della dottoressa Rossi, dopo la visita.

DOTTORESSA   È solo un'influenza. Fai una vita attiva?

MARCO   Sì, credo di sì. Vado a sciare, vado in palestra e faccio il cardiofit training. Ma in questi ultimi due mesi non ho fatto nessuna attività perché ho un sacco di roba da studiare.

DOTTORESSA   E la tua dieta?

(Gianni si mette a ridere.)

GIANNI   La sua dieta? Pizza per cena e gli **avanzi** della pizza per colazione!   *leftover*

DOTTORESSA   No, devi cambiare sistema. Devi fare attenzione alla dieta. **Tieni**, prendi questo antinfluenzale e della vitamina C, e niente pizza per colazione.

Here, take this

GIANNI   Non si preoccupi, dottoressa. Stasera cucino io per tutt'e due: brodo di pollo, carne ai ferri e succo d'arancia. In un paio di giorni lo rimetto a nuovo!

Comprensione

1. Come si sentiva Marco la mattina, quando si è svegliato?
2. Che sintomi aveva?
3. Ha deciso di andare all'università?
4. Quando ha deciso di andare dal dottore, perché ha chiesto un passaggio al suo amico Gianni?
5. Per che ora è l'appuntamento con la dottoressa?
6. Qual è la diagnosi della dottoressa Rossi?
7. Quali attività sportive fa Marco? Perché recentemente non ha praticato nessuno sport?
8. Ha una dieta equilibrata Marco? Perché?
9. Che medicina gli ha dato la dottoressa? E che consigli?
10. Qual è la soluzione di Gianni?

Conversazione

1. Fai attenzione alla dieta o mangi solo quello che ti piace?
2. Compri molti prodotti biologici *(organic)*?
3. Fai una vita attiva o sedentaria?
4. Pratichi qualche sport? Quale?
5. Sei un ambientalista o i problemi ecologici non t'interessano?
6. Secondo te, quali di questi problemi ecologici rappresentano il pericolo maggiore per la nostra salute: l'inquinamento? L'effetto serra? Lo smog?
7. Che cosa fai per proteggere l'ambiente? Ricicli? Usi i mezzi di trasporto pubblici, la bicicletta? Vai a piedi quando è possibile?
8. Sei ottimista o pessimista quando pensi al futuro del nostro pianeta? Perché?

Una gara di automobilismo Formula 1 nel famoso circuito della città di Monza.

Ascoltiamo!

Alla partita di basket
CD2, Track 18 🎵

Marisa and Alberto are watching a basketball game between the Brescia and Trieste teams. Marisa's boyfriend, Gino, plays on the Trieste team. She is shouting encouragement to him and his team and also exchanging opinions with Alberto. Listen to what they are saying; then answer the following questions.

Comprensione

1. Che partita c'è questa sera?
2. Perché Marisa è venuta a vedere la partita? Per chi fa il tifo Marisa?
3. Secondo Marisa, la squadra del suo ragazzo vincerà o perderà? Alberto è della stessa opinione?
4. Dove si sono allenati il ragazzo di Marisa e gli altri giocatori?
5. Che cosa pagherà Marisa ad Alberto se la squadra di Trieste perderà?
6. Come si conclude la partita?

Dialogo
Siete spettatori? Discutete quali sport di squadra preferite guardare, per quale squadra o star sportiva fate il tifo e come seguite i loro successi.

Giovani sportivi CD 2, Track 19 🎵

Marisa meets Alberto, a basketball player and her brother's friend. Marisa tells him that her brother was offered a position coaching in a resort village in Calabria. Marisa prefers jogging and bicycling. Listen to the conversation. Then answer the following questions.

Comprensione

1. Chi è Alberto? Quale sport pratica? 2. La sua squadra ha vinto o perso contro la squadra di Torino? 3. Cosa c'è di nuovo per Marisa?
4. Che novità ci sono per il fratello di Marisa?
5. In quale regione andrà a lavorare? Dove si trova questa regione? 6. Quali sport potrà praticare al mare il fratello di Marisa? 7. Quali sport pratica Marisa? 8. Che cosa spera di fare un giorno?

Adesso scriviamo!

Salviamo l'ambiente

È la settimana ecologica all'università. È stato chiesto a tutti gli studenti di compilare un questionario come il seguente. Rispondi anche tu alle domande del questionario. Poi usa le tue risposte come base per scrivere un articolo sul giornalino dell'università.

Il questionario

1. Vieni a scuola in macchina da solo(a)?	Sì	No	Qualche volta
2. Vieni a scuola in bicicletta?	Sì	No	Qualche volta
3. Vieni a scuola a piedi?	Sì	No	Qualche volta
4. Usi i mezzi di trasporto pubblici?	Sì	No	Qualche volta
5. Ricicli la carta?	Sì	No	Qualche volta
6. Ricicli l'alluminio?	Sì	No	Qualche volta
7. Ricicli la plastica?	Sì	No	Qualche volta
8. Ricicli il vetro?	Sì	No	Qualche volta
9. Spegni le luci nelle stanze non in uso?	Sì	No	Qualche volta
10. Chiudi il rubinetto (*faucet*) dell'acqua mentre ti lavi i denti?	Sì	No	Qualche volta
11. Cos'altro fai per aiutare l'ambiente?	Sì	No	Qualche volta

Incomincia l'articolo con il titolo: Salviamo l'ambiente

Proteggere l'ambiente è la nostra responsabilità perché...

Le cose che io propongo (propose) di fare sono...

Parliamo insieme!

A. Un quiz sportivo. Nominate lo sport. Attività in piccoli gruppi. Uno studente/Una studentessa chiede a ogni studente/studentessa del suo gruppo di nominare lo sport che descrive.

1. È lo sport più popolare in Europa e nell'America Latina. È uno sport di squadra. Sai quanti giocatori giocano nella squadra?

2. È uno sport individuale. In questo sport sono famosi il Giro d'Italia e il Giro di Francia. Sai chi è l'atleta americano che ha vinto il Giro di Francia?

3. Questo sport ha due varianti; è uno sport individuale e si fa sulla neve. Puoi nominare lo sport e le due varianti?

4. In questo sport è necessario avere degli scarponi e delle corde. Sai qual è lo sport e da dove deriva il suo nome?

5. Puoi nominare almeno due sport che si fanno sull'acqua?

6. Qual è lo sport in cui sono necessari i pattini e che si pratica sul ghiaccio?

Parapendio

Rafting

Torrentismo

B. Quale sport pratichi? In due, guardate i disegni a pagina 259 e chiedetevi a turno quali attività sportive praticate, dove, quando, quante volte alla settimana; quali sport praticate in inverno e in estate, al mare e in montagna. Chiedetevi se vi piace fare il campeggio o il trekking, e se praticate degli sport pericolosi, come il rafting o il parapendio (hang gliding). Chiedetevi anche se sapete in cosa consiste l'agriturismo e se lo praticate.

Attualità

L'agriturismo

A. Prima di leggere. L'agriturismo, a rather recent phenomenon in Italy, is becoming extremely popular. More and more Italians are taking advantage of the chance to spend vacation time on working farms or in remodeled old farmhouses, enjoy firsthand the countryside and surroundings, and eat authentic homemade regional meals. The article below was written to introduce readers to **l'agriturismo** and to provide practical pointers for those interested in taking a "farm holiday."

«Gli Ulivi» è una vecchia casa colonica *(farmhouse)* situata tra l'Umbria e la Toscana. Immersa tra gli oliveti, è un posto ideale per rilassarsi, riposare o fare lunghe passeggiate nella bellissima campagna tra l'Umbria e la Toscana. Podere Pomartino–Monteleone d'Orvieto, Terni.

Storia dell'agriturismo

L'agriturismo in Italia è nato molti anni fa come una forma di **accoglienza** da parte di **contadini** che mettevano a disposizione dei visitatori i prodotti tipici della **terra** e dell'**allevamento**... La **propensione** ad accogliere i visitatori **ha subito** una crescita davvero notevole in questi ultimi anni, ed ha visto nascere molti agriturismi. **Accanto** a quelli che esistevano già da **decenni** ne **sono sorti** di nuovi, fondati talvolta da persone desiderose di **avviare** una nuova attività— spesso una nuova vita— a contatto con la natura...

*welcome /
farmers /
earth/
breeding /
inclination /
underwent /
Besides /
decades /
have risen /
launch*

La vacanza in agriturismo

Anche se molte strutture agrituristiche si sono evolute per rispondere alle richieste dei visitatori ed offrono molti comfort, la vacanza in agriturismo non ha perso **il fascino** che la caratterizza. Soggiornare in agriturismo significa non solo entrare in contatto con le persone che lo hanno creato ma anche toccare con mano le dinamiche dell'agricoltura o dell'allevamento ed **assaporarne** i prodotti.

appeal

taste

Molte delle strutture sono dotate di tutto **ciò che** serve per rilassarsi. Il silenzio, innanzitutto, che solo un agriturismo circondato dalla natura può darvi, ma anche servizi quali il mare o la piscina. Se invece volete muovervi e fare attività potrete passeggiare nelle colline circostanti, scoprire nuovi **percorsi** in mountain bike, oppure montare a cavallo, nei molti agriturismi dotati di **maneggio**.

that which

*paths
riding school*

Spostamenti

Per raggiungere un agriturismo la cosa migliore è avere un mezzo di spostamento proprio, quale la macchina o la moto. È molto improbabile che l'agriturismo sia raggiungibile in treno o da altri servizi di trasporto pubblico.

Oggetti personali

Alcuni agriturismi sono situati in località isolate, raggiungibili tramite **strade sterrate** e comunque distanti da paesi e città. Per questo motivo è consigliabile **dotarsi** di tutto il necessario per **sé** e per la propria famiglia, come vestiti, medicinali ed altri oggetti personali.

dirt roads
gear yourself

Comunicazioni

Molti agriturismi sono dotati di telefono in camera, in ogni caso è bene sapere che è possibile che il vostro telefono cellulare non abbia copertura nella zona in cui l'agriturismo è situato.

Adapted from "storia dell'agriturismo," http://www.agriturismo.it

Il Podere Cogno è una residenza storica situata nel cuore della campagna che produce l'olio d'oliva extra vergine e il Chianti classico. Può accogliere un numero limitato di ospiti, che vivono con la famiglia nella residenza. Questa comprende un salotto con il bar, una biblioteca con computer e collegamento Internet, la sala del biliardo, la sala della musica, la palestra con la sauna, una veranda dove viene servita la colazione. Nel parco c'è la piscina. I pasti sono preparati a richiesta dalla proprietaria. Situato tra Siena a Firenze, il Podere Cogno occupa una posizione ideale per eventi culturali o per ragioni professionali. Podere Cogno—Castellina in Chianti, Siena.

B. Alla lettura. Rileggete l'articolo sull'agriturismo e, in due, fatevi a turno le segueti domande.

1. Dove è nato l'agriturismo e in cosa consiste?
2. Vacanze in agriturismo: cosa significa soggiornare in agriturismo?
3. Oltre che rilassarsi *(to relax)* quali attività si possono fare?
4. Come si raggiunge un agriturismo?
5. Perché è una buona idea portare con sé le cose che servono (vestiti, medicinali, eccetera)?

Vocabolario

Nomi

l'allenatore/l'allenatrice	coach
l'ambientalista (*m & f*)	environmentalist
l'antibiotico	antibiotic
l'aspirina	aspirin
l'atmosfera	atmosphere
il contenitore	container
la diagnosi	diagnosis
il dolore	pain, ache
il ghiaccio	ice
l'influenza	flu
la medicina	medicine
la ricetta	prescription
la scelta	choice
lo sciatore/la sciatrice	skier
gli sci	skis
il sintomo	symptom
lo stadio	stadium
il termometro	thermometer
la tosse	cough

Aggettivi

appassionato (di)	fond (of)
biologico	organic
dannoso	harmful
olimpico	Olympic
ottimista	optimist
pessimista	pessimist
sedentario	sedentary
sportivo	athletic, sporty

Verbi

andare a cavallo	to go horseback riding
danneggiare	to damage
interessarsi	to be interested in
ordinare	to prescribe
partecipare	to take part (in)
praticare	to practice
proteggere (*pp.* **protetto**)	to protect
respirare	to breathe
riciclare	to recycle
ridere (*pp.* **riso**)	to laugh
sciare	to ski

Altre espressioni

avere la tosse	to have a cough
contro	against
da allora	since then
in forma	in good shape
né... né	neither . . . nor
neanche, nemmeno	not even, neither
nessuno	nobody, no one
niente	nothing
ognuno	everyone, each one
qualcosa	something
qualcuno	someone
quello che	what
stare a dieta	to be on a diet
tutti	everybody
tutto	everything

Arte e teatro

Maschere a Venezia

Parole da ricordare
Le arti e il teatro

La grammatica
1 Il congiuntivo presente
2 Il congiuntivo passato
3 L'imperfetto del congiuntivo
4 Il trapassato del congiuntivo

Per finire: Il talento artistico…
Ascoltiamo! Adesso scriviamo!
Parliamo insieme!

Attualità: L'importanza dello spettacolo

www.academic.cengage.com/italian/salve

📖 Workbook 🎧 iRadio 🎧 Audio

275

Parole da ricordare

Le arti e il teatro

MOSTRA D'ARTE—PITTURA E SCULTURA

un paesaggio

un quadro di fiori

una natura morta

un ritratto

una marina

due statue classiche

una scultura moderna

l'architettura architecture
il pittore/la pittrice painter
lo scultore/la scultrice sculptor/
sculptress
lo stile style

classico, barocco, moderno
classical, baroque, modern
disegnare to draw
dipingere (*p.p.* **dipinto**) to paint
scolpire (-isc-) to sculpt

A TEATRO

i palchi

il sipario

il cantante

la galleria

il palcoscenico

i musicisti

il direttore d'orchestra

il pubblico

la musica music
  classica, operistica, sinfonica,
  leggera classical, opera,
  symphony, light
l'opera opera
la canzone song
il (la) cantante singer
il compositore/la compositrice
  composer
comporre (*p.p.* **composto**) to compose
strumenti musicali musical
  instruments
  il pianoforte piano

il violino violin
il violoncello cello
il flauto flute
la batteria drums
applaudire to applaud
fischiare to boo (*lit.*, to whistle)
la commedia play, comedy
la tragedia tragedy
l'atto act
la scena scene
il comico comedian
il commediografo playwright
recitare to act, to play a part

L'opera

L'opera nacque in Italia alla fine del Cinquecento e Claudio Monteverdi è uno dei più grandi compositori italiani. Ma è a Napoli che l'opera diventò quella che il mondo definisce oggi «opera italiana». Napoli si identificò con il «bel canto», la melodia cantata. Fra i grandi maestri napoletani del Seicento e del Settecento vi furono Stradella, Scarlatti e Pergolesi. Dall'Italia l'opera italiana partì alla conquista del mondo ed influenzò geni come Mozart, che scrisse opere italiane di stile e di libretto. Il periodo del bel canto continuò a fiorire nell'Ottocento con Rossini, Bellini e Donizetti. L'Ottocento fu dominato tuttavia dal genio drammatico di Giuseppe Verdi. Il grande musicista fu insuperabile nella creazione di arie e di cori che accompagnano grandi scene drammatiche. Basti ricordare di lui alcune opere come *Rigoletto, Il Trovatore, La Traviata, Aida* e *Otello*.

Alla fine del secolo diciannovesimo (*nineteenth*), l'opera si fece più realista e Giacomo Puccini, autore della *Bohème*, ne fu l'interprete più popolare. Da allora altri compositori hanno scritto opere, ma nessuno si è avvicinato al successo di Verdi e di Puccini.

Milano. Il Teatro alla Scala. Il Teatro alla Scala è uno dei più famosi teatri del mondo. In stile neoclassico, fu (*was*) costruito nel 1778 sul luogo dove era stata demolita una chiesa: la chiesa di Santa Maria alla Scala, e questa è l'origine del nome del teatro.

Applicazione

A. In due, fatevi a turno le domande.

1. Che cosa compose Beethoven?
2. Paganini era un famoso musicista dell'Ottocento. Quale strumento suonava alla perfezione?
3. Louis Armstrong suonava il flauto o la tromba?
4. Milioni di turisti visitano la Cappella Sistina in Vaticano. Perché?
5. Chi era Botticelli? Sai nominare uno dei suoi capolavori (*masterpieces*)?
6. Che tipo di quadro è *La Gioconda (Mona Lisa)*? Dove si trova?
7. Che cosa rappresenta una natura morta?
8. Cosa fa il pubblico alla fine di una rappresentazione?

B. Autori e opere *(works)*. Abbinate gli elementi delle due colonne in una frase completa, scegliendo la forma appropriata dei verbi **scrivere, comporre, scolpire, dipingere.**

Shakespeare	*La Bohème*
Michelangelo	*La Gioconda*
Giuseppe Verdi	la sinfonia «*Le quattro stagioni*»
Puccini	*La Pietà*
Leonardo da Vinci	*Amleto*
Vivaldi	*L'Aida*

C. Conversazione

1. Sai suonare qualche strumento? Se sì, quale?

2. Hai mai suonato in un'orchestra o in un gruppo musicale?

3. Che tipo di musica preferisci ascoltare? Musica classica, jazz, rap, hip-hop, R&B, musica alternativa?

4. Quale musica scarichi sul tuo iPod o sul tuo lettore MP3?

5. Vai ai concerti? Quanto spesso?

6. Hai una collezione di CD?

7. Pensi che la musica sia importante nella vita? Spiega la tua risposta.

La grammatica

1 Il congiuntivo presente

— Ti lavo la macchina purché tu mi dia i soldi per andare a vedere i burattini.

A. The subjunctive mood **(il congiuntivo)** expresses points of view and feelings, volition, uncertainty, possibility, and doubt. The indicative mood **(l'indicativo)** expresses facts, indicating what is objectively real. Compare the following sentences:

(fact)	**So**	che l'acqua **è** inquinata.
(belief)	**Credo**	
(doubt)	**Dubito**	che l'acqua **sia** inquinata.
(fear)	**Ho paura**	

Unlike in English, the subjunctive is very common in Italian, in both speaking and writing.

The subjunctive is used mainly in dependent clauses introduced by **che,** when the subjects of the main clause and the dependent clause are different. If the subject is the same, the infinitive is used. Compare the following sentences:

Spero che tu **stia** meglio.	*I hope you'll feel better.*
Spero di **stare** meglio.	*I hope to feel better.*

Here are the present subjunctive **(congiuntivo presente)** forms of regular verbs:

Main clause		Subordinate clause			
		ascoltare	leggere	partire	finire
sperano	che io	ascolti	legga	parta	finisca
	che tu	ascolti	legga	parta	finisca
	che lui/lei	ascolti	legga	parta	finisca
	che noi	ascoltiamo	leggiamo	partiamo	finiamo
vuole	che voi	ascoltiate	leggiate	partiate	finiate
	che loro	ascoltino	leggano	partano	finiscano

1. Note that the first-, second-, and third-persons singular are identical. To avoid ambiguity, the subject pronouns are usually expressed.

2. Verbs ending in **-care** and **-gare** insert an **h** between the stem and the endings: **dimentic*h*i, dimentic*h*iamo, dimentic*h*iate, dimentic*h*ino; pag*h*i, pag*h*iamo, pag*h*iate, pag*h*ino.**

3. Verbs ending in **-iare** drop the **i** of the stem: **cominci, cominciamo, cominciate, comincino.**

B. Here is the present subjunctive of the most common irregular verbs:

andare:	**vada,** andiamo, **andiate, vadano**
avere:	**abbia,** abbiamo, **abbiate, abbiano**
bere:	**beva,** beviamo, **beviate, bevano**
dare:	**dia,** diamo, **diate, diano**
dire:	**dica,** diciamo, **diciate, dicano**
dovere:	**deva (debba),** dobbiamo, **dobbiate, devano (debbano)**
essere:	**sia,** siamo, **siate, siano**
fare:	**faccia,** facciamo, **facciate, facciano**
potere:	**possa,** possiamo, **possiate, possano**
sapere:	**sappia,** sappiamo, **sappiate, sappiano**
stare:	**stia,** stiamo, **stiate, stiano**
uscire:	**esca,** usciamo, **usciate, escano**
venire:	**venga,** veniamo, **veniate, vengano**
volere:	**voglia,** vogliamo, **vogliate, vogliano**

C. Here are some of the most common verbs, impersonal expressions, and conjunctions that require the subjunctive:

1. Verbs of volition, of doubt, and verbs expressing emotions, such as:

> **volere, preferire, sperare, credere, pensare, dubitare, avere paura, essere contento, dispiacere**

2. Impersonal expressions, such as:

> **bisogna, è necessario, è meglio, è probabile, è importante, pare, sembra, peccato**

3. Conjunctions, such as:

affinché, perché	*so that*
benché, per quanto, sebbene	*although*
a meno che... (non)	*unless*
prima che	*before*
purché	*provided that*
senza che	*without*

The following examples illustrate the use of these verbs, impersonal expressions, and conjunctions:

a
Voglio che tu mi **ascolti.**	*I want you to listen to me.*	(verb of volition: **voglio**)
Dubito che Gino **sia** a casa.	*I doubt Gino is at home.*	(verb of doubt: **dubito**)
Sono contento(a) che tu **venga.**	*I'm glad you are coming.*	(expression of emotion: **sono contento[a]**)

b
Bisogna che tu **studi.**	*It is necessary for you to study.*	(impersonal expression: **bisogna**)
È meglio che **stiamo** a casa.	*It's better we stay home.*	(impersonal expression: **è meglio**)

c
Esci **prima che piova.**	*Go out before it rains.*	(conjunction: **prima che**)
Ti aspetto **purché tu faccia** presto.	*I'll wait for you provided you hurry up.*	(conjunction: **purché**)

NOTE: The infinitive is used after an impersonal expression when no subject is expressed.

È necessario **lavorare.**   It is necessary to work

Pratica

A. Consigli. Tu vai a passare alcuni giorni a casa dei nonni. Vai da solo(a) in macchina. Tua madre spera che la tua visita ai nonni sia piacevole per loro e per te.

Esempio   guidare con prudenza
             Spero che tu guidi con prudenza.

1. stare attento(a) al traffico   **2.** essere paziente con i nonni   **3.** aiutare la nonna in cucina   **4.** giocare a carte con il nonno   **5.** portare i nonni al ristorante   **6.** fare delle passeggiate con il nonno   **7.** ascoltare i loro consigli   **8.** andare a letto presto   **9.** avere pazienza perché il nonno è un po' sordo (*deaf*)

 B. Non tutti sono della stessa opinione. Attività in gruppi di tre studenti/tre studentesse. Il primo studente fa un'affermazione. Il secondo studente si dichiara d'accordo con il primo. Il terzo studente mette in dubbio l'affermazione.

Esempio   primo studente   — Gli Italiani guidano bene.
             secondo studente   — *Sono sicuro (So, Sono certo, Sono d'accordo con te) che gli Italiani guidano bene.*
             terzo studente   — *Non penso (Non credo, Non sono sicuro, Dubito) che gli Italiani guidino bene.*

1. Gli Italiani non fanno attenzione alla dieta.   **2.** Venezia sta affondando (*sinking*).   **3.** È molto difficile capire i vari dialetti d'Italia.   **4.** Gli Italiani sono contenti di avere adottato l'euro.   **5.** I giovani in Italia preferiscono andare in vacanza all'estero.   **6.** Marito e moglie in Italia devono stare separati tre anni prima di chiedere il divorzio.   **7.** Gli studenti italiani studiano di più degli studenti americani.

— Quale autobus sta aspettando?
— Il numero 4.
— Mi sembra che il numero 4 non passi più di qui da 10 anni.

C. Opinioni personali. Fatevi a turno le domande incominciando la frase con **Credo** o **Non credo.**

Esempio Le donne italiane guidano meglio degli uomini?
Credo (Non credo) che guidino meglio degli uomini.

1. Che cosa bevono gli Italiani?
2. Devono pagare molto per le cure mediche?
3. È facile guidare nelle città?
4. In quali mesi vanno in vacanza gli Italiani?
5. La benzina è più cara negli Stati Uniti o in Italia?
6. Negli Stati Uniti vengono in vacanza molti Europei?
7. Sanno tutti parlare inglese?
8. Possono viaggiare nei paesi dell'Unione Europea senza passaporto?

D. Benché… A turno, fatevi le seguenti domande.

Esempio Vai spesso a teatro?/i biglietti essere cari
— *Vai spesso a teatro?*
— *Sì, benché i biglietti siano cari.*

1. Canti quando fai la doccia?/essere stonato(a) come una campana *(tone deaf)*
2. Ti piace l'arte astratta?/non capirla molto
3. Andrai in vacanza quest'anno?/non avere molti soldi
4. Ti piace la musica di Puccini?/preferire quella di Verdi
5. Fai tutti i compiti per il corso d'italiano?/trovarli difficili
6. Ti piacciono le nature morte?/piacermi di più i quadri di paesaggi

2 Il congiuntivo passato

A. The past subjunctive (**congiuntivo passato**) is a compound tense formed with the present subjunctive of the auxiliary verb **avere** or **essere** + *past participle* of the main verb.

	studiare		partire	
Franco crede	che io **abbia** che tu **abbia** che lui/lei **abbia**	} **studiato**	che io **sia** che tu **sia** che lui/lei **sia**	} **partito(a)**
	che noi **abbiamo** che voi **abbiate** che loro **abbiano**		che noi **siamo** che voi **siate** che loro **siano**	} **partiti(e)**

— Hai visto i mosaici di Ravenna?
— No, non li ho mai visti.
— Peccato che tu non li abbia mai visti.

B. The **congiuntivo passato** is used when the verb of the main clause is in the present tense and requires the subjunctive, and the subordinate clause expresses an action that precedes the action of the main clause.

Spero che **abbiate ascoltato** il telegiornale.	*I hope you listened to the TV news.*
Mi dispiace che zia Teresa non **sia venuta** ieri.	*I'm sorry Aunt Teresa didn't come yesterday.*
Ho paura che non ti **sia piaciuto** il film di domenica.	*I'm afraid you did not like last Sunday's movie.*

Pratica

 A. L'opera all'Arena di Verona. I genitori del tuo amico sono andati a vedere *L'Aida* all'Arena di Verona. Poiché tu hai una passione per l'opera, vuoi conoscere i dettagli della rappresentazione. Nella risposta usa il congiuntivo passato.

Esempio — I tuoi genitori sono andati a Verona a vedere l'opera?
(Sì, sono contento[a]…)
— *Sì, sono contento(a) che siano andati a Verona a vedere l'opera.*

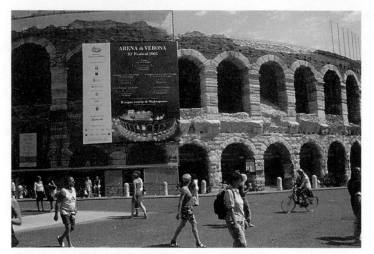

L'Arena di Verona. È il terzo anfiteatro del mondo per larghezza (dopo il Colosseo e l'anfiteatro di Capua Venere vicino a Napoli). Fu completato nell'anno 30 d.C. Nell'Arena di Verona hanno luogo rappresentazioni teatrali e operistiche. L'anfiteatro offre un'acustica eccellente e un'atmosfera ideale.

1. L'opera ha avuto successo? (Sì, pare che…)
2. Il pubblico ha applaudito? (Sì, credo che…)
3. È vero che la soprano si è ammalata la sera della prima? (Sì, peccato che…)
4. Come ha cantato la giovane soprano che l'ha sostituita? (Sembra che…)
5. È vero che i costumi erano fantastici? (Sì, pare che…)
6. I tuoi genitori hanno pagato molto i biglietti? (Sì, mi dispiace che…)
7. Non hanno sospeso la rappresentazione per il maltempo? (No, sono contento che…)
8. È vero che i critici sono stati severi nei riguardi della giovane soprano? (Sì, penso che…)
9. Deve essere stata un'esperienza indimenticabile per i tuoi genitori. (Sì, sono felice che…)

B. Sono contento(a) per te. (*o* **Mi dispiace per te.**) Tu ti trovi con il tuo migliore amico e condividi con lui le tue buone e le tue cattive notizie.

Esempio — Mi sono laureato a settembre con 30 e lode.
— *Sono contento (Mi fa piacere) che tu ti sia laureato.*
— Ho avuto un incidente di macchina.
— *Mi dispiace (Peccato) che tu abbia avuto un incidente di macchina.*

1. Ho trovato un buon impiego a tempo pieno.
2. Dopo tre mesi ho avuto una promozione.
3. Mi hanno dato anche un aumento di stipendio.
4. Ho potuto comprare la macchina che desideravo.
5. Due mesi fa mi hanno licenziato.
6. Per consolarmi sono andato in vacanza alle Maldive.
7. Là ho conosciuto Mariella, una ragazza fantastica.
8. Mariella mi ha piantato (*dumped me*).

C. Sei contento(a) o ti dispiace? Di due frasi formatene una usando **di** + infinito o **che** + congiuntivo.

Esempio   Sono andato(a) all'opera. Sono contento(a).
Sono contento(a) di essere andato(a) all'opera.

I miei genitori sono andati all'opera. Sono contento(a).
Sono contento(a) che i miei genitori siano andati all'opera.

1. Ho trovato dei biglietti per l'*Aida* a metà prezzo. Sono felice.
2. Mio zio mi ha dato dei biglietti gratis per l'Arena di Verona. Sono molto contento(a).
3. Non sono andato(a) al concerto di Zubin Metha. Mi dispiace.
4. I miei amici hanno visto il *Nabucco* al Met. Sono contento(a).
5. Ieri sera ho visto lo spettacolo del Cirque du Soleil. Sono felice.
6. Tu non sei venuto(a) con me. Mi dispiace.

3 L'imperfetto del congiuntivo

A. The imperfect subjunctive (**imperfetto del congiuntivo**) is formed by adding the endings **-ssi, -ssi, -sse, -ssimo, -ste,** and **-ssero** to the infinitive form of the verb after dropping **-re.**

che io **parlassi** = *that I spoke, might speak, would speak*

B. The imperfect subjunctive is governed by the same verbs and conjunctions that govern the present and past subjunctive. It expresses an action that is *simultaneous* with or *subsequent* to that of the main clause and is used when the verb of the main clause is in a *past tense* or in the *conditional*.

— Cosa vorresti per il tuo compleanno?
— Vorrei che tu mi portassi a vedere una commedia di Dario Fo.

		parlare	leggere	dormire
volevano	che io	parla**ssi**	legge**ssi**	dormi**ssi**
	che tu	parla**ssi**	legge**ssi**	dormi**ssi**
	che lui/lei	parla**sse**	legge**sse**	dormi**sse**
	che noi	parla**ssimo**	legge**ssimo**	dormi**ssimo**
era bene	che voi	parla**ste**	legge**ste**	dormi**ste**
	che loro	parla**ssero**	legge**ssero**	dormi**ssero**

The following verbs are irregular in the imperfect subjunctive:

essere: **fossi, fossi, fosse, fossimo, foste, fossero**
dare: **dessi, dessi, desse, dessimo, deste, dessero**
stare: **stessi, stessi, stesse, stessimo, steste, stessero**
fare: **facessi, facessi, facesse, facessimo, faceste, facessero**
dire: **dicessi, dicessi, dicesse, dicessimo, diceste, dicessero**
bere: **bevessi, bevessi, bevesse, bevessimo, beveste, bevessero**

Lisa desiderava che suo figlio **diventasse** musicista.	*Lisa wanted her son to become a musician.*
È uscito benché **piovesse.**	*He went out although it was raining.*
Mi piacerebbe che tu mi **facessi** la caricatura.	*I would like you to draw my caricature.*
Vorrei che voi mi **ascoltaste.**	*I would like you to listen to me.*

C. The *if* clause. Se + imperfect subjunctive is used to describe a hypothetical situation in the present or the future that is possible but unlikely. The present conditional is used to express the outcome.

Se **avessi** tempo, **seguirei** un corso di pittura.

If I had the time, I would take a course in painting.

Se **fossi** milionario, **farei** il giro del mondo.

If I were a millionaire, I would take a trip around the world.

NOTE: In a real or probable situation, the *if* clause is *always* in the indicative.

Se **mangi** troppo, **ingrassi.**

If you eat too much, you get fat.

Se **andremo** a Roma, **visiteremo** i Musei Vaticani.

If we go to Rome, we will visit the Vatican Museums.

Pratica

A. Se... Completate le frasi seguenti usando il congiuntivo imperfetto del verbo in parentesi.

1. Potrei trovare facilmente un lavoro part-time se io (conoscere) _____ l'informatica.

2. Compreremmo dei biglietti di platea se (costare) _____ di meno.

3. Se noi non (avere) _____ lezione oggi, inviteremmo il professore al caffè.

4. Che cosa direste se noi (fare) _____ una festa?

5. Se noi (studiare) _____ di più, avremmo dei voti migliori.

6. Potrei trovare un appartamento migliore se io (avere) _____ più soldi.

7. Se il professore d'italiano (capire) _____ che abbiamo anche altre lezioni, ci darebbe meno compiti.

B. Se potessimo cambiare le cose... In piccoli gruppi, ognuno dice che cosa vorrebbe cambiare.

Esempio   il weekend durare...
— *Vorrei che il weekend durasse quattro giorni.* o...

1. la vita degli studenti essere...
2. i professori dare...
3. mio padre darmi...
4. i miei compagni/le mie compagne di stanza essere...
5. la gente preoccuparsi...
6. il Governo occuparsi...
7. i programmi della TV essere...
8. _____
9. _____
10. _____

C. Conversazione. Rispondete con frasi complete alle seguenti situazioni ipotetiche. Poi spiegate la ragione della vostra scelta.

1. Se tu avessi uno yacht, dove andresti?
2. Se tu potessi scegliere, dove vorresti vivere?
3. Se tu ricevessi in eredità (*inheritance*) un quadro di De Chirico, che cosa ne faresti?
4. Se tu fossi pittore, che cosa dipingeresti?
5. Se tu potessi rivivere un anno della tua vita, quale sceglieresti?
6. Se tu fossi il presidente degli Stati Uniti, cosa faresti per prima cosa?
7. Se tu avessi una bacchetta magica (*magic wand*), quali cose ti piacerebbe avere?

4 Il trapassato del congiuntivo

A. The pluperfect subjunctive (**trapassato del congiuntivo**) is a compound tense. It is formed with the imperfect subjunctive of **avere** or **essere** + *past participle* of the main verb.

		dormire		partire	
Non era vero	che io	avessi		fossi	
	che tu	avessi		fossi	partito(a).
	che lui/lei	avesse	dormito.	fosse	
	che noi	avessimo		fossimo	
	che voi	aveste		foste	partiti(e).
	che loro	avessero		fossero	

Roma. La Fontana di Trevi. Architetto Nicolò Salvi. Fu completata nel 1762. Il nome: Trevi, perché è situata all'incrocio *(crossing)* di tre vie (tre strade).

— Hai buttato le monete nella fontana?
— No, se mi fossi ricordato, le avrei buttate.

B. The pluperfect subjunctive, like the imperfect subjunctive, is used when the verb of the main clause is in a *past tense* or in the *conditional*. However, the pluperfect subjunctive expresses an action that occurred *prior* to the action of the main clause.

Non sapevo che Marco Polo **avesse scritto** Il Milione in prigione.	*I did not know Marco Polo had written* Il Milione *in prison.*
Benché i Fiorentini l'**avessero mandato** in esilio, Dante continuò ad amare Firenze.	*Although the Florentines had sent him into exile, Dante continued to love Florence.*

C. The *if* clause. **Se** + *pluperfect subjunctive* is used to describe a hypothetical situation in the past that did not occur (a "contrary-to-fact" situation). The past conditional is used to express the outcome.

Se **avesse avuto** più talento, **sarebbe diventata** una grande scultrice.	*If she had had more talent, she would have become a great sculptor.*

D. The following chart summarizes the relationship between verb tenses in the main clause and the dependent clause in the subjunctive.

Main clause		
Present	Sono contento(a) che tu **vada** in Italia.	*I'm glad you are going to Italy.* (**congiuntivo presente**)
	Sono contento(a) che tu **sia andato(a)** in Italia.	*I'm glad you went to Italy.* (**congiuntivo passato**)
Past tense	Ero contento(a) che tu **andassi** in Italia.	*I was glad you were going to Italy.* (**congiuntivo imperfetto**)
	Ero contento(a) che tu **fossi andato(a)** in Italia.	*I was glad you had gone to Italy.* (**trapassato del congiuntivo**)
Conditional	Vorrei che tu **andassi** in Italia.	*I would like you to go to Italy.* (**congiuntivo imperfetto**)
	Avrei voluto che tu **fossi andato(a)** in Italia.	*I would have liked you had gone to Italy.* (**trapassato del congiuntivo**)

Pratica

 A. Pensavo che tu l'avessi fatto! Fatevi a turno le seguenti domande, seguendo l'esempio.

Esempio — Hai visto la commedia di Dario Fo?/no
— *No, non l'ho vista.*
— *Pensavo che tu l'avessi vista.*

1. Hai visitato l'Italia meridionale?/no
2. Hai finito i tuoi studi?/no.
3. Sei stato(a) in Asia?/no
4. Sei andato(a) all'opera sabato?/no
5. Hai seguito un corso di pittura?/no
6. Hai comprato i biglietti per l'opera?/no
7. Hai visto l'*Aida* di Verdi?/no
8. Sei stato(a) alla Scala di Milano?/no

B. Dialogo tra Mara e Franco, due giovani sposi. In due, fate la parte di Mara e Franco e mettete il verbo in parentesi al congiuntivo presente o imperfetto, secondo il caso.

Franco — Mara, devo partire benché (fare) _____ brutto tempo. Non ne ho nessuna voglia, ma è necessario che io (andare) _____.

Mara — Sei sicuro? Con questo tempo preferirei che tu (restare) _____ a casa, ma se è proprio necessario per il tuo lavoro che tu (partire) _____, ho paura che tu non (avere) _____ scelta.

Franco — Spero che il tempo (cambiare) _____.

Mara — Vorrei che tu (metterti) _____ l'impermeabile e che tu (prendere) _____ l'ombrello.

Franco — OK. Ti telefonerò appena arriverò all'albergo, affinché tu non (preoccuparti) _____.

Mara — Vorrei anche che tu (darmi) _____ un grosso bacio prima di partire.

C. Situazioni ipotetiche. Cosa avresti fatto se... ? In piccoli gruppi, chiedetevi cosa avreste fatto nelle seguenti circostanze. Ogni studente partecipa con la sua risposta.

Esempio ...se tu fossi andato(a) in Europa?
— *Avrei visitato molte città europee.* o *Avrei comprato l'Eurail pass.* o ...

1. ...se tu avessi perso l'aereo?
2. ...se tu fossi arrivato(a) in ritardo all'appuntamento con la tua ragazza/il tuo ragazzo?
3. ...se tu avessi trovato un portafoglio pieno di soldi?
4. ...se tu avessi ricevuto una F in italiano?
5. ...se tu fossi andato(a) a Milano durante la stagione operistica?
6. ...se il tuo compagno/la tua compagna ti avesse chiesto di prestargli(le) dei soldi?
7. ...se tu avessi perso la tua carta di credito?

Per finire

Assisi. L'affresco di Giotto nella Basilica di San Francesco: *San Francesco che predica agli uccelli.* — Se tu fossi stato ad Assisi, avresti visto il bellissimo affresco di Giotto.

Il talento artistico... CD2, Track 20 🎧

A Susanna è sempre piaciuto dipingere, ed ha deciso di **impegnarsi** seriamente nel campo delle belle arti. Si **è iscritta** all'Accademia di Brera, dove frequenta dei corsi di disegno e di pittura. Oggi si sente un po' scoraggiata, perché non pensava che i corsi fossero così difficili, e vuole che il fratello le dia dei consigli.

make a commitment / she registered

SUSANNA Marco, pensi che **abbia fatto bene** ad iscrivermi all'Accademia di Brera?

I did the right thing

MARCO Ne sono sicuro. Fin da bambina hai sempre avuto la passione di dipingere.

SUSANNA Adesso ho dei dubbi: se avessi del vero talento, non avrei tante difficoltà nei miei corsi.

MARCO Bisogna che tu abbia pazienza: hai appena incominciato. Vedrai che **riuscirai,** purché tu abbia costanza.

You will succeed

SUSANNA Mi sembra di aver perso l'entusiasmo e l'ispirazione. Forse è meglio che io abbandoni l'idea di diventare una pittrice.

MARCO Ma perché ti scoraggi così facilmente?

SUSANNA Ho avuto l'impressione che al professore non sia piaciuto il mio autoritratto. L'ha guardato a lungo e poi ha detto: «Ne parleremo domani in classe».

MARCO È possibile che ti faccia delle critiche. Però è necessario che tu le accetti: ti fa delle osservazioni affinché tu migliori la tua tecnica.

SUSANNA Adesso mi sento insicura. Per giovedì il professore vuole che dipingiamo un paesaggio, una marina o un quadro astratto. Se tu fossi pittore, cosa dipingeresti?

MARCO Mah… io non sono pittore… però posso darti un consiglio: va' al parco, siediti sotto un albero e aspetta che ti venga l'ispirazione.

Comprensione

1. Perché Susanna ha deciso di impegnarsi nel campo della pittura?
2. Perché oggi si sente scoraggiata?
3. Che cosa vuole dal fratello?
4. Perché Marco pensa che Susanna abbia fatto bene ad iscriversi all'Accademia di Brera?
5. Perché Susanna ha dei dubbi sulla sua decisione?
6. Come la rassicura Marco?
7. Perché Susanna si è scoraggiata quando il professore ha visto il suo autoritratto?
8. Perché, secondo Marco, Susanna dovrebbe accettare le critiche del professore?
9. Susanna vorrebbe che Marco l'aiutasse. Come?

Conversazione

1. Se tu potessi seguire un corso d'arte a Firenze, quale sceglieresti? Pittura, scultura, architettura? Perché?
2. Che tipo di quadro vorresti che ti regalassero per la tua casa?
3. Quale stile architettonico preferisci? Classico, moderno, barocco?
4. Puoi nominare uno scultore italiano famoso per lo stile barocco?
5. Quale opera andresti a vedere alla Scala se tu fossi a Milano durante la stagione teatrale?
6. Quale compositore preferisci? A quale delle sue opere hai assistito?
7. Hai del talento musicale? Se tu avessi del talento musicale quale strumento ti piacerebbe suonare?
8. Hai mai recitato in una commedia? Che parte hai fatto?
9. Hai mai scritto una commedia? Conosci la storia della Commedia dell'Arte?

Ascoltiamo!

Se tu fossi pittore...
CD2, Track 21 🎧

Luisa has been taking an art course and must do a painting of her own as an assignment. She is trying to decide what to paint and asks her older brother Alberto for advice. Listen as he makes various suggestions. Then answer the following questions.

Comprensione

1. Che cosa deve fare Luisa per lunedì? A chi ha domandato aiuto?

2. È pittore Alberto? Se fosse pittore, che cosa dipingerebbe?

3. Quali elementi dovrebbe avere l'angolo (corner) di giardino che Alberto consiglia di disegnare?

4. Luisa segue il consiglio del fratello? Perché?

5. Alberto le suggerisce una seconda idea. Quale?

6. Alla fine, Alberto che cosa ha detto di dipingere?

7. Crede Lei che Luisa abbia veramente talento artistico?

Dialogo
👥 **Preferenze.** Se voi foste pittori, che tipo di quadro dipingereste? In piccoli gruppi, scambiatevi le vostre opinioni sul tipo di pittura e sui pittori che preferite.

Musica operistica o musica elettronica? CD2, Track 22 🎧

Giuseppe and his three friends have put together a small rock band. They are now practicing in Giuseppe's house, and his mother is complaining that the music is too loud. Listen to the conversation. Then answer the following questions.

Comprensione

1. Cos'hanno messo insieme i quattro amici? Quali strumenti suonano? 2. Cosa fanno oggi? Dove? 3. Paco Pank è un nome vero o un nome d'arte? Qual è, in questo caso, il nome vero? 4. Perché ha deciso di cambiarsi il nome Giuseppe? 5. Per diventare famoso, basta che Giuseppe si cambi il nome o ci vuole qualcos'altro? Che cosa? 6. Piace a suo padre la musica rock? Perché no? 7. Cosa vuole la madre di Giuseppe, per il momento? 8. Qual è, secondo Giuseppe, il problema dei suoi genitori per quanto riguarda (regarding) la musica? 9. Lei sa chi era Giuseppe Verdi?

Adesso scriviamo!

Un'opera d'arte

L'Italia è un paese ricco d'arte: la sua architettura prestigiosa, i suoi dipinti e le sue sculture sono conosciuti in tutto il mondo. Pensa al *Davide* di Michelangelo al museo dell'Accademia a Firenze, o alla *Nascita di Venere* di Botticelli agli Uffizi, sempre a Firenze. I quattro dipinti raffigurati nelle foto sono delle opere italiane tra le più famose. Il primo è di Botticelli (1447–1515). È un particolare della *Primavera*. Il secondo è *Donna dagli occhi blu* di Modigliani (1884–1920). Il terzo è il *Bacco* di Caravaggio (1571–1610). Il quarto è *Ettore e Andromaca* di De Chirico (1888–1978).

Quale ti piace di più?

1.

2. 3. 4.

A. Scegli una delle opere raffigurate nelle foto. Fai una ricerca su Internet o in biblioteca per trovare delle informazioni sulla vita e sulle opere dell'artista.

B. Per organizzare la tua relazione rispondi alle seguenti domande.
1. In che periodo è vissuto l'autore dell'opera d'arte che hai scelto?
2. Dove è vissuto per la maggior parte della sua vita?
3. È questa una delle sue opere maggiori? Puoi nominarne delle altre?
4. Perché questo artista è importante?
5. Perché ti piace quest'opera d'arte? Perché l'hai scelta?

Parliamo insieme!

Parliamo di musica. In gruppi di tre o quattro studenti, ogni studente/studentessa descrive la musica che preferisce e il suo gruppo musicale preferito/i suoi gruppi musicali preferiti, le sue esperienze musicali (se ha suonato in un gruppo musicale e quale strumento ha suonato) e gli eventi (opere, concerti) ai quali ha assistito, quando e dove.

 Gli altri studenti gli/le fanno delle domande: con chi è andato(a), dove ha avuto luogo l'evento musicale, quanta gente c'era, se ha pagato il biglietto o se la rappresentazione era ad entrata libera.

Una banda rock: Subsonica

B. Un quiz artistico. In due, fatevi a turno le domande per scoprire quali sono le vostre conoscenze nel campo della pittura e della scultura.

1. Puoi nominare tre stili architettonici?
2. Sai cosa rappresenta «una natura morta»?
3. Puoi nominare quattro pittori italiani famosi?
4. Sai chi ha scolpito la statua della *Pietà* che si trova nella chiesa di San Pietro, a Roma?
5. Sai chi ha disegnato il campanile del Duomo di Firenze? E la cupola *(dome)* del Duomo di Firenze?
6. Sai dove si trova (in quale museo) l'originale del *Davide* di Michelangelo?
7. Come si chiama la famosa Fontana di Roma dove i turisti buttano *(throw)* le monete?
8. Sai perché la Sicilia è chiamata «il museo archeologico d'Europa»?

Le cave *(quarries)* di marmo di Carrara.

La scelta di un blocco di marmo.

Uno dei capolavori ricavati dal marmo (Michelangelo, le Tombe Medicee).

Attualità
L'importanza dello spettacolo

A. Prima di leggere. As you read the passage below from Luigi Barzini's well-known book *Gli Italiani,* keep in mind the central metaphor used by the author: All Italians are actors; watching them go about their lives is like watching a performance, **uno spettacolo.** Follow along as this basic comparison is developed in different ways and from different perspectives throughout the passage. Watch also for the unexpected twist given to this comparison at the end of the passage! Do you agree with Barzini's metaphor for Italian life?

Interpretare le espressioni facciali è un'arte importante in Italia.

Questa è l'Italia vista dallo **straniero**. **Ciò che colpisce** a tutta prima è la straordinaria animazione, la vigorosa vita da **alveare** degli abitanti. Strade, piazze, mercati **brulicano** di gente, gente rumorosa, appassionata, allegra, energica, indaffarata. Lo spettacolo può essere così **avvincente** che molti individui **trascorrono** la maggior parte della vita semplicemente contemplandolo. Vi sono di solito i tavolini dei caffè disposti strategicamente in modo da impedire che qualsiasi avvenimento importante, per quanto piccolo, possa **sfuggire** a chi placidamente **sorseggia** l'espresso o l'aperitivo. [...]
Ci sono panchine o muretti al sole per gli spettatori anziani. Ci sono balconi sulle facciate di tutte le case, comodi come **palchi** a teatro. [...]
A rendere queste scene ancor più intensamente **affascinanti**, è forse la trasparenza delle facce italiane. In **esse** si può leggere ogni emozione, gioia, dolore, speranza, **ira**, **sollievo**, gelosia, noia, disperazione, tenerezza, amore e delusione. [...]
Interpretare le espressioni facciali è un'arte importante in Italia, un'arte che va **appresa** dalla fanciullezza. Le parole pronunciate dalle labbra possono **talora** essere in contrasto con le **smorfie** che le accompagnano. In tal caso le parole debbono essere ignorate. [...]
Orson Welles osservò una volta acutamente che l'Italia è piena di attori, cinquanta milioni di attori, in effetti, e che questi sono quasi tutti bravi; ve ne sono soltanto pochi cattivi ed **essi** si possono trovare per lo più sui **palcoscenici** e nel cinema.

foreigner / What strikes / beehive / teem with / involving spend

escape
sips

platforms

To make / appealing / them anger / relief

learned
at times
gestures

they / stages

B. Alla lettura

1. Che cosa colpisce lo straniero che viene in Italia?
2. Come trova la gente?
3. Lo spettacolo della gente per la strada è affascinante: da dove osservano gli Italiani questo spettacolo?
4. Le facce degli Italiani sono trasparenti: quali emozioni si possono leggere sulle loro facce?
5. Durante una conversazione tra due persone, gli Italiani danno più importanza ai gesti (*gestures*) o alle parole?
6. Qual è l'osservazione arguta (*witty*) di Orson Welles a proposito degli Italiani?

Vocabolario

Nomi

l'autoritratto	self-portrait
il campo	field
il capolavoro	masterpiece
il concerto	concert
la critica	critique
la generazione	generation
l'ispirazione	insipiration
il (la) musicista	musician
la pittura	painting
la rappresentazione	performance
la scultura	sculpture
il successo	success
il suggerimento	suggestion
il talento	talent
la tromba	trumpet
la voce	voice

Aggettivi

artistico	artistic
astratto	abstract
probabile	probable
scoraggiato	discouraged

Verbi

assistere	to attend
dispiacere	to feel sorry
dubitare	to doubt
impegnarsi	to commit oneself
migliorare	to improve
rappresentare	to portray
riuscire	to succeed
scoraggiarsi	to become discouraged
sperare	to hope

Altre espressioni

affinché (perché) *(+subj.)*	so that
a meno che *(+subj.)*	unless
andare d'accordo	to get along
benché *(+ subj.)*	although
bisogna *(impers.)*	it is necessary
galleria d'arte	art gallery
opera d'arte	work of art
pare *(impers.)*	it seems
(È un) peccato…	too bad . . .
per quanto *(+ subj.)*	although
prima che *(+ subj.)*	before
purché *(+ subj.)*	provided that
sebbene *(+ subj.)*	although
sembra *(impers.)*	it seems
senza che *(+subj.)*	without

Attività video
Sulla strada

Sì, mi piace molto!

A. Comprensione

Vero o falso?

1. Marco e Giovanni vanno a fare un giro per Roma.
   (a) Vero   (b) Falso

2. Marco vuole sapere che cosa piace agli Italiani.
   (a) Vero   (b) Falso

3. Siena è la città di Marco.
   (a) Vero   (b) Falso

4. Roma è una delle cose che Marco ama molto.
   (a) Vero   (b) Falso

Domande

1. Con chi va a fare un giro per Roma Marco?
   _____

2. Che sentimenti (feelings) ha Marco per Roma? Perché?
   _____

3. Che cosa vogliono scoprire (to discover) i due amici?
   _____

4. Quante persone intervista Marco?
   _____

B. Attività

1. Cosa piace fare al primo intervistato?
   1 _____ 4 _____
   2 _____ 5 _____
   3 _____

2. Al secondo intervistato piace o non piace spendere soldi? Qual è per lui la cosa più bella?
   _____

3. Quale dei sei intervistati è la persona più altruista? Perché?

C. Partecipazione

Completate le frasi.

1. Eh, beh, andiamo a fare _____.
2. Credo che andare al cinema è _____.
3. Mi piace aiutare _____.
4. Roma è bella, ma _____.

Domande

1. Uno degli intervistati è molto indeciso: quali sono alcune delle cose che, forse (maybe), gli piacciono, oltre (besides) al teatro.
   1 _____ 3 _____
   2 _____

2. L'ultimo intervistato, invece (instead), è molto deciso. Cosa gli piace fare?
   _____

3. Perché gli piace viaggiare?
   _____

4. Perché Marco e Giovanni lasciano (leave) Roma?
   _____

D. Domande personali

1. Quali sono le cose, in ordine di importanza, che piacciono a te?
   a. andare a teatro (al cinema)
   b. visitare un museo (una galleria d'arte)
   c. ascoltare un concerto
   d. viaggiare
   e. passare il tempo con gli amici

2. Ami la tua città o il posto dove vivi come Marco ama Roma?
   _____

E. Scambi culturali

Hai ascoltato cosa piace fare alle persone che Marco ha intervistato.
Secondo te, ai giovani Americani e ai giovani Italiani piace fare le stesse cose?

La isola sperduta

A. Comprensione

Vero o falso?

1. Marco e Giovanni vogliono andare in barca.
   (a) Vero   (b) Falso
2. Fa brutto tempo.
   (a) Vero   (b) Falso
3. I due ragazzi decidono di andare verso Milano.
   (a) Vero   (b) Falso
4. Marco e Giovanni cercano il traghetto.
   (a) Vero   (b) Falso

Domande

a. Dove sono arrivati Marco e Giovanni?
   _____

b. Perché non possono fare un tuffo nel mare?
   _____

c. Pensano di restare a Venezia o di partire da Venezia?
   _____

d. In quale città decidono di andare?
   _____

e. Che mezzo di trasporto prendono dal punto dove sono?
   _____

B. Attività

a. Quali due cose si porterebbe il primo intervistato su un'isola deserta?
   1 _____ 2 _____

b. La seconda intervistata preferirebbe portarsi su un'isola deserta i figli o il marito?
   _____

c. La quarta intervistata, una persona molto pratica, porterebbe due capi (items) di abbigliamento. Quali?
   1 _____ 2 _____

d. Invece di (Instead of) una persona, alcuni intervistati porterebbero alcuni oggetti. Quali?
   1 _____ 3 _____
   2 _____

C. Partecipazione

Completate le frasi.

1. Siamo nella zona di mare _____.
2. Siamo arrivati qui con l'intenzione di fare
   _____.
3. Giova che ne dici se _____?
4. Dai Giovanni, prendiamo _____.

Domande

1. Perché un intervistato porterebbe su un'isola deserta solo gli occhiali?
   _____

2. Che cosa porterebbe un'intervistata che vuole essere in pace con sé stessa?
   _____

3. Chi porta l'intervistata che si è appena sposata (just got married)?
   _____

4. L'ultima intervistata è indecisa se portare:
   1 _____ 2 _____

D. Domande personali

1. Se tu dovessi stare per qualche tempo su un'isola deserta, e potessi portare solo una persona e due oggetti, chi e cosa porteresti?
   1 _____ 3 _____
   2 _____

2. Ricordi il titolo di un libro o di un film dove il protagonista era solo su un'isola deserta?

E. Scambi culturali

Se tu dovessi scrivere la trama (plot) di un libro o di una commedia in cui il protagonista/la protagonista si trova su un'isola deserta, quale attore/attrice sceglieresti per la parte? E in quale oceano sarebbe la tua isola deserta?

Il tempo a Venezia è ancora brutto.
Marco suggerisce a Giovanni di andare
verso Milano.

La signora si chiama Grazia e viene da
Napoli. Se dovesse partire per un'isola
sperduta si porterebbe i suoi figli.

Giorgio Lombardo, di ventidue anni. Se
dovesse partire per un'isola sperduta si
porterebbe la sua ragazza.

APPENDIX 1

Verb tenses (recognition only)

1.1 Futuro anteriore

1. The **futuro anteriore** (*future perfect tense*) expresses a future action taking place before another future action. It is a compound tense formed with the future of the auxiliary **avere** or **essere** + the past participle of the conjugated verb, and is usually introduced by conjunctions such as **se, quando, appena,** and **dopo che.**

    avrò finito = I will have finished

    It is conjugated as follows:

parlare		rispondere		partire	
avrò		avrò		sarò	
avrai		avrai		sarai	partito(a)
avrà	parlato	avrà	risposto	sarà	
avremo		avremo		saremo	
avrete		avrete		sarete	partiti(e)
avranno		avranno		saranno	

Avrò finito alle cinque.	*I will have finished by five.*
Usciremo dopo che **avremo cenato.**	*We will go out after we have had dinner.*
Visiterò la città appena **sarò arrivata.**	*I will visit the city as soon as I arrive.*

2. The future perfect tense also expresses probability in the past.

Che bella macchina ha Luigi! **Avrà ereditato** dallo zio d'America.	*What a beautiful car Luigi has! He must have inherited (money) from his rich uncle in America.*
Com'è abbronzata! **Sarà stata** alla spiaggia.	*How tan she is! She must have been at the beach.*
Non è ancora arrivato? No, **si sarà fermato** con gli amici.	*Hasn't he arrived yet? No, he must have stopped with his friends.*

1.2 Passato remoto

1. The **passato remoto**, like the **passato prossimo**, is a tense that expresses an action completed in the past. However, the **passato prossimo** is generally used to express actions that took place in a not too-distant past. The **passato remoto** relates past actions and events completely detached from the present. It is most commonly found in narrative and historical writings. The **passato remoto** is used less frequently in spoken Italian, although this varies from region to region. Use of the **passato remoto** in conversation indicates that the speaker perceives the action described as distant from or unrelated to the present.

Because of the importance of the **passato remoto** in both literary and spoken Italian, it is introduced here so that you will recognize it when you encounter it.

2. The **passato remoto** is formed by adding the appropriate endings to the infinitive stem.

parlare → parl**ai** = *I spoke, I did speak*

It is conjugated as follows:

parlare	ricevere	partire
parl**ai**	ricev**ei** (ricev**etti**)	part**ii**
parl**asti**	ricev**esti**	part**isti**
parl**ò**	ricev**è** (ricev**ette**)	part**ì**
parl**ammo**	ricev**emmo**	part**immo**
parl**aste**	ricev**este**	part**iste**
parl**arono**	ricev**erono** (ricev**ettero**)	part**irono**

Many regular **-ere** verbs have an alternate ending for the first-person singular and for the third-person singular and plural.

Dante **morì** nel 1321.	*Dante died in 1321.*
Il dottore **entrò** e **visitò** il malato.	*The doctor came in and examined the patient.*
Roma **diventò** la capitale d'Italia nel 1870.	*Rome became the capital of Italy in 1870.*

3. **Essere** and the following verbs are irregular in all their forms in the **passato remoto:**

essere:	fui, fosti, fu, fummo, foste, furono
bere:	bevvi, bevesti, bevve, bevemmo, beveste, bevvero
dare:	diedi, desti, diede, demmo, deste, diedero
dire:	dissi, dicesti, disse, dicemmo, diceste, dissero
fare:	feci, facesti, fece, facemmo, faceste, fecero
stare:	stetti, stesti, stette, stemmo, steste, stettero

4. **Avere** and the following verbs are irregular only in the **io, lei,** and **loro** forms. To conjugate these forms, add the endings **-i, -e,** and **-ero** to the irregular stem.

avere: ebb**i,** avesti, ebb**e,** avemmo, aveste, ebb**ero**
cadere: cadd**i,** cadesti, cadd**e,** cademmo, cadeste, cadd**ero**

chiedere	chiesi	**rispondere**	risposi
chiudere	chiusi	**rompere**	ruppi
conoscere	conobbi	**sapere**	seppi
decidere	decisi	**scrivere**	scrissi
leggere	lessi	**vedere**	vidi
mettere	misi	**venire**	venni
nascere	nacqui	**vivere**	vissi
prendere	presi	**volere**	volli

5. The **passato remoto,** like the **passato prossimo,** may be used in combination with the imperfect tense to express an action that was completed while another action or situation was occurring.

Gli **diedi** un bacio mentre uscivo.	*I gave him a kiss while I was going out.*
Scrissero al padre perché non avevano più soldi.	*They wrote to their father because they didn't have any more money.*

1.3 Trapassato remoto

1. The **trapassato remoto** *(past perfect)* is a compound tense. It is formed with the **passato remoto** of the auxiliary verb **essere** or **avere** + the past participle of the main verb.

   ebbi parlato = *I had spoken*

   fui partito = *I had left*

parlare		partire	
ebbi		fui	
avesti		fosti	partito(a)
ebbe	parlato	fu	
avemmo		fummo	
aveste		foste	partiti(e)
ebbero		furono	

2. The **trapassato remoto** is used in combination with the **passato remoto** and after conjunctions of time such as **quando, dopo che,** and **appena** *(as soon as)* to express an action prior to another past action. It is a tense found mainly in literary language.

Quando **ebbe finito,** salutò i colleghi e uscì.	*When he (had) finished, he said good-bye to his colleagues and left.*
Appena **fu uscito,** tutti cominciarono a ridere.	*As soon as he (had) left, they all began to laugh.*

3. When the subject of the two clauses is the same, the **trapassato remoto** is often replaced by **dopo (di)** + the past infinitive.

   Dopo che ebbe mangiato, uscì. *or* **Dopo (di) aver(e) mangiato,** uscì.

1.4 La forma passiva

The passive form is possible only with transitive verbs (verbs that take a direct object). When an active sentence is put into the passive form, the direct object becomes the subject of the new sentence. The subject becomes the agent, introduced by **da.**

The passive form of a verb consists of **essere** (in the required tense) + *the past participle* of the verb. As for all verbs conjugated with **essere,** the past participle must agree with the subject in number and gender.

Active form	Passive form
Nino **canta** la canzone.	La canzone **è cantata** da Nino.
Nino **cantava** la canzone.	La canzone **era cantata** da Nino.
Nino **cantò** la canzone.	La canzone **fu cantata** da Nino.
Nino **canterà** la canzone.	La canzone **sarà cantata** da Nino.
Lisa **ha scritto** il diario.	Il diario **è stato scritto** da Lisa.
Lisa **aveva scritto** il diario.	Il diario **era stato scritto** da Lisa.

Il paziente **è curato** dal medico.	*The patient is treated by the physician.*
Quelle ville **sono state costruite** dall'architetto Nervi.	*Those villas were built by the architect Nervi.*
Questo libro **sarà pubblicato** da un editore di Boston.	*This book will be published by a publisher in Boston.*

1.5 *Fare* + infinito

1. The construction **fare** + *infinitive* is used to express the idea of having something done or having someone do something.

Faccio cantare una canzone.	*I have a song sung.*
Faccio cantare i bambini.	*I have (make) the children sing.*
Faccio cantare una canzone ai bambini.	*I have the children sing a song.*

When the construction has only one object, it is always a direct object.

Fa suonare **un disco.**	*He has a record played.*
Fa suonare **Pietro.**	*He has (makes) Pietro play.*

When there are two objects, the person who performs the action is always the indirect object.

Fa suonare **un disco a Pietro.**	*He has (makes) Pietro play a record.*

2. When the objects are nouns, as above, they *always* follow the infinitive. When the objects are pronouns, they precede the verb **fare.**

Farò riparare **il piano.**	*I will have the piano repaired.*
Lo farò riparare.	*I will have it repaired.*
Farò riparare **il piano a Pietro.**	*I will have Pietro repair the piano.*
Glielo farò riparare.	*I will have him repair it.*
Ho fatto venire **i miei amici.**	*I had my friends come.*
Li ho fatti venire.	*I had them come.*

If **fare** is in the *imperative* (**tu, noi, voi** forms) or in the *infinitive*, the pronouns follow **fare** and are attached to it.

Fa' cantare **i bambini!**	*Have the children sing!*
Falli cantare!	*Have them sing!*
Mi piacerebbe fare dipingere **la casa.**	*I would like to have the house painted.*
Mi piacerebbe **farla** dipingere.	*I would like to have it painted.*

3. The verb **fare** is used in a reflexive form when the subject has the action performed on his/her own behalf. The name of the person performing the action is preceded by **da.** In compound tenses, **essere** is used.

Lisa **si farà** aiutare da Luigi.	*Lisa will have Luigi help her (Lisa will have herself helped by Luigi).*
Lisa **si è fatta** aiutare da Luigi.	*Lisa had Luigi help her (Lisa had herself helped by Luigi).*
Il bambino **si fa** lavare la faccia dalla mamma.	*The child is having his face washed by his mother.*
Il bambino **se la fa** lavare dalla mamma.	*The child is having it washed by his mother.*

APPENDIX 2

Prepositional usage before infinitives

A. Verbs and expressions + **a** + infinitive

abituarsi	*to get used to*	Mi sono abituato ad alzarmi presto.
aiutare	*to help*	Aiutiamo la mamma a cucinare.
andare	*to go*	La signora va a fare la spesa ogni giorno.
continuare	*to continue*	Continuano a parlare di politica.
divertirsi	*to have a good time*	Ci siamo divertiti a cantare molte canzoni.
essere pronto	*to be ready*	Siete pronti a rispondere alla domanda?
imparare	*to learn*	Quando hai imparato a giocare a tennis?
(in)cominciare	*to begin*	Incomincio a lavorare domani.
insegnare	*to teach*	Mi insegni a usare il computer?
invitare	*to invite*	Vi invito a prendere un espresso.
mandare	*to send*	L'ho mandato a comprare una pizza.
mettersi	*to start*	Mi sono messo(a) a leggere il giornale.
prepararsi	*to get ready*	Ci prepariamo a fare un lungo viaggio.
riuscire	*to succeed*	Sei riuscito a trovare gli appunti d'inglese?
venire	*to come*	Luisa è venuta a salutare i suoi nonni.

B. Verbs and expressions + **di** + infinitive

accettare	*to accept*	Accetti di aiutarlo?
ammettere	*to admit*	Lei ammette di volere troppo.
aspettare	*to wait*	Aspettano di ricevere una risposta.
cercare	*to try*	Cerco di arrivare in orario.
chiedere	*to ask*	Mi ha chiesto di prestargli dei soldi.
consigliare	*to advise*	Che cosa mi consigli di fare?
credere	*to believe*	Crede di avere ragione.
decidere	*to decide*	Ha deciso di fare medicina.
dimenticare	*to forget*	Non dimenticare di comprare della frutta!
(di)mostrare	*to show*	Lucia ha dimostrato di essere generosa.
dire	*to say, to tell*	Gli ho detto di stare zitto.
dubitare	*to doubt*	Dubita di riuscire.
finire	*to finish*	Ha finito di lavorare alle dieci di sera.

lamentarsi	*to complain*	Si lamentano di avere poco tempo.
ordinare	*to order*	Il medico mi ha ordinato di prendere delle vitamine.
pensare	*to think*	Quando pensi di partire?
permettere	*to allow*	Mi permetti di dire la verità?
pregare	*to pray, to beg*	La prego di scusarmi.
preoccuparsi	*to worry*	Si preoccupa solamente di finire.
proibire	*to forbid*	Mio padre mi proibisce di usare la macchina.
promettere	*to promise*	Ci hanno promesso di venire stasera.
raccomandare	*to recommend*	Ti raccomando di scrivermi subito.
riconoscere	*to recognize*	Riconosco di avere torto.
ricordare	*to remember; to remind*	Ricordami di telefonarle!
ripetere	*to repeat*	Vi ripeto sempre di fare attenzione.
scegliere	*to choose*	Perché hai scelto di andare a Firenze?
scrivere	*to write*	Le ho scritto di venire in treno.
smettere	*to stop*	Ho smesso di bere caffè.
sperare	*to hope*	Loro sperano di vederti.
suggerire	*to suggest*	Filippo suggerisce di andare al ristorante.
temere	*to fear*	Lei teme di non sapere abbastanza.
avere bisogno	*to need*	Abbiamo bisogno di dormire.
avere paura	*to be afraid*	Hai paura di viaggiare in aereo?
avere ragione	*to be right*	Hanno avuto ragione di partire presto.
avere torto	*to be wrong*	Non ha torto di parlare così.
avere voglia	*to feel like*	Ho voglia di mangiare un gelato.
essere certo (sicuro)	*to be certain*	Sei sicuro di avere abbastanza soldi?
essere contento (felice)	*to be happy*	Nino, sei contento di andare in Europa?
essere curioso	*to be curious*	Siamo curiosi di sapere la verità.
essere fortunato	*to be lucky*	È fortunata di avere un padre ricco.
essere impaziente	*to be eager*	Lui è impaziente di vederla.
essere libero	*to be free*	È libera di uscire.
essere orgoglioso	*to be proud*	Siamo orgogliosi di essere americani.
essere spiacente	*to be sorry*	Sono spiacenti di non essere qui.
essere stanco	*to be tired*	Sono stanca di aspettare.
è ora	*it is time*	È ora di partire.

APPENDIX 3

Verb charts

3.1 The auxiliary verbs *avere* and *essere*

SIMPLE TENSES

Infinito *(Infinitive)*	avere		essere	
Presente *(Present indicative)*	ho hai ha	abbiamo avete hanno	sono sei è	siamo siete sono
Imperfetto *(Imperfect indicative)*	avevo avevi aveva	avevamo avevate avevano	ero eri era	eravamo eravate erano
Passato remoto *(Past absolute)*	ebbi avesti ebbe	avemmo aveste ebbero	fui fosti fu	fummo foste furono
Futuro *(Future)*	avrò avrai avrà	avremo avrete avranno	sarò sarai sarà	saremo sarete saranno
Condizionale presente *(Present conditional)*	avrei avresti avrebbe	avremmo avreste avrebbero	sarei saresti sarebbe	saremmo sareste sarebbero
Imperativo *(Imperative)*	— abbi abbia	abbiamo abbiate abbiano	— sii sia	siamo siate siano
Congiuntivo presente *(Present subjunctive)*	abbia abbia abbia	abbiamo abbiate abbiano	sia sia sia	siamo siate siano
Imperfetto del congiuntivo *(Imperfect subjunctive)*	avessi avessi avesse	avessimo aveste avessero	fossi fossi fosse	fossimo foste fossero
Gerundio *(Gerund)*	avendo	essendo		

COMPOUND TENSES

Participio passato *(Past participle)*	avuto	stato(a, i, e)		

Infinito passato *(Past infinitive)*	avere avuto			essere stato(a, i, e)		
Passato prossimo *(Present perfect indicative)*	ho hai ha abbiamo avete hanno	avuto		sono sei è siamo siete sono	stato(a) stati(e)	
Trapassato prossimo *(Pluperfect)*	avevo avevi aveva avevamo avevate avevano	avuto		ero eri era eravamo eravate erano	stato(a) stati(e)	
Trapassato remoto *(Past perfect indicative)*	ebbi avesti ebbe avemmo aveste ebbero	avuto		fui fosti fu fummo foste furono	stato(a) stati(e)	
Futuro anteriore *(Future perfect)*	avrò avrai avrà avremo avrete avranno	avuto		sarò sarai sarà saremo sarete saranno	stato(a) stati(e)	
Condizionale passato *(Conditional perfect)*	avrei avresti avrebbe avremmo avreste avrebbero	avuto		sarei saresti sarebbe saremmo sareste sarebbero	stato(a) stati(e)	
Congiuntivo passato *(Present perfect subjunctive)*	abbia abbia abbia abbiamo abbiate abbiano	avuto		sia sia sia siamo siate siano	stato(a) stati(e)	
Trapassato del congiuntivo *(Pluperfect subjunctive)*	avessi avessi avesse avessimo aveste avessero	avuto		fossi fossi fosse fossimo foste fossero	stato(a) stati(e)	
Gerundio passato *(Past gerund)*	avendo avuto			essendo stato(a, i, e)		

3.2 Regular verbs

SIMPLE TENSES

	-are cantare	**-ere** ripetere	**-ire** partire	**-ire (-isc-)** finire
Infinito *(Infinitive)*				
Presente *(Present indicative)*	cant **o** cant **i** cant **a** cant **iamo** cant **ate** cant **ano**	ripet **o** ripet **i** ripet **e** ripet **iamo** ripet **ete** ripet **ono**	part **o** part **i** part **e** part **iamo** part **ite** part **ono**	fin isc **o** fin isc **i** fin isc **e** fin **iamo** fin **ite** fin isc **ono**
Imperfetto *(Imperfect indicative)*	canta **vo** canta **vi** canta **va** canta **vamo** canta **vate** canta **vano**	ripete **vo** ripete **vi** ripete **va** ripete **vamo** ripete **vate** ripete **vano**	parti **vo** parti **vi** parti **va** parti **vamo** parti **vate** parti **vano**	fini **vo** fini **vi** fini **va** fini **vamo** fini **vate** fini **vano**
Passato remoto *(Past absolute)*	cant **ai** cant **asti** cant **ò** cant **ammo** cant **aste** cant **arono**	ripet **ei** ripet **esti** ripet **è** ripet **emmo** ripet **este** ripet **erono**	part **ii** part **isti** part **ì** part **immo** part **iste** part **irono**	fin **ii** fin **isti** fin **ì** fin **immo** fin **iste** fin **irono**
Futuro *(Future)*	canter **ò** canter **ai** canter **à** canter **emo** canter **ete** canter **anno**	ripeter **ò** ripeter **ai** ripeter **à** ripeter **emo** ripeter **ete** ripeter **anno**	partir **ò** partir **ai** partir **à** partir **emo** partir **ete** partir **anno**	finir **ò** finir **ai** finir **à** finir **emo** finir **ete** finir **anno**
Condizionale presente *(Present conditional)*	canter **ei** canter **esti** canter **ebbe** canter **emmo** canter **este** canter **ebbero**	ripeter **ei** ripeter **esti** ripeter **ebbe** ripeter **emmo** ripeter **este** ripeter **ebbero**	partir **ei** partir **esti** partir **ebbe** partir **emmo** partir **este** partir **ebbero**	finir **ei** finir **esti** finir **ebbe** finir **emmo** finir **este** finir **ebbero**
Imperativo *(Imperative)*	— cant **a** cant **i** cant **iamo** cant **ate** cant **ino**	— ripet **i** ripet **a** ripet **iamo** ripet **ete** ripet **ano**	— part **i** part **a** part **iamo** part **ite** part **ano**	— fin isc **i** fin isc **a** fin **iamo** fin **ite** fin isc **ano**
Congiuntivo presente *(Present subjunctive)*	cant **i** cant **i** cant **i** cant **iamo** cant **iate** cant **ino**	ripet **a** ripet **a** ripet **a** ripet **iamo** ripet **iate** ripet **ano**	part **a** part **a** part **a** part **iamo** part **iate** part **ano**	fin isc **a** fin isc **a** fin isc **a** fin **iamo** fin **iate** fin isc **ano**

Imperfetto del congiuntivo *(Imperfect subjunctive)*	cant **assi** cant **assi** cant **asse** cant **assimo** cant **aste** cant **assero**	ripet **essi** ripet **essi** ripet **esse** ripet **essimo** ripet **este** ripet **essero**	part **issi** part **issi** part **isse** part **issimo** part **iste** part **issero**	fin **issi** fin **issi** fin **isse** fin **issimo** fin **iste** fin **issero**
Gerundio *(Gerund)*	cant **ando**	ripet **endo**	part **endo**	fin **endo**

COMPOUND TENSES

Participio passato *(Past participle)*	cant **ato**	ripet **uto**	part **ito**	fin **ito**
Infinito passato *(Past infinitive)*	avere cantato	avere ripetuto	essere partito(a, i, e)	avere finito
Passato prossimo *(Present perfect indicative)*	ho hai ha abbiamo avete hanno } cantato	ho hai ha abbiamo avete hanno } ripetuto	sono } partito(a) sei è siamo } partiti(e) siete sono	ho hai ha abbiamo avete hanno } finito
Trapassato prossimo *(Pluperfect)*	avevo avevi aveva avevamo avevate avevano } cantato	avevo avevi aveva avevamo avevate avevano } ripetuto	ero } partito(a) eri era eravamo } partiti(e) eravate erano	avevo avevi aveva avevamo avevate avevano } finito
Trapassato remoto *(Past perfect indicative)*	ebbi avesti ebbe avemmo aveste ebbero } cantato	ebbi avesti ebbe avemmo aveste ebbero } ripetuto	fui } partito(a) fosti fu fummo } partiti(e) foste furono	ebbi avesti ebbe avemmo aveste ebbero } finito
Futuro anteriore *(Future perfect)*	avrò avrai avrà avremo avrete avranno } cantato	avrò avrai avrà avremo avrete avranno } ripetuto	sarò } partito(a) sarai sarà saremo } partiti(e) sarete saranno	avrò avrai avrà avremo avrete avranno } finito
Condizionale passato *(Conditional perfect)*	avrei avresti avrebbe avremmo avreste avrebbero } cantato	avrei avresti avrebbe avremmo avreste avrebbero } ripetuto	sarei } partito(a) saresti sarebbe saremmo } partiti(e) sareste sarebbero	avrei avresti avrebbe avremmo avreste avrebbero } finito

Congiuntivo passato (Present perfect subjunctive)	abbia abbia abbia abbiamo abbiate abbiano	} cantato	abbia abbia abbia abbiamo abbiate abbiano	} ripetuto	sia sia sia siamo siate siano	} partiti(e) partito(a)	abbia abbia abbia abbiamo abbiate abbiano	} finito
Trapassato del congiuntivo (*Pluperfect subjunctive*)	avessi avessi avesse avessimo aveste avessero	} cantato	avessi avessi avesse avessimo aveste avessero	} ripetuto	fossi fossi fosse fossimo foste fossero	} partiti(e) partito(a)	avessi avessi avesse avessimo aveste avessero	} finito
Gerundio passato (*Past gerund*)	avendo cantato		avendo ripetuto		essendo partito(a, i, e)		avendo finito	

APPENDIX 4

Irregular verbs

Only the irregular forms are given.

andare   *to go*

present indicative:	vado, vai, va, andiamo, andate, vanno
future:	andrò, andrai, andrà, andremo, andrete, andranno
conditional:	andrei, andresti, andrebbe, andremmo, andreste, andrebbero
imperative:	va' (vai), vada, andiamo, andate, vadano
present subjunctive:	vada, vada, vada, andiamo, andiate, vadano

aprire   *to open*

past participle:	aperto

assumere   *to hire*

past absolute:	assunsi, assumesti, assunse, assumemmo, assumeste, assunsero
past participle:	assunto

bere   *to drink*

present indicative:	bevo, bevi, beve, beviamo, bevete, bevono
imperfect indicative:	bevevo, bevevi, beveva, bevevamo, bevevate, bevevano
past absolute:	bevvi, bevesti, bevve, bevemmo, beveste, bevvero
future:	berrò, berrai, berrà, berremo, berrete, berranno
conditional:	berrei, berresti, berrebbe, berremmo, berreste, berrebbero
imperative:	bevi, beva, beviamo, bevete, bevano
present subjunctive:	beva, beva, beva, beviamo, beviate, bevano
imperfect subjunctive:	bevessi, bevessi, bevesse, bevessimo, beveste, bevessero
past participle:	bevuto
gerund:	bevendo

cadere   *to fall*

past absolute:	caddi, cadesti, cadde, cademmo, cadeste, caddero
future:	cadrò, cadrai, cadrà, cadremo, cadrete, cadranno
conditional:	cadrei, cadresti, cadrebbe, cadremmo, cadreste, cadrebbero

chiedere   *to ask*

past absolute:	chiesi, chiedesti, chiese, chiedemmo, chiedeste, chiesero
past participle:	chiesto

chiudere   *to close*

past absolute:	chiusi, chiudesti, chiuse, chiudemmo, chiudeste, chiusero
past participle:	chiuso

conoscere   *to know*

past absolute:	conobbi, conoscesti, conobbe, conoscemmo, conosceste, conobbero
past participle:	conosciuto

correre   *to run*

past absolute:	corsi, corresti, corse, corremmo, correste, corsero
past participle:	corso

dare   *to give*

present indicative:	do, dai, dà, diamo, date, danno
past absolute:	diedi, desti, diede, demmo, deste, diedero
future:	darò, darai, darà, daremo, darete, daranno
conditional:	darei, daresti, darebbe, daremmo, dareste, darebbero
imperative:	da' (dai), dia, diamo, date, diano
present subjunctive:	dia, dia, dia, diamo, diate, diano
imperfect subjunctive:	dessi, dessi, desse, dessimo, deste, dessero

decidere   *to decide*

past absolute:	decisi, decidesti, decise, decidemmo, decideste, decisero
past participle:	deciso

dipingere   *to paint*

past absolute:	dipinsi, dipingesti, dipinse, dipingemmo, dipingeste, dipinsero
past participle:	dipinto

dire   *to say, to tell*

present indicative:	dico, dici, dice, diciamo, dite, dicono
imperfect indicative:	dicevo, dicevi, diceva, dicevamo, dicevate, dicevano
past absolute:	dissi, dicesti, disse, dicemmo, diceste, dissero
imperative:	di', dica, diciamo, dite, dicano
present subjunctive:	dica, dica, dica, diciamo, diciate, dicano

imperfect subjunctive:	dicessi, dicessi, dicesse, dicessimo, diceste, dicessero
past participle:	detto
gerund:	dicendo

discutere   *to discuss*

past absolute:	discussi, discutesti, discusse, discutemmo, discuteste, discussero
past participle:	discusso

dovere   *must, to have to*

present indicative:	devo, devi, deve, dobbiamo, dovete, devono
future:	dovrò, dovrai, dovrà, dovremo, dovrete, dovranno
conditional:	dovrei, dovresti, dovrebbe, dovremmo, dovreste, dovrebbero
present subjunctive:	debba, debba, debba, dobbiamo, dobbiate, debbano *or* deva, deva, deva, dobbiamo, dobbiate, devano

fare   *to do, to make*

present indicative:	faccio, fai, fa, facciamo, fate, fanno
imperfect indicative:	facevo, facevi, faceva, facevamo, facevate, facevano
past absolute:	feci, facesti, fece, facemmo, faceste, fecero
future:	farò, farai, farà, faremo, farete, faranno
conditional:	farei, faresti, farebbe, faremmo, fareste, farebbero
imperative:	fa' (fai), faccia, facciamo, fate, facciano
present subjunctive:	faccia, faccia, faccia, facciamo, facciate, facciano
imperfect subjunctive:	facessi, facessi, facesse, facessimo, faceste, facessero
past participle:	fatto
gerund:	facendo

leggere   *to read*

past absolute:	lessi, leggesti, lesse, leggemmo, leggeste, lessero
past participle:	letto

mettere   *to put*

past absolute:	misi, mettesti, mise, mettemmo, metteste, misero
past participle:	messo

morire   *to die*

present indicative:	muọio, muori, muore, moriamo, morite, muọiono
imperative:	muori, muọia, moriamo, morite, muọiano
present subjunctive:	muọia, muọia, muọia, moriamo, moriate, muọiano
past participle:	morto

nạscere   *to be born*

past absolute:	nacqui, nascesti, nacque, nascemmo, nasceste, nạcquero
past participle:	nato

offẹndere   *to offend*

past absolute:	offesi, offendesti, offese, offendemmo, offendeste, offẹsero
past participle:	offeso

offrire   *to offer*

past participle:	offerto

piacere   *to be pleasing*

present indicative:	piạccio, piaci, piace, piacciamo, piacete, piạcciono
past absolute:	piạcqui, piacesti, piạcque, piacemmo, piaceste, piạcquero
imperative:	piạci, piạccia, piacciamo, piacete, piạcciano
present subjunctive:	piạccia, piạccia, piạccia, piacciamo, piacciate, piạcciano
past participle:	piaciuto

potere   *to be able to*

present indicative:	posso, puoi, può, possiamo, potete, pọssono
future:	potrò, potrai, potrà, potremo, potrete, potranno
conditional:	potrei, potresti, potrebbe, potremmo, potreste, potrẹbbero
present subjunctive:	possa, possa, possa, possiamo, possiate, pọssano

prẹndere   *to take*

past absolute:	presi, prendesti, prese, prendemmo, prendeste, prẹsero
past participle:	preso

rịdere   *to laugh*

past absolute:	risi, ridesti, rise, ridemmo, rideste, rịsero
past participle:	riso

rimanere	*to remain*

present indicative:	rimango, rimani, rimane, rimaniamo, rimanete, rimangono
past absolute:	rimasi, rimanesti, rimase, rimanemmo, rimaneste, rimasero
future:	rimarrò, rimarrai, rimarrà, rimarremo, rimarrete, rimarranno
conditional:	rimarrei, rimarresti, rimarrebbe, rimarremmo, rimarreste, rimarrebbero
imperative:	rimani, rimanga, rimaniamo, rimanete, rimangano
present subjunctive:	rimanga, rimanga, rimanga, rimaniamo, rimaniate, rimangano
past participle:	rimasto

rispondere	*to answer*

past absolute:	risposi, rispondesti, rispose, rispondemmo, rispondeste, risposero
past participle:	risposto

rompere	*to break*

past absolute:	ruppi, rompesti, ruppe, rompemmo, rompeste, ruppero
past participle:	rotto

salire	*to go up*

present indicative:	salgo, sali, sale, saliamo, salite, salgono
imperative:	sali, salga, saliamo, salite, salgano
present subjunctive:	salga, salga, salga, saliamo, saliate, salgano

sapere	*to know*

present indicative:	so, sai, sa, sappiamo, sapete, sanno
past absolute:	seppi, sapesti, seppe, sapemmo, sapeste, seppero
future:	saprò, saprai, saprà, sapremo, saprete, sapranno
conditional:	saprei, sapresti, saprebbe, sapremmo, sapreste, saprebbero
imperative:	sappi, sappia, sappiamo, sappiate, sappiano
present subjunctive:	sappia, sappia, sappia, sappiamo, sappiate, sappiano

scegliere	*to choose*

present indicative:	scelgo, scegli, sceglie, scegliamo, scegliete, scelgono
past absolute:	scelsi, scegliesti, scelse, scegliemmo, sceglieste, scelsero
imperative:	scegli, scelga, scegliamo, scegliete, scelgano
present subjunctive:	scelga, scelga, scelga, scegliamo, scegliate, scelgano
past participle:	scelto

scendere   *to descend*

past absolute:	scesi, scendesti, scese, scendemmo, scendeste, scesero
past participle:	sceso

scoprire   *to discover*

past participle:	scoperto

scrivere   *to write*

past absolute:	scrissi, scrivesti, scrisse, scrivemmo, scriveste, scrissero
past participle:	scritto

sedere   *to sit down*

present indicative:	siedo, siedi, siede, sediamo, sedete, siedono
imperative:	siedi, sieda, sediamo, sedete, siedano
present subjunctive:	sieda, sieda, sieda, sediamo, sediate, siedano

spendere   *to spend*

past absolute:	spesi, spendesti, spese, spendemmo, spendeste, spesero
past participle:	speso

stare   *to stay*

present indicative:	sto, stai, sta, stiamo, state, stanno
past absolute:	stetti, stesti, stette, stemmo, steste, stettero
future:	starò, starai, starà, staremo, starete, staranno
conditional:	starei, staresti, starebbe, staremmo, stareste, starebbero
imperative:	sta' (stai), stia, stiamo, state, stiano
present subjunctive:	stia, stia, stia, stiamo, stiate, stiano
imperfect subjunctive:	stessi, stessi, stesse, stessimo, steste, stessero

succedere   *to happen*

past absolute:	successe
past participle:	successo

tenere   *to hold, to keep*

present indicative:	tengo, tieni, tiene, teniamo, tenete, tengono
past absolute:	tenni, tenesti, tenne, tenemmo, teneste, tennero
future:	terrò, terrai, terrà, terremo, terrete, terranno
conditional:	terrei, terresti, terrebbe, terremmo, terreste, terrebbero
imperative:	tieni, tenga, teniamo, tenete, tengano
present subjunctive:	tenga, tenga, tenga, teniamo, teniate, tengano

uccidere   *to kill*

past absolute:	uccisi, uccidesti, uccise, uccidemmo, uccideste, uccisero
past participle:	ucciso

uscire   *to go out*

present indicative:	esco, esci, esce, usciamo, uscite, escono
imperative:	esci, esca, usciamo, uscite, escano
present subjunctive:	esca, esca, esca, usciamo, usciate, escano

vedere   *to see*

past absolute:	vidi, vedesti, vide, vedemmo, vedeste, videro
future:	vedrò, vedrai, vedrà, vedremo, vedrete, vedranno
conditional:	vedrei, vedresti, vedrebbe, vedremmo, vedreste, vedrebbero
past participle:	visto (veduto)

venire   *to come*

present indicative:	vengo, vieni, viene, veniamo, venite, vengono
past absolute:	venni, venisti, venne, venimmo, veniste, vennero
future:	verrò, verrai, verrà, verremo, verrete, verranno
conditional:	verrei, verresti, verrebbe, verremmo, verreste, verrebbero
imperative:	vieni, venga, veniamo, venite, vengano
present subjunctive:	venga, venga, venga, veniamo, veniate, vengano
past participle:	venuto

vincere   *to win*

past absolute:	vinsi, vincesti, vinse, vincemmo, vinceste, vinsero
past participle:	vinto

vivere	*to live*

past absolute:	vissi, vivesti, visse, vivemmo, viveste, vissero
future:	vivrò, vivrai, vivrà, vivremo, vivrete, vivranno
conditional:	vivrei, vivresti, vivrebbe, vivremmo, vivreste, vivrebbero
past participle:	vissuto

volere	*to want*

present indicative:	voglio, vuoi, vuole, vogliamo, volete, vogliono
past absolute:	volli, volesti, volle, volemmo, voleste, vollero
future:	vorrò, vorrai, vorrà, vorremo, vorrete, vorranno
conditional:	vorrei, vorresti, vorrebbe, vorremmo, vorreste, vorrebbero
present subjunctive:	voglia, voglia, voglia, vogliamo, vogliate, vogliano

Italian–English Vocabulary

The Italian–English vocabulary contains most of the basic words and expressions used in each chapter. Stress is indicated by a dot under the stressed vowel. An asterisk * following an infinitive indicates that the verb is conjugated with **essere** in compound tenses. The -isc- after an -ire verb means that the verb requires -isc- in the present indicative, present subjunctive, and imperative conjugations.

The following abbreviations are used:

adj.	adjective		*inf.*	infinitive
adv.	adverb		*inv.*	invariable
affect.	affectionate		*m.*	masculine
art.	article		*math.*	mathematics
colloq.	colloquial		*pl.*	plural
conj.	conjunction		*p.p.*	past participle
def. art.	definite article		*prep.*	preposition
f.	feminine		*pron.*	pronoun
fam.	familiar		*s.*	singular
form.	formal		*sub.*	subjunctive

A

a in, at, to
abbastanza enough, sufficiently
l'abbigliamento clothing, apparel
abbondante abundant
abbracciare to embrace
l'abbraccio hug
abbronzarsi to tan
l'abitante (*m. & f.*) inhabitant
abitare to live
l'abitazione (*f.*) housing
l'abito dress, suit
abituarsi* to get used to
abituato accustomed
l'abitudine (*f.*) habit
accademico academic
accendere (*p.p.* **acceso**) to light, to turn on
l'accento accent, stress
accompagnare to accompany
l'accordo agreement;
d'accordo OK, agreed
l'aceto vinegar

l'acqua water;
l'acqua minerale mineral water;
l'acqua potabile drinking water
l'acquisto purchase
adagio slowly
addio good-bye (forever)
addormentarsi* to fall asleep
addormentato asleep
adesso now
l'adulto, l'adulta adult
l'aereo, l'aeroplano airplane
l'aeroporto airport
l'affare (*m.*) business;
per affari on business;
È un affare! It is a bargain!;
uomo (donna) d'affari businessman(woman)
affascinante fascinating
affatto not at all
l'affermazione (*f.*) statement
l'affetto affection;
con affetto love
affettuoso affectionate

affinché so that, in order that
affittare to rent, to lease
l'affitto rent, rental;
in affitto for rent
affollato crowded
l'affresco fresco
africano African
l'agente (*m. & f.*) **di viaggi** travel agent
l'agenzia di collocamento employment agency;
agenzia di viaggi travel agency
l'aggettivo adjective
aggiungere (*p.p.* **aggiunto**) to add
agire (-isc-) to act
l'aglio garlic
agosto August
aiutare to help
l'aiuto help
l'alba dawn
l'albergo hotel
l'albero tree;
l'albero genealogico family tree

alcolico alcoholic
alcuni (alcune) some, a few
allegro cheerful
allenare to coach;
   allenarsi* to practice, to train, to get in shape
l'allenatore, l'allenatrice coach
l'allievo, l'allieva pupil
alloggiare to stay
l'alloggio housing
allora then, well then, so, therefore
   da allora since then
almeno at least
le Alpi Alps
l'alpinismo mountain climbing
l'alpinista (m. & f.) mountain climber
alto tall, high
altro other
alzarsi* to get up
amare to love
amaro bitter
l'ambientalista (m. & f.) environmentalist
l'ambiente environment
americano American
l'amicizia friendship
l'amico, l'amica friend
ammalarsi* to become ill
ammalato ill, sick
ammettere to admit
ammirare to admire
ammobiliato furnished
l'amore (m.) love
l'analisi (f.) analysis
l'ananas pineapple
anche also, too;
   anche se even if
ancora still, more, again;
   ancora una volta once more;
   non ancora not yet
andare* to go;
   andare d'accordo to get along;
   andare bene to fit;
   andare in bicicletta to ride a bicycle;
   andare al cinema to go to the movies;
   andare in pensione to retire;
   andare a piedi to walk;
   andare a trovare to visit a person;
   andare via to go away
l'angolo corner

l'animale (m.) animal;
   l'animale domestico pet
annegare to drown
l'anniversario anniversary
l'anno year;
   avere... anni to be ... years old
annoiarsi* to get bored
annullare to cancel
annunciare to announce
l'annunciatore, l'annunciatrice TV announcer
l'annuncio pubblicitario ad
l'antibiotico antibiotic
l'anticipo advance;
   in anticipo ahead of time, in advance
antico (pl. **antichi**) ancient, antique
l'antipasto appetizer
antipatico unpleasant
anzi on the contrary
anziano elderly
l'aperitivo aperitif
aperto open;
   all'aperto outdoors
apparecchiare to set the table
l'appartamento apartment
appassionato (di) fond (of)
appena as soon as; only
gli Appennini Apennine Mountains
appenninico of the Apennines
l'appetito appetite
applaudire to applaud
apprezzare to appreciate
approssimativamente approximately
l'appuntamento appointment, date
gli appunti notes
aprile April
aprire (p.p. **aperto**) to open
arabo Arabic;
   gli Arabi Arabs
l'arancia orange
l'aranciata orange drink
arancione (inv.) orange (color)
l'arbitro referee
l'architetto architect
l'architettura architecture
l'argomento subject
l'aria air, appearance;
   aria condizionata air conditioning;
   avere un'aria to look

l'armadietto cabinet
l'armadio wardrobe;
   armadio a muro closet
arrabbiarsi* to get angry
arrabbiato angry
l'arredamento furnishing
arredare to furnish
arredato furnished
l'arredatore, l'arredatrice interior designer
arrivare* to arrive
arrivederci! (fam.);
   ArrivederLa! (form.) Good-bye!
l'arrivo arrival
l'arrosto roast;
   l'arrosto di vitello roast veal
l'arte (f.) art;
   opera d'arte work of art;
   Le Belle Arti Fine Arts
l'articolo article, item
l'artigianato handicraft
l'artigiano artisan
l'artista (m. & f.) artist
artistico artistic
l'ascensore (m.) elevator
l'asciugamano towel
asciugare to dry;
   asciugarsi* to dry oneself
ascoltare to listen to
gli asparagi asparagus
aspettare to wait for
l'aspirina aspirin
assaggiare to taste
l'assegno check
assente absent
l'assicurazione insurance
l'assistente di volo (m. & f.) flight attendant
assistere (p.p. **assistito**) to attend, to assist
assumere (p.p. **assunto**) to hire
astratto abstract
l'astrologia astrology
l'atleta (m. & f.) athlete
l'atmosfera atmosphere
attento careful;
   stare attento to pay attention
l'attenzione (f.) attention;
   fare attenzione to be careful
l'attività (f.) activity
attivo active
l'atto act
l'attore, l'attrice actor, actress
attraente attractive
attraversare to cross

attraverso across; through
attrezzato equipped
attuale present
attualmente at present
augurare to wish
l'augurio wish;
  Tanti auguri! Best wishes!
l'aula classroom
aumentare to increase
l'aumento increase
l'autista *(m. & f.)* driver
l'autobiografia autobiography
l'autobus *(m.)(pl.* **gli autobus)**
  bus
l'automobile *(f.)* car
l'automobilismo car racing
l'automobilista *(m. & f.)*
  motorist
l'autore, l'autrice author
l'autorità authority
l'autostop hitchhiking;
  fare l'autostop to
   hitchhike
l'autostrada freeway
l'autunno autumn, fall
avanti straight ahead;
  Avanti! Come in!
avaro stingy
avere to have;
  avere... anni to be . . . years old;
  avere un'aria to look;
  avere bisogno (di) to need;
  avere caldo to be hot;
  avere fame to be hungry;
  avere la febbre to have a
   temperature;
  avere freddo to be cold;
  avere fretta to be in
   a hurry;
  avere intenzione (di) to
   intend;
  avere luogo to take place;
  avere mal di (denti, schiena,
   stomaco, testa, gola) to
   have a (toothache, backache,
   stomachache, headache, sore
   throat);
  avere paura di to be afraid of;
  avere il raffreddore to have a
   cold;
  avere ragione to be right;
  avere sete to be thirsty;
  avere sonno to be sleepy;
  avere torto to be wrong;
  avere la tosse to have a cough;
  avere voglia (di) to feel like

l'avvenimento event
l'avventura adventure
l'avverbio adverb
avvicinarsi* (a) to get near, to
  approach
l'avvocato, l'avvocatessa lawyer
l'azione *(f.)* action
azzurro light blue

B

la bacheca bulletin board
baciare to kiss
il bacio kiss
i baffi mustache
i bagagli baggage, luggage
il / la bagnante bather
il bagnino, la bagnina lifeguard
il bagno bath; bathroom;
  fare il bagno to take a bath
il balcone balcony
ballare to dance
il balletto ballet
il bambino, la bambina child;
  little boy, little girl;
  da bambino as a child
la banca bank
il banco stand, counter; student
  desk
la banda band
la bandiera flag
il bar bar;
  bar con tavola calda snack
   bar
la barba beard;
  farsi la barba to shave
la barca boat;
  la barca a vela sailboat
il barista bartender
barocco baroque
basso short, low
bastare to suffice, to be enough
la batteria drums
be' (bene) well
la bellezza beauty
bello beautiful, handsome
benché although
bene well, fine;
  va bene OK, very well;
  è bene che it's a good thing
   that;
  benissimo very well;
  benone! great!
la benzina gasoline;
  il distributore di benzina
   gasoline pump;

fare benzina to fill up;
benzina senza piombo
  unleaded gasoline
bere *(p.p.* **bevuto)** to drink
la bevanda drink;
  bevanda alcolica alcoholic
   beverage
bianco *(pl.* **bianchi)** white
la bibita soft drink
la biblioteca library
il bicchiere glass
la bicicletta bicycle
la biglietteria ticket office
il biglietto ticket, card;
  biglietto di andata e ritorno
   round-trip ticket
il binario (railway) track
la biologia biology
biondo blond
la birra beer
il biscotto cookie
bisognare to be necessary
il bisogno need;
  avere bisogno di to need
la bistecca steak
blu *(inv.)* dark blue
la bocca mouth
  in bocca al lupo! good luck!
   (lit. in the mouth of the wolf!)
bollire to boil
la borsa bag;
  borsa di studio grant,
   scholarship
la borsetta handbag
il bosco wood, forest
la bottiglia bottle
il braccialetto bracelet
il braccio *(pl.* **le braccia)** arm
bravo good
breve short, brief
il brodo broth
bruno dark-haired
brutto ugly; bad
la bugia lie;
  dire bugie to lie
bugiardo liar
buono good;
  Buon anno! Happy New
   Year!;
  Buon appetito! Enjoy your
   meal!;
  Buona giornata! Have a nice
   day!;
  Buona notte! Good night!;
  Buone vacanze! Have a nice
   vacation!

il burattino   puppet
il burro   butter
la busta   envelope

C

cadere*   to fall
il caffè   coffee, café, coffee shop
il calcio   soccer
la calcolatrice   calculator
il calcolo   calculus
caldo   hot;
   avere caldo   to be hot;
   fa caldo   it is hot (weather)
il calendario   calendar
calmare   to calm
calmo   calm
la caloria   calorie
la calza   stocking
il calzino   sock
cambiare   to change, to exchange;
   cambiare idea   to change one's mind
il cambio   change, exchange
la camera   room;
   camera da letto   bedroom;
   camera singola (doppia)   single (double) room;
   camera con servizi   room with bath
il cameriere, la cameriera   waiter, waitress; maid
la camicetta   blouse
la camicia   (pl. le camicie)   shirt
il caminetto   fireplace
camminare   to walk
la campagna   country, countryside
il campanile   bell tower
il campeggio   camping;
   fare il campeggio   to go camping
il campionato   championship
il campione, la campionessa   champion
il campo   field;
   campo da tennis   tennis court
canadese   Canadian
il canale   channel, canal (Venice)
la candela   candle
il candidato, la candidata   candidate

il cane   dog
i cannelloni   stuffed pasta
il canottaggio   boating, rowing
il / la cantante   singer
cantare   to sing
il canto   singing
la canzone   song
i capelli   hair
capire (-isc-)   to understand
la capitale   capital
il capitolo   chapter
il capo   head, leader
il Capodanno   New Year's day
il capolavoro   masterpiece
il capoluogo   chief town
il capoufficio   boss
il cappello   hat
il cappotto   winter coat
il cappuccino   coffee with steamed milk
le caramelle   candies
il carattere   temperament
la caratteristica   characteristic, feature
il carciofo   artichoke
carino   pretty, cute
la carne   meat
caro   dear, expensive
la carota   carrot
la carriera   career;
   fare carriera   to have a successful career
la carrozza   car (train), carriage
la carta   paper;
   carta geografica   map;
   carta di credito   credit card;
   carta telefonica   telephone card;
   carta d'identità   identification card
il cartello   sign
la cartoleria   stationery store
la cartolina   postcard
il cartone animato   cartoon
la casa   house, home;
   a casa, in casa   at home;
   a casa di   at the house of;
   a casa sua   at his/her house;
la casalinga   housewife
il caso   case;
   per caso   by any chance;
   secondo il caso   according to the case
Caspita!   Wow!
la cassa   case, cashier's desk
il cassetto   drawer

la cassiera   cashier
castano   brown (eyes, hair)
il castello   castle
la catena   chain
cattivo   bad, mean
la causa   cause;
   a causa di   because of
causare   to cause
c'è (ci sono)   there is (are)
celebrare   to celebrate
celibe   (m.) unmarried, single
la cena   dinner
cenare   to have supper
il centesimo   cent
cento   one hundred
centrale   central
il / la centralinista   telephone operator
il centro   center;
   in centro   downtown
cercare   to look for;
   cercare di   + inf. to try (to)
i cereali   cereals
certamente   certainly
certo   certain; (adv.) certainly
il cestino   basket
che   (conj.) that;
   che   (pron.) who, whom, that, which;
   che, che cosa, cosa?   what?;
   che... !   what a. . . . !
   più... che   more . . . than
chi?   who?, whom?;
   di chi è?   whose is it?
chiamare   to call;
   chiamarsi*   to be called
la chiave   key
chiedere   (p.p. chiesto) to ask (for)
la chiesa   church
il chilogrammo   kilogram
il chilometro   kilometer
la chimica   chemistry
il chirurgo   surgeon
chissà!   who knows!
la chitarra   guitar
chiudere   (p.p. chiuso) to close
ciao   hello, hi, good-bye
il cibo   food
il ciclismo   bicycling
il / la ciclista   cyclist
il cielo   sky
la cifra   amount, digit
il cinematografo   movie theater
cinese   Chinese
la cintura   belt

il cioccolato   chocolate
il cioccolatino   chocolate candy
cioè   that is
la cipolla   onion
circa   about, approximately
circondare   to surround
la circostanza   occasion
la città   city, town
la cittadinanza   citizenship
il cittadino   citizen
la civilizzazione   civilization
la civiltà   civilization
la classe   class, classroom
classico   classic
il / la cliente   customer
il clima   climate
il codice postale   Zip code
il cognato, la cognata   brother-
   in-law, sister-in law
il cognome   last name
la coincidenza   coincidence;
   connection (train, bus)
la colazione   breakfast;
   fare colazione   to have
   breakfast
il / la collega   colleague
la collina   hill
il collo   neck
il colloquio   interview
il colore   color
il coltello   knife
come   as, like;
   Come?   How?;
   Come sta?   *(form. s.)*, Come
      stai?   *(fam. s.)*, Come va?
      (colloq.) How are you?;
   Com'è?   What is he (she, it)
      like?;
   Come mai?   How come?;
   Come si chiama?   What is his
      (her, your, its) name?
il comico   comedian;
comico   *(adj.)* comic, funny
la commedia   comedy, play
il commediografo   playwright
commentare   to make a
   comment
il commento   comment
il / la commercialista   accountant
il commercio   commerce
il commesso, la commessa
   salesperson
comodamente   comfortably
la comodità   comfort
comodo   comfortable
la compagnia   company

il compagno, la compagna
   companion;
   compagno(a) di classe
      classmate;
   compagno(a) di stanza
      roommate
competente   competent
compiere   to have a birthday
il compito   homework, task
il compleanno   birthday;
   Buon compleanno!   Happy
      birthday!
completamente   fully,
   completely
completare   to complete
il completo   suit
complicato   complicated
comporre   *(p.p. composto)* to
   compose
il compositore, la compositrice
   composer
comprare   to buy
comune   common
comunicare   to communicate
con   with
il concerto   concert
la conclusione   conclusion
condire   to dress (salad, food)
condividere   *(p.p. condiviso)* to
   share
la condizione   condition
la conferenza   lecture
confermare   to confirm
confinare   to border, to confine
confrontare   to compare
la confusione   confusion
il congelatore   freezer
Congratulazioni!
   Congratulations!
il / la conoscente   acquaintance
la conoscenza   knowledge
conoscere   *(p.p. conosciuto)* to
   know, to meet, to be acquainted
   with
considerarsi*   to consider
   oneself
consigliare   to advise
il consiglio   advice
la consonante   consonant
il / la consulente   consultant
consultare   to consult
il contadino, la contadina
   peasant; farmer
i contanti   cash
contare   to count
contento   happy, glad; pleased

il continente   continent
continuare   to continue
il conto   check, bill
il contorno   (cooked) vegetable
il contrario   opposite
il contratto   contract
contribuire (-isc-)   to contribute
contro   against
controllare   to check
il controllore   conductor
consistere (di)   to consist (of)
la conversazione   conversation
la coperta   blanket; cover
la copia   copy
la coppia   couple, pair
il coraggio   courage;
   coraggio!   come on! keep it
      up!
coraggioso   courageous, brave
cordiale   cordial
il coro   chorus
il corpo   body
correggere   *(p.p. corretto)* to
   correct
correre   *(p.p. corso)* to run
la corsa   run, race
il corso   course (studies); main
   street
il cortile   courtyard
corto   short
la cosa   thing
così   so;
   così-così   so-so;
   così tanto!   that much!;
   così... come   as . . . as
la costa   coast;
   la Costa Azzurra   French
      Riviera
costare   to cost;
   quanto costa?   how much is it?
il costo   cost, price
costoso   expensive
costruire (-isc-)   to build
il costruttore   builder
il costume   costume;
   costume da bagno   bathing
      suit
il cotone   cotton
cotto   cooked
la cravatta   tie
creare   to create
credere   to believe
la crema   cream
la crisi   crisis
la critica   criticism, critique,
   review

criticare   to criticize
il critico   critic; (adj.) critical
la crociera   cruise;
   fare una crociera   to go on a
      cruise
il cucchiaino   teaspoon
il cucchiaio   spoon
la cucina   kitchen; cooking;
   cuisine
cucinare   to cook;
   cucinare al forno   to bake
il cugino, la cugina   cousin
cui   (pron.) whom, which;
   la ragazza con cui esco   the
      girl with whom I go out
la cultura   culture
culturale   cultural
il culturismo   bodybuilding
cuocere   (p.p. cotto) to cook
il cuoco, la cuoca   cook
il cuore   heart
la cupola   dome
la cura   treatment; care
curare   to treat
curioso   curious

D

da   from, by;
   lavoro da un mese   I have
      been working for a month
d'accordo   OK, agreed;
   essere d'accordo   to agree
Dai!   Come on! (fam.)
dannoso   damaging
dare   to give;
   dare la mano   to shake hands;
   dare un passaggio   to give a
      lift;
   dare del tu (Lei)   to use the tu
      (Lei) form
   dare un film   to show a
      movie
la data   date (calendar)
davanti (a)   in front of, before
davvero   really, indeed
il debito   debt
debole   weak
decidere   (p.p. deciso) to decide
la decisione   decision
dedicarsi*   to devote oneself
la delusione   disappointment
deluso   disappointed
democratico   democratic
la democrazia   democracy
il denaro   money

il dente   tooth;
   al dente   firm, not overcooked
il / la dentista   dentist
dentro   in, inside
il deposito   deposit;
   deposito bagagli   baggage
      room
il deputato, la deputata
   congressman, congresswoman
descrivere   (p.p. descritto) to
   describe
la descrizione   description
desiderare   to wish, want;
   desidera?   may I help you?
il desiderio   wish, desire
la destra   right;
   a destra   to the right;
detestare   to hate
di   of, from; di   ? def. art. some,
   any;
   di chi è?   whose is it?;
   di dov'è?   where is he/she
      from?
la diagnosi   diagnosis
il dialetto   dialect
il dialogo   (pl. dialoghi)
   dialogue
dicembre   December
dichiarare   to declare
le didascalie   (f. pl.) (cinema)
   subtitles
la dieta   diet;
   stare a dieta   to be on a diet
il dietologo, la dietologa
   dietician
dietro   behind
differente   different
la differenza   difference;
   a differenza di   unlike
difficile   difficult
la difficoltà   difficulty
dilettante   amateur
dimagrire (-isc-)*   to lose weight
dimenticare   to forget
diminuire (-isc-)   to diminish; to
   reduce
dimostrare   to show, to express
dinamico   dynamic
dipendere   (p.p. dipeso) to
   depend;
   dipende (da)   it depends (on)
dipingere   (p.p. dipinto) to
   paint, to portray
il diploma   certificate, diploma
diplomarsi*   to graduate from
   high school

dire   (p.p. detto) to say, to tell;
dire di no   to say no;
   voler dire   to mean
direttamente   directly
il direttore, la direttrice
   director; administrator;
   direttore d'orchestra
      orchestra conductor
il / la dirigente   manager
dirigere   (p.p. diretto) to
   manage, to conduct
diritto, dritto (adj.) straight; (adv.)
   straight ahead
il diritto   right
discendere*   (p.p. disceso) to
   descend, to go (come) down
il disco   (pl. dischi) record
il discorso   speech
la discoteca   discoteque
la discussione   discussion
discutere   (p.p. discusso) to
   discuss
disegnare   to draw
il disegnatore, la disegnatrice
   designer
il disegno   drawing, pattern,
   plan
disoccupato   unemployed
la disoccupazione
   unemployment
disordinato   messy
dispiacere*   (p.p. dispiaciuto) to
   mind, to be sorry;
   mi dispiace   I am sorry
disponibile   available
disposto   willing;
   essere disposto   to be willing
la distanza   distance
distare   to be distant, to be far
   from
distratto   absent-minded
disturbare   to bother
il disturbo   ailment, trouble
il dito   (pl. le dita) finger;
   dito del piede   toe
la ditta   firm
il divano   sofa, couch
diventare*   to become
la diversità   diversity
diverso   different; several;
   diversi giorni   several
      days
divertente   amusing
divertimento   amusement;
   buon divertimento!   have
      fun!

divertire   to amuse;
  divertirsi* to have fun, to
    enjoy oneself
dividere   (*p.p.* **diviso**) to share,
  to divide
il divieto   prohibition;
  divieto di fumare   no
    smoking;
  divieto di parcheggio   no
    parking
divorziato (a)   divorced
il divorzio   divorce
il dizionario   dictionary
la doccia   shower;
  fare la doccia   to take a
    shower
il documentario   documentary
  film
il documento   document;
  documento d'identità   I.D.
la dogana   customs
il dolce   dessert, candy; (*adj.*)
  sweet
dolcemente   gradually, gently
il dollaro   dollar
il dolore   pain, ache
la domanda   question;
  application;
  fare una domanda   to ask a
    question;
  fare domanda   to apply
domandare   to ask;
domandarsi*   to wonder
domani   tomorrow;
  A domani!   See you
    tomorrow!
la domenica   Sunday
la donna   woman
dopo   after, afterward
dopodomani   the day after
  tomorrow
doppio   double
dormire   to sleep
il dottore, la dottoressa   doctor,
  university graduate
dove   where;
  di dove sei?   where are you
    from?
il dovere   duty
dovere   to have to, must; to owe
la dozzina   dozen
il dramma   drama, play
drammatico   dramatic
il dubbio   doubt;
  senza dubbio   undoubtedly
dubitare   to doubt

dunque   therefore; well, now!
il duomo   cathedral
durante   during
durare*   to last
duro   hard;
  avere la testa dura   to be
    stubborn

E

e, ed   and
eccellente   excellent
eccetera   et cetera
eccetto   except
l'eccezione   (*f.*) exception
eccitato   excited
ecco...!   here is ...! here are ...!;
  eccomi   here I am
l'ecologia   ecology
ecologico   ecological
l'economia   economy
economico   economic(al), cheap
l'edicola   newsstand
l'edificio   building
l'editore, l'editrice   publisher
educato   polite
l'effetto   effect;
  effetto serra   greenhouse
    effect
efficiente   efficient
egoista   selfish
elegante   elegant, fashionable
elementare   elementary
l'elenco telefonico   telephone
  book
l'elettricista   electrician
l'elettricità   electricity
elettronico   electronic
l'elezione   (*f.*) election
eliminare   to eliminate
entrare*   to enter
l'entrata   entrance
l'entusiasmo   enthusiasm
entusiasta   enthusiastic
l'epoca   period, era
l'equipaggiamento   equipment
l'equitazione   (*f.*) horseback
  riding
l'erba   grass
l'eredità   inheritance
ereditare   to inherit
l'errore   (*m.*) error, mistake
esagerare   to exaggerate
l'esame   (*m.*) exam;
  dare un esame   to take an exam
esattamente   exactly

esatto   exact
l'escursione   (*f.*) excursion
l'esempio   example;
  ad (per) esempio   for example
esercitare   to exercise
l'esercizio   exercise
esistere*   (*p.p.* **esistito**) to exist
l'esperienza   experience
l'esperimento   experiment
esperto   experienced
esplorare   to explore
l'espressione   expression;
  espressione di cortesia
    greetings
l'espresso   expresso coffee
esprimere   (*p.p.* **espresso**) to
  express
essere*   (*p.p.* **stato**) to be;
  essere d'accordo   to agree;
  essere in anticipo   to be
    early;
  essere a dieta   to be on a diet;
  essere in orario   to be on
    time;
  essere promosso   to be
    promoted;
  essere in forma   to be in good
    shape
  essere in ritardo   to be late;
  essere al verde   to be broke
l'est   east
l'estate   (*f.*) summer
esterno   exterior
estero   foreign;
  commercio estero   foreign
    trade;
  all'estero   abroad
estivo   (*adj.*) summer
l'età   age
etnico   ethnic
l'etto(grammo)   100 grams
l'euro   (*inv.*) euro (Italian
  currency)
l'Europa   Europe
europeo   European
evitare   to avoid

F

fa   ago;
un anno fa   one year ago
**fa caldo (freddo, fresco, bel
  tempo, brutto tempo)**   it is
  hot (cold, cool, nice weather,
  bad weather);
fa   (*math.*) equals

la fabbrica   factory
la faccia   face
facile   easy
facilmente   easily
la facoltà di legge (medicina, ecc.)
   school of law (medicine, etc.)
i fagiolini   green beans
falso   false
la fame   hunger;
avere fame   to be hungry
la famiglia   family
familiare   familiar
famoso   famous
la fantascienza   science fiction
la fantasia   fantasy; imagination
fare   (p.p. fatto) to do, to make;
   fare dell'alpinismo   to go
      mountain climbing;
   fare attenzione   to pay
      attention;
   fare gli auguri   to offer good
      wishes;
   fare l'autostop   to hitchhike;
   fare bella figura   to make a
      good impression;
   fare il bagno   to take a bath;
   fare un brindisi   to offer a
      toast;
   fare il campeggio   to go
      camping;
   fare colazione   to have
      breakfast;
   fare la conoscenza (di)   to
      make the acquaintance (of);
   fare la doccia   to take a
      shower;
   fare il dottore (l'ingegnere,
      ecc.)   to be a doctor (an
      engineer, etc);
   fare un'escursione   to take an
      excursion;
   fare la fila   to stand in line;
   fare una foto   to take a picture;
   fare un giro   to take a walk or
      a ride
   fare una gita   to take a short
      trip;
   fare legge (matematica,
      medicina, ecc.)   to study
      law (mathematics, medicine,
      etc.);
   fare parte (di)   to take part (in);
   fare una passeggiata   to take
      a walk;
   fare una pausa   to take a
      break;

fare presto   to hurry;
fare un regalo   to give a
   present;
fare sciopero   to be on strike;
fare la siesta   to take a nap;
fare la spesa   to buy
   groceries;
fare le spese   to go shopping;
fare dello sport   to take part
   in sports;
fare una telefonata   to make a
   phone call;
fare il tifo   to be a fan;
fare le valigie   to pack;
fare un viaggio   to take a trip;
fare una visita   to pay a visit;
farsi* male   to hurt oneself
la farina   flour
la farmacia   pharmacy
il / la farmacista   pharmacist
faticoso   tiring
il fatto   fact; event
il fattore   factor, element
la favola   fable
il favore   favor;
   per favore   please
il fazzoletto   handkerchief
febbraio   February
la febbre   fever
fedele   faithful; loyal
felice   happy
la felicità   happiness
Felicitazioni!   Congratulations!
la felpa   sweatshirt
femminile   feminine
le ferie   paid annual vacation
fermare   to stop (someone or
   something);
   fermarsi*   to stop (oneself)
fermo   still, stopped
il Ferragosto   August holiday
ai ferri   broiled
la ferrovia   railroad
ferroviario   of the railroad
la festa   holiday, party
festeggiare   to celebrate
la festività   festivity
la fetta   slice
il fidanzamento   engagement
fidanzarsi*   to become engaged
il fidanzato, la fidanzata   fiancé,
   fiancée
la fiducia   trust;
   avere fiducia   to trust
il figlio, la figlia   son,
   daughter;

figlio unico, figlia unica
   only child;
i figli   children
la figura   figure;
   fare bella figura   to make a
      good impression
la fila   line;
   fare la fila   to stand in line
il film   movie;
   dare un film   to show a
      movie
filmare   to make a movie
la filosofia   philosophy
finalmente   finally, at last
finanziario   financial
finché   until
la fine   end
il fine-settimana   weekend
la finestra   window
il finestrino   window (of a car,
   bus, train, etc.)
finire (-isc-)   to finish,
   to end
fino a   until; as far as
finora   until now
il fiore   flower
fiorentino   Florentine
fiorito   flowering
Firenze   Florence
la firma   signature
firmare   to sign;
   firmare una ricevuta   to sign
      a receipt
fischiare   to whistle; to boo
la fisica   physics
fisico   physical
fissare un appuntamento   to
   make an appointment
il fiume   river
il flauto   flute
il foglio   sheet;
   foglio di carta   sheet
      of paper
la folla   crowd
fondare   to found
la fontana   fountain
la forchetta   fork
la forma   form, shape
il formaggio   cheese
formare   to form;
   formare il numero   to dial
il fornaio   baker
i fornelli   range (stove)
il forno   oven;
   forno a microonde
      microwave oven

forse   maybe, perhaps
forte   strong
la fortuna   fortune, luck;
   buona fortuna   good luck;
   per fortuna   luckily
fortunato   lucky
la forza   strength;
   forza!   come on!
la foto(grafia)   picture,
   photography;
   fare una foto   to take a
      picture
il foulard   scarf
fra   between, among, in
la fragola   strawberry
francese   French
il francobollo   stamp
la frase   sentence
il fratello   brother
il freddo   cold;
   avere freddo   to be cold;
   fa freddo   it is cold;
frequentare   to attend (school)
fresco   cool, fresh
la fretta   hurry;
   avere fretta   to be in a hurry;
   in fretta   in a hurry
friggere   to fry
il frigo(rifero)   refrigerator
la frittata   omelette
fritto   fried
frizzante   sparkling, carbonated
la frutta   fruit
fumare   to smoke
il fumatore, la fumatrice
   smoker
il fumetto   bubble;
i fumetti   comic strips
il fungo   (*pl.* **funghi**) mushroom
funzionare   to function
il fuoco   (*pl.* **fuochi**) fire
fuori (di)   out (of), outside
il futuro   future

G

la galleria   arcade; gallery;
   balcony;
   la galleria d'arte   art gallery
la gamba   leg
il gamberetto   shrimp
la gara   race; competition
il gatto   cat
la gelateria   ice-cream parlor
il gelato   ice cream
i gemelli   twins

generale   general;
   in generale   in general
la generazione   generation
il genere   gender;
   in genere   generally
i generi alimentari   groceries
il genero   son-in-law
generoso   generous
il genio   genius
il genitore   parent
gennaio   January
Genova   Genoa
la gente   people
gentile   kind
la geografia   geography
geografico   geographic
la Germania   Germany
il gesso   chalk
il ghiaccio   ice
già   already; yes, sure
la giacca   coat, jacket;
   la giacca a vento
      windbreaker
giallo   yellow
il Giappone   Japan
giapponese   Japanese
il giardino   garden;
   i giardini pubblici   park
la ginnastica   gymnastics
il ginocchio   knee
giocare (a)   to play (a game);
   giocare a carte   to play cards
il giocatore, la giocatrice   player
il giocattolo   toy
il gioco   (*pl.* **giochi**) game
il giornale   newspaper
il / la giornalista   journalist
la giornata   the whole day
il giorno   day;
   buon giorno   good morning,
      hello
giovane   young;
   il giovane   young man;
   i giovani   young people
il giovanotto   young man
il giovedì   Thursday
la gioventù   youth
girare   to turn; to tour;
   girare un film   to make a
      movie
il giro   tour
la gita   trip, excursion, tour;
   la gita scolastica   field trip
il giudizio   judgment, sentence
giugno   June
giusto   just, right, correct

gli gnocchi   potato dumplings
la gola   throat;
il mal di gola   sore throat
il golf   sweater (cardigan)
il golfo   gulf
la gonna   skirt
gotico   gothic
governare   to rule
il governo   government
la grammatica   grammar
grande   big, wide, large, great
grasso   fat
il grattacielo   skyscraper
gratuito   free (of charge)
grave   grave; serious
grazie   thank you;
   grazie a   thanks to;
   mille grazie   thanks a lot
greco   (*pl.* **greci**) Greek
gridare   to shout
grigio   gray
alla griglia   grilled
i grissini   breadsticks
grosso   huge, big
il gruppo   group
guadagnare   to earn
i guanti   (*pl.*) gloves
guardare   to look at, to watch
guarire (-isc-)   to cure, to recover
la guerra   war
la guida   guide, tourist guide;
   guidebook; driving
guidare   to drive
il gusto   taste; preference
gustoso   tasty

I

l'idea   idea
ideale   ideal
l'idealista   idealist
l'idraulico   plumber
ieri   yesterday;
   l'altro ieri   the day before
      yesterday;
   ieri sera   last night
ignorante   ignorant
illuminare   to illuminate, to
   light
imitare   to imitate
immaginare   to imagine
l'immaginazione   (*f.*)
   imagination
immediatamente   immediately
imparare   to learn
impaziente   impatient

l'impazienza   impatience
l'impermeabile   (m.) raincoat
l'impiegato, l'impiegata   clerk
l'impiego   employment, job
importante   important
l'importanza   importance
importare   to be important, to
   matter;
   non importa!   never mind!
l'importazione   (f.) import
impossibile   impossible
improvvisamente   suddenly
in   in, at, to
incantevole   charming
incerto   uncertain
l'incidente   (m.) accident
l'inclinazione   (f.) inclination
includere   (p.p. incluso) to
   include
incominciare   to begin
incontrare   to meet
l'incontro   encounter; meeting
incoraggiare   to encourage
l'incrocio   intersection
indeciso   undecided; indecisive
l'indicazione   (f.) direction
indifferente   indifferent
indipendente   independent
l'indipendenza   independence
l'indirizzo   address
indispensabile   indispensable
indovinare   to guess
l'indovinello   puzzle; guessing
   game
l'industria   industry
industriale   industrial
inefficiente   inefficient
inesperto   inexperienced
infatti   in fact
infelice   unhappy
l'infermiere, l'infermiera   nurse
l'inferno   hell
l'inflazione   (f.) inflation
l'influenza   flu
influenzare   to influence; to
   affect
l'informatica   computer science
l'informazione   (f.) information
l'ingegnere   (m.) engineer
l'ingegneria   engineering
ingessare   to put in a cast
l'Inghilterra   England
inglese   English
ingrassare   to gain weight
l'ingrediente   (m.) ingredient
l'ingresso   entrance, entry

l'iniezione   (f.) injection
iniziare   to initiate, to begin
l'inizio   beginning
innamorarsi* (di)   to fall in love
   (with)
innamorato   (adj.) in love
inoltre   besides
l'inquilino, l'inquilina   tenant
l'inquinamento   pollution
inquinare   to pollute
l'insalata   salad
l'insegnamento   teaching
l'insegnante   (m.& f.) teacher,
   instructor
insegnare   to teach
insieme   together
insomma   in short, in conclusion;
   insomma!   for heaven's sake!
intelligente   intelligent
l'intenzione   (f.) intention;
   avere intenzione di   (+ inf.) to
      intend
interessante   interesting
interessare   to interest;
   interessarsi* di (a)   to be
      interested in
l'interesse   (m.) interest
internazionale   international
interno   internal, interior,
   domestic
l'interpretazione   (f.)
   interpretation
l'intervista   interview
intervistare   to interview
intimo   close, intimate
intitolato   entitled
intorno a   around
introdurre   (p.p. introdotto) to
   introduce
l'introduzione   introduction
inutile   useless
invece   instead
inventare   to invent
l'inventore, l'inventrice
   inventor
invernale   (adj.) winter
l'inverno   winter
inviare   to send
invitare   to invite
l'invitato   guest
l'invito   invitation
irlandese   Irish
l'ironia   irony
irregolare   irregular
iscriversi*   (p.p. iscritto) to
   enroll, to register

l'isola   island
ispirare   to inspire;
   ispirarsi*   to get inspired
istruire   to educate, to instruct,
   to teach;
   istruirsi*   to educate oneself
l'istruttore, l'istrattrice
   instructor
l'istruzione   (f.) instruction,
   education
l'Italia   Italy
italiano   Italian;
   l'italiano   Italian language;
   l'Italiano/l'Italiana   Italian
      person
   all'italiana   in the Italian way

L

là   there, over there
il labbro   (pl. le labbra) lip
il lago   (pl. laghi) lake
lamentarsi* (di)   to complain
   (about)
la lampada   lamp
il lampadario   chandelier
la lana   wool;
   di lana   woollen
largo   (pl. larghi) large, wide
lasciare   to leave (someone or
   something); to quit; to let, to
   allow
il latte   milk
la lattina   can
la laurea   university degree
laurearsi*   to graduate
il laureato   university graduate
il lavabo   wash-basin
la lavagna   blackboard
il lavandino   sink
lavare   to wash;
   lavarsi*   to wash (oneself)
la lavastoviglie   dishwasher
la lavatrice   washing machine
lavorare   to work
il lavoratore, la lavoratrice
   worker
il lavoro   work, job;
   lavoro a tempo pieno   full-time
      job
legale   legal;
studio legale   law office
la legge   law;
   facoltà di legge   law school
leggere   (p.p. letto) to read
leggero   light

il legno   wood;
di legno   wooden
lento   slow
la lettera   letter;
le Lettere   humanities
la letteratura   literature
il letto   bed;
   letto singolo (matrimoniale)
     single (double) bed;
   camera da letto   bedroom
il lettore, la lettrice   reader
la lettura   reading
la lezione   lesson; class
lì   there
la libbra   pound
libero   free, available; vacant
   (apartment)
la libertà   freedom
la libreria   bookstore
il libro   book;
   libro di cucina   cookbook
licenziare   to fire
   (employee)
il liceo   high school
il limite   limit;
   limite di velocità   speed
     limit
il limone   lemon
la linea aerea   airline
la lingua   language;
   tongue;
   lingue straniere   foreign
     languages
lirico   lyric
la lista   list
litigare   to fight
il litro   liter
il locale   room;
   locale   *(adj.)* local
la località   place
la Lombardia   Lombardy
Londra   London
lontano (da)   far (from)
la luce   light; electricity
luglio   July
luminoso   bright
la luna   moon;
   luna di miele   honeymoon
il lunedì   Monday
lungo   *(pl.* **lunghi)** long;
   (adv.) along;
   a lungo   for a long time
il luogo   *(pl.* **luoghi)** place;
   avere luogo   to take place
di lusso   deluxe
lussuoso   sumptuous

M

ma   but
la macchina   car, machine,
   engine;
   macchina fotografica
     camera;
   macchina da presa   movie
     camera;
la macedonia di frutta   fruit
   salad
la madre   mother
maestoso   majestic
il maestro, la maestra
   elementary-school teacher
maggio   May
la maggioranza   majority
maggiore   bigger, greater, older;
   la maggior parte   most (of)
magico   magic
la maglietta   T-shirt
il maglione   heavy sweater
magnifico   magnificent,
   splendid
magro   thin; skinny
mai   ever;
   non... mai   never
il malato   sick person; *(adj.)* sick,
   ill
la malattia   illness, disease
il male   ache;
   male di denti   toothache
male   *(adv.)* badly;
   non c'è male   not bad
malvolentieri   reluctantly
la mamma   mom
la mancanza   lack
mancare   to miss;
   mi manca la famiglia   I miss
     my family
la mancia   tip;
   dare la mancia   to tip
mandare   to send
mangiare   to eat
la maniera   manner
il manifesto   poster
la mano   *(pl.* **le mani)** hand;
   dare la mano   to shake hands
la marca   make; brand name
il marciapiede   sidewalk
marcio   rotten
il mare   sea;
   al mare   at the seashore;
   il Mar Tirreno   Tyrrhenian
    Sea
la margarina   margarine

il marito   husband
la marmellata   jam
il marmo   marble
marrone   brown
il martedì   Tuesday
marzo   March
la maschera   mask; masked
   character
maschile   masculine
massimo   greatest, maximum;
   al massimo   at the most
la matematica   mathematics
la materia   subject (scholastic)
la matita   pencil
il matrimonio   marriage,
   wedding
la mattina, il mattino   morning;
   di mattina   in the morning
matto   crazy;
   da matti   a lot
maturo   mature; ripe
il mazzo di fiori   bouquet of
   flowers
il meccanico   mechanic
la medicina   medicine
il medico   doctor, physician
medievale   medieval
mediocre   mediocre
il Medio Evo   Middle Ages
meglio   *(adv.)* better
la mela   apple
la melanzana   eggplant
il melone   cantaloupe
il membro   member
la memoria   memory;
   a memoria   by heart
meno   less; minus;
   a meno che   unless;
   Meno male!   Thank God!
la mensa   cafeteria
mensile   monthly
mentre   while
il menù   menu
meravigliosamente
   wonderfully
meraviglioso   wonderful
il mercato   market;
   a buon mercato   cheap
il mercoledì   Wednesday
meridionale   southern
mescolare   to mix
il mese   month
il messaggio   message
messicano   Mexican
il mestiere   trade, occupation
la metà   half

la metropolitana   subway

mettere   to put, to place, to wear;
   mettersi*   to put on, wear;
   mettersi* a   to start

la mezzanotte   midnight

i mezzi di diffusione   mass media

i mezzi di trasporto   means of transportation

mezzo   *(adj.)* half

il mezzo   means; middle;
   per mezzo di   by means of;
   il mezzogiorno   noon;
   il Mezzogiorno   Southern Italy

il miglio   *(f. pl.* **miglia)** mile

migliorare   to improve

migliore   *(adj.)* better

Milano   Milan

il miliardario   billionaire

il miliardo   billion

il milionario   millionaire

il milione   million

mille   *(pl.* **mila)** thousand;
   Mille grazie!   Thanks a lot!

la minestra   soup

il minestrone   vegetable soup

minimo   smallest

minore   smaller, younger

il minuto   minute

misto   mixed

misurare   to measure

mite   mild

il mobile   piece of furniture

la moda   fashion;
   di moda   fashionable

il modello, la modella   model

moderno   modern

modesto   modest

il modo   way, manner;
   ad ogni modo   anyway

la moglie   wife

molto   much, a lot of; *(inv.)* very

il momento   moment

mondiale   worldwide

il mondo   world

la moneta   coin

monetario   monetary

il monolocale   studio apartment

la montagna   mountain

il monte   mount

il monumento   monument

la moquette   wall-to-wall carpet

morire*   *(p.p.* **morto)** to die

la morte   death

la mostra   exhibition

mostrare   to show

il motivo   motive

la moto(cicletta)   motorcycle

il motore   motor

il motorino   motorscooter

la multa   fine

il muro   (exterior) wall;
   le mura   city walls

il museo   museum

la musica   music;
   musica folcloristica   folk music;
   musica operistica   opera music;
   musica classica   classical music;
   musica leggera   light music

il / la musicista   musician

N

napoletano   Neapolitan

Napoli   Naples

nascere*   *(p.p.* **nato)** to be born

la nascita   birth

il naso   nose

il Natale   Christmas;
   Babbo Natale   Santa Claus;
   Buon Natale!   Merry Christmas!

la natura   nature;
   natura morta   still life

naturale   natural

naturalmente   naturally

la nave   ship

nazionale   national

la nazionalità   nationality

la nazione   nation

né... né   neither . . . nor

neanche   not even

la nebbia   fog
   c'è nebbia   it is foggy

necessario   necessary

negare   to deny

negativo   negative

il negozio   store, shop

nemmeno   not even

nero   black

nervoso   nervous

nessuno   nobody, no one, not anyone

la neve   snow

nevicare   to snow

niente   nothing, not anything;
   nient'altro   nothing else

il nipote   nephew, grandchild;
   la nipote   niece, granddaughter;
   i nipoti   grandchildren

no   no

la noia   boredom; *(pl.)* trouble

noioso   boring

noleggiare   to rent (a car, a bicycle, skis)

il nome   noun, name

nominare   to name

non   not

il nonno, la nonna   grandfather, grandmother;
   i nonni   grandparents

nonostante   in spite of

il nord   north

la notizia   news

noto   well-known

la notte   night

novembre   *(m.)* November

la novità   news;
   nessuna novità   nothing new

le nozze   wedding;
   viaggio di nozze   honeymoon trip

nubile   *(f.)* unmarried, single

il numero   number;
   numero di telefono   phone number

numeroso   numerous

la nuora   daughter-in-law

nuotare   to swim

il nuoto   swimming

nuovo   new;
   di nuovo   again

la nuvola   cloud

nuvoloso   cloudy

O

o   or

obbligatorio   compulsory

l'occasione   *(f.)* opportunity;
   approfittare dell'occasione di   to take advantage of

gli occhiali   *(pl.)* eyeglasses;
   occhiali da sole   sunglasses

l'occhio   eye;
   costare un occhio della testa   to cost a fortune;
   dare un'occhiata   to take a look

occidentale   western

occupare   to occupy;
   occuparsi* (di)   to occupy oneself with

occupato   busy

l'oceano   ocean

l'oculista   *(m. & f.)* eye doctor

offendere   *(p.p.* offeso*)* to offend

l'offerta   offer

offrire   *(p.p.* offerto*)* to offer

l'oggetto   object

oggi   today

ogni   each, every

ognuno   everyone, each one

olimpico   Olympic

l'olio   oil;
   olio d'oliva   olive oil

oltre a   besides

l'ombrello   umbrella

l'ombrellone   beach umbrella

l'onomastico   name day

l'opera   work, opera;
   l'opera d'arte   work of art;
   cantante d'opera   opera singer

l'operaio, l'operaia   factory worker, laborer

l'opinione   *(f.)* opinion

oppure   or

ora   now

l'ora   hour, time;
   è ora che   it is time that;
   è ora di   it is time to;
   le ore di punta   rush hours;
   non vedo l'ora   I can't wait

orale   oral

l'orario   schedule;
   in orario   on time

l'orchestra   orchestra

ordinare   to order, to prescribe

ordinato   neat

l'ordine   order

l'orecchio   *(pl.* le orecchie*)* ear

organizzare   to organize

l'orgoglio   pride

orgoglioso   proud

orientale   oriental, eastern

originale   original

l'origine   *(f.)* origin

l'oro   gold;
   d'oro   golden

l'orologio   watch, clock

l'ospedale   *(m.)* hospital

l'ospite   *(m. & f.)* guest; host

l'ossigeno   oxygen

l'osso   *(f. pl.* le ossa*)* bone

l'ostello per la gioventù   youth hostel

ostinato   stubborn

ottenere   to obtain

l'ottimista   optimist

ottimo   excellent

ottobre   October

l'ovest   west

l'ozono   ozone;
   lo strato dell'ozono   ozone layer

P

il pacco   package, parcel

la pace   peace;
   fare la pace   to make up

la padella   frying pan

il padre   father

il padrone   owner, boss;
   padrone di casa   landlord

il paesaggio   landscape, scenery

il paese   country; town, village

pagare   to pay

la pagina   page

il paio   *(f. pl.* le paia*)* pair

il palazzo   palace, building

il palcoscenico   stage

la palestra   gym

la palla   ball

la pallacanestro   basketball

la pallanuoto   water polo

la pallavolo   volleyball

il pallone   ball (soccer)

il pane   bread

il panino   roll;
   panino imbottito   sandwich

la paninoteca   sandwich shop

la panna   cream

i pantaloncini   shorts

i pantaloni   pants, trousers

le pantofole   slippers

il Papa   Pope

il papà   dad

paragonare   to compare

il paragone   comparison

parcheggiare   to park

il parcheggio   parking

il parco   park

il / la parente   relative;
   i parenti   relatives

parere   *(p.p.* parso*)* to seem;
   non ti pare?   don't you think so?

la parete   (interior) wall

Parigi   Paris

la parità   equality, parity

parlare   to speak, to talk;
   parlare male (bene) di   to say bad (good) things about

il parmigiano   Parmesan cheese

la parola   word

il parrucchiere, la parrucchiera   hairdresser

la parte   part, role;
   fare la parte   to play the role;
   da parte di   from

partecipare a   to take part in

la partenza   departure

particolare   particular

partire*   to leave, to depart

la partita   match, game

il partito   political party

la Pasqua   Easter;
   Buona Pasqua!   Happy Easter!

il passaggio   ride, lift;
   dare un passaggio   to give a ride

il passaporto   passport

passare   to pass, to pass by; to spend (time)

il passatempo   pastime, hobby

il passato   past;
   passato   *(adj.)* last, past

il passeggero, la passeggera   passenger

la passeggiata   walk;
   fare una passeggiata   to take a walk

la passione   passion

la pasta   dough, pasta, pastry;
   le paste   *(pl.)* pastries

la pastasciutta   pasta dish

la pasticceria   pastry shop

il pasto   meal

la patata   potato;
   patate fritte   fried potatoes

la patente   driver's license

paterno   paternal

la patria   country, native land

il pattinaggio   skating

i pattini   skates

la paura   fear;
   avere paura   to be afraid;
   avere una paura da morire   to be scared to death

il pavimento   floor

paziente   patient

il / la paziente   patient

la pazienza   patience;
   avere pazienza   to be patient

Peccato!   Too bad!

il pedone   pedestrian

peggio *(adv.)* worse
peggiore *(adj.)* worse
la pelle skin; leather
la penisola peninsula
la penna pen
pensare to think;
   pensare a to think about;
   pensare di *(+ inf.)* to plan, to
     intend (to do something);
   penso di sì I think so
il pensiero thought
il pensionato senior citizen
la pensione pension;
   boardinghouse;
   andare in pensione to retire
la pentola pot
il pepe pepper
per for;
   per *(+ inf.)* in order to;
   per caso by any chance
la pera pear
perché why; because
perdere *(p.p. perduto, perso)* to
   lose, to waste (time);
   perdersi* to get lost
perfetto perfect
il pericolo danger
pericoloso dangerous
la periferia outskirts,
   periphery
il periodo period (time)
Permesso? May I come in?
permettere *(p.p. permesso)* to
   allow
però but, however
la persona person
il personaggio character
la personalità personality
personale personal
pesante heavy
la pesca peach; fishing
pescare to fish
il pesce fish;
   pesce fritto fried fish
la pesistica weightlifting
il peso weight
il / la pessimista pessimist
pettinarsi* to comb one's hair
il pettine comb
il pezzo piece;
   un due pezzi a two-piece suit
il piacere *(m.)* pleasure;
   con piacere with pleasure,
     gladly;
   per piacere please;
   Piacere! Pleased to meet you!

piacere* *(p.p. piaciuto)* to like,
   to be pleasing
piacevole pleasant
il pianeta planet
il piano floor; plan
il pianterreno ground floor
il piano(forte) piano
la pianta plant; map (of a city)
la pianura plain
il piatto dish;
   primo piatto first course;
   secondo piatto second course
la piazza square
piccante spicy
piccolo little, small
il piede *(m.)* foot;
   a piedi on foot
il Piemonte Piedmont
pieno (di) full (of);
   fare il pieno to fill up (with
     gasoline)
pigro lazy
la pioggia rain
piovere to rain
la pipa pipe
la piscina swimming pool
i piselli peas
il pittore, la pittrice painter
pittoresco picturesque
la pittura painting
più more;
   non più no longer;
   più o meno more or less;
   più... di more . . . than
piuttosto rather
la platea orchestra section
   (theater)
poco little, few;
   un po' di some; a little bit of
il poema poem
la poesia poetry; poem
il poeta, la poetessa poet
poi then, afterwards
poiché since
la polenta cornmeal mush
politico political
la politica politics
il poliziotto policeman
il pollo chicken;
   pollo allo spiedo rotisserie
    chicken;
   pollo arrosto roast chicken
la polpetta meatball
la poltrona armchair; orchestra
   seat (theater)
il pomeriggio afternoon

il pomodoro tomato
il pompelmo grapefruit
il ponte bridge
popolare popular
popolato populated
la popolazione population
il popolo people, population
la porta door
il portafoglio wallet
portare to carry, to bring; to
   wear; to take
il portinaio concierge
il porto port, harbor
le posate silverware
possibile possible;
   il meno possibile as little as
    possible
la possibilità possibility
il postino mailman
la posta post office; mail
postale *(adj.)* post, mail;
   cassetta postale mailbox;
   codice postale zip code
il posto place, seat, position
potere to be able to, can, may;
   può darsi it could be
povero poor
pranzare to have dinner
il pranzo dinner;
   sala da pranzo dining room;
   l'ora del pranzo lunch
    (dinner) time
praticare to practice a sport
pratico practical
preciso precise
la preferenza preference
preferibile preferable
preferire (-isc-) to prefer
preferito favorite
il prefisso area code *(phone)*
pregare to pray; to beg
Prego! Please!, You're welcome!,
   Don't mention it!
il premio prize, award
prendere *(p.p. preso)* to take, to
   pick up;
   prendere in giro to tease
prenotare to reserve
la prenotazione reservation
preoccuparsi* (di) to worry
   (about)
preoccupato worried
la preoccupazione worry
preparare to prepare;
   prepararsi* to prepare
    oneself, to get ready

la preparazione preparation

presentare to introduce;
  presentarsi* to introduce oneself

presente *(adj.)* present

il presidente, la presidentessa president

prestare to lend

presso in care of (c/o)

il prestito loan

presto early, fast, soon, quickly;
  il più presto possibile as soon as possible;
  (Fa') presto! Hurry up!;
  A presto! See you soon!

la previsione forecast

prezioso precious

il prezzo price

prima *(adv.)* before, earlier, first;
  prima di *(prep.)* before;
  prima che *(conj.)* before

la primavera spring

primo first

principale main; leading

privato private

probabile probable

la probabilità probability

il problema *(pl.* **problemi)** problem

il produttore, la produttrice producer

la professione profession

il / la professionista professional man/woman

il professore, la professoressa professor, teacher

profondo deep

il profumo perfume, scent

progettare to plan

il progetto project, plan

il programma *(pl.* **programmi)** program; schedule

il programmatore, la programmatrice programmer

il progresso progress

proibire (-isc-) to prohibit

promettere *(p.p.* **promesso)** to promise

la promozione promotion

il pronome pronoun

pronto ready;
Pronto! Hello! *(telephone)*

il pronto soccorso emergency room

a proposito by the way

la proposta proposal

il proprietario, la proprietaria owner

proprio *(adv).* exactly, indeed

la prosa prose

il prosciutto cured Italian ham

prossimo next

il / la protagonista main character

proteggere *(p.p.* **protetto)** to protect

protestare to protest, to complain

provare to try, to try on

il proverbio proverb

la provincia province

la psicologia psychology

lo psicologo, la psicologa psychologist

pubblicare to publish

la pubblicità advertising

il pubblico public, audience; *(adj.)* public

il pugile boxer

il pugilato boxing

pulire (-isc-) to clean

pulito clean

il pullman tour bus

punire (-isc-) to punish

il punto point;
  punto di vista point of view;
  in punto on the dot

puntuale punctual

purché provided that (+ *sub.*)

pure by all means

purtroppo unfortunately

Q

il quaderno notebook

il quadro painting, picture

qualche some
  qualcosa something;

qualcos'altro something else

qualcuno someone

quale? which?; which one?

la qualifica qualification

la qualità quality

quando when;
  da quando? since when?

quanto how much;
  per quanto although;
  quanto tempo fa? how long ago?

il quarto quarter (of an hour)

quarto fourth

quasi almost

quello that

la questione question, issue, matter

questo this

qui here

R

la racchetta da tennis tennis racket

raccomandare to warn

la raccomandazione recommendation

raccontare to tell, to relate

il racconto short story, tale

radersi* *(p.p.* **raso)** to shave

raffreddare to cool

il raffreddore cold (virus);
  prendere il raffreddore to catch a cold

il ragazzo, la ragazza boy, young man; girl, young woman; boyfriend, girlfriend

la ragione reason;
  avere ragione to be right

il ragioniere, la ragioniera accountant

rapido *(adj.)* fast, quick;
  il rapido express train

il rapporto relation

rappresentare to represent; to stage (theater)

la rappresentazione performance (theater)

raramente rarely, seldom

raro rare

reagire to react

il / la realista realist

la realtà reality

recente recent

recentemente recently

recitare to perform; to play (a part)

la recitazione recitation, performance

la referenza reference

regalare to give a present

il regalo gift, present

la regione region

il / la regista movie director

le relazioni internazionali international relations

rendersi* conto *(p.p.* **reso)** to realize

il reparto department (store)

la repubblica republic

repubblicano republican
il requisito requirement
respirare to breathe
responsabile responsible
la responsabilità responsibility
restare* to stay, to remain
restituire (-isc-) to return (something)
il resto change (money); remainder
la rete network
riassumere to summarize
il riassunto summary
la ricchezza wealth
ricco (*pl.* **ricchi**) rich
la ricerca research
la ricetta recipe; prescription
ricevere to receive
la ricevuta receipt
il riciclaggio recycling
riciclare to recycle
riconoscente grateful
riconoscere to recognize
ricordare to remember;
  ricordarsi* to remember
il ricordo memory, souvenir
ridere (*p.p.* **riso**) to laugh
i rifiuti garbage
la riforma reform
la riga (*pl.* **righe**) line
rimanere (*p.p.* **rimasto**) to remain
il Rinascimento Renaissance
il ringraziamento thanks;
  il giorno del Ringraziamento Thanksgiving
ringraziare to thank
rinunciare (a) to renounce
riparare to repair, to fix
ripassare to review
ripetere to repeat
riposante relaxing
  riposare to rest;
  riposarsi* to rest
riscaldare to warm
riservato reserved
il riso rice; laughter
il risotto creamy rice dish
risparmiare to save
il risparmio saving
rispettare to respect
rispondere (*p.p.* **risposto**) to answer, to reply
la risposta answer, reply
il ristorante restaurant

ristrutturare to restore, to remodel
il risultato result, outcome
il ritardo delay;
  in ritardo late
ritornare to return, to come back
il ritorno return
il ritratto picture, portrait
ritrovare to find again
la riunione reunion, meeting
riunirsi* (**-isc-**) to gather
riuscire* (a) to succeed (in)
rivedere (*p.p.* **rivisto**) to see again
la rivista magazine
la roba stuff
Roma Rome
romano Roman
romantico romantic
il romanzo novel;
  romanzo rosa (giallo, di fantascienza, di avventure) love story (mystery, science-fiction, adventure)
rompere (*p.p.* **rotto**) to break;
  rompersi* un braccio to break an arm
rosa (*inv.*) pink
la rosa rose
rosso red
rubare to steal
il rumore noise
il ruolo role
russo Russian

S

il sabato Saturday
la sabbia sand
il sacchetto bag
il sacco bag, sack;
  sacco a pelo sleeping bag;
  un sacco di a lot of
il saggio essay
la sala living room;
  la sala da pranzo dining room
il salario salary
il sale salt
salire* to climb, to go up, to get on
il salmone salmon
il salone hall
il salotto living room
la salsa sauce

le salsicce sausages
la salumeria delicatessen
salutare to greet, to say good-bye;
salutarsi* to greet each other
la salute health
il saluto greeting;
  saluti cordiali cordial regards;
  distinti saluti sincerely
salvare to save; to rescue
il salvataggio rescue
Salve! (*colloq.*) Hello!
i sandali sandals
sano healthy;
sapere to know, to know how (to do something)
la Sardegna Sardinia
sbagliarsi* to make a mistake
sbagliato wrong, incorrect;
  è sbagliato it is wrong
lo scaffale shelf
la scala ladder; staircase
scambiare to exchange
lo scambio exchange
la scampagnata picnic
lo scapolo bachelor
scapolo single (male)
la scarpa shoe;
  scarpe da tennis tennis shoes
gli scarponi da montagna hiking boots
la scatola box
scegliere (*p.p.* **scelto**) to choose
la scelta choice
la scena scene
scendere* (*p.p.* **sceso**) to descend, to come down; to get off
la scherma fencing
scherzare to joke
lo scherzo joke
la schiena back
lo sci (*inv.*) ski;
  lo sci acquatico water skiing;
  lo sci di discesa downhill skiing;
  lo sci di fondo cross-country skiing
sciare to ski
la sciarpa scarf
lo sciatore, la sciatrice skier
scientifico scientific
la scienza science;
  le scienze politiche political science;
  le scienze naturali natural sciences

lo scienziato   scientist
scioperare   to strike
lo sciopero   strike;
   fare sciopero   to go on strike
scolastico   scholastic
scolpire   to sculpt, to carve
la sconfitta   defeat
scontento   unhappy
lo sconto   discount;
   sconto del venti per cento
     twenty-percent discount
lo scontrino fiscale   receipt
la scoperta   discovery
scoprire   (*p.p.* **scoperto**) to
   discover
scorso   last;
   il mese scorso   last month
lo scrittore, la scrittrice   writer
la scrivania   desk
scrivere   (*p.p.* **scritto**) to write;
   scrivere a macchina   to type
lo scultore, la scultrice   sculptor
la scultura   sculpture
la scuola   school;
   scuola elementare
     elementary school;
   scuola media   junior high
     school
la scusa   excuse
scusarsi*   to apologize;
   Scusa!   (*fam. s.*); **Scusi!**
     (*form. s.*) Excuse me!
se   if;
anche se   even if
sebbene   although
secco   dry
il secolo   century
secondo   according to; (*adj.*)
   second
sedersi*   to sit down
la sedia   chair;
   sedia a sdraio   beach chair
segnare   to score (sports)
il segretario, la segretaria
   secretary
la segreteria telefonica
   answering machine
il segreto   secret
seguente   following
seguire   to follow, to take (a
   course)
il semaforo   traffic light
sembrare   to seem
il semestre   semester
semplice   simple
sempre   always

sentimentale   sentimental
il sentimento   feeling
sentire   to hear, to feel, to smell;
   sentirsi* bene (male)   to feel
     well (sick)
   sentir dire   to hear say
senza   (*prep.*) without;
   senza che   (*conj.*) without
i senzatetto   homeless people
   separare   to divide;
separarsi*   to separate, to part
la separazione   separation
la sera   evening;
   la (di) sera   in the evening
la serata   evening (duration)
sereno   clear (weather)
seriamente   seriously
servire   to serve
il servizio   service;
   i doppi servizi   two baths
il sesso   sex
la seta   silk
la sete   thirst;
   avere sete   to be thirsty
settembre   September
settentrionale   northern
la settimana   week;
   fra una settimana   in a week
severo   strict
sfavorevole   unfavorable
la sfilata   fashion show
la sfortuna   bad luck
sfortunato   unfortunate
sì   yes
   si mangia bene qui   one eats
     well here
sia... che   both . . . and
siccome   since, because
Sicilia   Sicily
siciliano   Sicilian
sicuro   sure; safe
la siesta   siesta, nap;
   fare la siesta   to take
     a nap
la sigaretta   cigarette
significare   to mean
il significato   meaning
la signora   lady, Mrs., ma'am
il signore   gentleman, Mr., sir
la signorina   young lady, miss
il silenzio   silence
la sillaba   syllable
il simbolo   symbol
simile   similar
simpatico   nice, likeable
la sinfonia   symphony

la sinistra   left;
   a sinistra   to the left
il sintomo   symptom
il sistema   (*pl.* **sistemi**) system
situato   situated, located
la situazione   situation
smettere   (*p.p.* **smesso**) to stop
SMS (esse emme esse)   text
   message
snello   slim, slender
la società   society, company
socievole   sociable
la sociologia   sociology
soddisfatto   satisfied
soffrire   (*p.p.* **sofferto**) to suffer
soggiornare   to stay (in a hotel)
il soggiorno (la sala)   living
   room; stay, sojourn
la sogliola   sole (*fish*)
sognare   to dream
il sogno   dream
solamente   only
i soldi   money;
   un sacco di soldi   a lot of
     money
il sole   sun;
   c'è il sole   it is sunny;
   prendere il sole   to sunbathe
solito   usual;
   al solito   as usual;
   del solito   than usual;
   di solito   usually, generally
la solitudine   loneliness
solo   (*adj.*) alone; (*adv.*) only;
   da solo   by oneself
soltanto   only
la somma   sum, total; addition
il sonno   sleep;
   avere sonno   to be sleepy
sopra   above, on top of
il / la soprano   soprano
soprattutto   above all
la sorella   sister
sorgere   (*p.p.* **sorto**) to rise
sorprendere   (*p.p.* **sorpreso**) to
   surprise
la sorpresa   surprise
sorpreso   surprised
sorridere   (*p.p.* **sorriso**) to smile
sotto   under, below
sottolineare   to underline
spagnolo   Spanish
lo spazio   space
spazioso   spacious
lo specchio   mirror
speciale   special

lo / la specialista specialist
specializzarsi* (in) to specialize (in)
la specializzazione major (studies)
specialmente especially
spedire (-isc-) to send; to mail
spegnere (*p.p.* **spento**) to turn off
spendere (*p.p.* **speso**) to spend
sperare to hope
la spesa expense;
fare la spesa to go (grocery) shopping
spesso often
spettacolare spectacular
lo spettacolo show, performance; sight
lo spettatore, la spettatrice spectator
la spiaggia beach
spiegare to explain
la spiegazione explanation
gli spinaci spinach
sporco dirty
lo sportello (teller) window
sportivo athletic, sporty
sposare to marry;
sposarsi* to get married
sposato(a) married
lo sposo, la sposa groom, bride;
gli sposi newlyweds
la spremuta di frutta fruit smoothie
lo spumante sparkling wine
lo spuntino snack
la squadra team
squisito exquisite, delicious
lo stadio stadium
la stagione season;
di mezza stagione in between seasons
stamattina this morning
la stampa press, printing
stancare to tire;
stancarsi* to get tired
stanco tired;
stanco morto dead tired
la stanza room
stare* to stay;
stare attento to be careful;
stare bene to be well, to feel well;
stare a dieta to be on a diet;
stare male to feel ill;
stare per to be about to;
stare zitto to be quiet

stasera this evening, tonight
statale of the state
lo stato state
la statua statue
la stazione station
la stella star
stesso same;
lo stesso the same
lo stile style
lo / la stilista designer
lo stipendio salary
lo stivale boot
la stoffa fabric
lo stomaco stomach
la storia history; story
storico historical
la strada street, road
stradale of the street or highway
straniero (*adj.*) foreign
lo straniero, la straniera foreigner
strano strange
stretto narrow, tight
lo strumento instrument;
strumento musicale musical instrument
lo studente, la studentessa student
studiare to study
lo studio study; study room
studioso studious
stupendo magnificent, splendid
stupido stupid
su above, on top of;
Su! Come on!
subito immediately
succedere (*p.p.* **successo**) to happen;
Cos'è successo? What happened?
il successo success
il succo juice;
succo d'arancia orange juice
il sud south
il suffisso suffix
il suggerimento suggestion
suggerire (-isc-) to suggest
il suocero, la suocera father-in-law, mother-in-law
suonare to play an instrument, to ring
il suono sound
superare to exceed (speed); to overcome
la superficie area

superiore superior
il supermercato supermarket
surgelato frozen
lo svantaggio disadvantage
la sveglia alarm clock
svegliarsi* to wake up
la svendita sale
lo sviluppo development
la Svizzera Switzerland
svizzero Swiss

T

la taglia size
tagliare to cut;
tagliarsi* to cut oneself
le tagliatelle pasta cut into thin strips
il talento talent
tanto much, so much;
Così tanto! That much!;
tanto... quanto as much as
il tappeto rug
tardi late;
è tardi it is late
la tasca pocket
la tassa tax;
tassa universitaria tuition
il tassì (*inv.*) taxi, cab
il tassista cab driver
la tavola, il tavolo table;
A tavola! Dinner's ready!;
tavola calda snack bar;
il tavolino end table
la tazza cup
il tè tea
teatrale theatrical, of the theater
il teatro theater
tedesco (*pl.* **tedeschi**) German
la telecamera TV camera
il telecomando remote control
il / la telecronista newscaster
il telefilm TV movie
telefonare to phone
la telefonata phone call;
telefonata interurbana long-distance phone call;
telefonata a carico del destinatario collect phone call
il telefono telephone;
telefono cellulare (telefonino) cellular phone
il telegiornale TV news
il teleromanzo soap opera

il telespettatore, la telespettatrice
TV viewer

la televisione television;
alla televisione on TV

televisivo pertaining to
television

il televisore TV set

il tema (*pl.* **temi**) theme,
composition

temere to fear

la temperatura temperature

il tempo time; weather;
a tempo pieno full-time;
a tempo ridotto part-time;
Che tempaccio! What bad
weather!
Che tempo fa? What is the
weather like?

la tenda tent;
montare la tenda to pitch the
tent

le tende curtains

tenere to keep, to hold

il tenore tenor (singer);
il tenore di vita way of life;
standard of living

terminare to finish, to end

il termometro thermometer

la terra earth, ground,
land;
per terra on the floor, on the
ground

il terremoto earthquake

terribile terrible

il territorio territory

la tesi di laurea doctoral
dissertation

il tesoro treasure;
tesoro! (*affect.*) honey,
sweetheart

la tessera membership card

la tessera sanitaria medical
card

la testa head

il tetto roof

il Tevere Tiber river

il tifo (sports) enthusiasm;
fare il tifo per to be a fan of

tifoso fan

timido timid, shy

tipico typical

tirare to pull;
tirare vento to be windy

il titolo title;
il titolo di studio college
degree

la tivù (*colloq.*) television

il topo mouse;
Topolino Mickey Mouse

Torino Turin

tornare to return;
Ben tornato! Welcome back!

la torre tower

la torta cake; pie

torto wrong;
avere torto to be wrong

toscano Tuscan

la tosse cough

il totale total

il Totocalcio soccer lottery;
schedina del Totocalcio
soccer lottery ticket

la tovaglia tablecloth

il tovagliolo napkin

tra (*or* **fra**) between, among;
tra un'ora in one hour

tradizionale traditional

la tradizione tradition

tradurre (*p.p.* **tradotto**) to
translate

la traduzione translation

il traffico traffic

la tragedia tragedy

il tram streetcar

la trama plot

tramontare to set (sun, moon)

il tramonto sunset

tranquillo quiet

traslocare to move (to another
place)

il trasloco moving

la trasmissione transmission,
broadcasting

il trasporto transportation

trattare to treat; to deal with;
trattarsi* to have to do with;
si tratta di it has to do with

la trattoria restaurant

il treno train;
perdere il treno to miss the
train

il trimestre quarter (academic
year)

triste sad

il trofeo trophy

la tromba trumpet

troppo too much

la trota trout

trovare to find;
trovarsi* to find oneself; to be
situated

il / la turista tourist

turistico pertaining to tourism;
la classe turistica economy
class

il turno turn

la tuta overall;
la tuta da ginnastica
sweatsuit

tutti, tutte everybody, all;
tutti e due both

tutto (*adj.*) all, every; the whole;
tutto (*pron.*) everything;
tutti (*pron.*) everybody, all

tutto il giorno the whole day

U

ubbidire (-isc-) to obey

ubriaco drunk

l'ufficio office;
l'ufficio postale post office

uguale equal

ultimo last

umido humid

l'umore (*m.*) humor, mood;
essere di buon (cattivo) umore
to be in a good (bad) mood

unico unique;
figlio unico only child

l'unificazione (*f.*) unification

l'unione (*f.*) union

unire (-isc-) to unite

unito united

uno one (number);
un, uno, una (*art.*) a, an

l'università university

universitario (*adj.*) university-
related

l'uomo (*pl.* **gli uomini**) man

l'uovo (*pl.* **le uova**) egg;
le uova strapazzate
scrambled eggs

usare to use, to take

usato used, secondhand

uscire* to go (come) out

l'uscita exit

l'uso use

utile useful

l'uva grapes

V

la vacanza vacation, holiday

la valigia (*pl.* **valigie** *or*
valige) suitcase;
fare le valigie to pack

la valle valley

la valuta   currency
il vantaggio   advantage
vantaggioso   advantageous
il vaporetto   waterbus (in
   Venice)
la varietà   variety
vario   varied
la vasca (da bagno)   (bath)tub
il vaso   vase
vecchio   old
vedere   (*p.p.* visto, veduto) to
   see
il vedovo, la vedova   widower,
   widow
vegetariano   vegetarian
la vela   sail;
   barca a vela   sailboat;
   fare della vela   to sail
veloce   fast
la velocità   speed;
   limite di velocità   speed limit
vendere   to sell
la vendita   sale;
   in vendita   for sale
il venerdì   Friday
Venezia   Venice
veneziano   Venetian
venire*   (*p.p.* venuto) to come
il vento   wind;
   tira vento   it is windy
veramente   truly; really, actually
il verbo   verb
verde   green;
   essere al verde   to be broke
la verdura   vegetables
la vergogna   shame;
   Che vergogna!   What a
      shame!
la verità   truth
vero   true;
   È vero!   That's right!
versare   to pour
il verso   line (of poetry);
   verso   (*prep.*) toward
vestirsi*   to get dressed
il vestito   dress; suit

i vestiti   clothes
il veterinario   veterinarian
la vetrina   shop window, display
   window
il vetro   glass
via   (*adv.*) away, off
la via   street, way
viaggiare   to travel
il viaggiatore, la viaggiatrice
   traveler
il viaggio   trip, voyage;
   viaggio d'affari (di piacere)
      business (pleasure) trip;
   viaggio di nozze
      honeymoon;
   Buon viaggio!   Have a nice
      trip!
la vicinanza   vicinity
vicino   (*adv.*) close, nearby;
vicino a   (*prep.*) near
il vicino, la vicina   neighbor
il videoregistratore
   videorecorder
vietato (entrare, fumare, ecc.)
   prohibited (entrance, smoking,
   etc.)
la vigna   vineyard
la vignetta   drawing, cartoon
il villaggio   village
il villeggiante   vacationer
la villeggiatura   summer
   vacation
vincere   (*p.p.* vinto) to win
il vino   wine
viola   (*inv.*) purple
la violenza   violence
il violino   violin
il violoncello   cello
la visita   visit
visitare   to visit; to examine
la vita   life
la vitamina   vitamin
il vitello   veal;
   arrosto di vitello   roast veal
la vittoria   victory
Viva!   Hurrah!

vivere   (*p.p.* vissuto) to live
vivo   alive, living
il vocabolario   vocabulary;
   dictionary
la vocale   vowel
la voce   voice;
   ad alta (bassa) voce   in a loud
      (low) voice
la voglia   desire;
   avere voglia di   to feel like
volentieri   gladly;
   willingly
volere   to want;
   voler dire   to mean;
   volersi* bene   to love each
      other;
   ci vuole, ci vogliono   it takes
il volo   flight
la volontà   will, willingness
la volta   time;
   una volta   once;
   (c'era) una volta   once upon a
      time;
   due volte   twice;
   qualche volta   sometimes;
   ogni volta   every time
le vongole   clams
votare   to vote
il voto   grade; vote;
   un bel (brutto) voto   a good
      (bad) grade
il vulcano   volcano
vuoto   empty; vacant

Z

lo zaino   backpack
lo zero   zero
lo zio, la zia   uncle, aunt
zitto   silent;
   sta' zitto!   be quiet!
la zona   zone, area
lo zoo   zoo
lo zucchero   sugar
la zuppa di verdure   vegetable
   soup

English–Italian Vocabulary

A

to be able to potere
about circa, di
above sopra, su;
　above all soprattutto
abroad all'estero
absent assente
abstract astratto
abundant abbondante
academic accademico
to accept accettare
accident l'incidente (*m.*)
to accompany accompagnare
according to secondo
accountant il ragioniere, la
　ragioniera
act l'atto;
to act (a role) recitare
activity l'attività
actor l'attore
actress l'attrice
ad l'annuncio pubblicitario
address l'indirizzo
to admire ammirare
to admit ammettere
　(*p.p.* ammesso)
adult l'adulto, l'adulta
advance l'anticipo;
　in advance in anticipo
advantage il vantaggio
adventure l'avventura
advertising la pubblicità
advice il consiglio
to advise consigliare
affection l'affetto
affectionate affezionato
to be afraid avere paura
African africano
after dopo
afternoon il pomeriggio
afterward poi
again ancora
against contro
age l'età
ago fa;
　How long ago? Quanto
　　tempo fa?
to agree essere* d'accordo
air l'aria
air conditioning l'aria
　condizionata

airline la linea aerea
airplane l'aereo, l'aeroplano
alarm clock la sveglia
all tutto
to allow permettere
　(*p.p.* permesso), lasciare
almost quasi
alone solo (*adj.; adv.*)
along lungo;
　to get along andare
　　d'accordo
already già
also anche
although benché (+ *subj.*)
always sempre
amateur dilettante
American americano
among fra (*or* tra)
amusement il divertimento,
　lo svago
amusing divertente
analysis l'analisi (*f.*)
ancient antico
and e
animal l'animale (*m.*)
anniversary l'anniversario
to announce annunciare
announcer l'annunciatore,
　l'annunciatrice
another un altro
answer la risposta
to answer rispondere
　(*p.p.* risposto)
antique antico
anyway ad ogni modo
apartment l'appartamento;
　studio apartment il
　　monolocale
to apologize scusarsi*
to appear apparire*
　(*p.p.* apparso)
to applaud applaudire
applause l'applauso
apple la mela
to apply fare domanda
appointment l'appuntamento
to appreciate apprezzare
to approach avvicinarsi*
April aprile
arcade la galleria
architect l'architetto
architecture l'architettura

architectural architettonico
area la superficie;
　area code il prefisso
to argue litigare
arm il braccio
　(*pl.* le braccia)
armchair la poltrona
around intorno (a), verso
arrival l'arrivo
to arrive arrivare*
art l'arte (*f.*)
artichoke il carciofo
article l'articolo
artistic artistico
as come;
　as soon as appena
to ask domandare, chiedere
　(*p.p.* chiesto)
asleep addormentato;
　to fall asleep
　　addormentarsi*
at a, in, da **(at the house of)**;
　at least almeno
athlete l'atleta (*m. or f.*)
athletic sportivo
to attend assistere;
　to attend a course seguire,
　　frequentare
attention l'attenzione (*f.*)
to attract attirare
attractive attraente
audience il pubblico
August agosto
aunt la zia
author l'autore, l'autrice
autobiography l'autobiografia
automobile l'automobile (*f.*)
autumn l'autunno
available libero, disponibile
away via

B

backpack lo zaino
bad cattivo;
　Too bad! Peccato!
bag la borsa; il sacchetto;
　handbag la borsetta;
　sleeping bag il sacco a pelo
balcony il balcone, la galleria
ball la palla; il pallone **(soccer)**
ballet il balletto

bank   la banca
bartender   il barista
basketball   la pallacanestro (*f.*)
bath   il bagno;
   to take a bath   fare il bagno;
   bathroom   la stanza da bagno;
   bathtub   la vasca da bagno
to be   essere* (*p.p.* stato);
   to be able to   potere;
   to be acquainted with
      conoscere;
   to be bad for   fare male a;
   to be born   nascere;
   to be broke   essere al verde;
   to be called (named)
      chiamarsi*;
   to be careful   stare* attento;
   to be on a diet   essere* a dieta;
   to be distant   distare;
   to be a doctor (a lawyer, etc.)
      fare il dottore (l'avvocato, ecc.);
   to be enough   bastare;
   to be a fan (of)   fare il tifo (per);
   to be in a hurry   avere fretta;
   to be necessary   bisognare;
   **to be . . . years old (afraid, cold,
      hot, hungry, thirsty, right,
      wrong, sleepy)**   avere anni
      (paura, freddo, caldo, fame,
      sete, ragione, torto, sonno)
beach   la spiaggia;
   beach chair   la sedia a sdraio
beard   la barba
beautiful   bello
beauty   la bellezza
because   perché;
   because of   a causa di
to become   diventare*;
   to become ill   ammalarsi*
bedroom   la camera da letto
beer   la birra
before   (*prep.*) davanti a; prima
   di (*conj*)., prima che (+ *subj.*)
to begin   (in)cominciare
beginning   l'inizio
behind   dietro
to believe   credere (a)
bell tower   il campanile
to belong   appartenere
below   sotto
besides   inoltre
between   tra (*or* fra)
bicycle   la bicicletta
big   grande;
   bigger   maggiore
bill   il conto
billion   il miliardo
biology   la biologia

birth   la nascita
birthday   il compleanno;
   Happy Birthday!   Buon
      compleanno!
bitter   amaro
black   nero
blackboard   la lavagna
blond   biondo
blouse   la camicetta
blue   azzurro
boat   la barca
body   il corpo
to boil   bollire
bone   l'osso (*pl.* le ossa)
book   il libro
bookstore   la libreria
boot   lo stivale
to border   confinare
bored: to get bored   annoiarsi*
boredom   la noia
boring   noioso
born: to be born   nascere*
   (*p.p.* nato)
boss   il capoufficio
to bother   dare fastidio
bottle   la bottiglia
bouquet   il mazzo (di fiori)
boy, boyfriend   il ragazzo
box   la scatola
boxer   il pugile
boxing   il pugilato
bread   il pane;
   breadsticks   i grissini
to break   rompere (*p.p.* rotto);
   rompersi*
breakfast   la colazione;
   to have breakfast   fare
      colazione
bright   luminoso
brilliant   brillante
to bring   portare
broke: to be broke   essere al verde
brother   il fratello;
   brother-in-law   il cognato
brown   castano, marrone
to build   costruire (-isc-)
builder   il costruttore
building   l'edificio; il palazzo
bulletin board   la bacheca
bus   l'autobus (*m.*);
   bus stop   la fermata
      dell'autobus
business   l'affare (*m.*)
busy   occupato
but   ma, però
butter   il burro
to buy   comprare
by   da

C

cab   il tassì (*inv.*)
cafeteria   la mensa
cake   la torta
calculator   la calcolatrice
calculus   il calcolo (*math.*)
calendar   il calendario
to call   chiamare;
   to be called   chiamarsi*
calm   calmo
camera   la macchina
   fotografica
camping   il campeggio;
   to go camping   fare il
      campeggio
can (to be able)   potere
can   la lattina
to cancel   cancellare, annullare
candies   le caramelle
capital   la capitale
car   l'auto(mobile) (*f.*), la
   macchina;
   car racing   l'automobilismo
carbonated   frizzante
careful   attento;
   to be careful   stare attento
carpet   il tappeto
to carry   portare
car (train)   la carrozza
   pay cash   pagare in contanti
cashier   il cassiere, la cassiera
castle   il castello
cat   il gatto
cathedral   il duomo
cause   la causa
to celebrate   festeggiare
cellar   la cantina
central   centrale
century   il secolo
certain   certo
chain   la catena
chair   la sedia
chalk   il gesso
champion   il campione, la
   campionessa
change   il cambiamento; la
   moneta
to change   cambiare;
   to change one's clothes
      cambiarsi*;
   to change one's mind
      cambiare idea
channel   il canale
chapel   la cappella;
   Sistine Chapel   la Cappella
      Sistina
chapter   il capitolo
character   il personaggio

charity   la beneficenza
cheap   economico
check   il conto; l'assegno
to check   controllare
cheerful   allegro
cheese   il formaggio
chemistry   la chimica
chicken   il pollo
child   il bambino, la bambina;
   (pl.) i bambini, i figli;
   only child   il figlio unico, la
      figlia unica;
   grandchild   il/la nipote;
   as a child   da bambino
Chinese   cinese
chocolate   il cioccolato;
   chocolate candy   il cioccolatino
choice   la scelta
to choose   scegliere (p.p. scelto)
Christmas   il Natale
church   la chiesa
cigarette   la sigaretta
citizenship   la cittadinanza
city   la città
civilization   la civiltà, la
   civilizzazione
clams   le vongole
class   la classe, la lezione
classmate   il compagno, la
   compagna di classe
clean   pulito
to clean   pulire (-isc-)
clear   sereno
clerk   l'impiegato, l'impiegata
client   il/la cliente
climate   il clima
to climb   salire
clock   l'orologio;
   alarm clock   la sveglia
to close   chiudere (p.p. chiuso)
closet   l'armadietto
clothes   i vestiti
clothing   l'abbigliamento
cloudy   nuvoloso
coach   l'allenatore, l'allenatrice
to coach   allenare
coast   la costa
coat   la giacca;
   winter coat   il cappotto
coffee, coffee shop   il caffè
cold   freddo;
   to be cold   avere freddo;
   it is cold   fa freddo;
   to catch a cold   prendere il
      raffreddore
colleague   il/la collega
to come   venire* (p.p. venuto);
   to come back   ritornare;

to come down   discendere*
   (p.p. disceso);
   to come in   entrare;
   Come on!   Dai!
comedian   il comico
comedy   la commedia
comfort   la comodità
comfortable   comodo
comic   comico
comment   il commento
common   comune
to communicate   comunicare
company   compagnia, ditta,
   azienda
to compare   paragonare
competition   la competizione,
   la gara
to complain   lamentarsi* (di)
completely   completamente
complicated   complicato
to compose   comporre
   (p.p. composto)
composer   il compositore,
   la compositrice
compulsory   obbligatorio
computer science
   l'informatica
concert   il concerto
concierge   il portinaio
conclusion   la conclusione
condition   la condizione
to confirm   confermare
confusion   la confusione
Congratulations!
   Congratulazioni!
congressman, congresswoman
   il deputato, la deputata
connection (train, plane)   la
   coincidenza
to consider   considerare;
   to consider oneself
      considerarsi*
consideration   la considerazione
to consist (of)   consistere (di)
consultant   il/la consulente
continent   il continente
continually   continuamente
to continue   continuare
contract   il contratto
contrary   il contrario;
   on the contrary   anzi
to control   controllare
conversation   la conversazione
cook   il cuoco, la cuoca
to cook   cucinare
cooking   la cucina
cookie   il biscotto
cool   fresco

to cool off   raffreddare
cordial   cordiale
corner   l'angolo
to correct   correggere
   (p.p. corretto)
cornmeal mush   la polenta
cost   il costo
to cost   costare
costume   il costume
cotton   il cotone
couch   il divano
cough   la tosse
to count   contare
country   il paese; la patria;
   countryside   la campagna
couple   la coppia
courage   il coraggio
courageous   coraggioso
course   il corso, la classe
cousin   il cugino, la cugina
covered   coperto
crazy   pazzo;
   to go crazy   impazzire*
cream   la crema
crisis   la crisi
critic   il critico (m. or f.)
to criticize   criticare
to cross   attraversare
crowded   affollato
cruise   la crociera
cup   la tazza
to cure   guarire
curious   curioso
currency   la valuta
curtain   la tenda; il sipario
customer   il/la cliente
customs   la dogana
to cut   tagliare;
   to cut oneself   tagliarsi*
cute   carino

D

dad   il papà
to damage   rovinare
damaging   dannoso
to dance   ballare
danger   il pericolo
dangerous   pericoloso
dark   buio;
   dark-haired   bruno
date   la data; l'appuntamento
daughter   la figlia;
   daughter-in-law   la nuora
day   il giorno, la giornata;
   the next day   il giorno dopo
dear   caro
death   la morte

debt   il debito
December   dicembre
to decide   decidere (p.p. deciso)
decision   la decisione
to declare   dichiarare
deep   profondo
defeat   la sconfitta
to define   definire (-isc-)
degree   il titolo di studio
delicatessen   la salumeria
delicious   delizioso, squisito
deluxe   di lusso
democracy   la democrazia
dentist   il/la dentista
departure   la partenza
to depend   dipendere*;
    it depends (on)   dipende (da)
to descend   (di)scendere*
    (p.p. disceso)
to describe   descrivere (p.p.
    descritto)
description   la descrizione
designer   lo/la stilista
desk   la scrivania
dessert   il dolce
to detest   detestare
development   lo sviluppo
to dial   formare il numero
dialect   il dialetto
dialogue   il dialogo
diary   il diario
dictionary   il vocabolario
to die   morire* (p.p. morto)
diet   la dieta;
    to be on a diet   stare a dieta,
    essere a dieta
dietician   il dietologo, la
    dietologa
difference   la differenza
different   differente
difficult   difficile
difficulty   la difficoltà
digit   la cifra
dinner   la cena, il pranzo;
    dining room   sala da pranzo;
    to have dinner   cenare,
    pranzare
direction   l'indicazione (f.)
directly   direttamente
director   il direttore, la direttrice
disadvantage   lo svantaggio
disappointment   la delusione
discovery   la scoperta
to discuss   discutere (p.p.
    discusso)
discussion   la discussione
disease   la malattia
dish   il piatto

dishonest   disonesto
dishwasher   la lavastoviglie
distance   la distanza
distant   distante;
    to be distant   distare
district   il quartiere
to divide   dividere (p.p. diviso)
divorced   divorziato
to do   fare (p.p. fatto)
doctor   il dottore, la dottoressa;
    il medico
document   il documento
documentary   il documentario
dog   il cane
dollar   il dollaro
dome   la cupola
door   la porta
doubt   il dubbio
to doubt   dubitare
downtown   il centro; in centro
dozen   la dozzina
draperies   le tende
to draw   disegnare
drawer   il cassetto
drawing   il disegno
dream   il sogno
to dream   sognare
dress   l'abito, il vestito;
    to get dressed   vestirsi*
to dress   vestire
drink   la bevanda
to drink   bere (p.p. bevuto)
drinking water   l'acqua potabile
to drive   guidare
driver   l'automobilista (m. or f.)
driving   la guida
drunk   ubriaco
dry   secco
to dry   asciugare;
    to dry oneself   asciugarsi*
during   durante
duty   il dovere

E

each   ogni
ear   l'orecchio (pl. le orecchie);
    earache   mal d'orecchio
early   presto
to earn   guadagnare
earth   la terra
Easter   la Pasqua
eastern   orientale
easy   facile
to eat   mangiare
ecological   ecologico
economy   l'economia
to educate   istruire (-isc-)

education   l'istruzione (f.)
egg   l'uovo (pl. le uova)
either . . . or   o... o
election   l'elezione (f.)
electricity   l'elettricità
elegant   elegante
elementary   elementare
elevator   l'ascensore
to eliminate   eliminare
to embrace   abbracciare
emergency room   il pronto
    soccorso
emotion   l'emozione (f.)
employee   l'impiegato,
    l'impiegata
employment   l'impiego;
    employment agency
    l'agenzia di collocamento
empty   vuoto
to encourage   incoraggiare
end   la fine
to end   finire (-isc-)
engagement   il fidanzamento
engineer   l'ingegnere (m.)
engineering   l'ingegneria
England   l'Inghilterra
English   inglese
to enjoy   godere;
    to enjoy oneself   divertirsi*;
    Enjoy your meal!   Buon
    appetito!
enough   abbastanza;
    to be enough   bastare
to enroll   iscriversi* (p.p. iscritto)
to enter   entrare* (in)
entertaining   divertente
enthusiastic   entusiasta
entire   intero
entitled   intitolato
equal   uguale
equality   l'uguaglianza, la parità
error   l'errore (m.)
especially   specialmente
ethnic   etnico
euro   l'euro (inv.) (Italian
    currency)
Europe   l'Europa
even   perfino;
    not even   neanche, nemmeno
evening   la sera, la serata;
    Good evening!   Buona sera!;
    this evening   stasera
event   l'avvenimento
every   ogni (inv.);
    everybody   ognuno;
    everyone   ognuno
exact   esatto
exactly   esattamente

exam l'esame (m.);
   to take an exam dare un esame
example l'esempio;
   for example ad esempio, per esempio
excellent eccellente, ottimo
except eccetto
exception l'eccezione (f.)
to exchange (money) cambiare
excursion l'escursione (f.)
excuse la scusa;
   Excuse me! Scusi! Scusa!
exercise l'esercizio
exhibition la mostra
to exist esistere* (p.p. esistito)
expense la spesa
expensive caro, costoso
experience l'esperienza
experienced esperto
experiment l'esperimento
expert esperto
to explain spiegare
explanation la spiegazione
to express esprimere (p.p. espresso)
expression l'espressione (f.)
eye l'occhio
eye doctor l'oculista (m. or f.)
eyeglasses gli occhiali (pl.)

F

fable la favola
face la faccia
fact il fatto;
   in fact infatti
factory la fabbrica
fair giusto
faithful fedele
fall l'autunno
to fall cadere*
familiar familiare
family la famiglia
family tree l'albero genealogico
famous famoso
fan tifoso;
   to be a fan (of) fare il tifo (per)
fantastic fantastico
far (from) lontano (da)
farmer il contadino, la contadina
fascinating affascinante, avvincente
fashion la moda
fashionable di moda, alla moda
fast rapido, veloce
fat grasso
father il padre;

father-in-law il suocero;
   grandfather il nonno
favor il favore
favorable favorevole
fear la paura, il timore
to fear temere
February febbraio
to feel sentire, sentirsi*;
   to feel like avere voglia di
feeling il sentimento
feminine femminile
fencing la scherma
festivity la festa
fever la febbre
few pochi(e);
   a few alcuni(e)
fiancé, fiancée il fidanzato, la fidanzata
field il campo
to fill riempire;
   to fill it up (with gas) fare il pieno
final definitivo
finally finalmente
to find trovare
fine la multa
finger il dito (pl. le dita)
to finish finire (-isc-)
fire il fuoco;
   fireplace il caminetto
to fire licenziare
firm la ditta
first (adj.) primo, (adv.) prima
fish il pesce;
   fried fish pesce fritto
to fish pescare
to fit andare bene
flag la bandiera
flaw il difetto
flight il volo;
   flight attendant (m. & f.) l'assistente di volo
floor il pavimento; il piano
Florence Firenze
flour la farina
flower il fiore
flu l'influenza
flute il flauto
fog la nebbia
to follow seguire
following seguente
fond (of) appassionato (di)
food il cibo
foot il piede;
   on foot a piedi
for per
to forbid proibire (-isc-)
foreign straniero

foreigner lo straniero, la straniera
to forget dimenticare
fork la forchetta
fountain la fontana
free libero, gratuito
freeway l'autostrada
freezer il congelatore
French francese
fresco l'affresco
Friday il venerdì
fried fritto
friend l'amico, l'amica
friendship l'amicizia
from da, di
frozen surgelato
fruit la frutta;
   piece of fruit il frutto;
   fruit smoothie la spremuta di frutta
to fry friggere
full pieno
fun il divertimento;
   to have fun divertirsi*
to function funzionare
furious furioso
furnishing l'arredamento
furniture i mobili (pl.);
   piece of furniture un mobile

G

to gain guadagnare;
   to gain weight ingrassare
gallery la galleria;
   art gallery la galleria d'arte
game il gioco, la partita
garbage i rifiuti
garden il giardino
garlic l'aglio
gasoline la benzina
to gather riunirsi* (-isc-)
gender il genere
general generale
generally in genere
generous generoso
genius il genio
gentleman il signore
geography la geografia
German tedesco
Germany la Germania
to get prendere;
   to get along andare d'accordo;
   to get bored annoiarsi*;
   to get engaged fidanzarsi*;

to get lost   perdersi*;
to get mad   arrabbiarsi*;
to get married   sposarsi*;
to get near   avvicinarsi* (a);
to get sick   ammalarsi*;
to get tired   stancarsi*;
to get up   alzarsi*;
to get used to   abituarsi* (a)
gift   il regalo
girl   la ragazza;
   little girl   la bambina;
   girlfriend   la ragazza
to give   dare;
   to give back   restituire
      (-isc);
   to give a present   regalare;
   to give a ride   dare un
      passaggio
glad   contento
glass   il bicchiere
glasses   gli occhiali;
   sunglasses   occhiali da
      sole
gloves   i guanti (pl.)
to go   andare*;
   to go back   ritornare*;
   to go camping   fare il
      campeggio;
   to go down   scendere*;
   to go in   entrare*;
   to go near   avvicinarsi*;
   to go out   uscire*;
   to go shopping   fare la spesa
      (le spese);
   to go up   salire*
gold   l'oro
good   buono, bravo;
   Good-bye!   Arrivederci! (fam.);
      ArrivederLa! (form.); Ciao!;
   Good night!   Buona notte!
government   il governo
grade   il voto
to graduate   laurearsi*;
   diplomarsi*
grammar   la grammatica
grandfather   il nonno;
   grandmother   la nonna;
   grandparents   i nonni
grapes   l'uva
grass   l'erba
grateful   riconoscente
gray   grigio
great   grande
green   verde
to greet   salutare
greeting   il saluto;
   greetings   tanti saluti
grill   la griglia

grilled   alla griglia
groom   lo sposo
group   il gruppo
to grow   crescere*
to guess   indovinare
guest   l'ospite (m. or f.),
   l'invitato, l'invitata
guide   la guida
guilty   colpevole
guitar   la chitarra
gulf   il golfo
gym   la palestra
gymnastics   la ginnastica

H

hair   i capelli;
   dark-haired   bruno
hairdresser   il parrucchiere, la
   parrucchiera
half   la metà, mezzo (adj.)
hand   la mano (pl. le mani);
   to shake hands   dare la mano
handkerchief   il fazzoletto
handsome   bello
to happen   succedere* (p.p.
   successo)
happiness   la felicità
happy   felice;
   Happy Easter!   Buona Pasqua!;
   Happy New Year!   Buon
      Anno Nuovo!
hard   duro
to hate   detestare, odiare
to have   avere;
   to have a birthday   compiere
      gli anni
   to have breakfast   fare
      colazione;
   to have dinner   cenare;
   to have fun   divertirsi*;
   to have a headache (toothache,
      stomachache, backache, sore
      throat)   avere mal di testa
      (denti, stomaco, schiena, gola);
   Have a nice day!   Buona
      giornata!;
   Have a nice vacation!   Buone
      vacanze!;
   to have to   dovere
head   il capo, la testa
health   la salute
to hear   sentire
heart   il cuore
heavy   pesante
hell   l'inferno
hello   buon giorno, salve, ciao;
   pronto (telephone)
help   l'aiuto

to help   aiutare
here   qui;
   Here is ...!   Ecco...
hero   l'eroe (m.)
high   alto
hill   la collina
to hire   assumere (p.p. assunto)
historical   storico
history   la storia
to hit   colpire (-isc-)
hitchhiking   l'autostop (m.)
to hitchhike   fare l'autostop
holiday   la festa, la vacanza
home   la casa;
   at home   a casa
homeless people   i senzatetto
homework   il compito
honeymoon   la luna di miele
to hope   sperare
horse   il cavallo
hospital   l'ospedale (m.)
hot   caldo;
   to be hot   avere caldo;
   it is hot   fa caldo
hotel   l'albergo
hour   l'ora;
   rush hour   le ore di punta
house   la casa;
   at the house of   a casa di;
   at his/her house   a casa sua
housewife   la casalinga
how?   come?;
   How much?   Quanto?;
   How are you?   Come sta?
      (form. s.), Come stai? (fam. s.),
      Come va?;
   How come?   Come mai?
however   comunque, però
huge   grosso
humid   umido
hundred   cento (inv.)
hunger   la fame;
   to be hungry   avere fame
hurry   la fretta;
   to be in hurry   avere fretta;
   in a hurry   in fretta
to hurt oneself   farsi* male
husband   il marito

I

ice   il ghiaccio;
   ice cream   il gelato
   ice-cream parlor   la gelateria
idea   l'idea
ideal   ideale
if   se

ignorant   ignorante
ill   (am)malato
to become ill   ammalarsi*
illness   la malattia
imagination   l'immaginazione
   (f.)
to imagine   immaginare
immediately   immediatamente
impatience   l'impazienza
impatient   impaziente
impolite   maleducato
importance   l'importanza
important   importante
impossible   impossibile
to improve   migliorare
in   in, a; fra
to include   includere *(p.p.*
   incluso)
included   compreso
increase   l'aumento
to increase   aumentare
indeed   davvero, veramente
independent   indipendente
industrial   industriale
inexperienced   inesperto
inflation   l'inflazione *(f.)*
information   l'informazione *(f.)*
ingredient   l'ingrediente *(m.)*
inhabitant   l'abitante *(m.)*
to inherit   ereditare
inheritance   l'eredità
to initiate   iniziare
inn   la pensione, l'albergo
insensitive   insensibile
inside   dentro, in
instead (of)   invece (di)
instructor   l'istruttore,
   l'istruttrice
instrument   lo strumento
insurance   l'assicurazione *(f.)*
intellectual   intellettuale
intelligent   intelligente
to intend   avere intenzione di,
   pensare di
intention   l'intenzione *(f.)*
interest   l'interesse *(m.);*
  to be interested in
    interessarsi* a
to interest   interessare
interesting   interessante
interior designer   l'arredatore,
   l'arredatrice
intersection   l'incrocio
interview   il colloquio
to introduce   presentare;
  to introduce oneself
    presentarsi*
to invent   inventare

to invite   invitare
Irish   irlandese
island   l'isola
issue   la questione
Italian   italiano;
  Italian language   l'italiano
Italy   l'Italia
item   l'articolo

J

jacket   la giacca
January   gennaio
Japan   il Giappone
Japanese   giapponese
job   il lavoro;
  full-time job   lavoro a tempo
    pieno;
  part-time job   lavoro a tempo
    ridotto
to joke   scherzare
journalist   il/la giornalista
joy   la gioia
juice   il succo;
  orange juice   il succo
    d'arancia
July   luglio
to jump   saltare
June   giugno
just   *(adj.)* giusto; *(adv.)* appena

K

to keep   tenere;
  to keep up to date
    aggiornarsi*
key   la chiave
to kill   uccidere *(p.p.* ucciso)
kilogram   il chilo
   (chilogrammo)
kilometer   il chilometro
kind   gentile; il genere
kiss   il bacio
to kiss   baciare
kitchen   la cucina
knee   il ginocchio
   (pl. le ginocchia)
knife   il coltello
to know   conoscere
   (p.p. conosciuto), sapere;
  to know how   sapere;
  Who knows!   Chissà!
knowledge   la conoscenza

L

lack   la mancanza
ladder   la scala

lady   la signora
lake   il lago
lamp   la lampada
land   la terra
landlord, landlady   il padrone,
   la padrona di casa
landscape   il paesaggio
language   la lingua;
  foreign language   la lingua
    straniera
large   largo, grande
last   ultimo, scorso
to last   durare
late   tardi;
  to be late   essere in ritardo
to laugh   ridere *(p.p.* riso)
laughter   il riso
law   la legge
lawyer   l'avvocato, l'avvocatessa
lazy   pigro
to learn   imparare
leather   il cuoio, la pelle
to leave   lasciare, partire*
lecture   la conferenza
left   la sinistra, *(adj.)* sinistro;
  to the left   a sinistra
leg   la gamba
legal   legale
to lend   prestare
less   meno
lesson   la lezione
to let   lasciare
letter   la lettera
library   la biblioteca
license (driver's)   la patente
lie   la bugia
to lie   dire una bugia
life   la vita;
  still life   la natura morta
lifeguard   il bagnino, la bagnina
lift   il passaggio;
  to give a lift   dare un
    passaggio
light   la luce; *(adj.)* leggero;
  traffic light   il semaforo
to light   accendere *(p.p.* acceso)
like   come
to like   piacere *(p.p.* piaciuto)
limit   il limite;
  speed limit   il limite di
    velocità
line   la fila;
  to stand in line   fare la fila
lip   il labbro *(pl.* le labbra)
to listen to   ascoltare
liter   il litro
literature   la letteratura
little   piccolo

to live   abitare, vivere (*p.p.* vissuto)
London   Londra
long   lungo;
   for a long time   a lungo
to look (at)   guardare;
   to look   (+ *adj.*) avere un'aria;
   to look for   cercare;
   to look like   assomigliare a
to lose   perdere;
   to get lost   perdersi*;
   to lose weight   dimagrire
lot (a lot)   molto, un sacco (di)
love   l'amore (*m.*);
   to be in love (with)   essere innamorato (di);
   love (closing a letter)   con affetto
to love   amare
low   basso
luck   la fortuna;
   bad luck   la sfortuna;
   Good luck!   Buona fortuna!, In bocca al lupo!
luckily   per fortuna
lucky   fortunato
lyric   lirico

M

mad: to get mad   arrabbiarsi*
magazine   la rivista
magnificent   stupendo
to mail   spedire (-isc-)
main   principale
major (studies)   la specializzazione
majority   la maggioranza
to make   fare (*p.p.* fatto);
   to make the acquaintance   fare la conoscenza;
   to make an appointment   fissare un appuntamento;
   to make a movie   girare un film;
man   l'uomo (*pl.* gli uomini)
to manage   dirigere (*p.p.* diretto)
manager   il dirigente
manner   la maniera
map   la carta geografica;
   la pianta   (di una città)
marble   il marmo
March   marzo
market   il mercato
marriage   il matrimonio
to marry   sposare;
   to get married   sposarsi*;

married   sposato
masculine   maschile
mask, masked character   la maschera
mass media   i mezzi di diffusione
masterpiece   il capolavoro
match (sports)   la partita
mathematics   la matematica
mature   maturo
May   maggio
may   potere;
   it may be that   può darsi che
maybe   forse
meal   il pasto
mean   cattivo
to mean   significare, voler(e) dire
meaning   il significato
means   il mezzo;
   by means of   per mezzo di;
   means of transportation   i mezzi di trasporto
meat   la carne
meatball   la polpetta
mechanic   il meccanico
medicine   la medicina
medieval   medievale
to meet   conoscere (*p.p.* conosciuto); incontrare
meeting   la riunione
memory   la memoria
message   il messaggio
messy   disordinato
meter   il metro
midnight   la mezzanotte
mild   mite
mile   il miglio (*pl.* le miglia)
milk   il latte
million   il milione
millionaire   il milionario
minute   il minuto
mirror   lo specchio
miss   signorina
to miss   sentire la mancanza (di);
   to miss the train   perdere il treno
mistake   l'errore (*m.*)
mister   signore
to mix   mescolare
mixed   misto
model   il modello, la modella
modern   moderno
modest   modesto
mom   la mamma
moment   il momento
Monday   il lunedì
monetary   monetario
money   il denaro, i soldi

month   il mese
monthly   mensile (*adj.*)
monument   il monumento
moon   la luna
more   più; ancora, di più
morning   il mattino, la mattina;
   in the morning   di mattina;
   this morning   stamattina;
   Good morning!   Buon giorno!
mother   la madre;
   mother-in-law   la suocera;
   grandmother   la nonna
motive   il motivo
motorcycle   la motocicletta
motorist   l'automobilista (*m.* or *f.*)
mountain   la montagna
mountain climbing   l'alpinismo
moustache   i baffi
mouth   la bocca
to move   traslocare
moving   il trasloco
movie   il film;
   to go to the movies   andare al cinema
movie theater   il cinema
much   molto;
   too much   troppo
museum   il museo
mushroom   il fungo
music   la musica;
   opera music   musica operistica;
   folk music   musica folcloristica
musician   il/la musicista
must   dovere

N

name   il nome;
   last name   il cognome
napkin   il tovagliolo
Naples   Napoli
narrow   stretto
nation   la nazione
nationality   la nazionalità
naturally   naturalmente
nature   la natura
Neapolitan   napoletano
near   vicino;
   to get near   avvicinarsi*
neat   ordinato
necessary   necessario;
   to be necessary   bisognare
neck   il collo
need   il bisogno
to need   avere bisogno di
neighbor   il vicino, la vicina

nephew   il nipote
nervous   nervoso
never   mai
nevertheless   ciò nonostante
new   nuovo;
   What's new?   Cosa c'è di
     nuovo?
news   la notizia
newscaster   l'annunciatore,
   l'annunciatrice
newspaper   il giornale
newsstand   l'edicola
next to   vicino (a);
   next week   la settimana
     prossima
nice   simpatico
niece   la nipote
night   la notte;
   Good night!   Buona notte!;
   last night   ieri sera;
no   no
nobody   nessuno
noise   il rumore
noon   il mezzogiorno
northern   settentrionale
nose   il naso
not   non
notebook   il quaderno
notes   gli appunti
nothing   niente
to notice   notare
noun   il nome
novel   il romanzo
November   novembre
now   adesso, ora
number   il numero;
   phone number   il numero
     telefonico
nurse   l'infermiere,
   l'infermiera

O

to obey   ubbidire (-isc-)
object   l'oggetto
to obtain   ottenere
occasion   la circostanza
to occupy   occupare
ocean   l'oceano
October   ottobre
of   di
to offend   offendere
   (*p.p.* offeso)
offer   l'offerta
to offer   offrire (*p.p.* offerto)
office   l'ufficio;
   Post Office   la Posta
often   spesso

oil   l'olio
OK, very well   va bene
old   vecchio
Olympic   olimpico
on   su, sopra
once   una volta;
   once upon a time   c'era una
     volta;
   once more   ancora una volta
onion   la cipolla
only   solo (*adv.*), solamente,
   appena, soltanto
open   aperto
to open   aprire
opera   l'opera
opinion   l'opinione (*f.*)
opportunity   l'occasione (*f.*)
opposite   il contrario
optimist   ottimista
or   o
oral   orale
orange   l'arancia;
   orange   (*color*) arancione
     (*inv.*);
   orange juice   il succo
     d'arancia;
   orange smoothie   la spremuta
     d'arancia
order   l'ordine (*m.*);
   in order to   per;
   in order that   affinché
to order, to put in order
   ordinare, riordinare
to organize   organizzare
oriental   orientale
origin   l'origine (*f.*)
original   originale; l'originale (*m.*)
other   altro
out   fuori
outdoors   all'aperto
outside   fuori
outskirts   la periferia
oven   il forno;
   microwave oven   il forno a
     microonde
to owe   dovere
owner   il proprietario, la
   proprietaria

P

to pack   fare le valigie;
   backpack   lo zaino
package   il pacco
page   la pagina
pain   il dolore
to paint   dipingere (*p.p.* dipinto)
painter   il pittore, la pittrice

painting   la pittura, il quadro
pair   il paio (*pl.* le paia)
palace   il palazzo
pants   i pantaloni
paper   la carta
parents   i genitori
park   il parco
to park   parcheggiare
parking lot   il parcheggio
particular   particolare
party (political)   la festa; il
   partito
to pass   passare
passenger   il passeggero, la
   passeggera
passport   il passaporto
past   il passato; passato (*adj.*)
pastry   il pasticcino
patience   la pazienza
patient   paziente
to pay   pagare;
   to pay attention   fare
     attenzione;
   to pay a visit   fare visita
paycheck   lo stipendio
peace   la pace
peach   la pesca
pear   la pera
peas   i piselli
peasant   il contadino, la
   contadina
pedestrian   il pedone
pen   la penna
pencil   la matita
peninsula   la penisola
pension   la pensione
people   la gente;
   some people   alcune persone
pepper   il pepe
perfect   perfetto
perfectly   alla perfezione
to perform   rappresentare,
   recitare
performance   la
   rappresentazione
perfume   il profumo
perhaps   forse
period   il periodo
person   la persona
personality   la personalità
pessimist   pessimista
pet   l'animale domestico
pharmacy   la farmacia
philosophy   la filosofia
phone   il telefono;
   phone call   la telefonata;
   collect call   telefonata a carico
     del destinatario

to phone telefonare
phone book l'elenco telefonico
photograph la foto(grafia)
physician il medico
physics la fisica
picnic la scampagnata
picture la fotografia, il quadro
picturesque pittoresco
pie la torta
pineapple l'ananas
pink rosa (inv.)
place il luogo, il posto
to place mettere
plan il progetto
to plan progettare, pensare (di + inf.)
play la commedia, il dramma
to play an instrument suonare;
  to play a game giocare;
  to play a part recitare
player il giocatore, la giocatrice
playwright il commediografo, la commediografa
pleasant piacevole
please per piacere, prego
pleasure il piacere;
  with pleasure con piacere, volentieri;
  My pleasure! Il piacere è mio!
plot la trama
plumber l'idraulico
plus più
pocket la tasca
poem il poema
poet il poeta
poetry la poesia
point il punto;
  point of view il punto di vista
police la polizia
policeman il poliziotto
polite educato
political politico
politics la politica
pollution l'inquinamento
poor povero
popular popolare
popularity la popolarità
populated popolato
portrait il ritratto
position il posto
possibility la possibilità
possible possibile;
  as little as possible il meno possibile
postcard la cartolina
poster il manifesto;

electoral poster il manifesto elettorale
post office l'ufficio postale
pot la pentola
potato la patata;
  fried potatoes le patate fritte;
  potato dumplings gli gnocchi
to pour versare
practical pratico
to practice allenarsi*; esercitarsi*
to pray pregare
precious prezioso
precise preciso
to prefer preferire (-isc-)
preferable preferibile
preference la preferenza
to prepare preparare
prescription la ricetta
present il regalo
present (adj.) attuale
president il presidente, la presidentessa
press la stampa
pretty carino
price il prezzo
print la stampa
private privato
prize il premio
probable probabile
problem il problema
producer il produttore, la produttrice
production la produzione
profession la professione
professor il professore, la professoressa
program il programma
to prohibit proibire (-isc-)
project il progetto, il piano
to promise promettere (p.p. promesso)
pronoun il pronome
proposal la proposta
protest la protesta
to protest protestare
provided purché
proud orgoglioso
psychology la psicologia
public il pubblico
publicity la pubblicità
to publish pubblicare
publisher l'editore (m.), l'editrice (f.)
punctual puntuale
to punish punire (-isc-)
puppet il burattino
purchase l'acquisto
purple viola (inv.)

purpose il fine
to put mettere (p.p. messo);
  to put on mettersi*;

Q

qualification la qualifica
quality la qualità
quarrel il litigio
to quarrel litigare
quarter il trimestre, il quarto
question la domanda;
  to ask a question fare una domanda
quiet tranquillo;
  to be quiet stare zitto
to quit abbandonare, lasciare

R

race la gara, la corsa
rain la pioggia
to rain piovere
raincoat l'impermeabile (m.)
rare raro
rather piuttosto
to react reagire (-isc-)
to read leggere (p.p. letto)
reader il lettore, la lettrice
reading la lettura
ready pronto
reality la realtà
to realize rendersi* conto (p.p. reso)
really davvero
reason la ragione
receipt la ricevuta, lo scontrino
to receive ricevere
recently recentemente
recipe la ricetta
to recite recitare
to recognize riconoscere (p.p. riconosciuto)
record il disco
to recover guarire (-isc-)
red rosso
referee l'arbitro
reform la riforma
refrigerator il frigo(rifero)
region la regione
relation la relazione;
  international relations le relazioni internazionali
relationship il rapporto, la relazione
relative il/la parente
to remain rimanere* (p.p. rimasto), restare*

remarkable   notevole
to remember   ricordare, ricordarsi*
remote control   il telecomando
Renaissance   il Rinascimento
to renounce   rinunciare
renowned   noto, famoso
rent   l'affitto
to rent   affittare;
   to rent (a car)   noleggiare
to repair   riparare
to repeat   ripetere
to reply   rispondere
to reproach   rimproverare
republic   la repubblica
requirement   il requisito
to remodel   ristrutturare
research   la ricerca
reservation   la prenotazione
to reserve   prenotare
to rest   riposarsi*
restaurant   il ristorante, la trattoria
result   il risultato
to retire   andare in pensione
retiree   il pensionato, la pensionata
return   il ritorno
to return   ritornare*; restituire (-isc-) **(to give back)**
reunion   la riunione
rice   il riso
rich   ricco
ride   il passaggio;
   to give a ride   dare un passaggio
to ride a bicycle (a horse)   andare in bicicletta (a cavallo)
riding (horses)   l'equitazione (*f.*)
right   giusto;
   to be right   avere ragione;
   to the right   a destra
ring   l'anello
river   il fiume
road   la strada
role   la parte;
   to play the role (of)   recitare la parte (di)
romantic   romantico
Rome   Roma
roof   il tetto
room   la camera, il locale, la stanza;
   living room   il soggiorno (la sala);
   bedroom   la camera da letto;
   hotel room with bathroom   camera con servizi

roommate   il compagno, la compagna di stanza
rose   la rosa
rowing   il canottaggio
rug   il tappeto
run   la corsa;
   to run   correre (*p.p.* corso)

S

sad   triste
safety   la sicurezza; la salvezza
sailing: to go sailing   andare in barca
salad   l'insalata
salary   lo stipendio
salesperson   il commesso, la commessa
salmon   il salmone
salt   il sale
same   stesso
sand   la sabbia
sandals   i sandali
sandwich   il panino imbottito;
   sandwich shop   la salumeria, la paninoteca
sarcastically   sarcasticamente
satisfied   soddisfatto
Saturday   il sabato
sauce   la salsa
sausage   la salsiccia
to sauté   rosolare
to save   risparmiare; salvare
saving   il risparmio
to say   dire (*p.p.* detto);
   to say good-bye, to say hello   salutare
scarf   la sciarpa; il foulard
scene   la scena
schedule   l'orario
scholarship   la borsa di studio
scholastic   scolastico
school   la scuola;
   elementary school   la scuola elementare;
   junior high school   la scuola media;
   high school   il liceo
science   la scienza;
   political science   le scienze politiche
scientist   lo scienziato
to score   segnare
to scream   gridare
to sculpt   scolpire
sculptor   lo scultore, la scultrice

sculpture   la scultura; la statua
sea   il mare
serious   grave
season   la stagione
seat (theater)   il posto, la poltrona
seated   seduto
second   secondo; il secondo
secret   il segreto
secretary   il segretario, la segretaria
to see   vedere (*p.p.* visto, veduto)
to seem   parere, sembrare
selfish   egoista
to sell   vendere
semester   il semestre
to send   mandare, inviare
sensitive   sensibile
sentence   la frase
September   settembre
to serve   servire
to set (the table)   apparecchiare (la tavola)
several   diversi(e)
sex   il sesso
shape   la forma
to share   dividere, condividere (*p.p.* diviso, condiviso)
sharp (time)   in punto
to shave   radersi* (*p.p.* raso)
sheet (of paper)   il foglio (di carta)
shelf   lo scaffale
ship   la nave
shirt   la camicia
shoe   la scarpa;
   hiking shoes   gli scarponi da montagna;
   tennis shoes   le scarpe da tennis
shop   il negozio
shopping: to go shopping   fare le spese;
   to go grocery shopping   fare la spesa
short   basso, breve
shorts   i pantaloncini
to shout   gridare
show   la mostra, lo spettacolo;
   to show   (di)mostrare;
   to show a movie   dare un film
shower   la doccia;
   to take a shower   fare la doccia
Sicilian   siciliano
Sicily   la Sicilia
sick   ammalato

sidewalk il marciapiede
sign il cartello
to sign firmare
signature la firma
silence il silenzio
silent silenzioso
silk la seta
silverware le posate
similar simile
similarity la parità
simple semplice
since siccome; da quando
to sing cantare
singer il/la cantante
single nubile **(woman)**; celibe, scapolo **(man)**
sink il lavandino, il lavabo
sir signore
sister la sorella;
   sister-in-law la cognata
to sit sedersi*
situation la situazione
size la taglia
skates i pattini
skating il pattinaggio
to ski sciare
skier lo sciatore, la sciatrice
skiing lo sci *(inv.)*
to skip saltare
skirt la gonna
sky il cielo
skyscraper il grattacielo
sleep il sonno;
   to be sleepy avere sonno
to sleep dormire
slice la fetta
slim snello
slippers le pantofole
slow lento
slowly adagio
small piccolo
to smile sorridere *(p.p. sorriso)*
to smoke fumare
snack lo spuntino;
   snack bar la tavola calda
snow la neve
to snow nevicare
so così;
   so much così tanto;
   so that affinché (+ *subj.*)
soccer il calcio
sock il calzino
sofa il divano
solitude la solitudine
some alcuni (alcune), qualche, di + *def. art.*, un po' di
someone qualcuno
something qualcosa

sometimes qualche volta
son il figlio;
   son-in-law il genero
song la canzone
soon presto;
   as soon as possible appena possibile;
   See you soon! A presto!
sorry spiacente;
   to be sorry dispiacere (*p.p.* dispiaciuto)
soup la minestra;
   vegetable soup il minestrone
south il sud; il Mezzogiorno
southern meridionale
souvenir il ricordo
Spanish spagnolo
sparkling frizzante
to speak (about) parlare (di)
special speciale
specialist lo/la specialista
specially specialmente
spectator lo spettatore, la spettatrice
speech il discorso
speed la velocità
to spend spendere **(money)** (*p.p.* speso); passare **(time)**
spicy piccante
splendid splendido, magnifico
spoon il cucchiaio
sporty sportivo
spring la primavera
square la piazza
stadium lo stadio
stage il palcoscenico
to stage rappresentare
stamp il francobollo
to stand in line fare la fila
to start incominciare
state lo stato
station la stazione
statue la statua
to stay restare*, stare; alloggiare, soggiornare
steak la bistecca
to steal rubare
still fermo; ancora *(adv.)*
stingy avaro
stocking la calza
to stop smettere (*p.p.* smesso); fermare, fermarsi*
store il negozio
story la storia;
   short story il racconto
straight diritto, dritto;
   straight ahead avanti diritto

strange strano
strawberry la fragola
street la strada;
   street corner l'angolo della strada
strict severo
strike lo sciopero
to strike scioperare
strong forte
stubborn ostinato
student lo studente, la studentessa
studio (apartment) il monolocale
studious studioso
study lo studio
to study studiare
stuff la roba
style lo stile
subject l'argomento, il soggetto
subtitles le didascalie
subway la metropolitana
to succeed (in) riuscire* (a)
success il successo
suddenly improvvisamente
to suffer soffrire (*p.p.* sofferto)
sugar lo zucchero
to suggest suggerire (-isc-)
suit il completo;
   bathing suit il costume da bagno
suitcase la valigia
summary il riassunto
summer l'estate (*f.*)
sumptuous lussuoso
sun il sole
Sunday la domenica
sunglasses gli occhiali da sole
sunny: it is sunny c'è il sole
supermarket il supermercato
supper la cena;
   to have supper cenare
sure sicuro, certo; già
surface la superficie
surgeon il chirurgo
surprise la sorpresa
to surprise sorprendere;
   surprised sorpreso;
   to surround circondare
sweater il maglione
sweatsuit la tuta da ginnastica
sweet dolce
to swim nuotare
swimming il nuoto;
   swimming pool la piscina
system il sistema

T

table il tavolo, la tavola;
  coffee table il tavolino
tablecloth la tovaglia
to take prendere (*p.p.* preso), portare;
  to take a bath (a shower, a walk, a ride, a trip, a picture, a break) fare il bagno (la doccia, una passeggiata, un giro, un viaggio, una foto, una pausa);
  to take care of curare;
  to take a class seguire un corso;
  to take part (in) partecipare (a);
  to take place avere luogo;
  it takes ci vuole, ci vogliono
to talk (about) parlare (di)
tall alto
to tan abbronzarsi*
tape recorder il registratore
taste il gusto
tasty gustoso, saporito
tax la tassa
tea il tè
to teach insegnare
teacher il maestro, la maestra
team la squadra
telephone il telefono;
  telephone book l'elenco telefonico;
  telephone operator il/la centralinista
to telephone telefonare
television la televisione;
  TV set il televisore;
  TV news il telegiornale
to tell dire (*p.p.* detto); raccontare
tenant l'inquilino, l'inquilina
tent la tenda
terrible terribile
thank you grazie;
  Thank God! Meno male!
  thanks il ringraziamento;
  Thanksgiving il giorno del ringraziamento;
  thanks to grazie a
to thank ringraziare
that che; quello;
  that is cioè
theater il teatro;
  movie theater il cinema
then allora, poi;
  since then da allora
theory la teoria
there là, lì;
  there is c'è;

there are ci sono
therefore perciò
thesis la tesi
thin magro
thing la cosa
to think (of) pensare (a)
thirsty: to be thirsty avere sete
this questo
thought il pensiero
thousand mille, (*pl.*) mila
through attraverso
Thursday il giovedì
ticket il biglietto;
  round-trip ticket il biglietto di andata e ritorno;
  ticket window la biglietteria
tie la cravatta
tight stretto
time il tempo; la volta; l'ora;
  it is time è (l')ora di;
  to be on time essere in orario
timid timido
tip la mancia
tire la gomma;
  flat tire gomma a terra
to tire stancare, stancarsi*
tired stanco
tiring faticoso
title il titolo
to a, in da
today oggi
together insieme
tomato il pomodoro
tomorrow domani;
  the day after tomorrow dopodomani
tonight stasera
too anche;
  too much troppo;
  Too bad! Peccato!
tooth il dente;
  toothache mal di denti
topic (for discussion) l'argomento
tour il giro, la gita;
  tour bus il pullman
to tour girare
tourist il/la turista
towel l'asciugamano
toward verso
tower la torre
town il paese, la città
toy il giocattolo
trade il mestiere
traffic il traffico;
  traffic light il semaforo
tragedy la tragedia

train il treno
to train allenarsi*
tranquil tranquillo
travel il viaggio;
  travel agency l'agenzia di viaggi
to travel viaggiare
traveler il viaggiatore, la viaggiatrice
to treat curare
tree l'albero
trip il viaggio;
  business (pleasure) trip viaggio d'affari (di piacere);
  to take a trip fare un viaggio;
  Have a good trip! Buon viaggio!
trousers i pantaloni
trout la trota
true vero
truly veramente
trumpet la tromba
trunk (of a car) il portabagagli
truth la verità
to try cercare di + *inf.*;
  to try on provare
T-shirt la maglietta
tub la vasca
Tuesday il martedì
tuition la tassa universitaria
to turn girare;
  to turn on accendere (*p.p.* acceso);
  to turn off spegnere (*p.p.* spento)
to type scrivere a macchina

U

ugly brutto
umbrella l'ombrello;
  beach umbrella l'ombrellone
uncertain incerto
uncle lo zio
undecided indeciso
under sotto
to understand capire (-isc-)
unemployed disoccupato
unemployment la disoccupazione
unfavorable sfavorevole
unfortunately purtroppo
unhappy infelice, scontento
union l'unione (*f.*)

university l'università
unless a meno che (+ *subj.*)
unlucky sfortunato
unpleasant antipatico
until (*prep.*) fino a, (*conj.*) finché;
   until now finora
use l'uso;
   to use usare;
   to get used to abituarsi*
useful utile
useless inutile
usual solito;
   usually di solito;
   as usual come al solito

V

vacant libero, vuoto
vacation la vacanza;
   summer vacation la villeggiatura;
   vacationer il villeggiante
valley la valle
vase il vaso
veal il vitello;
   roast veal arrosto di vitello
vegetables la verdura;
   cooked vegetables il contorno
Venice Venezia
verb il verbo
very molto
victory la vittoria
video recorder il videoregistratore
view la vista
village il villaggio
vineyard la vigna
violin il violino
visit la visita
to visit visitare, esaminare, andare a trovare
vocabulary il vocabolario
voice la voce;
   in a loud voice ad alta voce;
   in a low voice a bassa voce
vote il voto
to vote votare
vowel la vocale
voyage il viaggio

W

to wait (for) aspettare
waiter il cameriere
waitress la cameriera
to wake up svegliarsi*
walk la passeggiata;

to take a walk fare una passeggiata
to walk andare a piedi, camminare
wall il muro, la parete
wallet il portafoglio
to want volere
war la guerra
wardrobe l'armadio
warm caldo
to wash lavare;
   to wash oneself lavarsi*
to waste (time) perdere (tempo)
watch l'orologio
to watch guardare
water l'acqua;
   drinking water l'acqua potabile;
   water polo la pallanuoto
way il modo;
   anyway ad ogni modo
weak debole
wealth la ricchezza
to wear mettere, mettersi*; portare
weather il tempo;
   weather forecast le previsioni del tempo
wedding il matrimonio
Wednesday il mercoledì
week la settimana
weekend il fine-settimana
weight il peso;
   to lose weight dimagrire (-isc-)
welcome benvenuto
well be' (bene);
   to be well stare bene
western occidentale
what? che? che cosa? cosa?
when quando
where dove
wherever dovunque
which quale; che
while mentre
white bianco
who, whom che, il quale;
   who?, whom? chi?
whoever chiunque
whole tutto;
   the whole day tutto il giorno
whose? di chi?
why perché
wide largo
widow, widower la vedova, il vedovo
wife la moglie
willingly volentieri

to win vincere (*p.p.* vinto)
wind il vento
window la finestra, la vetrina (shop)
wine il vino
winter l'inverno
wish il desiderio, l'augurio
to wish desiderare, augurare;
   I wish vorrei
with con
without senza, senza che (+ *subj.*)
witty spiritoso
woman la donna
to wonder domandarsi*
wonderful meraviglioso
wonderfully meravigliosamente
wood il bosco; il legno
wool la lana
word la parola
work il lavoro, l'occupazione (*f.*);
   work of art l'opera d'arte
to work lavorare
worker l'operaio, l'operaia
world il mondo;
   worldwide mondiale
worry la preoccupazione
to worry preoccupare, preoccuparsi* (di);
   worried preoccupato
Wow! Caspita!
to write scrivere (*p.p.* scritto)
writer lo scrittore, la scrittrice
wrong sbagliato;
   to be wrong avere torto

Y

year l'anno;
   to be ... years old avere... anni;
   New Year's Day il Capodanno
yellow giallo
yes sì
yesterday ieri;
   the day before yesterday l'altro ieri
yet eppure;
   not yet non ancora
young giovane;
   young lady signorina;
   young man giovanotto
youth hostel l'ostello per la gioventù

Index

with **avere,** 116–117
with direct-object pronoun, 117, 200
with **essere,** 119–120, 141
with imperfect indicative tense, 156
with indirect-object pronouns, 143
with **ne,** 196
present subjunctive tense (**congiuntivo presente**)
irregular verbs, 279
regular verbs, 278–279, 306
sequence of tenses, 285
presto, 122, 244
prima che + subjunctive, 279
probability, expressing, 217, 284, 297
progressive forms, 265
pronouns
demonstrative, 181
direct-object; *see* direct-object pronouns
disjunctive, 124, 159, 161, 221
double-object, 199–200
indefinite, 261
indirect-object; *see* indirect-object pronouns
possessive, 96–97
reflexive, 138–139, 159, 179
relative, 261
with prepositions, 159
pronunciation, 2–6
publishing (vocabulary), 152
pulire, present indicative tense, 77
punctuation in numbers, 42

Q

qualche, 78–79, 261
qualcosa, 261
qualcuno, 261
quale?, 44
quando, 299
quantity
expressing, 81
expression of, 195
quanto?, 42–43
quello, 181, 261
questo, 181

R

reciprocal verbs, 138–139
present perfect indicative tense, 141
reflexive pronouns, 138–139
imperative mood, 179
summary of, 159
reflexive verbs, 138–139
formation of, 138–139
pluperfect indicative tense, 158
present perfect indicative tense, 141
with direct-object pronouns, 200
regular verbs, 56–57
all tenses, 306–308
-are verbs, 56–57, 58–59
-ere verbs, 75
imperative mood, 176
-ire (-isc-) verbs, 77
-ire verbs, 75–76
relative pronouns, 261
restaurant (vocabulary), 72–73
ricevere
present indicative tense, 75
present perfect indicative tense, 116
ricordarsi + **di** + infinitive, 303
ridere, all tenses, 312
rimanere
all tenses, 313
present perfect indicative tense, 119–120
rispondere
all tenses, 313
past participle, 117
present indicative tense, 75
with indirect-object pronouns, 143
rompere
all tenses, 313
rosa, 37

S

salire
all tenses, 313
present perfect indicative tense, 119

sapere
all tenses, 313
future tense, 217
past participle, 117
present conditional tense, 239
present indicative tense, 100
present subjunctive tense, 279
vs. **conoscere,** 100
with object pronouns, 145
scegliere, all tenses, 313
scendere
all tenses, 314
past participle, 119–120
present perfect indicative tense, 119–120
school / university (vocabulary), 54
scoprire, all tenses, 314
scrivere
all tenses, 314
past participle, 117
present indicative tense, 75
se
+ imperfect subjunctive, 284
+ pluperfect subjunctive, 285
seasons of the year, 183
second conjugation verbs, 75–76
sedere, all tenses, 314
sedersi
past participle, 139
present indicative tense, 139
present perfect indicative tense, 139
senza che + subjunctive, 279
si, impersonal, 246
spendere
all tenses, 314
past participle, 117
sperare + **di** + infinitive, 303
sports (vocabulary), 259
stare
all tenses, 314
future tense, 216
imperative mood, 177, 179
imperfect subjunctive, 283
present conditional tense, 239
present indicative tense, 58, 59
present perfect indicative tense, 119
present subjunctive tense, 279
with the gerund, 266
stress, syllable, 5–6
su, 60–61
with **ci,** 198
subject pronouns, 20–21
summary of, 159
subjunctive mood; *see also* imperfect subjunctive
tense, past subjunctive tense, pluperfect subjunctive tense, present perfect subjunctive tense
sequence of tenses, 285
usage, 278
vs. infinitive, 278, 280
with conjunctions, 279
succedere, all tenses, 314
superlative
absolute, 223, 225
irregular forms, 224–225
of adjectives, 223
of adverbs, 223
regular vs. irregular, 225
relative, 223, 225
with definite articles, 223
syllabication, 5

T

tanto, 81, 195
tardi, 122
telefonare
with indirect-object pronouns, 143
telephone (vocabulary), 136
television (vocabulary), 152
tempo, 122
tenere, all tenses, 315
theater (vocabulary), 276
third conjugation verbs, 75–76
time
adverbs of, 244
expressions of, 115, 121–122, 217, 244
telling, 121–122
tra, 60

travel (vocabulary), 114, 214
troppo, 81, 244
tutto/tutti, 81, 261

U

uccidere, all tenses, 315
uncertainty, verbs of, 279
university (vocabulary), 54
un po' di, 78–79
uscire, all tenses, 315
present indicative tense, 99
present perfect indicative tense, 119
present subjunctive tense, 279

V

vacation (vocabulary), 214
vedere
all tenses, 315
future tense, 217
past participle, 117
present conditional tense, 239
present indicative tense, 75
venire
+ **a** + infinitive, 302
all tenses, 315
future tense, 217
imperative mood, 177
past participle, 119–120
present conditional tense, 239
present indicative tense, 99
present perfect indicative tense, 119–120
present subjunctive tense, 279
verbs
all tenses, 304–316
ending in **-care,** present indicative tense, 57
ending in **-ere,** present indicative tense, 75
ending in **-gare,** present indicative tense, 57
ending in **-iare,** present indicative tense, 57
ending in **-ire** with **-isc-,** present indicative
tense, 77
first conjugation, 56–57
irregular **-are,** present indicative tense, 58–59
irregular **-ere,** present indicative tense, 99
irregular **-ire,** present indicative tense, 99
reciprocal, 138–139, 141
reflexive, 128–139, 141, 158, 200
regular, present indicative tense, 56–57, 75–76
second conjugation, 75–76
third conjugation, 75–76
with prepositions, 57
vero?, 40
vincere, all tenses, 315
viola, 37
vivere
all tenses, 316
future tense, 217
present conditional tense, 239
present indicative tense, 75
vogliono with **ci,** 198
volere
all tenses, 316
conditional perfect tense, 242
future tense, 217
past participle, 117
present conditional tense, 239, 242
present indicative tense, 99
present subjunctive tense, 279
with infinitive, 200
with object pronouns, 145, 200
volition, verbs of, 279
volta, 64, 122
vowels, 2
vuole with **ci,** 198

W

weather, expressions of, 183
wishing, expressions of, 247
would + verb, 238, 239, 242
would have + verb, 239, 242

Y

you, 10, 20–21
imperative mood, 176

Credits

Photo Credits

Text/Realia Credits

We have made every effort to trace the ownership of all copyrighted material and to secure permission from copyright holders. In the event of any question arising as to the use of any material, we will be pleased to make the necessary corrections in future printings. Thanks are due to the following authors, publishers, and agents for permission to use the material indicated.

30–31: Azienda di Promozione Turistica del Milanese; **63:** Reproduced by permission of EF Foundation; **74:** Reproduced by permission of Hotel Porto Roca, Cinque Terre, Italy; **p. 139:** Samsung Electronics Italia S.p.A.; **140:** Reproduced by permission of Emanuele Bernasconi, Rafting @rafting.it; **146:** Reproduced by permission of Unicredit Banca Spa; **148:** Reproduced by permission of Hotel Morandi alla Crocetta, Firenze; **156:** Reproduced by permission of Veronica Longo, Edizioni Master S.p.A., Milano; **165:** Reproduced by permission of Aldo Ugliano, Comune di Milano, Gruppo consiliare P.D.S.; **167–168:** Reproduced by permission of "Ermanno Olmi, ragazzo della Bovisa," in "Club 3 vivere in armonia," January 2005; **176:** Reproduced by permission of Edizioni Master S.p.A; **187:** Reproduced by permission of Philip Das, Peruzzi S.p.A.; **188:** Reproduced by permission of Gente Magazine, January 3, 2005; **208:** Reproduced by permission of Lo studio di Renzo Piano a Punta Nave (Genoa), photographers: Fregoso & Basalto; **215:** Reproduced by permission of Garmin Synergy S.p.A,, Ufficio Stampa.; **219:** Reproduced by permission of Valerio Scarpa, Pubblicita Travelsport; **230:** Reproduced by permission of Ornella Naccari, Gardena Hotels srl; **252:** Adapted from www.donna.moderna.com/attualità 23 marzo 2004; **265:** Reproduced by permission of Delia Junod, Fioratti Editore; **272:** Reproduced by permission of Roberta Conti, Pubblicita del Podere Pomartino Monteleone d'Orvieto, Terni; **273:** Reproduced by permission of Marco e Giovanna Matteini, Pedere Cogno, Castellina in Chianti, Siena; **292:** Reproduced by permission of Lorenzo Fazio.

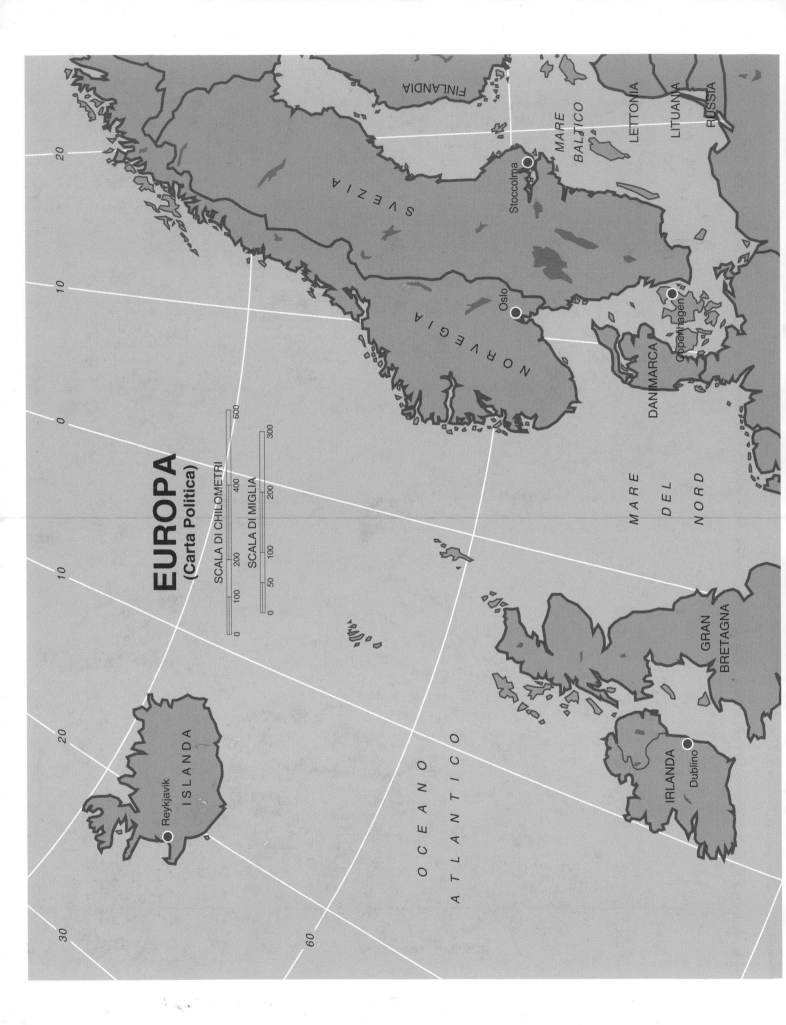

EUROPA
(Carta Politica)

SCALA DI CHILOMETRI

0   100   200   400   600

SCALA DI MIGLIA

0   50   100   200   300

ISLANDA

Reykjavik

OCEANO

ATLANTICO

IRLANDA

Dublino

GRAN
BRETAGNA

MARE

DEL

NORD

NORVEGIA

Oslo

SVEZIA

Stoccolma

FINLANDIA

MARE
BALTICO

LETTONIA

LITUANIA

RUSSIA

DANIMARCA

Copenhagen